I0772396

ALEJANDRO DUMAS

EL HOMBRE DE LA MÁSCARA DE HIERRO

Traducción de M. Repullés

TEGUCIGALPA, HONDURAS, ENERO DE 2024

INDICE

NOTA DEL EDITOR

¿Quién es ese misterioso personaje encarcelado detrás de las rejas de la Bastilla? ¿Qué hay oculto debajo de la máscara de hierro?

"Era un joven alto y hermoso, de buena obediencia y a quien no se le negaba nada de lo que pedía en la Bastilla y en otras prisiones. Se le daba la mejor cena y el alguacil se reunía alguna que otra vez con el personaje", contaría el escritor francés Voltaire.

Además —continuó relatando—, le agradaban los vestidos finos y los encajes y le gustaba tocar la guitarra. Habría sido alimentado por un sordomudo. Tenía prohibido el contacto con el personal de la prisión y debía tener puesta la máscara todo el tiempo.

Lo que queda claro es que el hombre de la máscara de hierro sí existió y que fue inmortalizado por la pluma incomparable de Alejandro Dumas.

Incluso, Voltaire insinuó que la única explicación para que al reo lo obligaron a utilizar una máscara de hierro fue porque… ¡Su rostro era idéntico al Rey Sol de Francia!

En otras palabras, el hombre de la máscara de hierro era hermano de Luis XIV.

La historia le dio a Alejandro Dumas material suficiente para crear una de sus novelas más conocidas. Una que vale la pena leer.

Continuando con la publicación de las grandes joyas de la literatura universal, Astria entrega cuatro de los clásicos de Alejandro Dumas, comenzando con El hombre de la máscara de hierro. También: Los tres mosqueteros y El conde de Montecristos (Tomos I y II).

Esperamos que disfruten este libros y hagan sus propias conclusiones sobre quién era el personaje al que obligaron a llevar una máscara de hierro para ocultar su rostro.

ÓSCAR FLORES LÓPEZ

TRES COMENSALES ADMIRADOS DE COMER JUNTOS

Al llegar la carroza ante la puerta primera de la Bastilla, se paró a intimación de un centinela, pero en cuanto D'Artagnan hubo dicho dos palabras, levantóse la consigna y la carroza entró y tomó hacia el patio del gobierno. D'Artagnan, cuya mirada de lince lo veía todo, aun a través de los muros, exclamó de repente:

—¿Qué veo?

—¿Qué veis, amigo mío? —preguntó Athos con tranquilidad.

—Mirad allá abajo.

—¿En el patio?

—Sí, pronto.

—Veo una carroza; habrán traído algún desventurado preso como yo.

—Apostaría que es él, Athos.

—¿Quién?

—Aramis.

—¡Qué! ¿Aramis preso? No puede ser.

—Yo no os digo que esté preso, pues en la carroza no va nadie más.

—¿Qué hace aquí, pues?

—Conoce al gobernador Baisemeaux, —respondió D'Artagnan con socarronería—: llegamos a tiempo.

—¿Para qué?

—Para ver.

—Siento de veras este encuentro, —repuso Athos, —al verme, Aramis se sentirá contrariado, primeramente, de verme, y luego de ser visto.

—Muy bien hablado.

—Por desgracia, cuando uno encuentra a alguien en la Bastilla, no hay modo de retroceder.

—Se me ocurre una idea, Athos, —repuso el mosquetero; —hagamos por evitar la contrariedad de Aramis.

—¿De qué manera?

—Haciendo lo que yo os diga, o más bien dejando que yo me explique a mi modo. No quiero recomendaros que mintáis, pues os sería imposible.

—¿Entonces?...

—Yo mentiré por dos, como gascón que soy. Athos se sonrió.

Entretanto la carroza se detuvo al pie de la puerta del gobierno.

—¿De acuerdo? —preguntó D'Artagnan en voz queda, Athos hizo una señal afirmativa con la cabeza, y, junto con D'Artagnan, echó escalera arriba.

—¿Por qué casualidad?... —dijo Aramis. —Eso iba yo a preguntaros, —interrumpió D'Artagnan.

—¿Acaso nos constituimos presos todos? —exclamó Aramis esforzándose en reírse.

—¡Je! eje! —exclamó el mosquetero, —la verdad es que las paredes huelen a prisión, que apesta. Señor de Baisemeaux, supongo que no habéis olvidado que el otro día me convidasteis a comer.

—¡Yo! —exclamó el gobernador.

—¡Hombre! no parece, sino que os toma de sorpresa. ¿Vos no lo recordáis? Baisemeaux, miró a Aramis, que a su vez le miró también a él, y acabó por decir con tartamuda lengua:

—Es verdad... me alegro... pero... palabra... que no... ¡Maldita sea mi memoria!

—De eso tengo yo la culpa, —exclamó D'Artagnan haciendo que se enfadaba.

—¿De qué? —De acordarme por lo que se ve.

—No os formalicéis, capitán, —dijo Baisemeaux abalanzándose al gascón; —soy el hombre más desmemoriado del reino. Sacadme de mi palomar, y no soy bueno para nada.

—Bueno, el caso es que ahora lo recordáis, ¿no es eso? —repuso D'Artagnan con la mayor impasibilidad.

—Sí, lo recuerdo, —respondió Baisemeaux titubeando.

—Fue en palacio donde me contasteis qué sé yo que cuentos de cuentas con los señores Louvieres y Tremblay.

—Ya, ya. —Y respecto a las atenciones del señor de Herblay para con vos.

—¡Ah! —exclamó Aramis mirando de hito en hito al gobernador, —¿y vos decís que no tenéis memoria, señor Baisemeaux?

—Sí, esto es, tenéis razón, —dijo el gobernador interrumpiendo a D'Artagnan, —os pido mil perdones. Pero tened por entendido señor de D'Artagnan que, convidado o no, ahora y mañana, y siempre, sois el amo de mi casa, como también lo son el señor de Herblay y el caballero que os acompaña.

—Esto ya lo daba yo por sobreentendido, —repuso D'Artagnan; —

y como esta tarde nada tengo que hacer en palacio, venía para catar vuestra comida, cuando por el camino me he encontrado con el señor conde. Athos asintió con la cabeza.

—Pues sí, el señor conde, que acababa de ver al rey, me ha entregado una orden que exige pronta ejecución; y como nos encontrábamos aquí cerca, he entrado para estrecharos la mano y presentaros al caballero, de quien me hablasteis tan ventajosamente en palacio la noche misma en que... Ya sé, ya sé. El caballero es el conde de La Fere, ¿no es verdad?

—El mismo.

—Bien llegado sea el señor conde, —dijo Baisemeaux.

—Se queda a comer con vosotros, —prosiguió D'Artagnan— mientras yo, voy adonde me llama el servicio. Y suspirando como Porthos pudiera haberlo hecho, añadió: —¡Oh vosotros, felices mortales!

—¡Qué! ¿os vais? —dijeron Aramis y Baisemeaux a una e impulsados por la alegría que les proporcionaba aquella sorpresa, y que no fue echada en saco roto por el gascón.

—En mi lugar os dejo un comensal noble y bueno.

—¡Cómo! —exclamó el gobernador, ¿os perdemos?

—Os pido una hora u hora y media. Estaré de vuelta a los postres.

—Os aguardaremos, —dijo Baisemeaux.

—Me disgustaríais.

—¿Volveréis? —preguntó Athos con acento de duda.

—Sí, —respondió D'Artagnan estrechando confidencialmente la mano a su amigo. Y en voz baja, añadió: —Aguardadme, poned buena cara, y sobre todo no habléis más que de cosas triviales.

Baisemeaux condujo a D'Artagnan hasta la puerta. Aramis, decidido a sonsacar a Athos, le colmó de halagos, pero Athos poseía en grado eminentísimo todas las virtudes. De exigirlo la necesidad, hubiera sido el primer orador del mundo, pero también habría muerto sin articular una sílaba, de requerirlo las circunstancias. Los tres comensales se sentaron, a una mesa servida con el más substancial lujo gastronómico. Baisemeaux fue el único que tragó de veras; Aramis picó todos los platos, Athos sólo comió sopa y una porioncilla de los entremeses. La conversación fue lo que debía ser entre hombres tan opuestos de carácter y de proyectos.

Aramis no cesó de preguntarse por qué singular coincidencia se encontraba Athos en casa de Baisemeaux, cuando D'Artagnan estaba ausente, y por qué estaba ausente D'Artagnan, y Athos se había quedado.

Athos sondeó hasta lo más hondo el pensamiento de Aramis, subterfugio e intriga viviente, y vio como en un libro abierto que el prelado le ocupaba y preocupaba algún proyecto de importancia. Luego consideró en su corazón, y se preguntó a su vez por qué D'Artagnan se saliera tan aprisa y por manera tan singular de la Bastilla, dejando allí un preso tan mal introducido y peor inscrito en el registro.

Pero sigamos a D'Artagnan que, al subirse otra vez en su carroza, gritó al oído del cochero:

—¡A PALACIO Y A ESCAPE!

Lo que pasaba en el Louvre durante la cena de la Bastilla Saint-Aignán, por encargo del rey, había visto a La Valiére: pero por mucha que fuese su elocuencia, no pudo persuadir a Luisa de que el rey tuviese un protector tan poderoso como eso, y de que no necesitaba de persona alguna en el mundo cuando tenía de su parte al soberano.

En efecto, no bien hubo el confidente manifestado que estaba descubierto el famoso secreto, cuando Luisa, deshecha en llanto, empezó a lamentarse y a dar muestras de un dolor que no le habría hecho mucha gracia al rey si hubiese podido presenciar la escena. Saint-Aignán, embajador, se lo contó todo al rey con todos su pelos y señales.

—Pero bien—repuso Luis cuando Saint-Aignán se hubo explicado, —¿qué ha resuelto Luisa? ¿La veré a lo menos antes de cenar? ¿Vendrá o será menester que yo vaya a su cuarto?

—Me parece, Sire, que, si deseáis verla, no solamente deberéis dar los primeros pasos, mas también recorrer todo el camino.

—¡Nada para mí! ¡Ah! ¡muy hondas raíces tienen echadas en su corazón ese Bragelonne! —dijo el soberano.

—No puede ser eso que decís, Sire, porque —Sí, Sire, pero...

—¿Qué? —interrumpió con impaciencia el monarca.

—Pero advirtiéndome que, de no hacerlo yo, lo arrestaría vuestro capitán de guardias.

—¿No os dejaba en buen lugar desde el instante en que no os obligaba?

—Sí a mí, Sire, pero no a mi amigo.

—¿Por qué no?

—Es más claro que la luz, porque fuese arrestado por mí o por el capitán de guardias, para mi amigo el resultado era el mismo.

—¿Y esa es vuestra devoción, señor de D'Artagnan? ¿una devoción que razona y escoge? Vos no sois soldado.

—Espero que Vuestra Majestad me diga qué, soy.

—¡Un frondista!

—En tal caso desde que se acabó la Fronda, Sire...

—¡Ah! Si lo que decís es cierto...

—Siempre es cierto lo que digo. Sire.

—¿A qué habéis venido? Vamos a ver.

—A deciros que el señor conde de La Fere está en la Bastilla.

—No por vuestro gusto, a fe mía.

—Es verdad, Sire: pero está allí, y pues allí está, importa que Vuestra Majestad lo sepa.

—¡Señor de D'Artagnan ¡estáis provocando a vuestro rey!

—Sire...

—¡Señor de D'Artagnan! ¡estáis abusando de mi paciencia!

—Al contrario, Sire.

—¡Cómo! ¿al contrario decís?

—Sí, Sire: porque he venido para hacer que también me arresten a mí.

—¡Para que os arresten a vos!

—Está claro. Mi amigo va a aburrirse en la Bastilla; por lo tanto, suplico a Vuestra Majestad me dé licencia para ir a hacerle compañía. Basta que Vuestra Majestad pronuncie una palabra para que yo me arreste a mí mismo; yo os respondo de que para eso no tendré necesidad del capitán de guardias. El rey se abalanzó a su bufete y tomó la pluma para dar la orden de aprisionar a D'Artagnan.

—¡No olvidéis que es para toda la vida! —exclamó el rey con acento de amenaza.

—Ya lo supongo —repuso el mosquetero; —porque una vez hayáis cometido ese abuso, nunca jamás os atreveréis a mirarme cara a cara.

—¡Marchaos! —gritó el monarca, arrojando con violencia la pluma.

—No, si os place, Sire.

—¡Cómo que no!

—He venido para hablar persuasivamente con el rey, y es triste que el rey se haya dejado llevar de la cólera; pero no por eso dejaré de decir a Vuestra Majestad lo que tengo que decirle.

—¡Vuestra dimisión! ¡vuestra dimisión! —gritó el soberano.

—Sire —replicó D'Artagnan, —ya sabéis que no estoy apegado a mi empleo; en Blois os ofrecí mi dimisión 01 día en que negasteis al rey Carlos el millón que le regaló mi amigo el conde La Fere. —Pues venga inmediatamente.

—No Sire, porque no es mi dimisión lo que ahora estamos ventilando. ¿No ha tomado Vuestra Majestad la pluma para enviarme a la Bastilla? ¿Por qué, pues, muda de consejo Vuestra Majestad?

—¡D'Artagnan! ¡gascón testarudo! ¿quién es el rey aquí? ¿vos o yo?

—Vos, Sire, por desgracia.

—¡Por desgracia!

—Sí, Sire, porque de ser yo el rey...

—Aplaudiríais la rebelión del señor de D'Artagnan, ¿no es así?

—¡No había de aplaudirla!

—¿De veras? —dijo Luis XIV encogiendo los hombros.

—Y —continuó D'Artagnan, —diría a mi capitán de mosqueteros, mirándole con ojos humanos y no con esas ascuas: "Señor de D'Artagnan, he olvidado que soy el rey: he bajado de mi trono para ultrajar a un caballero".

—¿Y vos estimáis que es excusar a vuestro amigo el sobrepujarlo en insolencia? — prorrumpió Luis.

—¡Ah! Sire —dijo D'Artagnan, —yo no me quedaré en los términos que él, y vuestra será la culpa. Yo voy a deciros lo que él, el hombre delicado por excelencia, no os ha dicho; yo os diré: Sire, habéis sacrificado a su hijo, y él defendía a su hijo; lo habéis sacrificado a él, siendo así que os hablaba en nombre de la religión y la virtud, y lo habéis apartado, aprisionado. Yo seré más inflexible que él, Sire, y os diré: Sire, elegid. ¿Queréis amigos o lacayos? ¿soldados o danzantes de reverencias? ¿grandes hombres o muñecos? ¿queréis que os sirvan o que ante vos se dobleguen? ¿que os amen o que os teman? Si preferís la bajeza, la intriga, la cobardía, decidlo, Sire; nosotros, los únicos restos, qué digo, los únicos modelos de la valentía pasada, nos retiraremos, después de haber servido y quizá sobrepujado en valor y mérito a hombres ya resplandecientes en el cielo de la posteridad. Elegid, Sire, y pronto. Los contados grandes señores que os quedan, guardadlos bajo llave; nunca os faltarán cortesanos. Apresuraos, Sire, y enviadme a la

Bastilla con mi amigo; porque si no habéis escuchado al conde de La Fere, es decir la voz más suave y más noble del honor, ni escucháis a D'Artagnan, esto es, la voz más franca y ruda de la sinceridad, sois un mal rey, y mañana seréis un rey irresoluto; y a los reyes malos se les aborrece, y a los reyes irresolutos se les echa. He ahí lo que tenía que deciros, Sire: muy mal habéis hecho al llevarme hasta ese extremo. Luis XIV se dejó caer frío y pálido en su sillón; era evidente que un rayo que le hubiese caído a los dos no le habría causado más profundo asombro: no parecía, sino que iba a expirar. Aquella ruda voz de la sinceridad, como la llamó D'Artagnan, le entró en el corazón cual la hoja de un puñal.

D'Artagnan había dicho cuanto tenía que decir, y haciéndose cargo de la cólera del rey, desenvainó lentamente, se acercó con el mayor respeto a Luis XIV, y dejó sobre el bufete su espada, que casi al mismo instante rodó por el suelo impelida por un ademán de furia del rey, hasta los pies de D'Artagnan.

Por mucho que fuese el dominio que sobre él tenía, el mosquetero palideció a su vez, y temblando de indignación, exclamó: —Un rey puede retirar su favor a un soldado, desterrarlo, condenarlo a muerte; pero, aunque fuese cien veces rey, no tiene derecho a insultarlo deshonrando su espada. Sire, nunca en Francia ha habido rey alguno que haya repelido con desprecio la espada de un hombre como yo. Está espada mancillada ya no tiene otra vaina que mi corazón o el vuestro, y dad gracias a Dios y a mi paciencia de que escoja el mío. Y abalanzándose a su espada, añadió: Sire, caiga mi sangre sobre vuestra cabeza.

Y apoyando en el suelo la empuñadura de su espada, D'Artagnan se precipitó con rapidez sobre la punta, dirigida contra su pecho. El rey hizo un movimiento todavía más veloz que el de D'Artagnan, rodeó el cuello de éste con el brazo derecho, y tomando con la mano izquierda la espada por la mitad de la hoja, la envainó silenciosamente, sin que el mosquetero, envarado, pálido y todavía tembloroso, le ayudase para nada. Entonces, Luis XIV, enternecido, se sentó de nuevo en el bufete, tomó la pluma, trazó algunas líneas, echó su firma al pie de ellas, y tendió la mano al capitán.

—¿Qué es ese papel, Sire? —preguntó el mosquetero.

—La orden al señor de D'Artagnan de que inmediatamente ponga en libertad al señor conde de La Fere.

D'Artagnan asió la mano del rey y se la besó; luego dobló la orden, la metió en su pechera y salió, sin que él ni su majestad hubiesen articulado palabra.

—¡Oh corazón humano! ¡norte de los reyes! —murmuró Luis cuando estuvo solo. —¿Cuándo leeré en tus senos como en un libro abierto? No, yo no soy un rey malo ni irresoluto, pero todavía soy un niño.

UN NEGOCIO ARREGLADO POR M. DE D'ARTAGNAN

D'Artagnan había prometido a Baisemeaux estar de vuelta a los postres, y cumplió su palabra.

Athos y Aramis se habían mostrado tan cautos, que ninguno de los dos pudo leer en el pensamiento del otro. Cenaron, hablaron largo y tendido de la Bastilla, del último viaje a Fontainebleau y de la próxima fiesta que Fouquet debía dar en Vaux.

D'Artagnan llegó en lo más recio de la conversación, todavía pálido y conmovido de la suya con el rey.

Athos y Aramis notaron la emoción de D'Artagnan; pero Baisemeaux solamente vio al capitán de los mosqueteros del rey, y se apresuró a agasajarlo porque, para el gobernador, el codearse con el rey implicaba un derecho a todas sus atenciones.

Con todo, aunque Aramis notó la emoción de D'Artagnan, no pudo calar la causa de ella. Solamente a Athos le pareció haberla profundizado. Para éste el regreso de D'Artagnan y sobre todo el trastorno del hombre impasible, significaba que su amigo había pedido algo al rey, pero en vano Athos, pues, plenamente convencido de estar en lo firme, se levantó de la mesa, y con faz risueña hizo una seña a D'Artagnan, como para recordarle que tenía otra cosa que hacer que no cenar juntos.

D'Artagnan comprendió y correspondió con otra seña, mientras Aramis y Baisemeaux, al presenciar aquel mudo diálogo, se interrogaban mutuamente con la mirada.

Athos pensó que le tocaba explicar lo que pasaba, y dijo sonriéndose con dulzura:

La verdad es, amigos míos, que vos, Aramis, acabáis de cenar con un reo de Estado y vos, señor de Baisemeaux, con uno de vuestros presos. Baisemeaux lanzó una exclamación de sorpresa y casi de alegría; tal era el amor propio que, de su fortaleza, de su Bastilla, tenía el buen sujeto.

—¡Ah! mi querido Athos —repuso Aramis poniendo una cara apropiada a las circunstancias, —casi me he temido lo que decís. Alguna indiscreción de Raúl o de La Valiére, ¿no es verdad? Y vos, como gran señor que sois, olvidando que ya no hay sino cortesanos, os habéis visto con el rey y le habéis dicho cuántas son cinco.

—Adivinado, amigo mío.

—De manera —dijo Baisemeaux, no teniéndolas todas consigo por haber cenado tan familiarmente con un hombre que había perdido el favor de Su Majestad; —de manera que, señor conde...

—De manera, mi querido señor gobernador —repuso Athos, —que el señor de D'Artagnan va a entregaros ese papel que asoma por su coleto, y que, de fijo, es mi auto de prisión.

Baisemeaux tendió la mano con agilidad.

En efecto, D'Artagnan sacó dos papeles de su pechera y entregó uno al gobernador.

Este lo desdobló y lo leyó a media voz, mirando al mismo tiempo y por encima de él a Athos e interrumpiéndose a cada punto.

—"Ordeno y mando que encierren en mi fortaleza de la Bastilla." Muy bien... "En mi fortaleza, de la Bastilla... al señor conde de La Fer". ¡Ah! caballero, ¡qué dolorosa honra para mí el teneros bajo mi guardia!

—No podíais hallar un preso más paciente —contestó Athos con voz suave y tranquila.

–Preso que no permanecerá mucho tiempo aquí —exclamó D'Artagnan exhibiendo el segundo auto, —porque ahora, señor de Baisemeaux, os toca copiar este otro papel y poner inmediatamente en libertad al conde.

—¡Ah! me ahorráis trabajo, D'Artagnan —dijo Aramis estrechando de un modo significativo la mano del mosquetero y la de Athos.

—¡Cómo! —exclamó con admiración éste último, —¿el rey me da la libertad?

—Leed, mi querido amigo —dijo D'Artagnan.

—Es verdad —repuso el conde después de haber leído el documento.

—¿Os duele? —preguntó el gascón.

—No, lo contrario. No deseo ningún mal al rey, y el peor mal que uno puede desear a los reyes, es que cometan una injusticia. Pero habéis sufrido un disgusto, no lo neguéis.

—¿Yo? —dijo el mosquetero riéndose, —ni por asomo. El hace cuanto quiero. Aramis miró a D'Artagnan y vio que mentía, pero Baisemeaux no miró más que al hombre, y se quedó pasmado, mudo de admiración ante aquel que conseguía del rey lo que se le antojaba.

—¿Destierra a Athos Su Majestad? —preguntó Aramis.

—No; sobre el particular el rey no ha dicho una palabra —repuso D'Artagnan; —pero tengo para mí que lo mejor que puede hacer el conde, a no ser que se empeñe en dar las gracias a Su Majestad...

—No —respondió Athos.

—Pues bien, lo mejor que, en mi concepto, puede hacer el conde —continuó D'Artagnan, —es retirarse a su castillo. Por lo demás, mi querido Athos, hablad, pedid; si preferís una residencia a otra me comprometo a dejar cumplidos vuestros deseos.

—No, gracias —contestó Athos; —lo más agradable para mí es tomar a mi soledad a la sombra de los árboles, a orillas del Loira. Si Dios es el médico supremo de los males del alma, la naturaleza es el remedio soberano. ¿Conque estoy libre, caballero? — añadió Athos volviéndose hacia el señor de Baisemeaux.

—Sí, señor conde, a lo menos así lo creo y espero —añadió el gobernador volviendo y revolviendo los dos papeles; —a no ser, sin embargo, que el señor de D'Artagnan traiga otro auto.

—No, mi buen Baisemeaux —dijo el mosquetero, —hay que atenernos al segundo y no pasar por ahí.

—¡Ah! señor conde —dijo el gobernador dirigiéndose a Athos, —no sabéis lo que—perdéis. Os hubiera puesto a treinta libras como los generales; ¡qué digo! a cincuenta, como los príncipes, y habríais cenado todas las noches como habéis cenado ahora.

—Dejad que prefiera mi medianía, caballero —replicó Athos. Y volviéndose hacia D'Artagnan, dijo: —Vámonos, amigo mío.

—Vámonos —repuso D'Artagnan.

—¿Me cabría la inefable dicha de teneros por compañero de viaje, amigo mío? —preguntó Athos al mosquetero.

—Tan sólo hasta la puerta —respondió el gascón; —después de lo cual os diré lo que he dicho al rey, esto es, que estoy de servicio.

Y vos, mi querido Aramis —preguntó al conde sonriéndose, ¿—me acompañáis? La Fere está en el camino de Vannes.

—No, amigo mío —respondió el prelado; —esta noche tengo una

cita en París, y no puedo alejarme sin que se resientan graves intereses.

—Entonces, —dijo Athos, —dejad que os abrace y me vaya. Señor de Baisemeaux, gracias por vuestra buena voluntad, y, sobre todo, por la muestra que de lo que se come en la Bastilla me habéis dado.

Athos abrazó a Aramis y estrechó la mano del gobernador, que le desearon el más feliz viaje, y salió con D'Artagnan.

Mientras en la Bastilla tenía su desenlace la escena iniciada en palacio, digamos lo que pasaba en casa de Athos y en la de Bragelonne.

Como hemos visto, Grimaud acompañó a su amo a París, asistió a la salida de Athos, vio cómo D'Artagnan se mordía los bigotes, y cómo su amo subía a la carroza, después de haber interrogado la fisonomía de los dos amigos, a quienes conocía de fecha bastante larga para haber comprendido al través de la máscara de su impasibilidad, que pasaba algo gravísimo.

Grimaud recordó la singular manera con que su amo le dijera adiós, la turbación, imperceptible para cualquiera otro, de aquel hombre de tan claro entendimiento y de voluntad tan inquebrantable. Grimaud sabía que Athos no se había llevado más que la ropa puesta, y, sin embargo, le pareció que Athos no partía por una hora, ni por un día.

—Comprendo el enigma —dijo Grimaud. —La muchacha ha hecho de las suyas. Lo que dicen de ella y del rey es verdad. Mi joven amo ha sido engañado. ¡Ah! ¡Dios mío! El señor conde ha ido a ver al rey y le ha dicho de una hasta ciento, y luego el rey ha enviado al señor de D'Artagnan para que arreglara el asunto... ¡el conde ha regresado sin espada!

Semejante descubrimiento hizo subir el sudor a la frente del honrado Grimaud; el cual, dejándose de más conjetura, se puso el sombrero y se fue volando a casa de Raúl.

EN DONDE PORTHOS SE CONVENCE
SIN HABER COMPRENDIDO

El digno Porthos, fiel a las leyes de la caballería antigua, se decidió a aguardar a SaintAignán hasta la puesta del sol. Y como Saint-Aignán no debía comparecer y Raúl se había olvidado de avisar a su padrino, y la centinela empezaba a ser más larga y penosa, Porthos se hizo servir por el guarda de una puerta algunas botellas de buen vino y carne, para tener a lo menos la distracción de hacer saltar de tiempo en tiempo un corcho y tirar un bocado. Y había llegado a las últimas migajas, cuando Raúl y Grimaud llegaron a escape.

Al ver venir por el camino real a aquellos dos jinetes, Porthos creyó que eran SaintAignán y su padrino. Pero en vez de SaintAignán, sólo vio a Raúl, el cual se le acercó haciendo desesperados gestos y exclamando:

—¡Ah! ¡mi querido amigo! perdonadme, ¡qué infeliz soy!

—¡Raúl! —dijo Porthos.

—¿Estáis enojado contra mí? —repuso el vizconde abrazando a Porthos.

—¿Yo? ¿por qué?

—Por haberos olvidado de ese modo. Pero ¡ay! tengo trastornado el juicio.

—¡Bah!

—¡Si supieseis, amigo mío!

—¿Lo habéis matado?

—¿A quién?

—A Saint-Aignán.

—¡Ay! no me refiero a Saint-Aignán.

—¿Qué más ocurre?

—Que en la hora es probable que el señor conde de La Fere esté arrestado.

—¡Arrestado! ¿por qué? —exclamó Porthos haciendo un ademán capaz de derribar una pared.

—Por D'Artagnan.

—No puede ser —dijo el coloso.

—Sin embargo, es la pura verdad —replicó el vizconde. Porthos se volvió hacia Grimaud como quien necesita una segunda afirmación, y vio que el fiel criado de Athos le hacía una señal con la cabeza.

—¿Y adónde lo han llevado? —preguntó Porthos.

—Probablemente la Bastilla.

—¿Qué os lo hace creer?

—Por el camino hemos interrogado a algunos transeúntes que han visto pasar la carroza, a otros que la han visto entrar en la Bastilla.

—¡Oh! ¡oh! —repuso Porthos adelantándose dos pasos.

—¿Qué decís? —preguntó Raúl.

—¿Yo? nada: pero no quiero que Athos se quede en la Bastilla.

—¿Sabéis que han arrestado al conde por orden del rey? —dijo el vizconde acercándose a su amigo. Porthos miró a Bragelonne como diciéndole: "¿Y a mí qué?" Mudo lenguaje que le pareció tan elocuente a Raúl, volvió a subirse a caballo, mientras el coloso hacía lo mismo con ayuda de Grimaud.

—Tracemos un plan —dijo el vizconde.

—Esto es —repuso Porthos, —tracemos un plan.

—Y al ver que Raúl lanzaba un suspiro y se detenía repentinamente, añadió: —¡Qué! ¿desmayáis?

—No, lo que me ataja es la impotencia. ¿Por ventura los tres podemos apoderarnos de la Bastilla?

—Sí D'Artagnan estuviese allí, no digo que no —repuso Porthos. Raúl quedó mudo de admiración ante aquella confianza heroica de puro candorosa. ¿Conque en realidad vivían aquellos nombres célebres que en número de tres o cuatro embestían contra un ejército o atacaban una fortaleza?

—Acabáis de inspirarme una idea, señor de Vallón —dijo el vizconde, —es necesario de toda necesidad que veamos al señor de D'Artagnan.

—Sin duda.

—Debe de haber conducido ya a mi padre a la Bastilla y, por consiguiente, estar de regreso en su casa.

—Primeramente informémonos en la Bastilla —dijo Grimaud, que hablaba poco, pero bien.

Los tres llegaron ante la fortaleza a tiempo que Grimaud pudo divisar cómo doblaba la gran puerta del puente levadizo la carroza que conducía a D'Artagnan de regreso de palacio.

En vano Raúl espoleó su cabalgadura para alcanzar la carroza y ver quién iba dentro. Aquella ya se había detenido allende la puerta grande, que volvió a cerrarse, mientras un guardia francés de centinela daba con el mosquete en el hocico del caballo del vizconde, el cual volvió grupas, satisfecho de saber a qué atenerse respecto de la presencia de aquella carroza que encerrara a su padre.

Ya lo hemos atrapado —dijo Grimaud.

—Como estamos seguros de que va a salir, aguardemos, ¿no es verdad, señor de Vallón? —dijo Bragelonne.

—A no ser también que D'Artagnan esté preso —replicó Porthos; —en cuyo caso todo está perdido.

Raúl, que conoció que todo era admisible, nada respondió a las palabras de Porthos; lo único que hizo fue encargar a Grimaud que, para no dar sospechas condujese los caballos a la callejuela de Juan Beausire, mientras él con su penetrante mirada atisbaba la salida de D'Artagnan o de la Carroza.

Fue lo mejor, pues apenas transcurridos veinte minutos, volvieron a abrir la puerta y apareció de nuevo la carroza. ¿Quiénes iban en ella? Raúl no pudo verlo por habérselo privado un deslumbramiento, pero Grimaud afirmó haber visto a dos personas, una de las cuales era su amo.

Porthos miró a Bragelonne y al lacayo para adivinar qué pensaban.

—Es cierto —dijo Grimaud, —que, si el señor conde está en la carroza, es porque lo han puesto en libertad, o lo trasladan a otra prisión.

—El camino que emprenden nos lo dirá—repuso Porthos.

—Si lo han puesto en libertad —continuó Grimaud, —lo conducirán a su casa.

—Es verdad —dijo el gigante.

—Pues la carroza no toma tal dirección —exclamó el vizconde. En efecto, los caballos acababan de internarse en el arrabal de San Antonio.

—Corramos —dijo Porthos —ataquemos la carroza una vez en la carretera, y digamos a Athos que se ponga a salvo.

—A eso llaman rebelión, —murmuró el vizconde. Porthos lanzó a su joven amigo una segunda mirada digna hermana de la primera, a la cual respondió el vizconde arreando a su cabalgadura.

Poco después los jinetes dieron alcance a la carroza. D'Artagnan, que siempre tenía despiertos los sentidos, oyó el trote de los corceles en el momento en que Raúl decía a Porthos que se adelantasen a la carroza para ver quién era la persona a la cual acompañaba D'Artagnan.

Porthos obedeció, pero como las cortinillas estaban corridas, nada pudo ver. La rabia y la impaciencia dominaban a Bragelonne, que al notar el misterio de que se rodeaban los compañeros de Athos, resolvió atropellar por todo.

D'Artagnan por su parte, conoció a Porthos y a Raúl, y comunicó a Athos el resultado de su observación.

Athos y D'Artagnan se proponían ver si Raúl y Porthos llevarían las cosas al último extremo.

Y así fue. Bragelonne empuñó una pistola, se abalanzó al primer caballo de la carroza, e intimó al cochero que parase, Porthos dio un golpe y lo quitó de su sitio, y Grimaud se asió a la portezuela.

—¡Señor conde! ¡señor conde! —exclamó Bragelonne abriendo los brazos.

—¿Sois vos, Raúl? —dijo Athos ebrio de alegría.

—¡No está mal! —repuso D'Artagnan echándose a reír. Y los dos abrazaron a Porthos y a Bragelonne, que se habían apoderado de ellos.

—¡Mi buen Porthos! ¡mi excelente amigo! —exclamó el conde de La Fere; —¡siempre el mismo!

—Todavía tiene veinte años —dijo D'Artagnan.

—¡Bravo, Porthos!

—¡Diantre! —repuso el barón un tanto cortado, —hemos creído que os había preso.

—Ya lo veis —replicó Athos, —todo se reducía a un paseo en la carroza del señor de D'Artagnan.

—Os seguimos desde la Bastilla —replicó el vizconde con voz de duda y de reconvención.

—Adonde hemos ido a cenar con el buen Baisemeaux —dijo el mosquetero.

—Allí hemos visto a Aramis.

—¿En la Bastilla?

—Ha cenado con nosotros.

—¡Ah! —exclamó Porthos respirando.

—Y nos ha dado mil curiosos recuerdos para vos.

—Gracias. —¿Adónde va el señor conde? —preguntó Grimaud, a quien su amo recompensara yacon una sonrisa.

—A Blois, a mi casa.

—¿Así en derechura?

—Desde luego.

—¿Sin equipaje?

—Ya se habría encargado Raúl de enviármelo o llevármelo al volver a mi casa, si es que a ella vuelve.

—Si ya no lo detiene en París asunto alguno, hará bien en acompañarnos, Athos —dijo D'Artagnan acompañando sus palabras de una mirada firme y cortante como una cuchilla y dolorosa como ella, pues volvió a abrir las heridas del desventurado joven.

—Nada me detiene en París—repuso Bragelonne.

—Pues partamos —exclamó Athos inmediatamente.

—¿Y el señor de D'Artagnan?

—Sólo acompañaba a Athos hasta aquí; me vuelvo a París con Porthos.

—Corriente —dijo éste.

Acercaos, hijo mío —añadió el conde ciñendo suavemente y con su brazo el cuello de Raúl para atraerlo a la carroza, y dándole un nuevo beso. Y volviéndose hacia Grimaud, prosiguió —Oye, te vuelves a París con tu caballo y el del señor de Vallón; Raúl y yo subimos a caballo aquí, y dejamos la carroza a esos dos caballeros para que tornen a la ciudad. Una vez en mi casa, reúne mis ropas y mis cartas, y envíamelas a Blois.

—Señor conde —dijo Raúl, que ardía en deseos de hacer hablar a su padre, —ved que si volvéis a París no hallaréis en vuestra casa ropa blanca ni cuanto es necesario, y eso os será por demás incómodo.

—Creo que tardaré mucho tiempo en volver, Raúl. Nuestra última estancia en París no me alienta a volver.

Raúl bajó la cabeza y no habló más.

Athos se bajó de la carroza y montó el caballo de Porthos.

Después de mil abrazos y apretones de manos, y de reiteradas protestas de amistad imperecedera, y de haber Porthos prometido pasar un mes en casa de Athos tan pronto se lo permitieran sus ocupaciones, y Atagnan ofrecido aprovechar su primera licencia, este último abrazó a Raúl por la postrera vez, y le dijo:

—Hijo mío, te escribiré.

¡Qué no significaban estas palabras de D'Artagnan, que nunca escribía! A ellas, el vizconde se sintió enternecido, y, no pudiendo refrenar las lágrimas, se soltó de las manos del mosquetero y partió.

D'Artagnan, subió a su carroza, en la cual ya se había instalado Porthos.

—¡Qué día, mi buen amigo! —exclamó el gascón.

—Ya podéis decirlo —replicó Porthos.

—Debéis estar quebrantado.

—No mucho. Sin embargo, me acostaré temprano, a fin de estar mañana en buenas disposición.

—¿Para qué?

—Para dar fin a lo que he empezado.

—Me dais calambres, amigo mío. ¿Qué diablos habéis empezado que no esté concluido?

—¡Hombre! como Rául no se ha batido, fuerza es que yo me bata.

—¿Con quién? ¿con el rey?

—¡Como con el rey! —exclamó Porthos, en el colmo de la estupefacción.

—Con el rey he dicho.

—¡Ca, hombre! con quien voy a batirme yo es con Saint-Aignán, lo hacéis contra el rey.

—¿Estáis seguro de lo que afirmáis? —repuso Porthos abriendo desmesuradamente los ojos.

—¡No he de estarlo!

—¿Pues cómo se arregla eso?

—Ante todo veamos de cenar bien, y os oí que la mesa del capitán de mosqueteros es agradable. A ella veréis sentado al gentil Saint-Aignán, y beberéis a su salud.

—¿Yo? —exclamó con horror el coloso.

—¡Cómo! ¿os negáis a beber a la salud del rey?

—Pero ¿quién diablos os habla del rey? Os hablo de SaintAignán.

—Es lo mismo —replicó D'Artagnan.

—Así es distinto —repuso Porthos vencido.

—Me habéis comprendido, ¿no es verdad?

—No —respondió Porthos, —pero lo mismo da.

—Decís bien, lo mismo da —dijo D'Artagnan: —vámonos a cenar.

LA SOCIEDAD DE BAISEMEAUX

No ha olvidado el lector que D'Artagnan y el conde de La Fere, al salir de la Bastilla, dejaron en ella y a solas a Aramis y a Baisemeaux.

Baisemeaux tenía por verdad inconcusa que el vino de la Bastilla era excelente, era capaz de hacer hablar a un hombre de bien: pero no conocía a Aramis, el cual conocía como a sí mismo al gobernador, y contaba hacerle hablar por el sistema que este último tenía por eficaz.

Si no en apariencia, la conversación decaía, pues Baisemeaux hablaba únicamente de la singular prisión de Athos, seguida inmediatamente la orden de remisión.

Aramis no era hombre para molestarse por cosa alguna, y ni siquiera había dicho aun a Baisemeaux por qué estaba allí.

Así es que el prelado le interrumpió de improviso exclamando:

—Decidme, mi buen señor de Baisemeaux, ¿no tenéis en la Bastilla más distracciones que aquellas a que he asistido las dos o tres veces que os he visitado? El apóstrofe era tan inesperado, que el gobernador quedó aturdido.

—¿Distracciones? —dijo Baisemeaux.

—Continuamente las tengo, monseñor.

—¿Qué clase de distracciones son esas?

—De toda especie.

—¿Visitas?

—No, monseñor; las visitas no son comunes en la Bastilla.

—¡Ah! ¿son raras las visitas?

—Rarísimas. –

–¿Aun de parte de vuestra sociedad?

—¿A qué llamáis vos mi sociedad? ¿a mis presos?

—No, entiendo por vuestra sociedad la de que vos formáis parte.

—En la actualidad es muy reducida para mí —contestó el gobernador después de haber mirado fijamente a Aramis, y como si no hubiera sido imposible lo que por un instante había supuesto.

—Si queréis que os hable con franqueza, señor de Herblay, por lo común, la estancia en la Bastilla es triste y fastidiosa para los hombres de mundo. En cuanto a las damas, apenas vienen, y aun con terror no logro calmar. ¿Y cómo no temblarían de los pies a la cabeza al ver esas tristes torres, y al pensar que están habitadas por desventurados presos que...? Y a Baisemeaux se le iba trabando la lengua, y calló.

—No me comprendéis, mi buen amigo — repuso el prelado.

—No me refiero a la sociedad en general, sino a la sociedad a que estáis afiliado.

—¿Afiliado? —dijo el gobernador, a quien por poco se le cae el vaso de moscatel que iba a llevarse a los labios.

—Sí —replicó Aramis con la mayor impasibilidad.

—¿No sois individuo de una sociedad secreta?

—¿Secreta?

—O misteriosa.

—¡Oh! ¡señor de Herblay!...

—No lo neguéis...

—Podéis creer...

—Creo lo que sé.

—Os lo juro...

—Como yo afirmo y vos negáis —repuso Aramis, —uno de los dos está en lo cierto.

Pronto averiguaremos quién tiene razón.

—Vamos a ver.

—Bebeos vuestro vaso de moscatel. Pero ¡qué cara ponéis!

—No, monseñor.

—Pues bebed.

Baisemeaux bebió, pero atragantándose.

—Pues bien —repuso Aramis, —si no formáis parte de una sociedad secreta, o misteriosa, como queráis llamarla, no comprenderéis palabra de cuanto voy a deciros.

—Tenedlo por seguro.

—Muy bien.

—Y si no, probadlo.

—A eso voy. Si, al contrario, pertenecéis a la sociedad a que quiero referirme, vais a responderme inmediatamente sí o no.

—Preguntad —repuso Baisemeaux temblando.

—Porque, —prosiguió con la misma impasibilidad Aramis, —es evidente que uno no puede formar parte de una sociedad ni gozar de las ventajas que la sociedad ofrece a los afiliados, sin que estos estén individualmente sujetos a algunas pequeñas servidumbres.

—En efecto —tartamudeó Baisemeaux, —eso se concebiría, si...

—Pues bien, en la sociedad de que os he hablado, y de la cual, por lo que se ve no formáis parte, existe...

—Sin embargo —repuso el gobernador, —yo no quiero decir en absoluto...

—Existe un compromiso contraído por todos los gobernadores y capitanes de fortaleza afiliados a la orden.

Baisemeaux palideció.

—El compromiso —continúo Aramis con voz firme, —helo aquí.

—Veamos...

Aramis dijo, o más bien recitó el párrafo siguiente, con la misma voz que si hubiese leído un libro: "Cuando lo reclamen las circunstancias y a petición del preso, el mencionando capitán o gobernador de fortaleza permitirá la entrada a un confesor afiliado a la orden". Daba lástima ver a Baisemeaux; de tal suerte temblaba y tal era su palidez.

—¿No es ese el texto del compromiso? —prosiguió tranquilamente Herblay.

—Monseñor... —Parece que empieza a aclararse vuestra mente.

—Monseñor —dijo Baisemeaux, —no os burléis de la pobreza de mi inteligencia; yo ya sé que, en lucha con la vuestra, la mía nada vale si os proponéis arrancarme los secretos de mi administración.

—Desengañaos, señor de Baisemeaux; no tiro a los secretos de vuestra administración, sino a los de vuestra conciencia.

—Concedo que sean de mi conciencia, señor de Herblay; pero tened en cuenta mi situación.

—No es común si estáis afiliado a esa sociedad —prosiguió el inflexible Herblay; —pero si estáis libre de todo compromiso, si no tenéis que responder más que al rey, no puede ser más natural.

—Pues bien, señor de Herblay, no obedezco más que al rey, porque ¿a quién sino al rey debe obedecer un caballero francés?

—Grato, muy grato es para un prelado de Francia —repuso Aramis con voz suavísima, —oír expresarse con tanta lealtad a un hombre de vuestro valer.

—¿Habéis dudado de mí, monseñor?

—¿Yo? No.

—¿Luego no dudáis?

—¿Cómo queréis que dude que un hombre como vos no sirva fielmente a los señores que se ha dado voluntariamente a sí mismo?

—¡Los señores! —exclamó Baisemeaux.

—Los señores he dicho.

—¿Verdad que continuáis chanceándoos, señor de Herblay?

—Tener muchos señores en vez de uno, hace más difícil la situación, lo concibo; pero no soy yo la causa del apuro en que os halláis, sino vos, mi buen amigo.

—Realmente no sois vos el causante —repuso el gobernador en el colmo de la turbación.

—Pero ¿qué hacéis? ¿Os marcháis?

—Sí.

—¡Qué raro os mostráis para conmigo, monseñor!

—No por mi fe.

—Pues quedaos.

—No puedo.

—¿Por qué?

—Porque ya nada tengo que hacer aquí y me llaman a otra parte.

—¿Tan tarde?

—Tan tarde.

—Pensad que en la casa de la cual he venido, me han dicho: "Cuando lo reclamen las circunstancias y a petición del preso, el mencionado capitán o gobernador de fortaleza permitirá la entrada a un confesor afiliado la orden. He venido, me he explicado, no me habéis comprendido, y me vuelvo para decir a los que me han enviado que se han engañado y que me envíen a otra parte.

—¡Cómo! ¿vos sois...? —exclamó Baisemeaux mirando a Aramis casi con espanto.

—El confesor afiliado a la orden —respondió Aramis sin modificar la voz. Mas por muy suavemente que Herblay hubiese vertido sus palabras, produjeron en el infeliz gobernador el efecto del rayo. Baisemeaux se puso amoratado.

—¡El confesor! —murmuró Baisemeaux; —¿vos el confesor de la orden, monseñor?

—Sí; pero como no estáis afiliado, nada tenemos que ventilar los dos.

—Monseñor...

—¡Ah!

—Ni que me niegue a obedecer.

—Pues lo que acaba de pasar se parece a la desobediencia.

—No, monseñor; he querido cerciorarme...

—¿De qué? —dijo Aramis con ademán de soberano desdén.

—De nada, monseñor; de nada —dijo Baisemeaux bajando la voz y humillándose ante el prelado.

—En todo tiempo y en todo lugar estoy a la disposición de mis señores, pero...

—Muy bien; prefiero veros así —repuso Herblay sentándose otra vez y tendiendo su vaso al gobernador, que no acertó a llenarlo, de tal suerte le temblaba la mano.

—Habéis dicho "pero", —dijo Aramis.

—Pero como no me habían avisado, estaba muy lejos de esperar...

—¿Por ventura no dice el Evangelio: "¿Velad, porque sólo Dios sabe el momento"? ¿Acaso las prescripciones de la orden no rezan: "¿Velad, porque lo que yo quiero, vosotros debéis siempre quererlo"? ¿A título de qué, pues, no esperabais la venida del confesor?

—Porque en este momento no hay en la Bastilla preso alguno que esté enfermo.

—¿Qué sabéis vos? —replicó Herblay encogiendo los hombros.

—Me parece...

—Señor de Baisemeaux —repuso Aramis arrellanándose en su sillón, —he ahí vuestro criado que desea deciros algo. En efecto, en aquel instante apareció en el umbral del comedor el criado de Baisemeaux.

—¿Qué hay? —preguntó con viveza el gobernador.

—Señor de Baisemeaux —respondió el criado, —os traigo el boletín del médico de la casa.

—Haced que entre el mensajero —dijo Aramis fijando en el gobernador sus límpidos y serenos ojos.

El mensajero entró, saludó y entregó el boletín.

—¡Cómo! ¡el segundo Bertaudiere está enfermo! —exclamó con sorpresa el gobernador después de haber leído el boletín y levantado la cabeza.

—¿No decíais que vuestros presos gozaban todos de salud inmejorable? —repuso Aramis con indolencia y bebiéndose un sorbo del moscatel, aunque sin apartar del gobernador la mirada.

—Si mal no recuerdo —dijo Baisemeaux con temblorosa voz y después de haber despedido con ademán al criado; —si mal no recuerdo, el párrafo dice: "A petición del preso".

—Esto es —respondió Aramis; pero ved qué quieren de vos. En efecto, en aquel instante un sargento asomó la cabeza por la puerta medio entornada.

—¿Qué más hay? —exclamó el gobernador.

—No me dejarán diez minutos en paz?

—Señor gobernador —dijo el sargento, —el enfermo de la segunda Bertaudiere ha encargado a su llavero que os pida un confesor. En un tris estuvo que Bertaudiere no cayese por tierra. Aramis desdeñó el sosegarlo, como desdeñara el asustarlo.

—¿Qué respondo? —prosiguió Baiseméaux.

—Lo que os guste —dijo Aramis.

—Por ventura soy yo el gobernador de la Bastilla?

—Decid al preso que se proveerá —exclamó el gobernador volviéndose hacia el sargento y despidiéndole con una seña. Luego añadió: —¡Ah! monseñor, monseñor, ¿cómo pude sospechar... prever...? —¿Quién os decía que sospecharais, ni quien os rogaba que previerais? —replicó Aramis con desapego.

—La orden no sospecha, sabe y prevé: ¿no basta eso?

—¿Qué ordenáis? —dijo el gobernador.

—Nada. No soy más que un pobre sacerdote, un simple confesor. ¿Me mandáis que vaya a visitar a vuestro enfermo?

—No os lo mando, monseñor, os lo ruego.

—Acompañadme, pues.

EL PRESO

Después de la singular transformación de Aramis en confesor de la compañía, Baisemeaux dejó de ser el mismo hombre. Hasta entonces Herblay había sido para el gobernador un pre lado a quien debía respeto, un amigo a quien le ligaba la gratitud; pero desde la revelación que acababa de trastornarle todas las ideas, Aramis fue el jefe, y él un inferior.

Baisemeaux encendió por su propia mano un farol, llamó al carcelero, y se puso a las órdenes de Aramis.

El cual se limitó a hacer con la cabeza un ademán que quería decir: "Está bien", y con la mano una seña que significaba: "Marchad delante". Baisemeaux echó a andar, y Aramis le siguió.

La noche estaba estrellada; las pisadas de los tres hombres resonaban en las baldosas de las azoteas, y el retentín de las llaves que, colgadas del cinto, llevaba el llavero subía hasta los pisos de las torres como para recordar a los presos que no estaba en sus manos recobrar la libertad.

Así llegaron al pie de la Bertaudiere los tres, y, silenciosamente, subieron hasta el segundo piso, Baisemeaux, si bien obedecía, no lo hacía con gran solicitud, ni mucho menos.

Por fin llegaron a la puerta, y el llavero abrió inmediatamente.

—No está escrito que el gobernador oiga la confesión del preso —dijo Aramis cerrando el paso al Baisemeaux, en el acto de ir a entrar aquél en el calabozo.

Baisemeaux se inclinó y dejó pasar a Aramis, que tomó el farol de manos del llavero y entró; luego hizo una seña para que tras él cerraran la puerta.

Herblay permaneció por un instante en pie y con el oído atento, escuchando si Baisemeaux y el llavero se alejaban; luego, cuando estuvo seguro de que aquéllos habían salido de la torre, dejó el farol en la mesa y miró a todas partes.

En una cama de sarga verde, exactamente igual a las demás camas de la Bastilla, aunque más nueva, y bajo amplias y medio corridas colgaduras, descansaba el joven con quien ya hemos hecho hablar una vez a Herblay.

Según el uso de la prisión, el cautivo estaba sin luz desde el toque de queda, en lo cual se echa de ver de cuántos miramientos gozaba el preso, pues tenía el privilegio de conservar la vela encendida hasta el momento que va dicho.

Junto a la cama había un sillón de baqueta, y, en él, ropas flamantes; arrimada a la ventana, se veía una mesita sin libros ni recado de escribir, pero cubierta de platos, que en lo llenos demostraban que el preso había probado apenas su última comida.

Aramis vio, tendido en la cama y en posición supina, al joven, que tenía el rostro escondido en parte por los brazos. La llegada del visitador no hizo cambiar de postura al preso, que esperaba o dormía.

Aramis encendió la vela con ayuda del farol, apartó con cuidado el sillón y se acercó a la cama con muestras visibles de interés y de respeto.

—¿Qué quieren de mí? —preguntó el joven levantando la cabeza.

—¿No habéis pedido un confesor?

—Sí.

—¿Porque estáis enfermo?

—Sí.

—¿De gravedad?

—Gracias —repuso el joven fijando en Aramis una mirada penetrante. Y tras un instante de silencio, agregó: Ya os he visto otra vez. Aramis hizo una reverencia. Indudablemente el examen que acababa de hacer al preso, aquella revelación de su carácter frío, astuto y dominador, impreso en la fisonomía del obispo de Vannes, era poco tranquilizador en la situación del joven, pues añadió:

—Estoy mejor.

—¿Así pues?... —preguntó Aramis.

—Siguiendo mejor, me parece que no tengo necesidad de confesarme.

—¿Ni del cilicio de que os habla el billete que habéis encontrado en vuestro pan? El preso se estremeció.

—¿Ni del sacerdote de la boca del cual debéis oír una revelación importante? — prosiguió Aramis.

—En este caso ya es distinto —dijo el joven dejándose caer nuevamente sobre su almohada. Aramis miró con más atención al preso y quedó asombrado al ver aquel aire de majestad sencillo y desembarazado que no se adquiere nunca si Dios no lo infunde en la sangre o en el corazón.

—Sentaos, caballero —dijo el preso.

—¿Qué tal encontráis la Bastilla? —preguntó Herblay inclinándose y después de haber obedecido.

—Muy bien.

—¿Padecéis?

—No.

—¿Deseáis algo?

—Nada

—¿Ni la libertad?

—¿A qué llamáis libertad? —preguntó el preso con acento de quien se prepara a una lucha.

—Doy el nombre de libertad a las flores, al aire, a la luz, a las estrellas, a la dicha de ir adonde os conduzcan vuestras nerviosas piernas de veinte años.

—Mirad —respondió el joven dejando vagar por sus labios una sonrisa que tanto podía ser de resignación como de desdén— en ese vaso del Japón tengo dos lindísimas rosas, tomadas en capullo ayer tarde en el jardín del gobernador; esta mañana han abierto en mi presencia su encendido cáliz, y por cada pliegue de sus hojas han dado salida al tesoro de su aroma, que ha embalsamado la estancia. Mirad esas dos rosas: son las flores más hermosas ¿Por qué he de desear yo otras flores cuando poseo las más incomparables? Aramis miró con sorpresa al joven. —Si las flores son la libertad, —continuó con voz triste el cautivo, —gozo de ella, pues poseo las flores.

—Pero ¿y el aire? —exclamó Herblay, —¿el aire tan necesario a la vida?

—Acercaos a la ventana, —prosiguió el preso; —está abierta. Entre el cielo y la tierra, el viento agita sus torbellinos de nieve, de fuego, de tibios vapores o de brisas suaves. El aire que entra por esa ventana me acaricia el rostro cuando, subido yo a ese sillón, sentado en su respaldo y con el brazo en torno del barrote que me sostiene, me figuro que nado en el vacío.

—¿Y la luz? —preguntó Aramis, cuya frente iba nublándose.

—Gozo de otra mejor, —continuó; el preso; —gozo del sol, amigo que viene a visitarme todos los días sin permiso del gobernador, sin la compasión del carcelero. Entra por la ventana, traza en mi cuarto un grande y largo paralelogramo que parte de aquélla y llega hasta el fleco de las colgaduras de mi cama. Aquel paralelogramo se agranda desde las diez de la mañana hasta mediodía, y mengua de una a tres, lentamente como si le pesara apartarse de mí tanto cuanto se apresura en venir a verme. Al desaparecer su último rayo, he gozado de su presencia cuatro horas. ¿Por ventura no me basta eso? Me han dicho que hay desventurados que excavan canteras y obreros que trabajan en las minas, que nunca ven el sol.

Aramis se enjugó la frente.

—Respecto de las estrellas, tan gratas a la mirada, —continuó el joven, —aparte el brillo y la magnitud, todas se parecen. Y aun en ese punto salgo favorecido; porque de no haber encendido vos esa bujía, podíais haber visto lo hermosa estrella que veía yo desde mi cama antes de llegar vos, y de la cual me acariciaba los ojos la irradiación.

Aramis, envuelto en la amarga oleada de siniestra filosofía que forma la religión del cautiverio, bajó la cabeza.

—Eso en cuanto a las flores, al aire, a la luz y a las estrellas —prosiguió el joven con la misma tranquilidad.

—Respecto del andar, cuando hace buen tiempo me paseo todo el día por el jardín del gobernador, por este aposento si llueve, al fresco si hace calor, y si hace frío, lo hago al amor de la lumbre de mi chimenea.

—Y con expresión no exenta de amargura, el preso añadió—: Creedme, caballero, los hombres han hecho por mí cuanto puede esperar y anhelar un hombre.

—Admito en cuanto a los hombres, —replicó Aramis levantando la cabeza; —pero creo que os olvidáis de Dios.

—En efecto, me he olvidado de Dios, —repuso con la mayor calma el joven; —pero ¿por qué me decís eso? ¿A qué hablar de Dios a los cautivos? Aramis miró de frente a aquel joven extraordinario, que a la resignación del mártir añadía la sonrisa del ateo, y dijo con acento de reproche.

—¿Por ventura no está Dios presente en todo?

—Al fin de todo, —arguyó con firmeza el preso.

—Concedido, —repuso Aramis: —pero volvamos al punto de partida.

—Eso pido.

—Soy vuestro confesor.

—Ya lo sé.

—Así pues, como penitente mío, debéis decirme la verdad.

—Estoy dispuesto a decírosla.

—Todo preso ha cometido el crimen a consecuencia del cual lo han reducido a prisión. ¿Qué crimen habéis cometido vos?

—Ya me hicisteis la misma pregunta la primera vez que me visteis, —contestó el preso.

—Y entonces eludisteis la respuesta, como ahora la eludís.

—¿Y por qué opináis que ahora voy a responderos?

—Porque soy vuestro confesor.

—Pues bien, si queréis que os diga qué crimen he cometido, explicadme qué es crimen. Yo, por mi parte, sé deciros que no acusándome de nada mi conciencia, no soy criminal.

—A veces uno es criminal a los ojos de los grandes de la tierra, no sólo porque ha cometido crímenes, sino también porque sabe que otros los han cometido.

—Comprendo, —repuso tras un instante de silencio el joven y después de haber escuchado con atención profunda; —decís bien, caballero; mirado desde ese punto de vista, podría muy bien ser que yo fuese criminal a los ojos de los magnates.

—¡Ah! ¿conque sabéis algo? —preguntó Aramis.

—Nada sé, —respondió el joven; —pero en ocasiones medito, y al meditar me digo...

—¿Que?

—Que, de continuar en mis meditaciones, una de dos, o me volvía loco, o adivinaría muchas cosas. —¿Y qué hacéis? —preguntó Aramis con impaciencia. —Paro el vuelo de mi mente.

—¡Ah!

—Sí, porque se me turba la cabeza, me entristezco, me invade el tedio, y deseo...

—¿Qué?

—No lo sé, porque no quiero que me asalte el deseo de cosas que no poseo, cuando estoy tan contento con lo que tengo.

—¿Teméis la muerte? —preguntó Herblay con inquietud.

—Sí, —respondió el preso sonriéndose.

—Pues si teméis la muerte, —repuso Aramis estremeciéndose ante la fría sonrisa de su interlocutor.

—Es señal de que sabéis más de lo que no queréis dar a entender. ¿Por qué soy yo quien ahora hablo, y vos quien se calla, —replicó el cautivo, — cuando habéis hecho que os llamara a mi lado, y habéis entrado prometiéndome hacerme tantas revelaciones? Ya que los dos estamos cubiertos con una máscara, o continuamos ambos con ella puesta, o arrojémosla los dos a un tiempo.

—Vamos a ver, ¿sois ambicioso?

—¿Qué es ambición? —preguntó el joven.

—Un sentimiento que impele al hombre a desear más de lo que posee.

—Ya os he manifestado que estoy contento, pero quizás me engaño. Ignoro qué es ambición, pero está en lo posible que la tenga. Explicaos, ilustradme.

—Ambicioso es aquel que codicia más que lo que le proporciona su estado.

—Eso no va conmigo, —dijo el preso con firmeza que hizo estremecer nuevamente al obispo de Vannes.

Aramis se calló; pero al ver las inflamadas pupilas, la arrugada frente y la reflexiva actitud del cautivo, conocíase que éste esperaba algo más que el silencio.

—La primera vez que os vi, —dijo Herblay hablando por fin— mentisteis.

—¡Que yo mentí! —exclamó el preso incorporándose, y con voz tal y tan encendidos ojos, que Aramis retrocedió a su pesar.

—Quiero decir, —prosiguió Aramis, —que me ocultasteis lo que de vuestra infancia sabíais. Cada cual es dueño de sus secretos, caballero, y no debe haber almoneda de ellos ante el primer advenedizo. Es verdad, —contestó Aramis inclinándose profundamente—, perdonad; pero ¿todavía hoy soy para vos un advenedizo? Os suplico que me respondáis, "monseñor". Este título causó una ligera turbación al preso; sin embargo, pareció no admirarse de que se lo diesen.

—No os conozco, caballero, —repuso el joven. —¡Ah! Sí yo me atreviera, —dijo Herblay, —tomaría vuestra mano y os la besaría.

El cautivo hizo un ademán como para dar la mano a Aramis, pero el rayo que emanó de sus pupilas se apagó en el borde de sus párpados, y su mano se retiró fría y recelosa.

—¡Besar la mano de un preso! —dijo el cautivo moviendo la

cabeza; —¿para qué?

—¿Por qué me habéis dicho que aquí os encontrabais bien, —preguntó Aramis, —que a nada aspirabais? En una palabra, ¿por qué, al hablar así, me vedáis que a mi vez sea franco? De las pupilas del joven emanó un tercer rayo; pero, como las dos veces anteriores, se apagó sin más consecuencias.

—¿Receláis de mí? —preguntó el prelado.

—¿Por qué recelaría de vos?

—Por una razón muy sencilla, y es que, si vos sabéis lo que debéis saber, debéis recelar de todos.

—Entonces no os admire mi desconfianza, pues suponéis que sé lo que ignoro.

—Me hacéis desesperar, monseñor, —exclamó Aramis asombrado de tan enérgica resistencia y descargando el puño sobre su sillón.

—Y yo no os comprendo.

—Haced por comprenderme.

El preso clavó la mirada en su interlocutor. En ocasiones, —prosiguió Herblay, — pienso que tengo ante mí al hombre a quien busco... y luego...

—El hombre ese que decís, desaparece, ¿no es verdad? —repuso el cautivo sonriéndose.

—Más vale así.

—Decididamente nada tengo que decir a un hombre que desconfía de mí hasta el punto que vos, —dijo Aramis levantándose.

—Y yo, —replicó en el mismo tono el joven, —nada tengo que decir al hombre que se empeña en no comprender que un preso debe recelar de todo.

—¿Aun de sus antiguos amigos? Es un exceso de prudencia, monseñor.

—¿De mis antiguos amigos, decís? ¡Qué! ¿vos sois uno de mis antiguos amigos?

—Vamos a ver, —repuso Herblay, —¿por ventura ya no recordáis haber visto en otro tiempo, en la aldea donde pasasteis vuestra primera infancia...?

—¿Qué nombre tiene esa aldea? —preguntó el preso.

—Noisy-le-Sec, monseñor, —respondió Aramis con firmeza.

—Proseguid, —dijo el cautivo sin que su rostro afirmase o negase.

—En definitiva, monseñor, —repuso el obispo, —si estáis resuelto a obrar como hasta aquí, no sigamos adelante. He venido para haceros sabedor de muchas cosas, es cierto; pero cumple por vuestra parte me demostréis que deseáis saberlas. Convenid en que antes de que yo hablase, antes de que os diese a conocer los importantes secretos de que soy depositario, debíais haberme ayudado, si no con vuestra franqueza, a lo menos con un poco de simpatía, ya que no confianza. Ahora bien, como os habéis encerrado en una supuesta ignorancia que me paraliza... ¡Oh! no, no me paraliza en el concepto que vos imagináis; porque por muy ignorante que estéis, por mucha que sea la indiferencia que finjáis, no dejáis de ser lo que sois, monseñor, y no hay poder alguno, ¿lo oís bien? no hay poder alguno capaz de hacer que no lo seáis.

—Os ofrezco escucharos con paciencia, —replicó el preso. —Pero me parece que me asiste el derecho de repetir la pregunta que ya os he dirigido: ¿Quién sois?

—¿Recordáis haber visto, hace quince o diez y ocho años en Noisy-le-Sec, a un caballero que venía con una dama, usualmente vestida de seda negra y con cintas rojas en los cabellos?

—Sí, —respondió el joven, —y recuerdo también que una vez pregunté cómo se llamaba aquél caballero, a lo cual me respondieron que era el padre Herblay. Por cierto, que me admiró que el tal padre tuviese un aire tan marcial, y así lo expuse, y me dijeron que no era extraña tal circunstancia, supuesto que el padre Herblay había sido mosquetero de Luis XIII.

—Pues bien, —dijo Aramis, —el mosquetero de Luis XIII, el sacerdote de Noisy-leSec, el que después fue obispo de Vannes y es hoy vuestro confesor, soy yo.

—Lo sé, os he conocido.

—Pues bien, monseñor, si eso sabéis, debo añadir algo que ignoráis, y es que si el rey fuese sabedor de la presencia en este calabozo de aquel mosquetero, de aquel sacerdote, de aquel obispo, de vuestro confesor de hoy, esta noche, mañana a más tardar, el que todo lo ha arrostrado para llegar hasta vos, vería relucir el hacha del verdugo en un calabozo más negro y más escondido que el vuestro. Al escuchar estas palabras dichas con firmeza, el cautivo volvió a incorporarse, fijó con avidez creciente sus ojos en los de Aramis, y, al parecer, cobró alguna confianza, pues dijo:

—Sí, lo recuerdo claramente. La mujer de quien me habéis hablado vino una vez con vos, y otras dos veces con la mujer...

—Con la mujer que venía a veros todos los meses, —repuso Herblay al ver que el preso se interrumpía.

—Esto es.

—¿Sabéis quién era aquella dama?

—Sé que era una dama de la corte, —respondió el cautivo dilatándosele las pupilas.

—¿La recordáis claramente?

—Respecto del particular, mis recuerdos no pueden ser confusos: vi una vez a aquella la dama acompañada de un hombre que frisaba en los cuarenta y cinco; otra vez en compañía de vos y de la dama del vestido negro y de las cintas rojas, y luego otras dos veces con esta última. Aquellas cuatro personas, mi ayo, la vieja Peronnette, mi carcelero y el gobernador, son las únicas con quienes he hablado en mi vida, y puede decirse las únicas que he visto.

—¿Luego en Noisy-le-Sec estabais preso?

—Sí aquí lo estoy, allí gozaba de libertad relativa, por más que fuese muy restringida. Mi prisión en Noisy-le-Sec la formaban una casa de la que nunca salí, y un gran huerto rodeado de altísima cerca; huerto y casa que vos conocéis, pues habéis estado en ellos. Por lo demás, acostumbrado a vivir en aquel cercado y en aquella casa, nunca deseé salir de ellos. Así pues, ya comprendéis que, no habiendo visto el mundo, nada puedo desear, y que, si algo me contáis, no tendréis más remedio que explicármelo.

—Tal es mi deber, y lo cumpliré, monseñor, —dijo Aramis haciendo una inclinación con la cabeza,

—Pues empezad por decirme quién era mi ayo.

—Un caballero bondadoso y sobre todo honrado, a la vez preceptor de vuestro cuerpo y de vuestra alma. De fijo que nunca os dio ocasión de quejaros.

—Nunca, al contrario; pero como me dijo más de una vez que mis padres habían muerto, deseo saber si mintió al decírmelo o si fue veraz. Se veía obligado a cumplir las órdenes que le habían dado.

—¿Luego mentía?

—En parte, pero no respecto de vuestro padre.

—¿Y mi madre?

—Está muerta para vos.

—Pero vive para los demás. ¿no es así?

—Sí, monseñor. —¿Y yo estoy condenado a vivir en la oscuridad de una prisión? —exclamó el joven mirando de hito en hito a Herblay.

—Tal creo, monseñor, —respondió Aramis exhalando un suspiro.

—¿Y eso porque mi presencia en la sociedad revelaría un gran secreto?

—Si, monseñor.

—Para hacer encerrar en la Bastilla a un niño, como era yo cuando me trasladaron aquí, es menester que mi enemigo sea muy poderoso.

—Lo es.

—¿Más que mi madre, entonces?

—¿Por qué me dirigís esa pregunta?

—Porque, de lo contrario, mi madre me habría defendido. Sí, es más poderoso que vuestra madre —respondió el prelado tras un instante de vacilación.

—Cuando de tal suerte me arrebataron mi nodriza y mi ayo, y de tal manera me separaron de ellos, es señal de que ellos o yo constituíamos un peligro muy grande para mi enemigo.

—Peligro del cual vuestro enemigo se libró haciendo desaparecer al ayo y a la nodriza, —dijo Aramis con tranquilidad.

—¡Desaparecer! —exclamó el preso. —Pero, ¿de qué modo desaparecieron?

—Del modo más seguro, —respondió el obispo; —muriendo.

—¿Envenenados? —preguntó el cautivo palideciendo ligeramente y pasándose por el rostro una mano tembloroso.

—Envenenados.

—Fuerza es que mi enemigo sea muy cruel. O que la necesidad le obligue de manera inflexible, para que aquellas dos inocentes criaturas, mis únicos apoyos, hayan sido asesinados en el mismo día; porque mi ayo y mi nodriza nunca habían hecho mal a nadie.

—En vuestra casa la necesidad es dura, monseñor, y ella es también la que me obliga con profundo pesar mío, a decirse que vuestro ayo y vuestra nodriza fueron asesinados.

—¡Ah! —exclamó el joven frunciendo las cejas, —no me decís nada que yo no sospechara.

—¿Y en qué fundabais vuestras sospechas?

—Voy a decíroslo.

El joven se apoyó en los codos y aproximó su rostro al rostro de Aramis con tanta expresión de dignidad, de abnegación, y aun diremos de reto, que el obispo sintió cómo la electricidad del entusiasmo subía de su marchitado corazón y en abrasadoras chispas a su cráneo duro como el acero.

—Hablad, monseñor, —repuso Herblay. Ya os he manifestado que expongo mi vida hablándoos, pero por poco que mi vida valga, os suplico la recibáis como rescate da la vuestra.

—Pues bien escuchad por qué sospeché que habían asesinado a mi nodriza y a mi ayo...

—A quien vos dabais título de padre.

—Es verdad, pero yo ya sabía que no lo era mío.

—¿Qué os hizo suponer?...

—Lo mismo que me da suponer que vos no sois mi amigo: el respeto excesivo.

—Yo no aliento el designio de ocultar la realidad. El joven hizo una señal con la cabeza y prosiguió:

—Es indudable que yo no estaba destinado a permanecer encerrado eternamente, y lo que así me lo da a entender, sobre todo en este instante, es el cuidado que se tomaron en hacer de mí un caballero lo más cumplido. Mi ayo me enseñó cuanto él sabía, esto es, matemáticas, nociones de geometría, astronomía esgrima y equitación. Todas las mañanas me ejercitaba en la esgrima en una sala de la planta baja, y montaba a caballo en el huerto. Ahora bien, una calurosa mañana de verano me dormí en la sala de armas, sin que hasta entonces el más pequeño indicio hubiese venido a instruirme o a despertar mis sospechas, a no ser el respeto del ayo. Vivía como los niños, como los pájaros y las plantas, de aire y de sol, por más que hubiese cumplido los quince.

—¿Luego hace de eso ocho años?

—Poco más o menos: se me ha olvidado ya la medida del tiempo.

—¿Qué os decía vuestro ayo para estimularos al trabajo?

—Que el hombre debe procurar crearse en la tierra una fortuna que Dios le ha negado al nacer; que yo, pobre, huérfano y oscuro, no podía contar más que conmigo mismo, toda vez que no había ni habría quien se interesara por mí... Como os decía, pues, estaba yo en la sala de armas, donde, fatigado por mi lección de esgrima, me dormí. Mi ayo estaba en el piso primero, en su cuarto situado verticalmente sobre el mío. De improviso llegó al mí una exclamación apagada, como si la hubiese proferido mi ayo, y luego oí que éste llamaba a Peronnette, mi nodriza, que indudablemente se hallaba en el huerto, pues mi ayo descendió precipitadamente la escalera. Inquieto por su inquietud, me levanté. Mi ayo abrió la puerta que ponía en comunicación el vestíbulo con el huerto, y siguió llamando a Peronnette... Las ventanas de la sala de armas daban al patio, y en aquel instante tenían cerrados los postigos; pero al través de una rendija de uno de ellos, vi cómo mi ayo se acercaba a un gran pozo situado casi debajo de las ventanas de su estudio, se asomaba al brocal, miraba hacia abajo, y hacía desacompasados ademanes, al tiempo que volvía a llamar a Peronnette. Ahora bien, como yo, desde el sitio en que estaba atisbando, no sólo podía ver, sino también oír, vi y oí.

—Hacedme la merced de continuar, monseñor, —dijo Herblay. — Mi ayo, al ver a mi nodriza; que acudió a sus voces, salió a su encuentro, la asió del brazo, tiró vivamente

de ella hacia el brocal, y en cuanto los dos estuvieron asomados al pozo, dijo mi ayo:

"—Mirad, mirad, ¡qué desventura!

"—Sosegaos, por dios, —repuso mi nodriza. —¿qué pasa?

"—Aquella carta. —exclamó mi ayo tendiendo la mano hacia el fondo del pozo, —¿veis aquella carta?

"—Qué carta? —preguntó mi nodriza.

"—La carta que veis nadando en el agua es la última que me ha escrito la reina.

"Al oír yo la palabra "reina", me estremecí de los pies a la cabeza. ¡Conque, dije entre mí, el que pasa por mi padre, el que incesantemente me recomienda la modestia y la humildad, está en correspondencia con la reina!

"—¿La última carta de Su Majestad? —dijo mi nodriza, como si no le hubiese causado emoción alguna el ver aquella carta en el fondo del pozo.

—¿Cómo ha ido al parar allí?

"—Una casualidad. señora Peronnette, —respondió mi ayo.

—Al entrar en mi cuarto he abierto la puerta, y como también estaba abierta la ventana, se formado una corriente de aire que ha hecho volar un papel. Yo, al ver el papel, he conocido en él la carta de la reina, y me he asomado apresuradamente a la ventana lanzando un grito; el papel ha revoloteado por un instante en el aire y ha caído en el pozo.

"—Pues bien, —objetó la nodriza, —es lo mismo que si estuviese quemada, y como la reina cada vez que viene quema sus cartas...

"¡Cada vez que viene! murmuré, —dijo el preso. Y fijando la mirada en Aramis, añadió: —¿Luego aquella mujer que venía a verme todos los meses era la reina? Aramis hizo una señal afirmativa con la cabeza.

—"Bien, sí, —repuso mi ayo—, pero esa carta encerraba instrucciones, y ¿cómo voy yo ahora a cumplirlas?

"—¡Ah! la reina no querrá creer en este incidente, —dijo el buen sujeto moviendo la cabeza; —pensará que me he propuesto conservar la carta para convertirla en un arma. ¡Es tan recelosa y el señor de Mazarino tan...! Ese maldito italiano es capaz de hacernos envenenar a la primera sospecha.

Aramis movió casi imperceptiblemente la cabeza y se sonrió.

—"¡Son tan suspicaces en todo lo que se refiere a Felipe! —continuó mi ayo. "Felipe es el nombre que me daban, —repuso el cautivo interrumpiendo su relato.

Luego prosiguió:

"—Pues no hay que titubear, —repuso la señora Peronnette—: es preciso que alguien baje al pozo.

"—¡Para que el que saque la carta la lea al subir!

—Hagamos que baje algún aldeano que no sepa leer así estaréis tranquilo.

"—Bueno —dijo mi ayo; —pero el que baje al pozo ¿no va a adivinar la importancia de un papel por el cual se arriesga la vida de un hombre? Con todo eso acabáis de inspirarme una idea, señora Peronnette; alguien va a bajar al pozo, es verdad, pero ese alguien soy yo.

"Pero al oír semejante proposición, mi nodriza empezó a llorar de tal suerte y a proferir tales lamentos; suplicó con tales instancias al anciano caballero, que éste le prometió buscar una escalera de mano bastante larga para poder bajar hasta el pozo, mientras ella se llegaba al cortijo en solicitud de un mozo decidido, al cual darían a entender que había caído, envuelta en un papel, una alhaja en el agua.

"—Y como el papel, —añadió mi ayo, —en el agua se desdobla, no causará extrañeza el encontrar la carta abierta.

"—Quizás ya se haya borrado, —objetó mi nodriza.

"—Poco importa, con tal que la recuperemos. La reina, al entregársela, verá que no la hemos traicionado, y, por consiguiente, Mazarino no desconfiará, ni nosotros tendremos que temer de él.

"En tomando esta resolución, mi ayo y mi nodriza se separaron. Yo volví al cerrar el postigo, y, al ver que mi ayo se disponía a entrar de nuevo, me recosté en mis almohadones, pero zumbándome los oídos a causa de lo que acababa de oír. Pocos segundos después mi ayo entreabrió la puerta y, al verme recostado en los almohadones, volvió a cerrarla poquito al poco en la creencia de que yo estaba adormecido. Apenas cerrada la puerta, volví a levantarme, y, prestando oído atento, oí como se alejaba el rumor de las pisadas. Luego me volví a mi postigo, y vi salir a mi ayo y a mi nodriza, que me dejaron solo. Entonces, y sin tomarme siquiera la molestia de atravesar el vestíbulo, salté por la ventana, me acerqué apresuradamente al pozo, y, como mi ayo, me asomé a él y vi algo blanquecino y luminoso que temblequeaba en los trémulos círculos de la verdosa agua. Aquel brillante disco me fascinaba y me atraía; mis ojos estaban fijos, y mi respiración era jadeante; el pozo me aspiraba con su ancha boca, y su helado aliento, y me parecía leer allá en el fondo del agua, caracteres de fuego trazados en el papel que había tocado la reina. Entonces, inconscientemente, animado por uno de esos arranques instintivos que nos empujan a las pendientes fatales, até una de las extremidades de la cuerda al hierro del pozo, dejé colgar hasta flor de agua el cubo, cuidando de no tocar el papel, que empezaba a tomar un color verdoso, prueba evidente de que iba sumergiéndose, y tomando un pedazo de lienzo mojado para no lastimarme las manos, me deslicé al abismo. Al verme suspendido encima de aquella agua sombría, y al notar que el cielo iba achicándose encima de mi cabeza, se apoderó de mí el vértigo y se me erizaron los cabellos; pero mi voluntad fue superior a mi terror y a mi malestar. Así llegué hasta el agua y, sosteniéndome con una mano, me zambullí resueltamente en ella y tomé el precioso papel, que se partió en dos entre mis dedos. Ya en mi poder la carta, la escondí en mi pechera, y ora haciendo fuerza con los pies en las paredes del pozo, era sosteniéndome con las manos, vigoroso, ágil, y sobre todo apresurado, llegué al brocal, que quedó completamente mojado con el agua que chorreaba de la parte inferior de mi cuerpo. Una vez fuera del pozo con mi botín, me fui á lo último del huerto, con la intención de refugiarme en una especie de bosquecillo que allí había, pero no bien senté la planta en mi escondrijo, sonó la campana de la puerta de entrada. Acababa de regresar mi ayo. Entonces calculé que me quedaban diez minutos antes que aquél pudiese dar conmigo, si, adivinando, dónde estaba yo, venía directamente a mí, y veinte si se tomaba la molestia de buscarme, lo cual era más que suficiente para que yo pudiese leer la preciosa carta, de la que me apresuré a juntar los fragmentos. Los caracteres empezaban a borrarse, pero a pesar de ello conseguí descifrarlos.

—¿Qué decía la carta aquella, monseñor? —preguntó Aramis vivamente interesado.

—Lo bastante para darme a entender que mi ayo era noble, y que mi nodriza, si bien no dama de alto vuelo, era más que una sirvienta; y, por último, que mi cuna era ilustre, toda vez que la reina Ana de Austria y el primer ministro Mazarino me recomendaban de tan eficaz manera.

—¿Y qué sucedió? —preguntó Herblay, al ver que el cautivo se callaba, por la emoción.

—Lo que sucedió fue que el obrero llamado por mi ayo no encontró nada en el pozo, por más que buscó; que mi ayo advirtió que el brocal estaba mojado, que yo no me sequé lo bastante al sol; que mi nodriza reparó que mis ropas estaban húmedas, y, por último, que el fresco del agua y la conmoción que me causó el descubrimiento, me dieron un calenturón tremendo seguido de un delirio, durante el cual todo lo dije, de modo que, guiado por mis propias palabras, mi ayo encontró bajo mi cabecera los dos fragmentos de la carta escrita por la reina.

—¡Ah! ahora comprendo, —exclamó Aramis.

—Desde aquel instante no puedo hablar sino por conjeturas. Es indudable que mi pobre ayo y mi desventurada nodriza, no atreviéndose a guardar el secreto de lo que pasó, se lo escribieron a la reina, enviándole al mismo tiempo los pedazos de la carta.

—Después de lo cual os arrestaron y os trasladaron a la Bastilla.

—Ya lo veis.

—Y vuestros servidores desaparecieron.

—¡Ay sí!

—Dejemos a los muertos, —dijo el obispo de Vannes, —y veamos qué puede hacerse con el vivo. ¿No me habéis dicho que estabais resignado?

—Y os lo repito.

—¿Sin que os importe la libertad?

—Sí.

—¿Y que nada ambicionabais ni deseabais? ¡Qué! ¿Os callais?

—Ya he hablado más que suficiente, —respondió el preso.

—Ahora os toca a vos.

Estoy fatigado.

—Voy a obedeceros, —repuso Aramis. Se recogió mientras su fisonomía tomaba una expresión de solemnidad profunda. Se veía que había llegado al punto culminante del papel que fuera a representar en la Bastilla.

—En la casa en que habitabais —dijo por fin Herblay —no había espejo alguno, ¿no es verdad?

—¿Espejo? No entiendo qué queréis decir, ni nunca oí semejante palabra, —repuso el joven.

—Se da el nombre de espejo a un mueble que refleja los objetos, y permite, verbigracia, que uno vea las facciones de su propia imagen en un cristal preparado, como vos veis las mías a simple vista.

—No, no había en la casa espejo alguno.

—Tampoco lo hay aquí, —dijo Aramis después de haber mirado a todas partes; —veo que en la Bastilla se han tomado las mismas precauciones que en Noisy-le-Sec.

—¿Con qué fin?

—Luego lo sabréis. Me habéis dicho que os habían enseñado matemáticas, astronomía, esgrima y equitación; pero no me habéis hablado de historia.

—A veces mi ayo me contaba las hazañas del rey san Luis, de Francisco I y de Enrique IV.

—¿Nada más?

—Casi nada más.

—También esto es hijo del cálculo; así como os privaron de espejos, que reflejan lo presente, han hecho que ignoréis la historia, que refleja lo pasado, Y como desde que estáis preso os han quitado los libros, desconocéis muchas cosas con ayuda de las cuales podríais reconstruir el derrumbado edificio de vuestros recuerdos o de vuestros intereses.

—Es verdad, —dijo el preso.

—Pues bien, en sucintos términos voy al poneros al corriente de lo que ha pasado en Francia de veintitrés a veinticuatro años a esta parte, es decir la fecha probable de vuestro nacimiento, o lo que es lo mismo, desde el momento que os interesa.

—Decid, —dijo el joven, recobrando su actitud seria y recogida. Entonces Aramis le contó, con grandes detalles, la historia de los últimos años de Luis XIII y el nacimiento misterioso de un príncipe, hermano gemelo de Luis XIV. El prisionero oyó este relato con la más viva emoción.

—Dos hijos mellizos cambiaron en amargura el nacimiento de uno solo, porque en Francia, y esto es probable que no lo sepáis, el primogénito es quien sucede en el trono al padre.

—Lo sé.

—Y los médicos y los jurisconsultos —añadió Aramis, —opinan que cabe dudar si el hijo que primero sale del claustro materno es el primogénito según la ley de Dios y de la naturaleza.

El preso ahogó un grito y se puso más blanco que las sábanas que le cubrían el cuerpo.

—Fácil os será ahora comprender que el rey, —continuó el prelado, —que con tal gozo viera asegurada su sucesión, se abandonase al dolor al pensar que en vez de uno tenía dos herederos, y que tal vez el que acababa de nacer y era desconocido, disputaría el derecho de primogenitura al que viniera al mundo dos horas antes, y que, dos horas antes había sido proclamado. Así pues, aquel segundo hijo podía, con el tiempo y armado de los intereses o de los caprichos de un partido, sembrar la discordia y la guerra civil en el pueblo, destruyendo ipso facto la dinastía a la cual debía consolidar.

—Comprendo, comprendo, —murmuró el joven.

—He ahí lo que dicen, lo que afirman, —continuó Aramis— he ahí por qué uno de los hijos de Ana de Austria, indignamente separado de su hermano, indignamente secuestrado, reducido a la obscuridad más absoluta, ha desaparecido de tal suerte que, excepto su madre, no hay en Francia quien sepa que tal hijo existe.

—¡Sí, su madre que lo ha abandonado! —exclamó el cautivo con acento de desesperación.

—Excepto la dama del vestido negro y las cintas encarnadas, —prosiguió Herblay, — y excepto, por fin...

—Excepto vos, ¿no es verdad? Vos, que venís a contarme esa historia y a despertar en mi alma la curiosidad, el odio, la ambición, y ¿quién sabe? quizá la sed de venganza; excepto vos, que, si sois el hombre a quien espero, el hombre de que me habla el billete, en una palabra, el hombre que Dios debe enviarme, traéis...

—¿Qué? —preguntó Aramis. –

—El retrato del rey Luis XIV, que en este momento se sienta en el trono de Francia.

—Aquí está el retrato, —replicó el obispo entregando al preso un artístico esmalte en el cual se veía la imagen de Luis XIV, altivo, gallardo, viviente, por decirlo así. El preso tomó con avidez el retrato y fijó en él los ojos cual si hubiese querido devorarlo.

—Y aquí tenéis un espejo, monseñor, —dijo Herblay, dejando al joven el tiempo necesario para anudar sus ideas.

—¡Tan encumbrado! ¡tan encumbrado! —murmuró el preso devorando con la mirada el retrato de Luis XIV y su propia imagen reflejada en el espejo.

—¿Qué opináis? —preguntó entonces Aramis.

—Que estoy perdido, —respondió el joven, —que el rey nunca me perdonará.

—Pues yo me pregunto, —replicó el obispo fijando en el preso una mirada brillante y significativa— cuál de los dos es el rey, si el que representa el retrato, o el que refleja ese espejo.

—El rey es el que se sienta en el trono, que no estás preso, y que, al contrario, manda aprisionar a los demás. La realeza es el poder, y ya veis que yo no tengo poder alguno.

—Monseñor, —dijo Herblay con respeto más profundo que hasta entonces, —tened por entendido que, si queréis, será el rey el que, al salir de la prisión sepa sostenerse en el trono en el que le colocarán sus amigos.

—No me tentéis, —dijo con amargura el cautivo.

—No flaqueéis, monseñor, —persistió con energía el obispo. —He traído todas las pruebas de vuestra cuna, consultadlas, demostraos a vos mismo que sois hijo del rey, y, después, obremos.

—No, es imposible.

—A no ser que, —añadió con ironía el prelado, —sea corriente en vuestra estirpe que los príncipes excluidos del trono sean todos ellos cobardes y sin honor, como vuestro tío Gastón de Orleans. que una y otra vez conspiró contra su hermano el rey Luis XIII.

—¿Mi tío Gastón de Orleans conspiró contra su hermano? —exclamó el príncipe despavorido—; ¿conspiró para destronarlo?

—Sí, monseñor.

—¿Qué me decís?

—La pura verdad.

—¿Y tuvo amigos... fieles?

—Como yo lo soy vuestro.

—¿Y sucumbió?

—Sí, monseñor, pero por su culpa, y para rescatar, no su vida, porque la vida del hermano del rey es sagrada, inviolable, sino para rescatar su libertad, vuestro tío sacrificó hoy, el baldón de la historia y la execración de innumerables familias nobles del reino.

—Comprendo, —repuso el príncipe—: y mi tío ¿mató a sus amigos por debilidad o por traición?

—Por debilidad; lo cual equivale siempre a la traición en los príncipes.

—¿No puede uno sucumbir por incapacidad, por ignorancia? ¿Estimáis vos que un pobre cautivo como yo, no solamente educado lejos de la corte, mas también de la sociedad, pueda ayudar a los amigos que intentaren salvarlo?

Y en el instante en que Aramis iba a responder, el joven exclamó de improviso y con ímpetu, que reveló el ardor de su sangre: —Sí, hablamos de amigos; pero ¿a título de qué tendría yo amigos, cuando no hay quien me conozca, y, para agenciármelos, no tengo libertad, dinero, ni poder?

—Ya he tenido la honra de ofrecerme a Vuestra Alteza Real, —dijo Aramis.

—No me deis ese calificativo; es una irrisión o una crueldad. ¿Para hablarme de grandeza, de poder y aun de realeza debíais escoger una prisión? ¿Queréis hacerme creer en el esplendor, y nos ocultamos en las tinieblas. Me ensalzáis en la gloria, y ahogamos nuestras palabras bajo las colgaduras de esta cama. Me hacéis vislumbrar la omnipotencia, y oigo en el corredor los pasos del carcelero, pasos que os hacen temblar a vos más que no a mí. Para que sea yo menos incrédulo, arrancadme de la Bastilla; dad aire a mis pulmones, espuelas a mis talones, una espada a mi brazo, y empezaremos a entendernos.

—Ya es mi intención daros todo eso, y más, monseñor; pero ¿lo queréis vos?

—No he acabado todavía. —repuso el joven.

—Sé que hay guardias en todas las galerías, cerrojos en todas las puertas, cañones y soldados en todos los rastrillos. ¿Cómo venceréis vos a los guardias? ¿cómo clavaréis los cañones? ¿Con qué romperéis los cerrojos y los rastrillos?

—¿Cómo ha llegado a vuestras manos el billete en el cual os he anunciado mi venida, monseñor?

—Para un billete basta sobornar a un carcelero.

—Pues quien dice un carcelero, dice diez. Admito que sea posible arrancar de la Bastilla a un pobre preso, que lo escondan en sitio donde los agentes del rey no puedan tomarlo, y que nutran convenientemente al desventurado en un asilo incógnito.

—¡Ah! monseñor, —repuso Aramis sonriéndose.

—Admito que el que hiciese tal por mí, fuese ya más que un hombre; más siendo yo, como decís, príncipe, hermano de rey, ¿cómo vais a devolverme la categoría y la fuerza que mi madre y mi hermano me han ocultado? Si debo pasar una vida de rencores y de luchas, ¿cómo haréis que yo venza en los combates y sea invulnerable a mis enemigos? ¡Ah! antes bien sepultadme en negra caverna y en lo más intrincado de una montaña: proporcionadme la alegría de oír en libertad los rumores del río y del llano, de ver en libertad el sol, el firmamento, las tempestades; esto me basta. No me prometáis más, porque no podéis darme más y el engañarme sería un crimen, tanto más cuanto os llamáis mi amigo.

—Monseñor —repuso Aramis después de haber escuchado respetuosamente—, admiro el firme y recto criterio que dicta vuestras palabras, y me huelgo mucho de haber adivinado en vos a mi rey. Se me había olvidado deciros, monseñor, que, si os dignara dejaros guiar por mí, sí consintierais en ser el príncipe más poderoso de la tierra, serviríais los intereses de los muchos amigos que están dispuestos a sacrificarse por el triunfo de vuestra causa.

—¿Muchos decís?

—Muchos, sí, y con todo eso más importantes por su poderío que no por el número.

—Explicaos.

—No puedo; pero os juro ante Dios queme escucha, que me explicaré el día mismo en que os vea sentado en el trono de Francia.

—Pero ¿y mi hermano?

—Seréis vos el árbitro de su suerte. ¿Acaso le compadecéis?

—¡Quién! ¿yo compadecer al que me hace pudrir en un calabozo? ¡Nunca!

—¡Enhorabuena!

—Si él mismo hubiese venido a este calabozo, y, tomándome la mano, me hubiese dicho: "Hermano mío, Dios nos ha creado para que nos amemos, no para combatirnos. Vengo a vos, hermano mío. Un perjuicio bárbaro os condenaba a perecer en la obscuridad, lejos de los hombres, privado de todos los goces, y yo quiero que os sentéis junto a mí, y ceñiros la espada de mi padre ¿Aprovecharéis esta reconciliación para destruir mi poder o para oprimirme? ¿Haréis uso de esa espada para derramar mi sangre?" "¡Oh! no, le hubiera respondido yo; os miro como a mi salvador, y os respetaré como a rey mío. Me dais mucho más que no me había dado Dios. Por vos, gozo de la libertad: por vos tengo el derecho de amar y ser amado en este mundo".

—¿Y habríais cumplido vuestra palabra, monseñor?

—Sí. Mas, ¿qué me decís del admirable parecido que Dios me ha dado con mi hermano?

—Que tal parecido encerraba un aviso providencial que el rey debió no haber despreciado: que vuestra madre ha cometido un crimen al hacer diferentes en dicha y en fortuna a aquellos que la naturaleza creara tan parecidos en su seno, y que el castigo debe reducirse a restablecer el equilibrio.

—¿Lo cual significa?...

—Que, si os devuelvo vuestro sitio en el trono de vuestro hermano, vuestro hermano tomará aquí el vuestro.

—¡Ay! ¡se padece mucho en una prisión, sobre todo cuando se ha bebido con abundancia en la copa de la vida!

—Vuestra alteza quedará libre de hacer lo que más le plazca; perdone si bien le parece, una vez haya castigado.

—Está bien. Y ahora dejad que os diga que no volveré a escucharos sino fuera de la Bastilla.

—Iba a decir a Vuestra Alteza que sólo me cabría la honra de veros una vez más.

—¿Cuándo?

—El día que mi príncipe salga de este lúgubre recinto.

—Dios os escuche. ¿De qué manera me avisaréis?

—Vendré por vos.

—¿Vos mismo?

—No salgáis de este aposento sino conmigo, monseñor, y si en mi ausencia os compelen a ello, recordad que no será de mi parte.

—¿Luego sobre el particular no debo decir palabra a persona alguna más que a vos?

—Únicamente a mí, —respondió Aramis inclinándose y asiendo la mano que le tendió el preso.

—Caballero, —dijo el cautivo afectuosamente.

—Si habéis venido para devolverme el sitio que dios me había destinado al sol de la fortuna y de la gloria: si, por vuestra mediación, me es dado vivir en la memoria de los hombres, y honrar mi estirpe con actos gloriosos o por el bien que haya hecho a mis pueblos, si, desde la tristísima situación en que languidezco, subo a la cumbre de los honores, sostenido por vuestra generosa mano, compartiré mi poder y mi gloria con vos, a quien bendigo, a quien doy de todo corazón las gracias. Y aun quedaréis poco pagado; siempre será incompleta vuestra parte, porque nunca conseguiré compartir con vos toda la dicha que me habéis proporcionado.

—Monseñor —dijo Aramis, conmovido ante la palidez y el arranque del preso —la nobleza de vuestra alma me colma de gozo y de admiración. No os toca a vos darme las gracias, sino a los pueblos de los cuales labraréis la dicha, a vuestros descendientes, a quienes haréis ilustres. Es verdad, monseñor, me deberéis más que la vida, pues os habré dado la inmortalidad.

El cautivo tendió la mano al Aramis, y al ver que éste se la besaba de rodillas, lanzó una exclamación de seductiva modestia.

—Es el primer homenaje prestado a nuestro futuro rey, —dijo el prelado.

—Cuando vuelva a veros, os diré: "Buenos días, Sire".

—Hasta aquel momento no más ilusiones, no más luchas, porque mi vida se quebrantaría, —exclamó el joven llevándose al pecho sus blancos y flacos dedos. — ¡Oh! ¡qué pequeño es este calabozo, qué baja esa ventana, qué estrechas esas puertas! ¿Cómo puede haber pasado por ellas, cómo puede haber cabido aquí tanto orgullo, tanta felicidad, tanto esplendor?

—Vuestra Alteza me colma de satisfacción al suponer que yo he traído cuanto acaba de manifestar.

Dichas estas palabras, Aramis se acercó a la puerta y llamó a ella con los nudillos.

Casi inmediatamente después el carcelero abrió, acompañado del gobernador, quien, devorado por la inquietud y el temor, empezaba a escuchar a la puerta del calabozo.

Por fortuna ninguno de los dos interlocutores se había olvidado de bajar la voz, aun en los más impetuosos arranques de la pasión.

—¡Qué confesión tan larga! —dijo Baisemeaux haciendo un esfuerzo para reírse.

—¿Quién dijera que un recluso, un hombre poco menos que difunto, pudiese haber cometido tantos y tan largos pecados?

Aramis guardó silencio. No veía el instante de salir de la Bastilla, de la que aumentaba en tercio y quinto el peso de las murallas el secreto que lo abrumaba.

—Hablemos de negocios, mi querido gobernador —dijo Aramis así que hubo llegado al aposento de Baisemeaux.

—¡Ay! —exclamó por toda respuesta el gobernador.

—¿No tenéis que pedirme mi recibo por ciento cincuenta mil libras? —dijo el prelado.

—Y pagar el primer tercio de ellas. —añadió el pobre gobernador exhalando un suspiro y adelantando tres pasos hacia su armario de hierro.

—Aquí está el recibo, —dijo Aramis.

—Y aquí está el dinero, —repuso Baisemeaux lanzando una sarta de suspiros.

—La orden sólo me ha dicho que os entregara un recibo de cincuenta mil libras, —dijo Herblay, —no que yo cobrase dinero. Adiós, señor gobernador.

Aramis salió, dejando a Baisemeaux más que sofocado por la sorpresa y la alegría, en presencia de aquel regalo regio hecho con tal desprendimiento por el confesor extraordinario de la Bastilla.

LA COLMENA, LAS ABEJAS Y LA MIEL

Después de su visita a la Bastilla y a toda prisa llegó a San Mandé el obispo de Vannes.

Toda la parte izquierda del piso primero estaba destinada a los epicúreos más célebres de París y a los más familiares de la casa, ocupados cada cual, en su puesto, como abejas en sus alvéolos, en producir una miel destinada al panal real que Fouquet pensaba servir a Su Majestad durante las fiestas.

Pelissón, meditaba el prólogo de los "Importunos", comedia en tres actos que debía hacer representar Mojiere; Loret escribía anticipadamente la crónica de las fiestas de Vaux; La Fontaine iba de uno en otro, como de flor en flor las abejas, distraído, incómodo, insoportable, zumbando y susurrando a la espalda de cada uno mil impertinencias poéticas. Y tantas incomodó a Pelissón, que éste levantó la cabeza y le dijo con voz destemplada:

—A lo menos tomad para mí un consonante, ya que os paseáis por los jardines del Parnaso.

—¿Qué consonante deseáis? —preguntó el fabulista, como le llamaba la Sevigné.

—Un consonante a "luz". —"Capuz", —respondió La Fontaine.

—¡Hombre! no cuela hablar de capuces cuando uno ensalza las delicias de Vaux, — dijo Loret.

—Además de que "luz y capuz" no consuenan, —repuso Pelissón.

—¡Cómo que no consuenan! —exclamó La Fontaine con ademán de sorpresa.

—No; yo advierto que tenéis una costumbre malísima, tan mala, que a ella deberéis el no llegar nunca a ser verdadero poeta. Rimáis que es una lástima.

—¿De veras opináis así, Pelissón? —dijo La Fontaine.

—De veras. No olvidéis que un consonante nunca es bueno cuando puede hallarse otro mejor.

—Digo que toda mi vida seré un jumento, mi querido compañero, ——dijo La Fontaine exhalando un profundo suspiro. —Por lo que se ve, rimo desastrosamente.

—Hacéis mal.

—¿Lo veis? soy un faquín.

—¿Quién dice tal?

—Pelissón. ¿No me habéis dicho que yo era un faquín, Pelissón? Pelissón absorto otra vez en la composición de su prólogo, se guardó de contestar.

—Si Pelissón ha dicho que erais un faquín, —repuso Moliére, —os ha inferido una ofensa grave.

—¿De veras?

—Y pues sois noble, os aconsejo que no dejéis impune tal injuria.

—¡Ay! —exclamó La Fontaine.

—¿Os habéis batido alguna vez?

—Una, con un teniente de caballería ligera.

—¿Qué os hizo?

—Parece que sedujo a mi mujer.

—¡Ah! —repuso Moliére palideciendo ligeramente.

Pero como al oír lo que acababa de decir La Fontaine, los demás habían vuelto el rostro. Moliére conservó en sus labios su burlona sonrisa, y continuó haciendo hablar al fabulista, a quien preguntó:

—¿Qué resultó del duelo?

—Resultó que mi adversario me desarmó, y luego y después de darme toda clase de satisfacciones, me prometió no volver a poner nunca más los pies en mi casa.

—¿Y vos os disteis por satisfecho? —preguntó Moliére. Al contrario. Recogí mi espada, y le dije a mi adversario que no me había batido con él porque fuese el amante de mi mujer, sino porque me habían dicho que debía batirme: y que como nunca había sido yo tan dichoso como en aquel tiempo, me hiciese la merced de continuar frecuentando mi casa, como antes, so pena de reanudar el duelo. De modo que el teniente se vio obligado a seguir galanteando a mi mujer, y yo continué siendo el marido más feliz de la tierra.

Al oír las palabras de La Fontaine, todos se rieron.

En este apareció el obispo de Vannes, con un rollo de planos y pergaminos debajo del brazo.

Como si el ángel de la muerte hubiese helado aquellas vivas y placenteras imaginaciones, todo quedó repentinamente envuelto en el más profundo silencio, y cada cual recobró su impasibilidad y su pluma.

Aramis distribuyó esquelas de convite entre los presentes, y les dio las gracias en nombre del señor Fouquet. Díjoles que, retenido el superintendente en su gabinete por el trabajo, solicitaba de aquellos que le enviasen algo de su labor del día para hacerle olvidar a él la fatiga de su trabajo nocturno.

Estas palabras hicieron bajar la frente a todos. Hasta La Fontaine se sentó a una mesa y empezó a escribir velozmente. Pelissón puso en limpio su prólogo; Moliere entregó cincuenta versos calentitos, Loret, su artículo sobre las maravillosas fiestas de que él se hiciera profeta, y Aramis encargado de recoger el botín como el rey de las abejas, se volvió a sus habitaciones, silencioso y atareado, después de haber dicho a los circunstantes que se preparasen para ponerse en camino el día siguiente por la tarde.

—En este caso tengo que avisar a los de mi casa. —dijo Moliere.

—¡Ah! es verdad, —repuso Loret sonriéndose, —el pobre Moliere "ama" a su mujer.

—"Amo", sí, —replicó Moliere sonriéndose de manera suave y triste—, amo", pero esto no quiere decir que "me amen".

—Pues yo estoy seguro de que me aman en Chateau—Thierry, —dijo La Fontaine. En esto volvió a entrar Aramis, y preguntó:

—¿Quién se viene conmigo? Voy a decir dos palabras al señor Fouquet, y dentro de un cuarto de hora salgo para París. Ofrezco mi carroza.

—Como tengo prisa, acepto, —dijo Moliere.

—Yo como aquí —repuso Lores. —Gourville me ha ofrecido langostines... ¿Habéis oído? ¡Langostines!... Vaya, La Fontaine, busca una consonante. Aramis salió en compañía de Moliere como él sabía hacerlo, y al llegar al pie de la escalera oyó que La Fontaine entreabría la puerta y decía a voces:

¿Te ha ofrecido langostines?
Él se sabrá con qué fines.

Las carcajadas de los epicúreos redoblaron y llegaron hasta los oídos de Fouquet, en el instante en que Aramis abría la puerta de su gabinete.

Moliere, se había encargado de ordenar que engancharan, mientras Herblay iba a ver al superintendente para ponerse de acuerdo con él.

—¡Cómo ríen arriba! —dijo Fouquet exhalando un suspiro.

—¿Y vos no os reís, monseñor?

—Ya se acabó para mí el reír, señor de Herblay.

—La fiesta se acerca.

—Y el dinero se aleja.

—¿No os he dicho y repetido que eso corría de mi cuenta?

—Me habéis ofrecido millones.

—Estarán en vuestro poder al día siguiente de la entrada del rey en Vaux. Fouquet dirigió una escrutadora mirada a Aramis, y se pasó una helada mano por su humedecida frente. Aramis comprendió que el superintendente dudaba de él, o conocía la imposibilidad en que se hallaba de hacerse con dinero; porque, ¿cómo podía Fouquet suponer que un pobre obispo, antiguo cura, antiguo mosquetero, lo hallase?

—¿Por qué dudáis? —preguntó Aramis. Y al ver que el superintendente se limitaba a sonreírse y a mover la cabeza, añadió: —¡Hombre de poca fe!

—Mi querido señor de Herblay, —repuso Fouquet, —si caigo...

—¿Qué?

—A lo menos caeré de tan inmensa altura, que en mi caída me desmenuzaré. —Y moviendo la cabeza como para sustraerse a sí mismo, preguntó: —¿De dónde venís, mi buen amigo?

—De París. —¡Ah!

—De casa de Percerín.

—¿A qué habéis ido a casa de Percerín? Porque supongo que no dais una importancia tan grande como eso a los trajes de nuestros poetas.

—Me ha llevado a casa de Percerín el deseo de proporcionar una sorpreesa.

—¡Una sorpresa! ¿Qué es ello?

—Una sorpresa que vais a dar al rey.

—¿Costará cara?

—¡Bah! cien doblones para Le Brun.

—¿Una pintura? Me alegro. Pero ¿qué debe representar la pintura esa?

—Ya os lo diré luego. De paso, y por más que digáis, he inspeccionado los trajes de nuestros poetas.

—¿Son elegantes, ricos?

—Magníficos; pocos grandes señores los ostentarán parecidos. Así se verá la diferencia que va de los cortesanos de la riqueza a los de la amistad.

—¡Agudo y generoso como siempre, mi querido prelado!

—Pertenezco a vuestra escuela.

—¿Y adónde vais ahora? —preguntó Fouquet estrechando la mano de Herblay.

—A parís en cuanto me dais una carta.

—¿Para quién?

—Para Lyonne.

—¿Qué deseáis de Lyonne?

—Un auto.

—¡Un auto! ¿Queréis encerrar a alguien en la Bastilla?

—Al contrario, quiero que salga de ella cierto individuo.

—¿Quién?

—Un pobre diablo, un joven, un niño que está encerrado va ya para diez años por haber escrito dos versos latinos contra los jesuitas.

—¡Por dos versos latinos! ¿Y nada más que por dos versos latinos hace diez años que está preso el infeliz?

—Sí.

—¿Y no ha cometido otro crimen? Aparte de dichos dos versos, es inocente como vos y yo.

—¿Palabra?

—Palabra.

—¿Cómo se llama?

—Seldón.

—En verdad es excesivo. ¿Pero cómo sabiendo eso no me habíais advertido?

—Porque hasta ayer no me lo dijo la madre del desventurado.

—¿Y está pobre esa mujer?

—Está en la miseria más espantosa.

—¡Oh Dios! —exclamó Fouquet, —a las veces permitís tales injusticias, que me explico que haya infortunados que duden de vos. Tomad, señor de Herblay. Dichas estas palabras, el superintendente tomó una pluma y escribió velozmente algunas líneas a su compañero Lyonne. Aramis tomó el papel y se encaminó a la puerta.

—Guardaos, —dijo Fouquet, abriendo su cajón y sacando diez libranzas de a mil libras que había en él, —haced que salga el hijo, y entregad estas libranzas a la madre; pero sobre todo no le digáis...

—¿Qué, monseñor?

—Que con eso tiene diez mil libras más que yo, pues de lo contrario diría que yo soy un pobrísimo superintendente. Id, y espero que Dios bendiga a los que piensan en los pobres.

—También yo lo espero, —dijo Aramis besando la mano de Fouquet y saliendo apresuradamente con la carta para Lyonne, las libranzas para la madre de Seldón, y llevándose consigo a Moliere, que ya empezaba a impacientarse.

OTRA CENA EN LA BASTILLA

Sonaban las siete de la tarde en el gran reloj de la Bastilla. Era la hora de la cena de los pobres cautivos. Las puertas, rechinando sobre sus descomunales goznes, daban paso a las fuentes y a las cestas atestadas de manjares, cuya delicadeza, como el mismo Baisemeaux nos lo ha dado a conocer, se apropiaba a la condición del detenido.

Aquella era también la hora en que cenaba el gobernador, que aquel día tenía un convidado, por lo cual el asador volteaba más cargado que de costumbre.

La cena del gobernador, aparte de las sopas y los entremeses, se componía de un lebrato mechado, ceñido de perdices asadas que a su vez estaban rodeadas de codornices, gallinas en salsa, jamón frito y rociado con vino blanco, cardos de Guipúzcoa y langostines.

Baisemeaux, sentado a la mesa, se restregaba las manos y miraba al obispo de Vannes, el cual, vestido a lo caballero, con altas botas y la espada al cinto, no cesaba de hablar de su hambre y demostraba la más viva impaciencia.

El gobernador no estaba acostumbrado a las familiaridades de su grandeza monseñor de Vannes, y aquella noche, Aramis, que se había puesto un tanto alegre, hacía confidencia tras confidencia. El prelado se convirtió casi en mosquetero, y tocó los límites de la desenvoltura. Respecto de Baisemeaux, se entregó en cuerpo y alma y con la facilidad de las gentes vulgares, a la momentánea llaneza de su comensal.

—Caballero —exclamó el gobernador, —y perdonad que así os llame, pues en verdad esta noche no me atrevo a llamaros monseñor.

—No, llamadme caballero, —repuso Aramis; —traigo botas. —Pues bien, caballero, ¿sabéis a quién me recordáis esta noche:

—No, —respondió Aramis escanciándose vino, —pero supongo que a un buen comensal vuestro.

A dos me recordáis... dos personas, una de ellas muy ilustre, el difunto cardenal, el gran cardenal, el de Rochela, el que llevaba botas cual vos. ¿No es verdad?

—Lo es, —respondió Herblay. —¿Y la otra?

—La otra es cierto mosquetero muy garrido, muy valiente, tan atrevido cuanto afortunado, que ahorcó los hábitos para hacerse mosquetero, y luego dejó la espada para hacerse cura. —Y al ver que Aramis se dignaba sonreírse, se alentó a añadir: Y de cura se hizo obispo, y de obispo...

—¡Alto ahí! —dijo Herblay.

—Os digo que me parecéis un cardenal.

—Basta, basta, señor de Baisemeaux. Vos mismo habéis dicho que calzo botas de caballero; pero ni aun esta noche, y pese a mis botas, quiero enemistarme con la Iglesia.

—Sin embargo, alentáis malas intenciones.

—Malas como todo lo mundano.

—¿Recorréis calles y callejuelas enmascarado?

—Sí.

—¿Y continuáis esgrimiendo la espada?

—Sólo cuando me obligan a ello. Hacedme la merced de llamar a Francisco.

—Ahí tenéis vino.

—No es para eso, sino porque aquí hace calor y la ventana está cerrada.

—Cuando ceno mando cerrarlas todas para no oír el paso de las rondas o la llegada de los correos.

—¿Con que se les oye cuando la ventana está abierta?

—Clarísimamente, y eso me molesta.

—Pero uno se ahoga aquí... ¡Francisco!

—¿Señor?

—Hacedme el favor de abrir la ventana, —dijo Aramis.

—Con vuestro permiso, señor de Baisemeaux.

—Monseñor está aquí en su casa, —respondió el gobernador. —Decidme, os encontraréis solo ahora que el señor conde de La Fere se ha vuelto a sus penates de Blois. Es amigo muy antiguo, ¿no es verdad?

—Lo habéis tan bien como yo, pues fuisteis mosquetero con nosotros, —respondió Aramis.

—Con mis amigos nunca cuento las batallas ni los años.

—Y obráis cuerdamente; pero yo hago algo más que querer al señor de La Fere, le venero.

—Pues a mí me place más el señor de D'Artagnan. ¡Qué buen bebedor! A lo menos uno puede leer en el pensamiento de hombres como el capitán.

—Baisemeaux, emborrachadme esta anoche, echemos una cana al aire como en otros días, y si tengo alguna pesadumbre en el corazón, os juro que la veréis como veríais un diamante dentro de vuestro vaso.

—Bravo, —dijo Baisemeaux escanciándose un buen porqué de vino y trasegándolo en su estómago mientras se estremecía de gozo al ver que iba a ser partícipe de algún pecado capital del obispo. Mientras el gobernador bebía. Aramis escuchaba con la mayor atención el ruido que subía del patio. Como a las ocho y al llegar a la quinta botella, entró un correo con grande estrépito, pese a lo cual nada oyó el gobernador.

—¡Cargue el diablo con él! —exclamó Aramis.

—¿Qué pasa? —preguntó Baisemeaux. —supongo que no os referís al vino que bebéis ni a quien os lo da a beber.

—No, es un caballo que por sí solo mete tanto ruido en el patio como pudiera hacerlo un escuadrón entero.

—Será algún correo, —dijo Baisemeaux bebiendo a más y mejor. —Tenéis razón, cargue con él el diablo, y pronto, para que no volvamos a oír hablar de él.

—Os olvidáis de mí, Baisemeaux; mi vaso está vacío, —dijo Aramis mostrando el suyo.

—Palabra que me dais el mayor placer... ¡Francisco!... ¡vino!

—Está bien, señor, —dijo Francisco; ... —pero... ha llegado un correo...

—Que se lo lleve el diablo.

—Sin embargo, señor...

—Que lo deje en la escribanía; mañana veremos. —Y canturreando añadió: —Mañana será de día.

—Señor, —tartamudeó el soldado Francisco bien a su pesar.

—Cuidado con lo que hacéis, Baisemeaux, —repuso Aramis.

—¿Y de qué he de tener yo cuidado? —exclamó el gobernador, algo más que alegre.

—A veces las cartas que llegan por correo a los gobernadores de ciudadela, son órdenes.

—Casi siempre.

—¿No proceden de los ministros las órdenes?

—Sí; pero...

—¿Y no se limitan los ministros a refrendar la firma del rey? —Puede que tengáis razón. Con todo eso no deja de ser enojo, so, cuando uno está sentado a una mesa bien servida y en compañía de un amigo... Perdonad, caballero, se me había olvidado que soy yo quien os he convidado a mi mesa y que hablo con un presunto cardenal.

—Dejemos de lado con todo eso y volvamos a Francisco.

—¿Qué ha hecho Francisco?

—Ha murmurado.

—Malo, malo, malo...

—Sin embargo, ha murmurado, y cuando ha murmurado, es que pasa algo fuera de lo usual. Podría muy bien suceder que Francisco no anduviese descaminado al murmurar, sino vos al resistiros a escuchar.

—¿Yo no tener razón delante de Francisco? —exclamó Baisemeaux. —Duro me parece.

—Solamente en lo que atañe a la irregularidad del servicio en este caso concreto.

Perdonad si os he molestado; pero he creído que debía haceros una observación que juro importante.

—Puede que tengáis razón, —masculló el gobernador. —Una orden del rey es sagrada.

Pero repito que las órdenes que llegan mientras estoy cenando, el diablo...

—Si vos hubieseis obrado así con el gran cardenal y la orden hubiese tenido alguna importancia...

—Si he hecho lo que he hecho ha sido para no molestar a un obispo, lo cual me disculpa.

—No olvidéis que he sido soldado, y que acostumbro ver consignas en todas partes.

—¿Conque queréis?

—Quiero que cumpláis con vuestro deber, amigo mío, a lo menos en presencia de ese soldado.

—Esto es matemático; —dijo Baisemeaux. Y volviéndose hacia Francisco, añadió: —Que suban la orden del rey.

El soldado salió.

—¿Sabéis que es? —dijo el gobernador a Aramis: —pues algo por el estilo: "Cuidado con el fuego en las inmediaciones del polvorín"; o bien "Vigilad a fulano, que no se fugue". ¡Si supieseis cuántas veces me han hecho despertar sobresaltado en lo mejor, en lo más profundo de mi sueño, para comunicarme una orden llegada al galope, o más bien para entregarme un pliego en el que sólo me preguntaban si había novedad! Se conoce que los que pierden el tiempo en escribir tales órdenes no han dormido nunca en la Bastilla que, de haber dormido, conocerían mejor el grueso de mis murallas, la vigilancia de mis oficiales, la multiplicidad de mis rondas. En fin ¡Qué haremos, monseñor! su oficio es escribir para molestarme cuando estoy contento; para turbarme cuando estoy rebosando de satisfacción. —añadió Baisemeaux inclinándose ante Aramis. —Dejémosles, pues, que cumplan su cometido.

—Y cumplid vos el vuestro, —propuso el obispo, cuya mirada,

aunque risueña se imponía. De regreso Francisco, Baisemeaux le tomó de las manos la orden del ministro, la abrió y la leyó con lentitud, mientras Aramis hacía que bebía para observar a su anfitrión al través del cristal.

—¿No lo dije? —exclamó el gobernador.

—¿Qué es? —preguntó el obispo.

—Una orden de excarcelación. ¡Vaya una nueva para molestarnos!

—Buena es para el interesado, no lo negaréis.

—¡Y a las ocho de la noche!

—Eso es caridad.

—Bueno, sí admito que sea caridad; pero no para mí que me divierto, sino para el haragán que se aburre en su calabozo, —prorrumpió el gobernador exasperado.

—¿Acaso salís perjudicado con esa excarcelación? ¿El preso que os quitan es de los de cuantía?

—¡Psí! es un pobre diablo, un hambriento de los de a cinco libras.

—¿Me permitís si no hay indiscreción? —dijo Herblay. —Tomad, leed.

—La hoja ostenta en el margen la palabra "urgente". ¿Lo habéis notado?

—¡Urgente!... ¡un hombre que está aquí hace diez años! ¿Y ahora les viene la prisa de soltarle, hoy, esta noche misma, a las ocho? Baisemeaux encogió los hombros con ademán de soberano desdén, tiró la orden encima de la mesa y la emprendió de nuevo con los manjares.

—Tienen unos arranques, que ¡vaya! —repuso Baisemeaux con la boca llena; —a lo mejor prenden a un hombre, lo alimentan por espacio de diez años, recomendando que sobre todo se ejerza sobre él la más escrupulosa vigilancia; y cuando uno se ha acostumbrado a mirar al detenido como a un hombre peligroso, ¡pam! sin saber por qué ni por qué no, le escriben a uno que lo suelte, y aprisa, sin perder segundo. ¿Y aún diréis que no hay para qué encoger los hombros?

—Bien, sí; pero por más que uno chille, no cabe otro remedio que cumplir la orden.

—Poquito a poco, poquito a poco, ¿Os figuráis que soy un esclavo?

—¿Quién os dice tal? Todos conocemos vuestra independencia.

—A Dios gracias...

—Pero también todos conocemos vuestro compasivo corazón.

—Decídmelo a mí.

—Y vuestra obediencia a vuestros superiores. Cuando uno ha sido soldado, lo recuerda mientras vive, ¿no es verdad, Baisemeaux?

—Por eso obedeceré estrictamente, y mañana en cuanto asome el día, el preso será puesto en libertad.

—¿Mañana?

—Al amanecer.

—¿Y por qué no esta noche, supuesto que la orden es urgente?

—Porque esta noche cenamos y tambén nos apremia a nosotros el tiempo.

—Mi querido Baisemeaux, por más que calce botas, soy sacerdote, y la caridad es para mí un deber más imperioso que el hambre y la se. Ese desventurado ha padecido, bastante tiempo, pues según vos mismo me habéis dicho, hace diez años que está encerrado en la Bastilla. Abreviadle su suplicio proporcionadle sin más tardar la alegría que le espera, y Dios os recompensará.

—¿Os empeñáis?

—Os lo ruego.

—¿Así, en lo mejor de la cena?

—Sí, y vuestra acción será la bendición de vuestra mesa.

—Cúmplase vuestra voluntad; pero os advierto que comeremos frío.

—No importa.

—Baisemeaux se echó atrás para tirar del cordón de la campanilla y llamar a Francisco y por un movimiento natural, se volvió hacia la puerta.

Como la orden estaba sobre la mesa, Aramis aprovechó aquel instante para trocarla con otro papel doblado de la misma manera y que sacó de su bolsillo.

—Francisco, dijo el gobernador, —que suba aquí el mayor con los llaveros de la Bertaudiére. El ordenanza hizo una reverencia con la cabeza, y dejó solos a los dos comensales.

EL GENERAL DE LA ORDEN

Durante unos instantes ambos guardaron el mayor silencio, durante el cual Aramis no perdió de vista al gobernador, que al parecer no estaba muy decidido al interrumpir su cena, y que era evidente buscaba una razón cualquier, buena o mala, para retardar el cumplimiento de la orden, a lo menos hasta después de los postres.

—¡Ah caramba! —exclamó de improviso Baisemeaux, como si hubiese encontrado lo que buscaba, no puede ser.

—¿Qué es lo que no puede ser? —preguntó Aramis.

—El dar suelta al preso a esta hora. ¿Adónde irá si no conoce París?

—Adonde pueda.

—Ya lo veis, sería lo mismo que libertar a un ciego. Ahí fuera me aguarda una carroza, y yo me encargo de conducirlo adonde quiera.

—Para todo tenéis respuesta... ¡Francisco!... al mayor que vaya abrir el calabozo del señor Seldón, número 3 de la Bertaudiére.

—¿Seldón, decís? —preguntó con la mayor naturalidad el obispo.

—Sí, es el nombre del individuo al quien ponen en libertad.

—Querréis decir Marchiali, —replicó Aramis.

—¿Marchiali? ¡Je! ¡Je! Seldón.

—Tengo para mí que os engañáis, señor de Baisemeaux.

—Como que he leído la orden...

—Y yo también.

—Y en ella he visto Seldón en letras gordas, así, —repuso el gobernador mostrando un dedo.

—Pues yo he visto Marchiali en letras así, —replicó Aramis alzando dos dedos.

—Aclarémoslo inmediatamente, —dijo Baisemeaux, plenamente convencido de lo que afirmaba.

—Basta leer el papel; aquí esta.

—¿Veis como dice Marchiali? —dijo Herblay mientras desdoblaba el papel—. Mirad.

—Es verdad, —respondió el gobernador con ademán de terror y dejando caer los brazos.

—¿No os lo dije?

—¡Cómo! ¡el hombre de quien tanto hemos hablado! ¡El hombre sobre quien me recomiendan incesantemente que vele!

—Ya lo veis, Marchiali, —replicó el inflexible Aramis.

—Confieso que no entiendo jota, monseñor.

—Sin embargo, debéis dar crédito a vuestros ojos.

—¡Y decir que reza Marchiali! —Y en buena letra.

—¡Es fenomenal! Todavía estoy viendo la orden y el nombre de Seldón, irlandés. Y aun recuerdo que debajo del nombre, había un borrón.

—No hay borrón alguno; ved.

—Sí, repito, —dijo el gobernador; —y tan es así, que he arañado la arenilla de que el borrón estaba cubierto.

—Sea lo que fuere, con o sin borrón dice la orden que pongáis en libertad a Marchiali.

—De que ponga en libertad a Marchiali. —repitió el gobernador esforzándose en recobrar la lucidez de su mente.

—Y vais a soltar al preso. Si de paso os da el corazón por abrir las puertas de la Bastilla a Seldón, no me opongo. Aramis coronó sus últimas palabras con una sonrisa tan preñada de ironía, que Baisemeaux acabó de serenar y cobró alientos.

—Monseñor, —dijo Baisemeaux—, Marchiali es el preso a quien el otro día vino a visitar por manera tan imperiosa y tan en secreto un padre cura, confesor de "nuestra orden".

—No sé nada de eso, —replicó Aramis.

—Sin embargo, no hace tanto tiempo...

—Es verdad; pero entre nosotros importa que el hombre de hoy olvide lo que hizo el hombre de ayer.

—Como quiera que sea, —repuso Baisemeaux—, la visita del confesor jesuita habrá sido grandemente provechosa para ese joven. Aramis no replicó y se puso a comer y a beber. Baisemeaux, lejos de imitar a Herblay, tomó nuevamente la orden y, después de releerla, la examinó por el anverso y por el reverso con la mayor atención. Aquel examen, en circunstancias normales habría hecho subir los colores al rostro del poco paciente Aramis; pero el obispo de Vannes no se atufaba por tan poco, sobre todo cuando sabía que el atufarse era peligroso.

—¿Vais a libertar a Marchiali? —dijo Herblay. —¡Zape! ¡Qué rico jeréz, mi querido gobernador!

—Lo pondré en libertad después que haya visto yo al correo que ha traído la orden, y del interrogatorio a que voy a sujetarlo resulte claro para mí...

—Pero, si las órdenes están selladas, y por consiguiente nada sabe de ellas el correo. ¿Y qué queréis ver claro por ese camino?

—Bueno, enviaré un parte al ministerio, y el señor Lyonne confirmará o rectificará la orden.

—¿Y qué provecho vais a sacar? —repuso Aramis con la mayor frescura.

—Así uno nunca se engaña, ni falta al respeto que un subalterno debe a sus superiores, ni infringe los deberes del cargo que desempeña por voluntad propia.

—Vuestra elocuencia me admira. Es verdad, un subalterno debe respetar a sus superiores, y es culpado cuando se engaña, y es castigado cuando infringe los deberes o las leyes del cargo que desempeña.

Baisemeaux fijó una mirada de extrañeza en el obispo.

—De lo cual se sigue, —continuó Aramis— que para descargo de vuestra conciencia acudís a la consulta.

—Sí, monseñor.

—Y si un superior os impone una orden, ¿la cumpliréis?

—Claro que sí, monseñor.

—¿Conocéis bien la firma del rey, señor de Baisemeaux?

—Sí. monseñor.

—¿No está estampada al pie de esa orden de libertad?

—Es verdad, pero puede...

—Ser falsa, ¿no es verdad?

—Se han dado casos, monseñor.

—Decís bien. ¿Y la del señor de Lyonne?

—También figura en esa orden; pero, así como pueden falsificar la firma del rey, con tanta mayor razón pueden hacerlo con la del señor de Lyonne.

—Andáis a paso de gigante por el campo de la lógica, señor Baisemeaux, —dijo Aramis, —y vuestra argumentación no tiene réplica. Pero ¿en qué os fundáis para suponer que esas firmas sean falsas?

—En que la firma de Su Majestad no está refrendada. Además, el señor de Lyonne no está presente para decirme que ha firmado.

—Pues bien, señor de Baisemeaux, —repuso Aramis fijando en el gobernador su mirada de águila—, adopto sin vacilar vuestras dudas y vuestra manera de aclararlas y voy a tomar una pluma si me la dais. Baisemeaux le dio una pluma. Y una hoja en blanco, —añadió Aramis.

Baisemeaux le dio el papel.

—Y yo también, presente, incontestable, voy a escribir una orden a la cual estoy seguro de que daréis fe, por mucha que sea vuestra incredulidad. Ante la glacial seguridad de Aramis, el gobernador palideció. Creyó que la voz de aquél tan afable y alegre poco antes, había tomado un sonido fúnebre y siniestro. Aramis tomó la pluma y escribió, mientras el gobernador, petrificado leía por encima de su hombro:

"A. M. D. G." escribió el obispo, trazando una cruz debajo de aquellas cuatro letras, que significaban "ad majorem Dei gliriam". Luego continuó:

"Es nuestra voluntad que la orden entregada al señor de Baisemeaux de Montiexun, gobernador de la Bastilla por el rey, sea tenida por buena y valedera, y puesta en ejecución inmediatamente.

Herblay,

general de la Compañía por gracia de Dios.

Tal fue la emoción que sintió el gobernador, que se le contrajeron las facciones, abrió la boca y quedó con la mirada fija, inmóvil y mudo. Aramis, sin dignarse siquiera mirar al gobernador, sacó de su faltriquera un pequeño estuche que encerraba un trozo de cera negra; cerró su carta, imprimió en la cera un sello que suspendido al cuello y debajo de su jubón llevaba, y terminada su operación le entregó silenciosamente la orden.

Templándole las manos que daba compasión, miró Baisemeaux con ojos apagados y sin inteligencia el sello, y después cayó en su silla como herido por el rayo.

—Vaya, —dijo Aramis tras un dilatado silencio—, no me hagáis creer que la presencia del general de la compañía es terrible como la de Dios, y que uno muere a consecuencia de haberle visto. ¡Animo! levantaos, dadme vuestra mano, y obedeced. Baisemeaux, tranquilizado, si no satisfecho, obedeció, besó la mano a Aramis y se levantó diciendo con tartamuda lengua:

—¿Inmediatamente?

—No exageremos, —repuso Aramis; —sentaos otra vez en vuestro sitio, y rindamos acatamiento a esos ricos postres.

—De esta no me levanto, monseñor, —dijo Baisemeaux.

—¡Y yo, que he reído y bromeado con vos, y he osado trataros de igual a igual!

—¿Quieres callarte, mi viejo compadre? —replicó el obispo comprendiendo que la cuerda estaba muy tirante y sería peligroso romperla. Vivamos cada cual en nuestra esfera respectiva: tú, contando con mi protección y amistad, y yo con tu obediencia. Pagados puntualmente esos dos tributos, sigamos tan contentos. Baisemeaux reflexionó, y al ver, de una ojeada, las consecuencias fatales que podía acarrearle la extorsión de un preso por medio de una orden falsa. puso en parangón aquellas con la orden oficial del general de la orden, y halló que esta última no le compensaba.

—Mi buen Baisemeaux, sois un mentecato —dijo Aramis, que leyó en el pensamiento de su comensal.

—Perded el hábito de reflexionar, cuando yo me tomo la molestia de hacerlo por vos.

—Bueno, sí; pero ¿cómo voy a arreglarme? —repuso el gobernador después de haberse inclinado ante un nuevo gesto que hiciera el obispo.

—¡Qué hacéis cuando soltáis a un preso?

—Sigo las instrucciones del reglamento.

—Pues obrad ahora de la misma manera.

—Me presento con el mayor en el calabozo del preso, y yo mismo le acompaño cuando es personaje de cuenta.

—Marchiali no es nada de eso, —repuso Aramis con negligencia.

—No lo sé —replicó el gobernador con acento que quería decir: A vos os toca probármelo.

—Pues si no lo sabéis, es señal que yo tengo razón; de consiguiente tratad a Marchiali como si fuera de los ínfimos.

—Seguiré al pie de la letra el reglamento, el cual indica que el carcelero o uno de los oficiales subalternos debe conducir el preso a la presencia del gobernador, en el archivo.

—Es una disposición muy atinada. ¿Qué más?

—Luego, se devuelven al preso cuantos objetos de valor traía en el instante de la encarcelación, así como los trajes y papeles, salvo orden contraria del ministro.

—¿Qué reza la orden del ministro acerca de Marchiali?

—Absolutamente nada, pues el desventurado entró en la Bastilla sin joyas, sin papeles y casi desnudo.

—Ya veis que no puede ser más sencillo el caso.

—Quedaos aquí, y que conduzcan el preso al archivo.

Baisemeaux llamó a un teniente, y le dio una consigna, que éste transmitió automáticamente a quien debía.

Media hora después se oyó cerrar una puerta en el patio: era la puerta del torreón que acababa de soltar su presa. Aramis apagó todas las bujías del comedor, dejando tan sólo una encendida detrás de la puerta. Aquella luz trémula no permitía fijarse en los objetos, pues duplicaba los aspectos y los vislumbres con su movilidad. Se iba acercando el rumor de pasos.

—Salid a recibir a esos hombres, —dijo Aramis.

El gobernador obedeció, y despidiendo al sargento y a los carceleros, seguido del preso regresó al comedor, donde con voz conmovida notificó al joven la orden que le devolvía la libertad.

El preso escuchó sin hacer un gesto ni proferir una palabra.

—Ahora y cumpliendo una formalidad que exige el reglamento —añadió el gobernador, —vais a jurar que nunca jamás revelaréis cuánto habéis visto u oído en la Bastilla.

El preso vio un crucifijo, y tendiendo la mano, juró sólo con los labios.

—Estáis libre, —dijo Baisemeaux, —¿adónde pensáis ir? El joven volvió la cabeza como buscando tras sí una protección con la cual contara de antemano.

—Aquí estoy, para prestaros el servicio que os plazca pedirme —dijo Aramis saliendo de la penumbra.

—Dios os tenga en su santa guarda —dijo el preso con voz tan firme que hizo estremecer al gobernador, tanto cuanto le extrañara la fórmula. El preso, ligeramente sonrojado, apoyó sin vacilación su brazo en el del obispo.

—¿Os da mala espina mi orden? —dijo Aramis estrechando la mano a Baisemeaux—; ¿teméis que la encuentren si vienen a practicar un registro?

—Deseo conservarla —respondió el gobernador.

—Si la encontraran en mi casa sería señal cierta de mi perdición, y en este caso tendría en vos un poderoso auxiliar.

—¿Lo decís porque soy vuestro cómplice? —repuso Aramis encogiendo los hombros.

—¡Bah! Adiós, Baisemeaux. Los caballos aguardaban, sacudiendo, en su impaciencia, la carroza. El obispo, a quien el gobernador acompañó hasta el pie de la escalinata, subió a la carroza después de haber hecho que se instalara en ella Marchiali, y dijo al cochero esta única palabra:

—¡Adelante!

La carroza rodó estrepitosamente por el empedrado del patio, precedida de un individuo que alumbraba el camino con un hacha de viento y daba a cada cuerpo de guardia la orden de dejar libre el paso.

Aramis no respiró durante todo el tiempo que emplearon en abrir los rastrillos, y tal era el estado de su ánimo, que pudieran haberle oído los latidos de su corazón. El preso, sepultado en uno de los rincones de la carroza, tampoco daba señales de vida. Por fin, tras la carroza se cerró la última puerta, la de la calle de San Antonio. A uno y otro lado se veía el cielo, la libertad, la vida. Los caballos, sujetados por una mano firme, marcharon al paso hasta el centro del barrio, donde tomaron el trote. Poco a poco, ora porque se enardecían, ya porque les aguijaban, fueron aumentando su velocidad hasta que, una vez en Bercy, la carroza, más que por los caballos, parecía arrastrada por el huracán. Así corrieron los caballos hasta Villanueva de San Jorge, donde estaba preparado el relevo. Ahora, en vez de dos fueron cuatro los caballos que arrastraron la carroza hacia Melún, no sin hacer un alto en el riñón del bosque de Senart, indudablemente a órdenes dadas de antemano por Aramis.

—¿Qué pasa? —preguntó el preso al detenerse la carroza y cual si despertara de largo sueño.

—Pasa, monseñor, —respondió Herblay— que antes de seguir adelante es preciso que Vuestra Alteza y yo conversemos un poco.

—Tan pronto se presente ocasión —repuso el joven príncipe.

—No puede ser más oportuna la presente, monseñor; nos hallamos en el corazón del bosque, y por lo tanto nadie puede oírnos.

—¿Y el postillón?

—El postillón de este relevo es sordo mudo, monseñor.

—A vuestras órdenes, pues, señor Herblay.

—¿Os place quedaros aquí en la carroza?

—Sí, estamos bien sentados y le he tomado cariño a la carroza esta; es la que me ha restituido a la liberta.

—Con vuestra licencia, monseñor, falta todavía otra precaución.

—¿Cuál?

—Como nos hallamos en medio del camino real, pueden pasar jinetes o carrozas que viajan como nosotros, y que, al vernos parados, supondrían que nos pasa algún percance. Evitemos ofertas que nos incomodarían.

—Pues ordenad al postillón que esconda la carroza en una de las alamedas laterales.

—Tal era mi intención, monseñor. Aramis tocó con la mano al sordo mudo y le hizo una seña. Aquél se apeó inmediatamente, tomó por las riendas a los dos primeros caballos y los condujo, al través de las malezas, a una alameda sinuosa, en lo último de la cual, en aquella oscura noche, las nubes formaban una cortina más negra que la tinta. Luego el mudo se tendió en un talud, junto a sus caballos, que empezaron a arrancar a derecha y a izquierda los retoños de las encinas.

—Os escucho —dijo el joven príncipe a Aramis— pero ¿qué hacéis?

—Desarmo unas pistolas de las que ya no tenemos necesidad.

EL TENTADOR

—Príncipe mío, —dijo Aramis volviéndose en la carroza, hacia su compañero— por muy poco que yo valga, por menguado que sea mi ingenio, por muy ínfimo que sea el lugar que ocupo en la escala de los seres pensadores, nunca he hablado con un hombre de quien no haya leído en su imaginación al través de la máscara viviente echada sobre nuestra inteligencia para reprimir sus manifestaciones. Pero esta noche, en medio de la oscuridad que nos envuelve y de la reserva en que os veo, no me será dable leer en vuestras facciones, y una voz secreta me dice que me costará trabajo arrancaros una palabra sincera. Os suplico, pues, no por amor a mí, pues los vasallos deben no pesar nada en la balanza de los príncipes, sino por amor a vos, que grabéis en vuestra mente mis palabras y las inflexiones de mi voz, que en las graves circunstancias en que estamos metidos, tendrán cada una de ellas su significado y su valor, como jamás lo habrán tenido en el mundo otras palabras.

—Escucho —repitió con decisión el príncipe— sin ambicionar ni temer cuanto vais a decirme.

Dijo, y se hundió todavía más en los mullidos almohadones de la carroza, no sólo para sustraerse físicamente a su compañero, mas también para arrancar a éste aun la suposición de su presencia. Estaban completamente a oscuras.

—Monseñor, —continuó Aramis —os es conocida la historia del gobierno que hoy rige los destinos de Francia. El rey ha salido de una infancia cautiva, oscura y estrecha como la vuestra, con la diferencia, sin embargo, de que, en vez de sufrir, como vos, la esclavitud de la prisión, la oscuridad de la soledad y la estrechez de la vida oculta, ha pasado su infortunio, sus humillaciones y estrecheces en plena luz del implacable sol de la realeza, anegada en claridad en que toda tacha parece asqueroso fango, en que toda gloria parece una tacha. El rey ha padecido, y en sus padecimiéntos ha acumulado rencores, y se vengará, lo cual significa que será un mal rey. No digo que derrame sangre como Luis XI o Carlos IX, pues no tiene que lavar injurias mortales; pero devorará el dinero y la subsistencia de sus vasallos, porque ha padecido injurias de interés y de dinero. Así pues, cuando examino de frente los méritos y los defectos de ese príncipe, lo primero que hago es poner a salvo mi conciencia, que me absuelve de que le condene. Aramis hizo una pausa para coordinar sus ideas y para dejar que las palabras que acababa de pronunciar se grabasen hondamente en el espíritu de Felipe.

—Dios todo lo hace bien —prosiguió el obispo de Vannes; y de esto estoy tan persuadido, que desde un principio me felicité de que me hubiese escogido por depositario del secreto que os he ayudado a descubrir. Dios, justiciero y previsor, para consumar una grande obra necesitaba un instrumento inteligente, perseverante, convencido; y ese instrumento soy yo, que estoy dotado de clara inteligencia, soy perseverante y estoy convencido, yo, que gobierno un pueblo misterioso que ha tomado por divisa la de Dios: "Patiens quia aeternus!" El príncipe hizo un movimiento.

—Conozco que habéis levantado la cabeza, monseñor —prosiguió Aramis— y que os admira que yo gobierne un pueblo. No pudisteis imaginar que tratabais con un rey. ¡Ah! monseñor, soy rey, es verdad, pero rey de un pueblo humildísimo y desheredado: humilde, porque sólo tiene fuerza arrastrándose; desheredado, porque en este mundo casi nunca cosecha el trigo que siembra, no come el fruto que cultiva. Trabaja por una abstracción, reúne todas las moléculas de su poder para formar con ellas un hombre, y con las gotas de su sudor forma una nube alrededor de ese hombre, que a su vez y con su ingenio debe convertirla en una aureola abrillantada con los rayos de todas las coronas de la cristiandad. Este es el hombre que está a vuestro lado, monseñor; lo cual equivale a deciros que os he sacado del abismo a impulsos de un gran designio, y que en mi esplendoroso designio quiero haceros superior a las potestades de la tierra y a mí.

—Me habláis de la secta religiosa de la cual sois la cabeza —dijo el príncipe tocando ligeramente en el brazo de Aramis.

—Ahora bien, de lo que me habéis dicho resulta, a mi modo de ver, que el día que os propongáis precipitar a aquel a quien habréis encumbrado, lo precipitaréis, y tendréis bajo vuestro dominio a vuestro dios de la víspera.

—No, monseñor, —replicó el obispo—: si yo no tuviese dos miras, no habría arriesgado una partida tan terrible con vuestra alteza real. El día que seréis encumbrado, lo estaréis para siempre; al poner el pie en el estribo, todo lo derribaréis, todo lo arrojaréis tan lejos de vos, que nunca jamás su vista os recordará ni siquiera su derecho a vuestra gratitud.

—¡Oh! caballero. —Vuestra exclamación, monseñor, es hija de la nobleza de vuestro corazón. Gracias. Tened por seguro que aspiro a más que a la gratitud; tengo la certidumbre de que, al llegar vos a la cima, me juzgaréis todavía más digno de vuestra amistad, y que ambos obraremos tales portentos, que serán recordados de siglo en siglo.

—Decidme sin reticencias lo que soy actualmente y qué os proponéis que sea en el día de mañana —repuso el príncipe.

—Sois el hijo del rey Luis XIII, hermano del rey Luis XIV, y heredero natural y legítimo del trono de Francia. Conservándoos junto a él, como ha hecho con su hermano menor Felipe, el rey se reservaba el derecho de ser soberano legítimo. Sólo Dios y los médicos podían disputarle la legitimidad. Los médicos prefieren siempre al rey que reina al que no reina, y Dios no obraría bien perjudicando a un príncipe digno. Pero Dios ha permitido que os persiguieran, y esa persecución os consagra hoy rey de Francia. ¿Os lo disputan? prueba que tenéis derecho a reinar; ¿os secuestran? señal que teníais derecho a ser proclamado; ¿no se han atrevido a derramar vuestra sangre como la de vuestros servidores? es que vuestra sangre es divina. Ved ahora lo que ha hecho en vuestro provecho Dios, a quien tantas veces habéis acusado de haberos perseguido sin descanso. Mañana, o pasado mañana, a la primera ocasión, vos, fantasma real, retrato viviente de Luis XIV, os sentaréis en su trono, del que la voluntad de Dios, confiada a la ejecución del brazo de un hombre, lo habrá precipitado sin remisión.

—Comprendo, no derramarán la sangre de mi hermano.

—Sólo vos seréis el árbitro de su destino.

—El secreto que han abusado respecto de mí...

—Lo usaréis vos para con él. ¿Qué hacía él para ocultarlo? Os escondía. Vivo retrato suyo, descubriríais la trama urdida por Mazarino y Ana de Austria. Vos tendréis el mismo interés en guardar bajo llave al que, preso, se os parecerá, como vos os parecíais a él siendo rey.

—Vuelvo a lo que os decía. ¿Quién lo custodiará?

—El mismo que os custodiaba a vos.

—Y decidme, ¿quién está en ese secreto, aparte de vos que lo habéis vuelto en mi provecho?

—La reina madre y la señora de Chevreuse.

—¿Qué harán?

—Nada, si vos queréis.

—No entiendo.

—¿Cómo van a conoceros si vos obráis de modo que no os conozcan?

—Es verdad; pero hay otras dificultades más graves todavía.

—¿Cuáles?

—Mi hermano está casado, y yo no puedo quitarle su mujer.

—Haré que España consienta en un repudio, está bien con vuestra nueva política y con la moral humana. Así saldrá beneficiado todo lo noble y útil.

—El rey, secuestrado, hablará.

—¿A quién? ¿A las paredes?

—¿Llamáis paredes a los hombres en quienes tendréis vos depositada vuestra confianza?

—En caso necesario, sí. Por otra parte, los designios de Dios no se detienen en tan buen camino. Un plan de tal magnitud se completa con los resultados, como un cálculo geométrico. El rey, secuestrado, no constituirá para vos el obstáculo que vos para el soberano reinante. Dios ha dotado de un alma orgullosa e impaciente a vuestro hermano, a quien, además, ha enervado, desarmado con el goce de los honores y el hábito del poder soberano. Dios, que tenía dispuesto que el resultado del cálculo geométrico de que os he hablado fuese vuestro advenimiento al trono y la destrucción de cuanto os es perjudicial, ha decidido que el vencido acabe sus sufrimientos a poco de haber vos acabado con los vuestros. Dios ha preparado, pues, el alma y el cuerpo del rey para la brevedad de la agonía. Vos, aprisionado como un particular, secuestrado con vuestras dudas, privado de todo, con el hábito de una vida solitaria, habéis resistido; pero vuestro hermano, cautivo, olvidado, restricto, no soportará su desventura y Dios llamará a sí su alma en el tiempo prefijado, esto es, pronto.

—Desterraré al rey destronado —repuso con voz nerviosa Felipe— será más humano.

—Vos resolveréis, monseñor —dijo Aramis.

—Ahora decidme, ¿he planteado claramente el problema? ¿lo he resuelto conforme a los deseos o a las previsiones de Vuestra Alteza Real?

—Excepto dos cosas, nada habéis olvidado.

—¿La primera?

—Hablemos de ella sin tardanza y con la misma franqueza que ha informado hasta ahora nuestra conversación, hablemos de las causas que pueden echar por tierra las esperanzas que hemos concebido; de los peligros que corremos.

—Estos serían inmensos, infinitos, espantosos, insuperables, si, como os he manifestado, no concurriese todo a anularlos en absoluto. Ni vos ni yo corremos peligro alguno si la constancia y la intrepidez de vuestra Alteza Real corren parejas con el milagroso parecido que la naturaleza os ha dado con el rey. Repito, pues, que no hay peligro alguno, pero sí obstáculos, por más que este vocablo común a todos los idiomas, tenga para mí un significado tan obscuro, que de ser yo rey lo haría suprimir por absurdo e inútil.

—Pues hay un obstáculo gravísimo, un peligro insuperable que vos olvidáis —replicó el príncipe.

—¿Cuál?

—La conciencia que grita, el remordimiento que desgarra.

—Es verdad, —dijo Herblay— hay tal encogimiento de ánimo, vos me lo recordáis.

Tenéis razón, es un obstáculo poderosísimo. El caballo que tiene miedo a la zanja, cae en ella y se mata; el hombre que cruza su acero temblando, deja a la espada enemiga huecos por los cuales pasa la muerte. Es verdad, es verdad.

—¿Tenéis hermanos? —preguntó el joven.

—Estoy solo en el mundo, —respondió Aramis con voz nerviosa y estridente como el amartillar de una pistola.

—Pero a lo menos amáis a alguien —repuso Felipe.

—¡A nadie! Pero digo mal, monseñor, os amo a vos.

—El joven se abismó en un silencio tan profundo, que para el obispo se convirtió en ruido insufrible el que producía su aliento.

—Monseñor, —continuó Aramis— todavía no he manifestado a Vuestra Alteza Real cuanto tenía que manifestarle; todavía no he ofrecido a mi príncipe todo el caudal de saludables consejos y de útiles expedientes que para él he acumulado. No se trata de hacer brillar un rayo a los ojos del que se complace en la obscuridad; no de hacer retumbar las magnificencias del cañón en los oídos del hombre pacífico que se recrea en el sosiego y en la vista de los campos. No, monseñor; en mi mente tengo preparada vuestra dicha, mis labios van a verterla, tomadla cuidadosamente para vos, que tanto habéis amado el firmamento, los verdes prados y el aire puro. Conozco una tierra de delicias, un paraíso ignorado, un rincón del mundo en el que solo, libre, desconocido, entre bosques, flores y aguas bullidoras, olvidaréis todas las miserias de que la locura humana, tentadora de Dios, os ha hablado hace poco. Escuchadme, príncipe mío, y atended, que no me burlo. Mi alma me tengo, monseñor, y leo en las profundidades de la vuestra. No os tomaré incompleto para arrojaros en el crisol de mi voluntad, de mi capricho, o de mi ambición. O todo o nada. Estáis atropellado, enfermo, casi muerto por el exceso de aire que habéis respirado durante la hora que hace gozáis de libertad; y es ésta, para mí, señal evidente de que querréis continuar respirando con tal ansia. Limitémonos, pues, a una vida más humilde, más adecuada a nuestras fuerzas. A Dios pongo por testigo de que quiero que surja vuestra felicidad de la prueba en que os he puesto.

—Explicaos, —exclamó el príncipe con viveza que dio que pensar a Aramis.

—En el Bajo Poitú conozco yo una comarca, —prosiguió el prelado, —de la que no hay en Francia quien sospeche que exista. Ocupa dicha comarca una extensión de veinte leguas... Es inmensa, ¿no es verdad? Veinte leguas, monseñor, cubiertas de agua, hierbas y juncales, y con islas pobladas de bosques. Aquellos grandes y profundos pantanos cuajados de cañaverales, duermen en silencio bajo la sonrisa del sol. Algunas familias de pescadores los cruzan perezosamente con sus grandes barcas de álamos y abedules, de suelo cubierto con una alfombra de cañas y techo labrado de entretejidos y resistentes juncos. Aquellas barcas, aquellas casas flotantes, van... adonde las lleva el viento. Si tocan la orilla, es por acaso, y tan blandamente, que el choque no despierta al pescador, si está dormido. Si premeditadamente llega a la orilla, es que ha visto largas bandadas de rascones o de avefrías, de gansos o de pluviales, de cercetas o de becazas, de los que hace presa con el armadijo o con el plomo del mosquete. Las plateadas alosas, las descomunales anguilas, los lucios nerviosos, las percas rosadas y cenicientas caen en incontable número en las redes del pescador, que escoge las piezas mejores y suelta las demás. Allí no han sentado nunca la planta soldada ni ciudadano alguno; allí el sol benigno; allí hay trozos de terreno que producen la vid y alimentan con generoso jugo los hermosos racimos de uvas negras o blancas. Todas las semanas una barca va a buscar, en la tahona común, el pan caliente y amarillento cuyo olor atrae y acaricia desde lejos. Allí viviréis como un hombre de la antigüedad. Señor poderoso de vuestros perros de aguas, de vuestros sedes, de vuestras escopetas y de vuestra hermosa casa de cañas, viviréis allí en la opulencia de la caza, en la plenitud de la seguridad, así pasaréis los años, al cabo de los cuales, desconocido, transformado, habréis obligado a Dios a que os depare un nuevo destino. En este talego hay mil doblones, monseñor; esto es más de lo que se necesita para comprar todo el pantano de que os he hablado, para vivir en él más años que no días alentaréis, para ser el más rico, libre y dichoso de la comarca. Aceptad el dinero con la misma sinceridad, con el mismo gozo con que os lo ofrezco, y sin más dilaciones vamos a desenganchar dos de los cuatro caballos de la carroza; el mudo, mi servidor, os conducirá, andando de noche y durmiendo de día, hasta aquella tierra, y a lo menos me cabrá así la satisfacción de haber hecho por mi príncipe lo que por su voluntad mi príncipe habrá escogido. Habré labrado la felicidad de un hombre, lo cual me premiará Dios con más creces que no si convirtiera a ese hombre en poderoso; y cuenta que lo primero es imponderablemente más difícil. ¿Qué respondéis, monseñor? Aquí está el dinero... No titubeéis. El único peligro que corréis en el Poitú es el de tomar las fiebres; pero aun en este caso contaréis con los curanderos de allí, que al saber vuestro dinero vendrán a curaros. De jugar la otra partida, la que sabéis, corréis el riesgo de que os asesinen en un trono u os estrangulen en una cárcel. En verdad os digo, monseñor, que ahora que he explorado los dos caminos, no titubearía.

—Caballero, —repuso el príncipe, —dejadme que, antes de resolver, me baje de la carroza, ande un poco, y consulte la voz con que Dios hace hablar a la naturaleza libre. Dentro d diez minutos os contestaré.

—Hágase como decís, —dijo Herblay inclinándose, —dijo Herblay inclinándose con respeto, tan augusta y solemne había sido la voz del príncipe al decir sus últimas palabras.

CORONA Y TIARA

Aramis se apeó para tener la portezuela al príncipe, el cual se estremeció de los pies a la cabeza al sentir la planta en el césped, y dio una vuelta alrededor de la carroza con paso torpe y casi tambaleándose, como si no estuviese acostumbrado a caminar por la tierra de los hombres.

Eran las once de la noche del 15 de agosto; gruesas nubes, presagio de tormenta, cubrían el espacio y ocultaban la luz de las estrellas y la perspectiva. Las extremidades de las alamedas apenas resaltaban sobre los sotos por una penumbra gris opaca perceptible tan sólo, en medio de aquella negrura, tras atento examen. Pero el olor de la hierba, las acres emanaciones de las encinas, la atmósfera templada por vez primera después de tantos años le envolvía, la inefable fruición de libertad en medio del campo, hablaban un lenguaje tan seductivo para el príncipe, que, sea cual fuere el recato, casi diremos el disimulo de que hemos intentado dar idea, dio rienda a la emoción y exhaló un suspiro de gozo.

Poco a poco levantó el joven su entorpecida cabeza, y respiró las diferentes capas de aire a proporción que le acariciaban el rostro cargadas de aromas. Con los brazos cruzados sobre el pecho como para impedirle que reventara a la invasión de aquella nueva felicidad, aspiró con delicia al aire desconocido que de noche circula bajo las bóvedas de los altos bosques. Aquel cielo que se le ofrecía a la mirada, aquellas aguas que le enviaban sus murmullos, aquellas criaturas a quienes veía moverse, ¿no eran la realidad? ¿No era un loco Aramis creyendo que en el mundo podía anhelarse más?

La embriagadora perspectiva de la vida campestre, libre de cuidados, temores y escaseces, el océano de días venturosos que reverbera a los ojos de la juventud, he ahí el verdadero cebo en que puede quedar prendido un infeliz cautivo, gastado por las piedras del calabozo, enervado por la falta de aire de la prisión. Y aquél fue el cebo que le presentó Aramis al ofrecerle los mil doblones y el encantado edén que ocultaban a los ojos del mundo los desiertos del Bajo Poitú.

Tales eran las reflexiones que se hacía Aramis mientras con ansiedad indecible seguía la marcha silenciosa de las alegrías del príncipe, a quien veía abismarse gradualmente en las profundidades de su meditación.

Con efecto, Felipe, absorto, ya no tocaba con los pies en el suelo, y su alma, que de un vuelo subiera hasta el excelso trono, suplicaba a Dios que, en medio de aquella incertidumbre, de la que debía salir su vida o su muerte, le concediese un rayo de luz.

Fue aquel un momento terrible para el obispo de Vannes; y es que aún no se había encontrado nunca en presencia de un infortunio tan inmenso. Aquella alma de bronce, acostumbrada a luchar contra obstáculos ante los cuales no se halló jamás inferior ni vencido, iba a naufragar en aquel vasto plan por no haber previsto la influencia que ejercía en un cuerpo humano un punado de hojas regadas por algunos litros de aire.

Aramis, clavado en su sitio por la angustia de la duda, contempló pues la dolorosa agonía de Felipe, que sostenía la lucha contra los dos ángeles misteriosos. Aquel suplicio duró los diez minutos que solicitara el joven. El cual, durante aquella eternidad, no cesó de mirar el cielo con ojos de súplica, tristes y humedecidos; como Aramis no apartó de Felipe los suyos, preñados de avidez, inflamados y devoradores.

Felipe bajó de repente la cabeza, y es que su pensamiento había bajado nuevamente a la tierra. Al joven se le endureció la mirada, arrugósele la frente, y armósele de resolución indómita la boca; luego volvió a quedar con los ojos fijos, que por ahora se reflejaba en ellos la llama de los humanos esplendores; ahora su mirada era como la de Satanás cuando, en la cima de la montaña, quería tentar a Jesucristo mostrándole los reinos y las potestades de la tierra.

La mirada de Aramis se hizo tan suave como antes era sombría. Felipe, con además veloz y nervioso, acababa de tomarle la mano, diciendo:

—Vamos adonde se encuentra la corona de Francia.

—¿Es esa vuestra decisión, príncipe mío? —preguntó Aramis.

—Sí.

—¿Irrevocable? Felipe ni siquiera se dignó responder; se limitó a mirar al obispo, como para preguntar si un hombre puede volver sobre su acuerdo.

—Vuestras miradas son los dardos de fuego que pintan los caracteres, —dijo Aramis inclinándose hasta la mano de Felipe. —Seréis grande, monseñor, yo soy quien os lo pronóstico.

—Anudemos la conversación donde la hemos dejado, —repuso el príncipe. —Si no recuerdo, os he dicho que "quería" ponerme de acuerdo con vos acerca de dos puntos: los peligros o los obstáculos. Ya está resuelto este punto. El otro estriba en las condiciones que me impondréis. Ahora os toca hablar a vos, señor de Herblay.

—¿Las condiciones, príncipe mío?

—Por supuesto. No vais a detenerme en mi camino por tal bagatela, ni me haréis el agravio de suponer que yo creo a pies juntillas que os habéis metido desinteresadamente en este negocio. Conque dadme a conocer sin ambages ni rodeos vuestro pensamiento.

—Es éste, —dijo Aramis: —una vez rey...

—¿Cuándo lo seré?

—Mañana por la noche.

—¿Cómo?

—Os lo diré después que me hayáis contestado a lo que voy a deciros. Os envié un hombre fiel para que os entregara un cartapacio con notas en letra menuda y redactadas con firmeza, que permiten a Vuestra Alteza conocer a fondo a cuantas personas componen o compondrán vuestra corte.

—Leí todas las notas a que os referís.

—¿Atentamente?

—Las sé de memoria.

—¿Las comprendisteis? Y perdonad si os hago la pregunta, que bien puedo hacérsela al infeliz abandonado de la Bastilla. Dentro de ocho días nada tendré que preguntar a un hombre de tan claro entendimiento como vos, en el pleno goce de la libertad y del poder.

—Interrogadme pues; me avengo a ser el escolar a quien su sabio maestro le hace dar la lección señalada.

—Primeramente hablemos de vuestra familia, monseñor.

—¿De mi madre Ana de Austria? ¿de sus amarguras y de su terrible dolencia? De todo me acuerdo.

—¿Y de vuestro segundo hermano! —repuso Aramis inclinándose.

—Añadisteis a las notas unos retratos trazados por manera tan maravillosa, tan bien dibujados, tan bien pintados, que en ellos reconocí a las personas de quienes vuestras notas designaban el carácter, las costumbres y la historia. Mi hermano es un gallardo moreno de pálida tez, que no ama a su mujer Enriqueta, a quien yo, Luis XIV, he amado un poco, y aun la amo coquetamente, por más que me arrancó lágrimas el día en que quiso despedir a La Valiére.

—Cuidado con exponeros a los ojos de ésta, —dijo Aramis. — La Valiére ama de todo corazón al rey actual, y difícilmente engaña uno los ojos de una mujer que ama.

—Es rubia, y tiene ojos garzos, cuya mirada de ternura me revelará su identidad. Cojea un poco, y escribe diariamente una carta a la que por mi orden contesta Saint-Aignán.

—¿Y a éste lo conocéis?

—Como si lo viera, y sé de memoria los últimos versos que me ha dirigido, así como los que yo he compuesto en contestación a los suyos.

—Muy bien. ¿Y vuestros ministros?

—Colbert, feo y sombrío, pero inteligente; con los cabellos caídos hasta las cejas, cabeza voluminosa, pesada y redonda, y por aditamento, enemigo mortal de Fouquet.

—Respecto de Colbert nada tenemos que temer.

—No, porque precisamente me pediréis vos que lo destierre.

—Seréis muy grande, monseñor, —se limitó a decir Aramis, lleno de admiración.

—Ya veis que sé la lección a las mil maravillas, —añadió el príncipe, —y con la ayuda de Dios y la vuestra no padeceré muchas equivocaciones.

—Todavía quedan un par de ojos muy molestos para vos, monseñor.

—Ya, os referís al capitán de mosqueteros, a vuestro amigo D'Artagnan.

—En realidad es amigo mío.

—El que acompañó a La Valiére a Chaillot, el que metió a Monck en una caja para entregárselo a Carlos II, el que ha servido tan bien a mi padre, en una palabra, el hombre a quien le debe tanto la corona de Francia, que se lo debe todo. ¿Por ventura vais también a pedirme que destierre a D'Artagnan?

—Nunca, Sire. D'Artagnan es hombre a quien me reservo contárselo todo llegada la ocasión; pero desconfiad de él, porque si antes de mi revelación nos descubre, vos o yo la pagaremos con la libertad o la vida. Es hombre audaz v resuelto.

—Lo reflexionaré. Bueno, hablemos' ahora de Fouquet. ¿Qué habéis determinado respecto de él?

—Permitidme que todavía no os hable de él, monseñor, y perdonadme mi aparente falta de respeto al interrogaros incesantemente.

—Cumplís con vuestro deber al hacerlo, y aun diré que estáis en vuestro derecho.

—Antes de hablar del señor Fouquet, tendría escrúpulo de olvidar a otro amigo mío.

—Al señor de Vallón, el Hércules de Francia. Este tiene asegurada su fortuna.

—No quise referirme a él, monseñor.

—¿Al conde de La Fere, pues?

—Y a su hijo, el hijo de nosotros cuatro.

—¿El doncel que se muere de amor por La Valiére, a quien se la ha robado por manera tan desleal mi hermano? Nada temáis, yo haré que la recobre. Decidme, caballero de Herblay, ¿olvida el hombre las injurias cuando ama? ¿Perdona a la mujer infiel? ¿Encaja esto con el carácter francés, o es una de las leyes del corazón humano?

—El hombre que ama como ama Raúl de Bragelonne, acaba por olvidar el crimen de su amada; lo que no sé, es si Raúl olvidará.

—Procuraré que así sea. ¿Nada más tenéis que decirme, referente a vuestro amigo?

—Nada más.

—Ahora hablemos del señor Fouquet. ¿Qué pensáis vos que quiero hacer de él?

—Dejadlo donde está; que continúe siendo superintendente.

—Conformes; pero hoy es primer ministro.

—No del todo.

—Un rey ignorante e indeciso como lo seré yo, necesita forzadamente un primer ministro.

—Lo que necesita Vuestra Majestad es un amigo. Tengo uno, vos.

—Más adelante tendréis más, pero ninguno tan abnegado ni tan amante de vuestra gloria como yo.

—Vos seréis mi primer ministro.

—No, desde luego, monseñor. Esto levantaría demasiadas sospechas, causaría grande extrañeza.

—¿Por ventura el primer ministro de mi abuela María de Médicis, Richelieu, era algo más que obispo de Luzón, como vos lo sois de Vannes?

—Veo que Vuestra Alteza ha aprovechado bien mis notas. No podéis figuraros cuánto me halaga vuestra maravillosa perspicacia.

—También sé que, gracias a la protección de la reina, Rechelieu no tardó en recibir el capelo.

—Más valdrá, —repuso Aramis inclinándose, —que no sea yo primer ministro hasta que Vuestra Alteza me haya hecho nombrar cardenal.

—Lo seréis antes de dos meses, señor de Herblay. Pero esto es muy poco, tan poco, que me daríais un disgusto si limitáis a eso vuestra ambición.

—Por eso espero más, monseñor.

—¡Ah! decid, decid.

—El señor Fouquet no desempeñará por mucho tiempo la superintendencia, pues envejecerá rápidamente. Si hoy comparte el placer con el trabajo, hasta donde éste se lo permite, es porque le queda aún algo de juventud; algo que desaparecerá a la primera aflicción o a la primera enfermedad que le asalte. La aflicción se la evitaremos, porque es hombre digno y de corazón noble, pero en cuanto a la enfermedad, nada podemos. De consiguiente, quedamos en que una vez hayáis pagado las deudas del señor Fouquet y repuesto la hacienda, aquél, a quien habremos enriquecido, continuará siendo rey en medio de su corte de poetas y pintores. Entonces yo, primer ministro de Vuestra Alteza Real, podré pensar en mis intereses y en los vuestros. El príncipe miró a su interlocutor.

—Richelieu, del cual hemos hablado, —continuó Aramis, —cometió el grande error de querer gobernar por sí sobre el reino, de dejar que se sentaran dos reyes en un mismo trono, Luis XIII y él, cuando pudo instalarlos más cómodamente en dos tronos diferentes.

—¿En dos tronos? —repuso Felipe.

—Sí, monseñor, —prosiguió Aramis con voz sosegada: —un cardenal primer ministro de Francia, con ayuda del favor y del apoyo del rey cristianísimo; un cardenal a quien su amo y señor presta sus tesoros, sus ejércitos y su consejo, al aplicar únicamente a Francia sus recursos no cumplirían con los deberes a su cargo. Por otra parte, —añadió Aramis dirigiendo una mirada escrutadora a Felipe, —vos no seréis un rey como vuestro padre, delicado, tardío y hastiado de todo, sino un rey inteligente y guerrero, y como tal, anheloso de ensanchar vuestros dominios, en los cuales yo os molestaría. Ahora bien, nuestra amistad debe no verse nunca, no diré alterada, pero ni siquiera levemente velada por un designio oculto. Yo os habré dado el trono de Francia, vos me daréis el trono de San Pedro. Cuando vuestra mano leal, firme y armada tenga por gemela la de un papa como yo seré, ni

Carlos V, que ha poseído los dos tercios del mundo, ni Carlomagno, llegarán a vuestra cintura. Como no tengo alianzas ni prevenciones, no os enfrascaré en la persecución de los herejes ni en las guerras de familia. Vos y yo nos compartiremos el universo, vos en lo temporal, yo en lo espiritual, y como yo moriré primero que vos, vuestra será mi herencia. ¿Qué os parece mi plan, monseñor?

—Que sólo el haberos comprendido me llena de gozo y de orgullo; seréis cardenal, señor Herblay, y una vez cardenal, mi primer ministro, y una vez mi primer ministro, haré cuanto me digáis para que os elijan papa. Pedidme garantías.

—¿Para qué? Nunca haré yo cosa alguna sin que vos salgáis ganando; ni subiré, que no os haya hecho subir a vos el escalón superior, y me mantendré siempre lo bastante lejos de vos para sustraerme a vuestros celos, y lo bastante cerca para conservar vuestro provecho y celar vuestra amistad. En este mundo todos los pactos se rompen porque el interés que encierran tiende a ladearse de sólo un lado. Entre vos y yo nunca pasará eso; he ahí por qué no necesito garantías.

—¿Así pues... mi hermano... desaparecerá?

—Sí, monseñor, y sin que persona alguna se dé cuenta de ello. Lo robaremos de su cama valiéndonos de una trampa que cede a la presión del dedo. Dormido a la sombra de la corona, despertará en el cautiverio. Vos, desde aquel instante, impondréis vuestra única voluntad, y nada os interesará como el conservarme a vuestro lado.

—Es cierto. Aquí está mi mano, señor de Herblay.

—Permitidme que me arrodille respetuosamente en vuestra presencia, Sire. El día que la corona ciña vuestra frente, y la tiara la mía, nos abrazaremos.

—Abrazadme sin más tardanza, y sed para mí más que un hombre grande y hábil, más que un genio sublime: sed bueno para conmigo, sed un padre. Al escuchar tales palabras, Aramis casi se le subieron las lágrimas a los ojos, y le pareció sentir en su corazón algo hasta entonces para él desconocido; pero aquella impresión fue fugaz.

—¡Su padre! —dijo entre sí Herblay.

—Padre, sí, pero padre santo. El príncipe y el obispo subieron nuevamente a la carroza, que partió a escape camino de Vaux.

EL CASTILLO DE VAUX

El castillo de Vaux, situado a una legua de Melún, fue construido por Fouquet en 1653, es decir en un tiempo en que en Francia era grande la escasez de dinero, pues por una parte Mazarino lo había robado casi todo, y por la otra, Fouquet gastaba el resto. Sin embargo, como hay hombres que tienen fecundos los defectos y útiles los vicios, Fouquet, al sembrar los millones en su palacio, halló manera de cosechar tres hombres ilustres; a Levau, arquitecto del edificio, a Le Notres, autor del plano de los jardines, y a Le Brun, que pintó las habitaciones.

Vaux no tenía más que un defecto, y era su carácter grandioso, su graciosa magnificencia.

Una gran verja sostenida por cariátides forma la entrada de Vaux, y luego que uno la ha atravesado se encuentra frente al cuerpo principal del edificio, precedido de un gran patio ceñido de profundos fosos coronados de una magnífica barandilla de piedra. Aquel edificio, construido por un vasallo, se parece más a un alcázar que no los palacios que Wolsey se creía obligado a regalar a su señor para no despertarle la envidia. Pero, si algo puede ser preferido a la espléndida disposición de las habitaciones, al lujo de los dorados, a la profusión de las pinturas y las estatuas, es el parque, son los jardines de Vaux. Los surtidores, maravillosos en 1653, lo son aún en la hora presente: las cascadas despertaban la admiración de reyes y príncipes; y por lo que hace la famosa gruta, el lector nos perdonará que no describamos todas sus bellezas, porque no querríamos despertar, respecto de nosotros, críticas como las que a la sazón meditaba Boileau. Haremos, pues, como Despreaux, entraremos en el parque que tenía entonces tan sólo ocho años, no obstante, lo cual se doraban a los primeros rayos del sol las ya frondosas y altas cimas de sus árboles. Le Notre anticipó el goce del mecenas: todos los planteles dieron árboles precoces gracias al sumo cuidado que se puso en su cultura y a los eficaces abonos. Todo árbol de las cercanías que presentaba condiciones de gran desarrollo, era, trasplantado al parque, para adorno del cual podía fouquet comprar muy bien árboles y más árboles, cuando para agrandarlo había comprado tres aldeas junto con lo que contenían.

El suntuoso palacio estaba dispuesto para recibir "al más gran de rey del mundo". Los amigos de Fouquet habían conducido a él, en coche, unos sus actores y sus decoraciones, otros sus estatuarios y sus pintores, y, otros, finalmente, algunos ingenios, pues se trataba de improvisar en grande.

Por patios y corredores circulaba un ejército de criados, mientras Fouquet, que hasta aquella mañana misma no llegó, se paseaba tranquilo y perspicaz, para dar las últimas órdenes, después de haber pasado los mayordomos la última revista.

Era el 15 de agosto. El sol caía verticalmente sobre los hombros de los dioses de mármol y de bronce, y al tiempo que calentaba el agua de los estanques, hacía madurar en los vergeles los magníficos melocotones, por los que debía suspirar medio siglo después el "gran rey", que decía a cierto personaje: Sois demasiado joven para haber comido melocotones del señor Fouquet.

¡Oh recuerdo! ¡oh trompetas de la fama! ¡oh gloria terrenal! ¡Aquel que tanto sabía apreciar el mérito; aquel que recogió la herencia de Nicolás fouquet, y la quitara a Le Notre y a Le Brun, y lo mandara sepultar a perpetuidad en una prisión de Estado, ¡sólo recordaba los melocotones de su enemigo vencido, aniquilado, olvidado! Por más que fouquet tiró treinta millones en sus estanques, en los crisoles de sus estatuarios, en los bufetes de sus poetas y en las carteras de sus pintores, en vano creyó que dejaría memoria de él; y un puñado de materia vegetal que un lirón roe con la mayor frecuencia, bastaba para que un gran rey evocara en su memoria la imagen lamentable del último superintendente de Francia.

Seguro de que Aramis había distribuido bien los criados, cuidado de hacer guardar las puertas, y preparado los alojamientos, Fouquet no se ocupó más que en el conjunto. Aquí, Gourville le mostró la disposición de los fuegos artificiales, allí Moliére lo condujo al teatro, hasta que por fin y después de haber visitado la capilla, los salones y las galerías, al bajar, rendido de cansancio, Fouquet se encontró en la escalera con Aramis, que le hizo una seña.

El superintendente se unió a su amigo, que le detuvo ante un cuadro apenas terminado, y al cual daba los últimos toques Le Brun, sudando, manchado de colores, pálido de fatiga y de inspiración. Era el esperado retrato del rey, con el traje de ceremonia.

Fouquet se colocó delante de aquel retrato, que, por decirlo así, respiraba, miró la figura, calculó el trabajo, se admiró, y no hallando recompensa digna de aquella hercúlea labor, echó los brazos al cuello del artista y lo estrechó contra su pecho.

Si para el artista fue aquel un momento de gozo, no así para el sastre Percerín, que iba tras Fouquet, y admiraba en la pintura de Le Brun el traje que él hiciera para Su Majestad.

Las exclamaciones de Percerín fueron interrumpidas por la señal que dieron desde la torre del palacio. Más allá de Melún, en la llanura, los vigías de Vaux habían divisado el cortejo del rey y de las reinas: Su Majestad entraba en aquel momento en Melún con su larga fila de carrozas y jinetes.

—Dentro de una hora —dijo Aramis a Fouquet.

—¡Dentro de una hora! —exclamó el superintendente exhalando un suspiro.

—¡Y el pueblo que pregunta de qué sirven las fiestas reales! —prosiguió el obispo riéndose con hipocresía.

—¡Ay! también yo me lo pregunto y no soy pueblo, —repuso Fouquet.

—Dentro de veinticuatro horas os responderé, monseñor. Poned buena cara, que es día de júbilo.

—Tanto si me creéis como si no, Herblay, designando con el dedo el cortejo de Luis en el horizonte, —sé deciros que, aunque él no me quiere mucho ni yo le quiero más a él, a proporción que va acercándose...

—¿Qué?

—Me es sagrado, es mi rey, casi me es querido.

—¿Querido? lo creo —repuso Aramis haciendo hincapié en el vocablo, como andando el tiempo hizo el padre Terray con Luis XV.

—No lo toméis a broma, Herblay; conozco que, de quererlo él, amaría a ese joven.

—Eso no tenéis que contármelo a mí —replicó el obispo, — sino a Colbert.

—¡A Colbert! —exclamó Fouquet.

—¿Por qué?

—Porque hará que os señalen una pensión sobre el bolsillo particular del rey, cuando sea superintendente.

—¿Adónde vais? —preguntó Fouquet con gesto sombrío, al ver que Aramis se marchaba después de haber disparado el dardo.

—A mi habitación para mudar de traje.

—¿Dónde estáis alojado?

—En el cuarto azul del piso segundo.

—¿El que cae encima del dormitorio del rey?

—Sí.

—¡Vaya una sujeción que os habéis impuesto! ¡Condenarse a la inmovilidad!

—Paso la noche durmiendo o leyendo, monseñor.

—¿Y vuestros criados?

—Sólo me acompaña una persona.

—¡Nada más!

—Me basta mi lector. Adiós, monseñor; no os fatiguéis en demasía. Conservaos bien para la llegada del rey.

—¿Os veremos a vos y al vuestro amigo Vallón?

—Le he dejado junto a mí. Ahora se está vistiendo. Fouquet saludó con la cabeza y con una sonrisa, y pasó cual generalísimo que recorre las avanzadas al anunciarle la presencia del enemigo.

EL VINO DE MELÚN

En efecto, el rey había entrado en Melún pero sin más propósito que el de atravesar la ciudad, tal era la sed de placeres que le aguijaba. Durante el viaje, sólo había visto dos veces a La Valiére, y adivinando que no podría hablar con ella sino de noche y en los jardines, después de la ceremonia, no veía la hora de llegar a Vaux. Pero Luis XIV echaba la cuenta sin la huésped, queremos decir sin D'Artagnan y sin Colbert. Semejante a Calipso, que no podía consolarse de la partida de Ulises, el capitán de mosqueteros no podía consolarse de no haber adivinado por qué Aramis era el director de las fiestas.

—Como quiera que sea —decía entre sí aquel hombre flexible en medio de su lógica— cuando mi amigo el obispo de Vannnes ha hecho eso para algo será.

Pero en vano se devanaba los sesos.

D'Artagnan, que estaba tan curtido en las intrigas cortesanas, y conocía la situación de Fouquet más que Fouquet mismo, concibió las más raras sospechas al tener noticia de aquella fiesta que habría arruinado a un hombre rico, y que para un hombre arruinado era una empresa descabellada y de realización imposible. Además, la presencia de Aramis, de regreso de Belle-Isle y nombrado director de las fiestas por Fouquet, su asidua intervención en todos los asuntos del superintendente, y sus visitas a Baisemeaux, eran para D'Artagnan puntos demasiado obscuros para que no le preocupasen hacía ya algunas semanas.

—Con hombres del temple de Aramis —decía entre sí el gascón— uno no es el más fuerte sino espada en mano. Mientras Aramis fue inclinado a la guerra, hubo esperanzas de sobre pujarle; pero desde el punto y ahora en que se echó una estola sobre la coraza no hay remedio para nosotros. Pero ¿qué se propone Aramis?... ¿qué me importa, si sólo quiere derribar a Colbert?... Porque ¿qué más puede querer?

El mosquetero se rascaba la frente, tierra fértil de la que el arado de sus uñas había sacado tantas ideas fecundas, y resolvió hablar con Colbert; pero la amistad y el juramento que lo ligaban a Aramis le hicieron retroceder, sin contar que él, por su lado odiaba también al intendente. Luego se le ocurrió hablar sin ambages con el rey; pero el rey se quedaría a obscuras respecto de sus sospechas, que ni siquiera tenían la realidad de la conjetura. Por último, decidió dirigirse directamente a Aramis tan pronto volviese a verlo.

—Lo tomaré de sorpresa —dijo para sí el mosquetero; —le hablaré al corazón, y me dirá... ¿Qué? Algo, porque ¡vive Dios! que aquí hay misterio.

Ya más tranquilo, D'Artagnan hizo sus preparativos de viaje, y cuidó de que la casa militar del rey, muy poco nutrida aún, estuviese bien regida y organizada en sus pequeñas proporciones. De lo cual se siguió que Luis XIV, al llegar a la vista de Melún, se puso al frente de sus mosqueteros, de sus suizos y de un piquete de guardias francesas, que en conjunto formaban un reducido ejército que se llevaba tras sí las miradas de Colbert, que hubiera deseado aumentarlo en un tercio.

—¿Para qué? —le preguntó el rey.

—Para honrar más al señor Fouquet —respondió el intendente.

—Sí, para arruinarlo más aprisa —dijo mentalmente el gascón. El ejército llegó frente a Melún, cuyos notables entregaron al Luis XIV las llaves de la ciudad y le invitaron a entrar en las casas consitoriales para beber lo que en Francia llaman el vino de honor. Luis XIV, que había hecho el propósito de no detenerse para llegar a Vaux, se sonrojó de despecho.

—¿Quién será el imbécil causante de ese retardo? —murmuró el rey, mientras el presidente del municipio echaba la arenga de rúbrica.

—No soy yo —replicó D'Artagnan; —pero sospecho que es el

señor Colbert.

—¿Qué se os ofrece, señor D'Artagnan? —repuso el intendente al oír su nombre.

—Se me ofrece saber si sois vos quien ha dispuesto que convidasen al rey a beber vino de Brie.

—Sí, señor.

—Entonces es a vos a quien el rey ha aplicado un calificativo.

—¿Cuál?

—No lo recuerdo claramente... ¡Ah!... mentecato... no, majadero... no, imbécil, esto es, imbécil. De eso ha calificado Su Majestad al que ha dispuesto el vino de honor. D'Artagnan, al ver que la ira había puesto tan sumamente feo al intendente, apretó todavía más las clavijas, mientras el orador seguía su arenga y el rey sonrojaba a ojos vistos.

—¡Voto a sanes! —dijo flemáticamente el mosquetero— al rey va darle un derrame. ¿Quién diablos os ha sugerido semejante idea, señor Colbert? Como yo no soy hacendista no he visto más que un plan en vuestra idea.

—¿Cuál?

—El de hacer tragar un poco de bilis al señor Fouquet, que nos está aguardando con impaciencia en Vaux. Lo dicho fue tan recio y certero, que Colbert quedó aturdido. Luego que hubo bebido el rey, el cortejo reanudó la marcha al través de la ciudad. El rey se mordió los labios, pues la noche se venía encima, y con ella se le desvanecían las esperanzas de pasearse con La Valiére. Por las muchas consignas, eran menester a lo menos cuatro horas para hacer entrar en Vaux la casa del rey; el cual ardía de impaciencia y apremiaba a las reinas para llegar antes de que cerrara la noche. Pero en el instante de ponerse nuevamente en marcha, surgieron las dificultades.

—¿Acaso el rey no duerme en Melún? —dijo en voz baja Colbert a D'Artagnan.

Colbert estaba mal inspirado aquel día al dirigirse de aquella manera al mosquetero, que, conociendo la impaciencia del soberano, no quería dejarle entrar en Vaux sino bien acompañado, es decir, con toda la escolta, lo cual, por otra parte, no podía menos de ocasionar retardos que irritarían todavía más al rey. ¿Cómo conciliar aquellas dos dificultades? D'Artagnan no halló otro expediente mejor que repetir al rey las palabras del intendente.

—Sire —dijo el gascón—el señor Colbert pregunta si Vuestra

Majestad duerme en Melún.

—¡Dormir en Melún! ¿Por qué? —exclamó Luis XIV—. ¿A quién puede habérsele ocurrido esa sandez, cuando el señor Fouquet nos aguarda esta noche?

—Sire —repuso Colbert con viveza, —me ha movido el temor de que se retrasara Vuestra Majestad, que, según la etiqueta, no puede entrar en parte alguna, más que en sus palacios, antes que su aposentador haya señalado los alojamientos, y esté distribuida la guarnición.

D'Artagnan prestaba oído atento mientras se roía el bigote. Las reinas escuchaban también; y como estaban fatigadas, deseaban dormir, y sobre todo impedir que el monarca se pasara aquella noche con Saint-Aignán y las damas, pues si la etiqueta encerraba en sus habitaciones a la princesa, las damas podían pasearse terminando el servicio.

Según se ve, todos aquellos intereses contrapuestos iban levantando vapores que debían transformarse en nubes, como éstas en tempestad. El rey no podía morderse el bigote porque aún no lo tenía; pero roía el puño de su látigo. ¿Cómo salir del atolladero? D'Artagnan se sonreía y Colbert se daba tono. ¿Contra quién descargar la cólera?

—Que decida la reina —repuso Luis XIV saludando a María Teresa y a su madre. La deferencia del monarca llegó al corazón de la reina, que era buena y generosa, y que, al verse árbitra, contestó respetuosamente:

—Para mí será una gran satisfacción cumplir la voluntad del rey. ¿Cuánto tiempo se necesita para ir a Vaux? —preguntó Ana de Austria vertiendo sílaba a sílaba sus palabras, y apretándose con la mano su dolorido pecho.

—Para las carrozas de Vuestras Majestades y por caminos cómodos, una hora —dijo D'Artagnan. Y al ver que el rey le miraba, se apresuró a añadir: —Y para el rey, quince minutos.

—Así llegaremos de día —repuso Luis XIV.

—Pero el alojamiento de la casa militar —objetó con amabilidad el intendente —hará perder al rey todo el tiempo que gane apresurando el viaje, por muy rápido que éste sea.

—¡Ah! bruto —dijo para sí D'Artagnan; —si yo tuviese interés en desacreditarte, antes de diez minutos lo habría conseguido. Y en alto voz añadió: —Yo de Su Majestad, al dirigirme a casa del señor Fouquet, que es un caballero cumplido, dejaría mi servidumbre y me presentaría como amigo; quiero decir que entraría en Vaux sólo con mi capitán de guardias, y así sería más grande y más sagrado para mi hospedador.

—He ahí un buen consejo, señora —dijo Luis XIV, brillándole de alegría los ojos. — Entremos como amigos en casa de un amigo. Vayan despacio los de las carrozas, y nosotros, señores, ¡adelante! Dicho esto, el rey picó a su caballo y partió al galope, seguido de todos los jinetes. Colbert escondió su grande y enfurruñada cabeza tras el cuello de su cabalgadura.

—Así podré hablar esta noche misma con Aramis —dijo para sus adentros D'Artagnan mientras iba galopando. Además, el señor Fouquet es todo un caballero, y cuando yo lo digo, voto a mí que pueden creerme.

Así, a las siete de la tarde, sin trompetas ni avanzadas, exploradores ni mosqueteros, el rey se presentó ante la verja de Vaux, donde Fouquet, previamente avisado, hacía media hora que estaba aguardando con la cabeza descubierta, en medio de sus criados y de sus amigos.

NÉCTAR Y AMBROSÍA

Fouquet tuvo el estribo al rey, que, apeándose, se enderezó graciosamente, y, más graciosamente aún, tendió la mano al superintendente, que la acercó respetuosamente a sus labios a pesar de un ligero esfuerzo del monarca.

El rey aguardó en el primer recinto la llegada de las carrozas, que no se hicieron esperar. Las damas, que llegaron a las ocho de la noche, fueron recibidas por la señora superintendenta a la claridad de una luz viva como la del sol, que surgió de los árboles, jarrones y estatuas, y duró hasta que sus majestades hubieron desaparecido en el interior del palacio.

Todas aquellas maravillas, amontonadas, todos aquellos esplendores de la noche vencida, la naturaleza enmendada, de todos los placeres, de todas las magnificencias combinadas para la satisfacción de los sentidos y del espíritu, Fouquet los ofreció realmente a su soberano en aquel encantado retiro, del que soberano alguno de Europa podía vanagloriarse entonces de poseer otro equivalente.

No hablaremos del gran festín que reunió a sus majestades, ni de los conciertos, ni de las mágicas metamorfosis, nos limitaremos a pintar el rostro del rey, que, de alegre, expansivo y satisfecho como era al principio, luego se volvió sombrío, reservado, irritado. Recordó su palacio y el mísero lujo de éste, que no era sino el utensilio de la realeza y no propiedad del hombre—rey. ¿Los grandes jarrones de Louvre, los antiguos muebles y la vajilla de Enrique II, de Francisco I, y de Luis XI, no pasaban de monumentos históricos, de objetos de valor intrínseco, desechos del oficio del rey? En el palacio de Fouquet, el arte competía con la materia. Fouquet comía en una vajilla de oro que habían fundido y cincelado para él, artistas a su sueldo, y bebía vinos de los que el rey de Francia ni aun conocía el nombre, y les bebía en vasos cada uno de los cuales valía más que toda la bodega real.

¿Y qué diremos de los salones, de las colgaduras, de los cuadros y de los criados y lacayos de toda especie? ¿Qué del servicio, allí donde el orden sustituía a las etiquetas, el bienestar a las consignas, y el placer y la satisfacción del huésped eran la ley suprema para cuentos al anfitrión obedecían?

Aquel enjambre de criados que iban y venían silenciosamente, aquella muchedumbre de convidados menos numerosa que los servidores, el incalculable número de manjares y de vasos de oro y plata; los raudales de luz, las flores desconocidas de que se habían despojado los invernaderos como de una sobrecarga, puesto que aún estaban lozanas; aquel conjunto aromático, que no era más que preludio de la fiesta prometida, llenó de regocijo a todos los asistentes, que una y otra vez manifestaron su admiración, no con la voz y el ademán, lenguajes del cortesano que olvida el respeto debido al su señor, sino con el silencio y la intención.

El rey, con los ojos, hinchados, no se atrevió a mirar a la reina; y Ana de Austria, siempre superior a todos en orgullo, abrumó a su huésped despreciando abiertamente cuando la servían.

María Teresa, buena y curiosa de la vida, alabó a Fouquet, comió con grande apetito, y preguntó el nombre de muchas frutas que había sobre la mesa. Fouquet respondió que ignoraba sus nombres. Aquellas frutas procedían de los reservados del superintendente, reservados que él mismo, peritísimo en agronomía exótica, cultivara con frecuencia. El rey, que al oír la respuesta de Fouquet, se sintió tanto más humillado cuanto conoció la delicadeza que la dictaba, halló algo vulgar a su mujer, y sobrado orgullosa a Ana de Austria, y por su parte hizo el propósito de mantenerse impasible en los límites del extremo desdén o de la simple admiración.

Pero Fouquet, que era hombre sagaz y todo lo había previsto, no obstante haber manifestado terminantemente el rey que mientras estuviese en Vaux no quería someter sus comidas a la etiqueta, y, por consiguiente, comería con todo el mundo, hizo que sirvieran aparte a Su Majestad, si así podemos expresarnos, en medio de la mesa general.

Aquella cena, maravillosa por su composición, comprendía todos los manjares gratos al rey, todo cuanto éste solía escoger. Luis XIV, el hombre más comilón de Francia, no podía, pues, alegar excusa alguna para no comer.

Fouquet hizo más aún: acatando la orden del rey se sentó a la mesa; pero una vez servidas las menestras, se levantó para servir personalmente al rey, mientras la señora superintendenta permanecía en pie detrás del sillón de la reina madre. El desdén de Juno y el enojo de Júpiter no resistieron a tales muestras de delicadeza; así es que Ana de Austria comió un bizcocho mojado en vino de San Lúcas, y el rey comió de todo.

—No puede darse una comida mejor, señor superintendente —dijo Luis XIV.

Los demás, al oír las palabras del rey, empezaron a mover con entusiasmo las mandíbulas.

Esto no impidió que después de haberse hartado, el rey volviese a ponerse triste; en proporción del buen humor que él creyó debía manifestar, y sobre todo en comparación de la buena cara que sus cortesanos habían puesto a Fouquet.

D'Artagnan que comía mucho y bebía más, como quien no hace nada no perdió un bocado, pero hizo un gran número de observaciones provechosas.

Acabada la cena, el rey no quiso perder el paseo. El parque estaba iluminado; la luna, como si se hubiese puesto a discreción del señor de Vaux, pateó los árboles y los lagos con sus diamantes y su brillo. El ambiente era suave; las sombrías alamedas estaban tan mullidamente enarenadas, que daba gusto sentar los pies en ella. La fiesta fue completa, pues el rey encontró a La Valiére en una de las revueltas de un bosque, y pudo estrechar su mano y decirle que la amaba, sin que le oyese persona alguna, más que D'Artagnan, que seguía, y Fouquet que precedía.

En hora ya avanzada de aquella noche de encantos, el rey manifestó deseos de acostarse. Al punto se pusieron todos en movimiento. Las reinas se encaminaron a sus habitaciones al son de tiorbas y de flautas, y el rey, al subir, encontró a sus mosqueteros a quienes Fouquet hizo venir de Melún y convidó a cenar.

D'Artagnan desechó toda desconfianza, y como estaba cansado, y había cenado bien, se propuso gozar, una vez en su vida, de una fiesta en casa de un verdadero rey.

—¡Es todo un hombre! dijo entre sí el gascón refiriéndose al superintendente. Con gran ceremonia condujeron a Luis XIV al templo de Morfeo, del que vamos a dar una sucinta reseña. Era la pieza más hermosa y capaz del palacio, y en su cúpula, pintada al fresco por Le Brun, figuraban los sueños felices y los tristes que Morfeo así envía los poderosos como a los humildes. Todo lo gracioso a que da vida el sueño, miel y aromas, flores y néctar, voluptuosidad o reposo de los sentidos, Le Brun lo había derramado en su obra, suave y haciendo contrastes con ella, veíanse las copas que destilan los venenos, el puñal que brilla sobre la cabeza del durmiente, y hechiceros y quimeras de monstruosas cabezas, y crepúsculos más espantables que las llamas o las tinieblas más profundas.

El rey, al entrar en aquella suntuosa estancia, sintió como una sacudida eléctrica; y al preguntarle Fouquet la causa de ella, con la palidez en el rostro contestó que era el sueño.

—¿Quiere Vuestra Majestad que entre inmediatamente su servidumbre?

—No —respondió Luis XIV—. Tengo que hablar con algunas personas. Que avisen al señor Colbert.

Fouquet hizo una reverencia y salió.

LA HABITACIÓN DE MORFEO

Después de la cena, D'Artagnan fue a visitar a Aramis, con el fin de saber lo que sospechaba; pero en vano. Fue franco: pero Aramis, a pesar de los terribles cargos que le suponía, amistosamente, siempre, el mosquetero no cedió un ápice y hasta llegó a decir:

—¡Si yo tengo la idea de tocar para nada al hijo de Ana de Austria, al verdadero rey de Francia: si no estoy pronto a besar sus pies; si mañana no es el día más glorioso de mi rey ¡que me parta un rayo!

D'Artagnan, tranquilo y satisfecho, dejó a Aramis, el cual cerró la puerta de su habitación echó los cerrojos cerró herméticamente las ventanas y llamó:

—¡Monseñor! ¡monseñor!

Felipe abrió una puerta corredera, situada detrás de la cama, y apareció diciendo:

—Por lo que se ve, el señor de D'Artagnan es un costal de sospechas.

—¡Ah! ¿lo habéis conocido?

—Antes que lo hubieseis nombrado.

—Es vuestro capitán de mosqueteros.

—Me es muy devoto —replicó Felipe dando mayor fuerza al pronombre personal.

—Es fiel como un perro, y algunas veces muerde. Si D'Artagnan no os conoce antes que "el otro" haya desaparecido, contad con él para siempre, porque será señal de que nada habrá visto; y si ve demasiado tarde, como el gascón, nunca en su vida confesará que se haya engañado.

—Tal supuse. Y ahora ¿qué hacemos?

—Vais a atisbar desde el observatorio cómo se acuesta el rey, digo como os acostáis vos con el ceremonial ordinario.

—Muy bien. ¿dónde me pongo?

—Sentaos en esa silla de tijera. Voy a hacer correr el suelo para que podáis mirar al través de la abertura, que corresponde a las ventanas falsas abiertas en la cúpula del dormitorio del rey. ¿Qué veis?

—Veo al rey —contestó Felipe estremeciéndose como al aspecto de un enemigo.

—¿Qué hace?

—Invita a un hombre a que se siente junto a él.

—Ya, el señor Fouquet.

—No; aguardad...

—Recurrid a las notas y a los retratos, monseñor.

—El hombre a quien el rey invita a sentarse, es Colbert.

—¿Colbert sentarse delante del rey? —exclamó Aramis.

—No puede ser.

—Mirad.

—Es cierto —repuso Herblay mirando al través de la abertura del suelo.

—¿Qué vamos a oír y qué va a resultar de esa intimidad?

—Indudablemente nada bueno para el señor Fouquet. El príncipe no se engañó. Dijimos que Luis XIV mandó llamar a Colbert; éste se presentó entablando conversación íntima con Su Majestad por uno de los más insignes favores que aquél concedía. Verdad es que el rey estaba a solas con su vasallo.

—Sentaos —dijo a Colbert el monarca.

El intendente, henchido de gozo, tanto más cuanto temía verse despedido, rehusó aquella honra insigne.

—¿Acepta? —preguntó Aramis.

—No, se queda en pie.

—Escuchemos.

El futuro rey y el futuro papa escucharon con avidez a aquellos simples mortales a quienes tenían bajo sus plantas y a los cuales pudieran haber reducido a polvo con sólo quererlo.

—Hoy me habéis contrariado grandemente, Colbert —dijo Luis XIV.

—Ya lo sabía, Sire —contestó el intendente.

—Me gusta la respuesta. ¿Lo sabíais y lo habéis hecho? Eso prueba un ánimo especial.

—Si corría el riesgo de contrariar a Vuestras Majestad, también lo corría de ocultarle su verdadero interés.

—¿Por ventura temíais algo contra mí?

—Aunque no fuese sino para una indigestión, Sire —dijo Colbert— porque no da un súbdito festines tales a su rey más que para sofocarlo bajo el peso de los manjares suculentos. Lanzado que hubo su vulgarísima chanza, el intendente aguardó con faz risueña el efecto de ella. Luis XIV, el hombre más vano y delicado de su reino, perdonó aquella nueva tontada a Colbert.

—La verdad es —repuso el monarca— que el señor Fouquet me ha dado una cena más que buena. Pero ¿de dónde sacará ese hombre el dinero necesario para subvenir a tan enormes gastos? ¿Lo sabéis vos, Colbert?

—Sí, Sire.

—Probádmelo.

—Fácilmente, hasta lo último.

—Ya sé que contáis con exactitud.

—Es la cualidad mejor que puede exigirse a un intendente de hacienda.

—No todos la poseen.

—Gracias, Sire, por un elogio tan lisonjero para mí en vuestra boca.

—El señor Fouquet está rico, riquísimo y eso todo el mundo lo sabe.

—Vivos y muertos.

—¿Qué queréis decir?

—Los vivos ven la riqueza del señor Fouquet, y admiran el resultado, y aplauden; pero los muertos, conocen las causas, y acusan.

—¿A qué causas debe, pues, el señor Fouquet su fortuna?

—Con frecuencia el oficio de intendente favorece al que lo ejerce.

—Conozco que tenéis que hablarme más confidencialmente; nadas temáis, estamos solos.

—Bajo la ética de mi conciencia y la protección del rey, Sire, nunca temo —dijo Colbert inclinándose.

—¿Conque los muertos hablan?

—A veces, Leed, Sire.

—¡Ah! —dijo Aramis al oído del príncipe, que escuchaba sin perder sílaba— pues estáis aquí para aprender vuestro oficio de rey, monseñor, escuchad una infamia real. Vais a asistir a una de tantas escenas que Dios, o más bien el diablo, concibe y ejecuta. Escuchad atentamente y os aprovechará.

El príncipe redobló la atención, y vio como Luis XIV tomaba de las manos de Colbert una carta.

—¡Letra del difunto cardenal! —exclamó el rey. —Feliz memoria la de Vuestra Majestad —dijo el intendente; —conocer en seguida qué mano ha escrito un documento, es una aptitud maravillosa para un rey destinado al trabajo. Luis XIV leyó una carta de Mazarino, y como el lector ya la conoce desde el rompimiento entre la Chevreuse y Aramis, dejamos de citarla aquí.

—No comprendo bien —dijo el monarca hondamente interesado en aquel asunto.

—Vuestra Majestad no tiene todavía la práctica de los empleados de la intendencia.

—Veo que se trata de dinero entregado al señor Fouquet.

—Trece millones nada menos.

—¿Y esos trece millones faltan en el total de las cuentas? Repito que no lo comprendo bien. ¿cómo puede ser que resulte ese déficit?

—Yo no digo que pueda o no pueda resultar, lo que digo es que resulta.

—¿Y la carta de Mazarino indicas el empleo de aquel dinero y el nombre del depositario?

—De ello puede convencerse Vuestra Majestad.

—Con efecto, de ella se deduce que el señor Fouquet aún no ha devuelto los trece millones.

—Así resulta de las cuentas, Sire.

—¿Qué inferís de todo eso?

—Que no habiendo el señor Fouquet devuelto los trece millones, se los ha metido en el bolsillo. Ahora bien, con trece millones puede hacerse un gasto cuatro veces mayor del que Vuestra Majestad no pudo hacer en Fontainebleau. donde, si Vuestra Majestad no lo ha olvidado, sólo gastamos tres millones.

Para un torpe, no dejaba de ser una sagaz perversidad el invocar el recuerdo de la fiesta en la cual el rey, gracias a una insinuación de Fouquet, notó por vez primera su inferioridad. Colbert devolvía en Vaux la pelota que en Fontainebleau le lanzara Fouquet, y, como buen hacendista, con todos los intereses. Predispuesto ya de tal suerte el rey, a Colbert le quedaba poco que hacer, y así lo conoció al ver el gesto sombrío de Luis.

El intendente aguardó a que Su Majestad hablara, con tanta impaciencia como Felipe y Aramis desde lo alto de su observatorio.

—¿Sabéis qué resulta de todo eso, señor Colbert? —preguntó el rey tras un instante de meditación.

—No. Sire.

—Pues resulta que si quedase comprobadas la apropiación de los trece millones...

—Lo está.

—Quiero decir si se hiciese pública.

—Mañana lo sabría todo el mundo si Vuestra Majestad...

—Si no fuese el huésped del señor Fouquet —repuso con bastante dignidad Luis XIV.

—En todas partes el rey está en su casa. Sire, y sobre todo en las casas pagadas con su dinero.

—Paréceme —dijo Felipe en voz baja a Aramis, —que el arquitecto que construyó esta cúpula, previendo el uso que harían de ella, debía haberla hecho móvil para que uno pudiese desplomarla sobre la cabeza de canallas como Colbert.

—Lo mismo estaba yo pensando —repuso Herblay. —pero como en este instante Colbert está tan cerca del rey...

—Es verdad, esto provocaría una sucesión.

—De la que vuestro hermano menor cosecharía todo el fruto, monseñor. Pero lo mejor que podemos hacer es callar y seguir escuchando.

—Creo que no escucharemos largo espacio —dijo el príncipe.

—¿Por qué?

—Porque yo, de ser rey, no diría una palabra más.

—¿Qué haríais?

—Esperaría a mañana para reflexionar. Luis XIV levantó por fin los ojos, y al ver que el intendente aguardaba, mudó de conversación diciendo:

—Señor Colbert, va haciéndose tarde y quiero acostarme.

—¡Ah! —repuso el intendente, —creí...

—Mañana por la mañana resolveré.

—Está bien, Sire —dijo Colbert contrariado, y retirándose a una señal del rey.

—¡Mi servidumbre! —dijo éste. Entrado que hubo la servidumbre en el dormitorio de Su Majestad, Aramis dijo con su habitual dulzura:

—Cuanto acaba de pasar no es sino un incidente del que mañana ya no nos acordaremos, pero el servicio de noche, la etiqueta con que suele acostarse el rey, es asunto de importancia. Mirad y aprended cómo debéis acostaros, Sire.

COLBERT

La historia nos dirá, o más bien nos ha dicho las suntuosísimas fiestas que al día siguiente dio a Luis XIV el superintendente. Dos grandes escritores se han comprobado en la reñida competencia entablada entre la "cascada y el surtidor", de la lucha empeñada entre la "fuente de la Corona y los Animales", para saber cuál se llevaba la gloria. Así pues, el día siguiente fue de diversiones y de alegría: hubo paseo, banquete y comedia, comedia en la cual, y con asombro, conoció Porthos a Moliére que desempeñaba uno de los papeles de la "farsa" los "Importunos".

Luis XIV, preocupado en la escena de la víspera y dirigiendo el veneno vertido por Colbert, durante todo aquel día se mostró frío, reservado y taciturno, sin embargo de reproducirse a cada paso en aquella encantada mansión todas las maravillas de las "Mil y una noches".

Hasta mediodía no empezó el rey a recobrar un poco la serenidad, sin duda porque acababa de tomar una resolución definitiva.

Aramis, que seguí paso al paso al monarca así en su pensamiento como en su marcha, dedujo que no se haría esperar el acontecimiento que él esperaba.

Ahora Colbert parecía andar de concierto con el obispo de Vannes, tanto, que ni por consejo de éste habría punzado más hondamente el corazón del soberano.

Éste, teniendo necesidad de apartar de sí un pensamiento sombrío, buscó durante todo aquel día la compañía de La Valiére con tanta solicitud como huía de la de Colbert o la de Fouquet.

Llegada la noche, el rey manifestó el deseo de no pasearse hasta después del juego: así pues, se jugó entre la cena y el paseo.

—Vaya, señores, al parque —dijo Luis XIV después que hubo ganado mil doblones.

En el parque estaban ya las damas.

Hemos dicho que el rey había ganado y embolsado mil doblones; pero Fouquet supo perder diez mil: de manera que se repartieron noventa mil libras entre los cortesanos, que estaban alegres como unas pascuas.

Colbert, indudablemente obedeciendo a una cita, aguardaba a Luis XIV en uno de los recodos de una alameda; y decimos indudablemente, porque el rey, que durante todo el día evitara encontrarse con él, al verle le hizo una seña y se internó con él en el parque.

La Valiére también había notado la sombría frente y la mirada encendida del soberano; y como a su amor nada de cuanto germinaba en el alma de su amante era impenetrable, comprendió que aquella refrenada cólera amagaba a alguno.

Así pues, se situó en el camino de la venganza como un ángel de la misericordia. Triste, confusa, dolorida por haber tenido que pasar tanto tiempo lejos de su real amante, se presentó al rey con ademán cortado, ademán que aquél, en la mala disposición de ánimo, en que se encontraba, interpretó desfavorablemente.

Estando ambos solos o casi solos, pues Colbert, al ver a Luisa, se detuvo respetuosamente a diez pasos de distancia, el rey se acercó al ella, y asiéndole la mano, la dijo:

—¿Puedo sin indiscreción, preguntaros qué os pasa? Parece que tenéis el pecho oprimido, y cualquiera diría que habéis llorado.

—Si mi pecho está opreso, Sire, si tengo los ojos humedecidos, en una palabra, si estoy triste, es porque Vuestra Majestad lo está.

—¿Triste yo? Os engañan vuestros ojos. No estoy triste, señorita.

—¿Pues qué?

—¡Humillado!

—¡Humillado! ¿qué decís?

—Digo que allí donde yo estoy, debería haber más amo que yo; y, sin embargo, mirad y ved si yo, rey de Francia, no me obscurezco ante el rey de este feudo. —Y apretando los dientes y crispando las manos, añadió: —¡Ah! a ese procaz ministro voy a cambiarle su fiesta en un duelo del que la ninfa de Vaux, que dicen los poetas, va a conservar largo tiempo el recuerdo.

—¡Oh! Sire...

—¡Qué! ¿Vais a poneros del lado del señor Fouquet, señorita? —exclamó Luis XIV con impaciencia.

—No, Sire; pero sí os pregunto si estáis bien informado. Mas de una vez ha tenido Vuestra Majestad ocasión de conocer lo que valen las acusaciones de la corte. Luis hizo seña a Colbert de que se acercara, y le dijo:

—Explicaos, señor Colbert, pues creo que la señorita de La Valiére necesita escucharos para dar crédito a la palabra de un rey. Decid a la señorita qué ha hecho el señor Fouquet. Y vos, señorita, hacedme la merced de prestar atención por espacio de un minuto. ¿Por qué insistía con tanta obstinación Luis XIV? Porque no estaba tranquilo ni convencido, porque bajo la historia de los trece millones vislumbraba algún amaño sombrío, desleal, y tenía empeño en que La Valiére, sublevada a la idea de un robo, aprobase con una sola palabra la resolución que él tomara, y que, sin embargo, no se atrevía a poner en ejecución.

—Ya que el rey quiere que os escuche, explicaos —dijo Luisa a Colbert.

—¿Qué crimen ha cometido el señor Fouquet?

—No es muy grave —respondió el sombrío personaje: —un sencillo abuso de confianza...

—Decid lo que hay, Colbert —repuso el rey, —y luego dejadnos y avisad al señor de D'Artagnan que tengo que comunicarle órdenes.

—¡El señor de D'Artagnan! —exclamó La Valiére; ¿por qué mandáis que avisen al señor de D'Artagnan, Sire? Decídmelo por favor.

—¿Por qué sino para que arreste a ese titán orgulloso que, fiel a su divisa, amenaza escalar mi cielo?

—¿Arrestar al señor Fouquet, decís?

—¡Qué! ¿os pasma?

—¿En su casa?

—¿Por qué no? Si es culpable, tanto lo es en su casa como en cualquiera otra parte.

—¿Culpable el señor Fouquet, que en este momento se está arruinando para honrar a su rey?

—En verdad, tengo para mí que le defendéis. Colbert se echó a reír "soto voce", pero no tanto que el rey no oyera el silbido de su risa.

—Sire —replicó La Valiére, —no defiendo al señor Fouquet, sino a vos.

—¡A mí!

—Sire, no os deshonréis dando una orden semejante.

—¡Deshonrarme! —murmuró el rey palideciendo de cólera.

—En verdad, os interesáis de manera singular en este asunto.

—Lo que a mí me interesa —repuso con nobleza La Valiére— es el buen nombre de Vuestra Majestad: y con igual interés expondría mi vida, si fuere menester. Colbert refunfuñó algunas palabras; pero Luisa le dirigió una mirada que le impuso el silencio, y al mismo tiempo le dijo:

—Caballero, cuando el rey procede con rectitud, aunque sea en mi perjuicio o en el de

los míos, me callo; pero cuando lo contrario me aproveche a mí o a quienes amo, se lo digo.

—Señorita, paréceme que también yo amo al rey —dijo Colbert.

—Los dos le amamos, pero cada cual a su manera —replicó Luisa con tal acento, que el monarca se sintió conmovido.

—Lo que hay, es que yo le amo de tal suerte, que todo el mundo lo sabe, con tanta pureza, que él mismo no duda de mi amor. El rey es mi rey y señor, y yo soy su humilde esclava; pero quien vulnera su honra, vulnera la mía, y repito que le deshonran aquellos que le aconsejan que mande arrestar al señor Fouquet en su casa.

Colbert, al verse abandonado por el rey, bajó la cabeza, pero no sin decir:

—Me bastaría proferir una palabra.

—No la profiráis, porque no la escucharía —exclamó Luisa.

—Por otra parte, ¿qué me diríais? ¿Qué el señor Fouquet ha cometido crímenes? Lo sé, porque el rey me lo ha dicho, y cuando el rey dice: "Creo", no necesito que otros labios digan: "Afirmo". Pero, aunque el señor Fouquet fuese el más infame de los hombres, lo digo en voz muy alta, es sagrado para el rey, porque el rey es su huésped. Aun cuando Vaux fuese una madriguera, una caverna de monederos falsos o de bandidos, es una mansión santa, una morada inviolable, pues en ella vive su esposa, y es un asilo que ni los verdugos violarían. Luisa se calló, dejando al rey admirado y vencido por el calor de su acento y por la nobleza de aquella causa. Colbert, anonadado por la desigualdad de aquella lucha, iba perdiendo terreno.

—Señorita —dijo el rey con voz suave y con el pecho dilatado, tendiendo la mano al La Valiére— ¿por qué habláis contra mí? ¿Sabéis qué hará ese miserable si le dejo respirar?

—¿Por ventura no podéis echarle la mano siempre que os plazca, Sire?

—¿Y si escapa, si se fuga? —exclamó el intendente.

—Será para el rey un timbre de imperecedera fama el haber dejado huir al señor Fouquet —repuso La Valiére —y cuanto más culpable haya sido aquél, tanto mayor será la gloria de Su Majestad comparada con tanta miseria y tanto oprobio. El rey hincó una rodilla ante su manceba y le besó la mano.

—Estoy perdido —dijo entre sí el intendente. Pero serenándose de pronto, añadió—: Mas no, todavía no.

Y mientras el soberano, protegido por el enorme tronco de un tilo gigantesco, estrechaba contra su corazón y con todo el fuego de un amor inefable a Luisa, Colbert registró su cartera, sacó de ella un papel doblado en forma de carta —papel un tanto amarillento quizá —y dirigió una mirada de rencor al hechicero grupo que formaban el rey y su manceba, grupo al que acababa de iluminar la luz de algunas antorchas que se acercaban.

—Vete, Luisa —dijo el aturdido rey al notar los reflejos de las hachas en el blanco vestido de La Valiére.

—Vienen, señorita, vienen —exclamó Colbert para apresurar la partida de la joven.

Luisa desapareció con rapidez ente los árboles.

—¡Ah! —exclamó el intendente al levantarse el rey: —a la señorita de La Valiére se le ha caído algo.

—¿Qué? —preguntó Luis XIV.

—Un papel, una carta, un objeto blanco; helo ahí.

El monarca se agachó con la vivacidad del rayo y tomó la carta, estrujándola.

En aquel instante llegaron las antorchas inundando de vivísima luz aquella obscura escena.

CELOS

Aquella verdadera luz, aquella solicitud por parte de todos, aquella nueva ocasión hecha al rey por Fouquet, suspendieron el efecto de una resolución que La Valiére minó ya en el ánimo de Luis XIV.

El miró a Fouquet casi con gratitud por haber ofrecido al Luisa la ocasión de mostrarse tan generosa y tan influyente en su corazón.

Era el instante de las últimas maravillas. No bien Fouquet condujo al rey hacia el palacio, cuando de la cúpula de este y con majestuoso rumor surgió y voló por los aires una enorme manga de fuego, vivísima aurora que iluminó hasta los más pequeños pormenores de las terrazas.

Empezaban los fuegos artificiales. Colbert prosiguió con obstinación su funesto propósito se esforzaba en reducir de nuevo al monarca a ideas que la magnificencia del espectáculo alejaba demasiado.

De repente, en el instante en que tendía al fouquet la mano, el rey sintió en ella el papel que, según las apariencias, La Valiére dejó caer a sus pies al marcharse.

El más irresistible imán atraía hacia el recuerdo de Luisa al rey de Francia, que, a la luz de los fuegos artificiales, cada vez más hermosos, leyó el billete que él creyó que era una carta de amor de La Vaillere.

Según iba leyendo, el rey perdía el color, y aquella sorda cólera, iluminada por los multicolores fuegos, formaba un espectáculo terrible que hubiera hecho temblar a todos, de haber leído en aquel corazón destrozado por las más siniestras pasiones. Rotos los diques de sus celos y de su rabia desde el instante que descubrió la sombría verdad, para Luis XIV no hubo ya compasión, dulzura ni deberes de hospitalidad.

La carta, tirada a los pies del rey por Colbert, era la que había desaparecido junto con el lacayo Tobías en Fontainebleau, después de la tentativa de Fouquet en solicitud del amor de La Valiére.

El superintendente veía la palidez del rey y no adivinaba la causa; en cambio Colbert veía la cólera y allá en su ánimo se regocijaba de la proximidad de la tormenta.

La voz de Fouquet arrancó a Luis de su terrible abstracción.

—¿Qué os pasa, Sire? —preguntó con amabilidad suma el superintendente.

—Nada —respondió el rey, haciendo un violento esfuerzo sobre sí mismo.

—¿Por desgracia se encuentra mal Vuestra Majestad?

—Un poco, ya os lo he manifestado; pero no vale la pena. Y sin aguardar el fin de los fuegos artificiales, Su Majestad se encaminó al palacio, acompañado de Fouquet y seguido de toda la corte; de manera que los últimos cohetes ardieron tristemente para sí solos.

El superintendente hizo algunas preguntas más al enfurecido soberano, y al ver que no obtenía respuesta alguna, creyó que aquél y su amante habían andado a la greña en el parque, y, que el rey, poco inclinado la poner mala cara, pero entregado a su amor, se revolvía contra todos porque ella estaba de morros. Esto bastó para tranquilizar a fouquet, que dirigió una sonrisa de amistad y de consuelo a Luis, cuando éste lo dio las buenas noches.

No todo había acabado aun para el rey; faltábale tragar el servicio de aquella noche, es decir, acostarse con todo el engorrosísimo ceremonial de grande etiqueta, pues el día siguiente era el fijado para la despedida, y cumplía que los hospedados diesen las gracias a su huésped y pagasen con un acto de galantería los doce millones que aquél gastaba en festejarlos.

—Señor Fouquet, no tardaréis en saber de mí, hacedme la merced de decir al señor D'Artagnan que venga inmediatamente. Tal fue la galantería que a Luis XIV se le ocurrió al despedir al superintendente.

Fouquet tomó la mano del rey y se la besó sin que éste hiciese esfuerzo para retirarla, pero estremeciéndose de los pies a la cabeza.

Cinco minutos después, D'Artagnan entró en el dormitorio de Luis XIV. Aramis y Felipe estaban en su cuarto, ojo avizor y oído atento. El rey no dejó que su capitán de mosqueteros llegase a su sillón. Al verlo, se levantó y salió a su encuentro, diciéndole:

—Que no entre nadie.

—Está bien, Sire —replicó el soldado, que hacía largo rato notó la alteración de la fisonomía del rey. Y después de haber dado desde la puerta la orden, añadió: —¿Qué novedades ocurren, Sire?

—¿Cuántos hombres tenéis aquí? —dijo el rey, sin responder a la pregunta del gascón.

—¿Para qué, Sire?

—¿Cuántos hombres tenéis aquí? —repitió el soberano dando una patada.

—Tengo a los mosqueteros.

—¿Ninguno más?

—Sí, Sire, además de los mosqueteros, hay en Vaux veinte guardias y trece suizos.

—¿Cuántos hombres se necesitan para...?

—¿Para qué? —preguntó el mosquetero mirando al rey con toda tranquilidad.

—Para arrestar al señor Fouquet.

—¡Arrestar al señor Fouquet! —prorrumpió D'Artagnan retrocediendo un paso.

—¿También vos vais a decirme que es imposible? —exclamó Luis XIV con rabia fría y rencorosa.

—Nunca digo que una cosa sea imposible —replicó el gascón mortificado en lo vivo.

—Pues manos a la obra.

D'Artagnan dio medio vuelta y se encaminó a la salida, de la que no le separaban más de seis pasos. Pero al llegar a la puerta se detuvo y dijo:

—Con perdón, Sire.

—¿Qué hay? —dijo el rey.

—Para proceder al arresto del señor Fouquet, querría que Vuestra Majestad me diese la orden por escrito.

—¿Por qué? ¿desde cuándo no os basta la palabra de un rey?

—Porque cuando la palabra de un rey es hija de la cólera, puede cambiar cuando esta desaparece.

—Nada de frases, caballero, y decid claramente vuestro pensamiento.

—Siempre los tengo, Sire, y muchos, y como por desgracia no los tienen los demás —replicó impertinentemente el mosquetero.

El rey, en el furor de su arrebato, se plegó ante aquel hombre, como el caballo doblega los corvejones bajo la robusta mano del domador.

—¡Expresadme vuestro pensamiento! —exclamó el rey.

—Ahí va, Sire respondió D'Artagnan.

—La señal más evidente de que obráis sugestionado por la cólera, es que hacéis arrestar a un hombre estando vos en su casa, y de eso os arrepentiréis una vez sosegado. Entonces quiero poder mostraros vuestra firma; porque a lo menos, ya que no queda reparación, os probará que un rey hace mal en encolerizarse.

—¡Qué un rey hace mal en encolerizarse! —gritó Luis XIV con frenesí.

—¿Acaso mi padre, mi abuelo no se encolerizaban, cuerpo de Cristo?

—Si, pero únicamente en su casa.

—En todas partes está en ella el rey.

—¡Bah! esas son palabras de lisonjero, de seguro que es autor de ellas el señor Colbert; pero no son verdad. El rey está en su casa en toda casa de la cual ha lanzado a su dueño.

Luis se mordió los labios.

—¡Cómo! —prosiguió D'Artagnan, —¿el señor Fouquet se arruina para daros gusto y mandáis que lo arresten? ¡Voto a mil bombas! Sire, si yo me llamase Fouquet, y me hiciesen una jugarreta como esa, de un golpe me tragaría diez cohetes y les pegaría fuego para que mi casa y cuantos en ella estuviesen dentro, estallásemos. Pero es igual; ¿lo queréis? voy allá.

—Id —dijo el rey.

—¿Suponéis vos que voy a llevarme conmigo alguno, Sire? Arrestar al señor Fouquet es tan fácil, que un muchacho lo haría; tan fácil como beberse un vaso de ajenjo. No cuesta más que hacer una mueca.

—¿Y si se defiende?

—¿Quién? ¿Quién? ¿El? ¡Bah! ¡Defenderse él cuando tal rigor lo convierte en rey y mártir! Apuesto que, si le queda un millón, lo cual dudo, lo daría para tener tal fin. Voy allá, Sire.

—Aguardaos —dijo el rey.

—¿Qué pasa?

—No hagáis público su arresto.

—Eso ya es más difícil. Porque nada hay tan sencillo como ir a buscarle en medio de las mil personas entusiastas que lo rodean, y decirle que le arresto en nombre del rey. Pero ir al su encuentro, rodearlo, acorralarlo en un rincón de su despacho para que no se escape; rotarlo a sus huéspedes, y conservároslo preso, sin que nadie haya escuchado una de sus exclamaciones, esa es una dificultad real y verdadera, que el diablo que la venza.

—Decid también que es imposible, y acabaréis más pronto. No parece, sino que cuantos me rodean quieran oponerse a mi voluntad.

—No seré yo quien me oponga a ella. ¿Queréis que arreste al señor Fouquet?

—Custodiadlo hasta mañana, que habré tomado una resolución.

—Se cumplirá vuestro deseo, Sire.

—Volved a la hora de levantarme para recibir órdenes.

—Volveré.

—Y ahora que me dejen solo.

—¿Ni siquiera queréis que entre el señor Colbert? —dijo el mosquetero lanzando su última saeta en el instante de marcharse. El rey se estremeció. Entregado en cuerpo y alma a su venganza, había olvidado el cuerpo del delito.

—¡No quiero que entre aquí persona alguna! —exclamó—. Dejadme.

Apenas salió D'Artagnan, el monarca cerró con sus propias manos la puerta, y empezó al pasearse desaforado por el dormitorio, cual todo herido que lleva clavadas en sus espaldas las banderillas.

—¡Miserable! —exclamó el rey a gritos —no sólo roba el dinero de mi hacienda, sino que también con el dinero robado soborna secretarios, amigos, generales, artistas, y me quita mi amante. Por eso la pérfida le ha defendido con tanto tesón...

¡Claro!... Con ello ha mostrado su agradecimiento... y quién sabe su amor... —y añadió ente sí y con el odio profundo que la primera juventud profesa a los hombres maduros que aun piensan en el amor: ¡Un sátiro un fauno dado al galanteo y que nunca ha hallado oposición! ¡Un mujeriego que regala florecitas de oro y diamantes, y tiene pintores para hacer el retrato de sus meretrices en traje de diosas! —Y estremeciéndose de desesperación, prosiguió a grito pelado: —¡Todo lo mío lo mancilla y lo destruye! ¡todo! ¡y por fin acabará conmigo! ¡Ese hombre me hace sombra! ¡es mi mortal enemigo! ¡Oh! ¡no hay remedio para él!... ¡Le odio!... ¡le odio!... ¡le odio!...

Y al decir esto, aquel rey tan grande descargaba una granizada de puñetazos en el brazo del sillón en el cual se sentaba para volver a levantarse como un epiléptico.

—¡Mañana! ¡mañana! —rugió Luis XIV.

—¡Oh! ¡qué hermoso día el de mañana! Y con modestias digna de un rey, añadió:

—Cuando el sol se levante, sin más rival que yo, ese hombre caerá tan hondo que al ver las gentes los estragos causados por mi cólera, dirán por fin que soy más grande que él.

Incapaz de dominarse, el rey Luis XIV puso de un soberbio puñetazo patas arriba una mesita situada junto al su cama, y perdido el aliento, vestido como estaba, se tiró sobre las sábanas y la emprendió a mordiscos con ellas para hallar por ese sistema el reposo del cuerpo.

El lecho gimió bajo aquel peso, y, aparte algunos suspiros escapados del pecho del rey, todo quedó en silencio en el templo de Morfeo.

LESA MAJESTAD

El exaltado furor que se posesionó del rey al ver y leer la carta de Fouquet a La Valiére, poco a poco se resolvió en una fatiga dolorosa.

Allí donde el hombre maduro en su virilidad, o el anciano en su endeblez, hallan continuo alimento a su dolor, el joven, sorprendido por la súbita revelación del mal, se enerva gritando, luchando cuerpo a cuerpo, y se deja vencer más pronto por el inflexible enemigo.

Luis quedó vencido en un cuarto de hora; dejó de acusar con violentas palabras a Fouquet y a La Valiére, y después de haber pasado del furor al despecho, cayó en la postración; tendió los brazos a lo largo del cuerpo, apoyó lánguidamente la cabeza en la almohada de encajes, sus fatigados miembros se estremecieron a impulsos de ligeras contracciones musculares, y de su pecho no partieron ya sino raros suspiros.

El dios Morfeo, que imperaba en aquel aposento besó al rey que cerró suavemente los ojos y se durmió.

Como suele suceder durante el primer sueño, tan ligero que levanta de la cama el cuerpo y remonta el alma hacia las regiones superiores, al Luis le pareció que el dios Morfeo pintado en la bóveda le miraba con ojos humanos, que en el techo brillaba y se agitaba algo; que los sueños siniestros, por un instante alejados de su sitio dejaban al descubierto su rostro de hombre con la taríon contemplativa. Y lo más extraño era que aquel hombre se parecía por manera tan extraordinaria al rey, que Luis tuvo por seguro que veía su propia imagen reflejada en un espejo. Luego le pareció que poco a poco la bóveda iba subiendo, que las figuras y los atributos pintados por Le Brun se obscurecían a causa de un alejamiento progresivo, y que a la inmovilidad de la cama había seguido un movimiento suave, cadencioso como el del duque que se sumerge. El rey creyó que estaba soñando, mientras, la corona de oro que sujetaba las colgaduras de la cama iba alejándose como la cúpula de la cual estaba aquélla suspendida.

La cama seguía hundiéndose más y más Luis, con los ojos abiertos, se dejaba engañar por aquella terrible alucinación. Por fin la luz de la cámara real casi se obscureció del todo, y algo frío, sombrío, inexplicable invadió el ambiente. Pinturas, oro, colgaduras de terciopelo, todo desapareció, en su lugar no se veían sino paredes de un color gris apagado y cada vez más obscuro. Y, sin embargo, la cama iba descendiendo, descendiendo, y tras un minuto, que al rey le pareció un siglo, llegó a una capa de aire negro y helado, y se detuvo.

Luis XIV, que ya solamente veía la luz de su dormitorio como desde lo profundo de un pozo se ve la luz del día, dijo entre sí.

—Horrible, horrible sueño. Ya es hora de que me despierte. Vaya, despertémonos. Pero no bien lo hubo dicho, cuando advirtió que no solamente estaba despierto, sino que también tenía abiertos los ojos. Miró el rey a todas partes, y uno a cada lado de él vio a dos hombres armados, embozados en sendas y largas capas y con el rostro tapado con un antifaz. Uno de ellos llevaba en la mano una lamparilla cuya rojiza luz iluminaba el cuadro más triste que pueden ver ojos de rey. Luis creyó que seguí soñando, y que para despertar del todo le bastaba mover los brazos o dar una voz; y saltó de la cama, y al encontrarse de pie en un suelo húmedo, se volvió hacia el de la lamparilla y le dijo:

—¿Qué chanza es esta, caballero?

—No es ninguna chanza, —respondió con voz sorda el interpelado.

—¿Sois agente del señor Fouquet? —preguntó el rey un tanto turbado.

—Poco os importa de quién somos agentes —fue la respuesta del fantasma—. Sabed que somos dueños de vos.

El rey, más impaciente que intimidado, se volvió hacia el otro personaje, y repuso:

—Si es una comedia, decid de mi parte al señor Fouquet que el encuentro de muy mal género, y que ordeno que cese inmediatamente. El enmascarado al quien ahora el rey dirigió la palabra era hombre alto y grueso, y parecía una estatua.

—¡Cómo! ¿no me respondéis? —exclamó Luis dando una patada en el suelo.

—Si no os respondemos, caballerito, —dijo con estentórea voz el coloso, —es porque no tenemos que deciros, sino que sois el primer "importuno", y que el señor Moliére se ha olvidado de inscribiros en la lista de los suyos.

—Pero, en fin, ¿qué quieren de mí? —exclamó Luis cruzando los brazos con ademán de cólera.

—Luego lo sabréis, —repuso el de la lamparilla.

—Pero entretanto, ¿dónde estoy?

—Mirad.

En efecto, Luis IV miró; pero a la luz de la lámpara que el enmascarado levantó, solamente vio paredes húmedas en las cuales y acá y acullá brillaba el plateado rastro de las babosas.

—¿Es un calabozo? —preguntó el rey.

—No, sino un subterráneo.

—¿Adónde conduce?

—Seguidnos.

—Yo no me muevo de aquí, —exclamó el soberano.

—Como os amotinéis, amiguito, —repuso el coloso; —os levanto en peso, os envuelvo en mi capa, y, si perdéis el resuello, peor para vos. Luis se horrorizó a la idea de una violencia: porque comprendió que aquellos dos hombres, atropellarían por todo.

—Por lo que se ve —dijo—, he caído en manos de dos asesinos. ¡Vamos!

Ninguno de los dos enmascarados despegó los labios. El de la lamparilla tomó la delantera, seguido del rey, que a su vez precedía al coloso, y así atravesaron una galería larga y sinuosa. Todas aquellas vueltas y revueltas, afluyeron por fin a un largo corredor cerrado por una puerta de hierro, que el de la lámpara abrió con una de tantas llaves que tenía al cinto.

Al abrirse aquella puerta, Luis aspiró el balsámico olor que exhalaban los árboles en las calurosas noches de verano, y se detuvo:

pero el robusto guardián que le seguía le empujó fuera del subterráneo.

—Otra vez os pregunto, ¿qué intentáis contra el rey de Francia? —exclamó el soberano volviéndose hacia el que había tenido el atrevimiento de ponerle la mano encima.

—Haced por olvidar ese calificativo. —repuso el de la lámpara con tono que, cual los famosos fallos de Minos, no admitía réplica.

—Mereceríais que os enredaran por las palabras que acabáis de verter —añadió el coloso a tiempo que apagaba la luz que le entregó su compañero— pero el rey es demasiado humano.

Hizo el rey un movimiento tan súbito al oír aquella amenaza, que no pareció, sino que intentaba fugarse; pero el gigante le sentó la mano en el hombro y lo clavó en el sitio.

—Pero, en fin, ¿adónde vamos? —preguntó Luis XIV.

Venid —respondió el de la lámpara. Y conduciendo al rey hacia una carroza que estaba entre los árboles, junto a dos caballos trabados y atados por el cabestro a las ramas bajas de corpulenta encima, abrió la portezuela, bajó el estribo, y añadió—: Subid.

El rey obedeció y se sentó en la carroza, cuya puerta, almohadillada y con cerradura, se cerró inmediatamente que hubieron entrado aquél y su conductor. El otro cortó a los caballos trabas y cabestros, los enganchó y se encaramó en el pescante, en el que no había persona alguna. Al punto la carroza partió al trote camino de París, y al llegar al bosque de Senart relevó el tiro con otros dos caballos que esperaban atados a un árbol. La carroza entró en París a eso de las tres de la madrugada, echó por el barrio San Antonio, y después de haber invocado el nombre del rey para que el centinela no se opusiera a su paso, entró en el recinto circular de la Bastilla, que conducía al patio del gobierno, donde al pie de la escalinata se detuvieron los humeantes caballos.

—Que despierten al señor gobernador —dijo con voz de trueno el cochero al sargento de guardia, que acudió presuroso. Diez minutos después, Baisemeaux salió en bata a la puerta, y preguntó:

—¿Qué pasa?

El de la lamparilla abrió la portezuela de la carroza y dijo algunas palabras al cochero, que se bajó inmediatamente del pescante, tomó un mosquete que a sus pies tenía, y apuntó con él el pecho del preso.

—Si chista, fuego, —añadió el que acababa de salir de la carroza.

—Está bien, —replico el otro.

Hecha aquella recomendación, el conductor echó escaleras arriba.

—¡Señor de Herblay! —exclamó Baisemeaux al ver al conductor.

—¡Silencio! —dijo Aramis—. Entremos en vuestra habitación.

—Pero ¿qué os trae a estas horas?

—Un error, señor de Baisemeaux. —respondió con tranquilidad el obispo.

—El otro día teníais razón.

—¿Sobre? —preguntó el gobernador.

—Sobre aquella orden de libertad, ¿recordáis?

—Explicaos, señor, digo, monseñor —repuso Baisemeaux, tan sofocado por la sorpresa como por el terror.

—Es muy sencillo: ¿no es verdad?

—Es verdad. Con todo acordaos de mis dudas sobre el particular; yo no quería, pero vos me obligasteis.

—¿Qué estáis diciendo, señor de Baisemeaux? Lo que yo hice fue induciros.

—Esto es me indujisteis a que os lo entregara, y os le levasteis en vuestra carroza.

—Pues ved lo que son las cosas, padecieron una equivocación al expedir la orden. Así lo han reconocido en el ministerio, y de tal manera, que os traigo una orden del rey para que pongáis en libertad a Seldón; el pobre escocés aquel, ¿sabéis?

—¿Seldón? ¿estáis ahora bien seguro?

—Convenceos por vuestros propios ojos —repuso Herblay entregando la orden al Baisemeaux.

—¡Pero si esta orden es la misma que ya tuve en mis manos el otro día! —dijo el gobernador.

—¿De veras?

—Es la mismísima que la noche de marras os dije haber visto. ¡Voto a sanes! La conozco en el borrón.

—Yo no me meto en si es o no es esta misma, pero os la traigo.

—¿Y la otra, pues?

—¿Cuál?

—La referente a Marchiali.

—Os lo conduzco de nuevo.

—Esto no me basta. Para hacerme otra vez cargo de él necesito una orden nueva.

—¿Y qué barbaridades estáis vomitando, mi buen amigo? —repuso

Herblay—: No parece, sino que os habéis vuelto niño. ¿Dónde está la orden que recibisteis referente a Marchiali?

Baisemeaux se acercó a un cofre, sacó de ella la orden y la entregó a Aramis, que con la mayor frescura la rasgó en cuatro pedazos que redujo a cenizas en la llama de la lámpara.

—¿Qué hacéis? —exclamó el gobernador en el colmo del espanto.

—Pero hombre, haceos cargo de la situación —dijo Aramis con su imperturbable serenidad— y veréis cuán sencilla es. Bueno, no tenéis ya en vuestro poder orden alguna que justifique la salida de Marchiali, ¿no es eso?

—No la tengo, y esto va a ser causa de mi perdición.

—Desde el momento que os lo traigo, es como si no hubiese salido.

—¡Ah!.

—¿Qué duda cabe? Vais a encerrarlo nuevamente y sin demora.

—¡No, que no!

—Y en cambio y en virtud de la nueva orden, me entregaréis a Seldón. Así estará en regla vuestra contabilidad. ¿Comprendéis ahora?

—Yo...

—Veo que sí; muy bien, —dijo Aramis.

—Pero, en resumidas cuentas, ¿por qué después de haberme llevado a Marchiali me lo devolvéis? —exclamó Baisemeaux juntando las manos en un paroxismo de dolor y de aturdimiento.

—Para un amigo y servidor cual vos, no tengo secretos —contestó Herblay. Y acercando la boca al oído del gobernador, añadió: —Ya recordáis el parecido que hay entre aquel desventurado y...

—Y él; lo sé.

—Pues bien, el primer uso de Marchiali ha hecho de su libertad ha sido para sostener...

A ver si adivináis qué.

—¿Cómo queréis que yo adivine?

—Para sostener que él era el rey de Francia.

—¡Infeliz!

—Para vestirse igual que el rey y constituirse en usurpador.

—¡Válgame Dios!

—Por eso os lo traigo otra vez. Está loco, y hace ver su locura a todo el mundo.

—¿Qué hacer, pues?

—No dejéis que comunique con persona alguna, porque ahora que su locura ha llegado a oídos del rey, que se había compadecido de su desventura, y se ha visto pagado con tan negra ingratitud, aquél está hecho una furia. Os encargo, pues, que no olvidéis que ahora lo van a pagar con la vida cuantos dejen comunicar a Marchiali con otros que conmigo o con el mismo rey. Os va la vida en ello, ¿oís?

—Sí, lo oigo, ¡voto a....! Ahora bajad, y conducid de nuevo a Marchiali al su calabozo, a menos que prefiráis que suba aquí.

—¿Para qué?

—Más vale encerrarlo en seguida, ¿no es verdad?

—¡Ya lo creo!

—Pues andando.

Baisemeaux mandó tocar redoble y sonar la campana para advertir que todo dios se recogiese a su cuarto a fin de evitar su encuentro con un preso misterioso. Libres ya todos los pasillos, el gobernador bajo para hacerse cargo del preso, a quien Porthos, fiel a la consigna, continuaba teniéndole apuntado el mosquete.

—¡Ah! ¿estáis otra vez aquí, desventurado? —exclamó Baisemeaux al ver al rey. —Está bien, está bien.

Y haciendo apear inmediatamente a Luis XIV, en compañía de Porthos, que no se había quitado el antifaz, y de Aramis, que se puso nuevamente el suyo, le condujo a la segunda Bertaudiere, y le abrió la puerta del calabozo en que por espacio de diez años había gemido Felipe.

El rey, pálido y huraño, entró en el calabozo sin despegar los labios. Baisemeaux cerró por sí mismo la puerta con dos vueltas de llave, y dijo a Aramis:

—Verdaderamente se parece al rey, pero no tanto como vos ponderáis.

—¿De modo que no os dejaríais engañar por la sustitución? — repuso Herblay.

—Si, a mí con esas.

—No tenéis precio, mi buen amigo. Vamos, ahora soltad a Seldón.

—Es verdad, se me había olvidado.

—¡Bah! lo soltaréis mañana.

—¿Mañana? No, monseñor, ahora mismo. Dios me libre de esperar un segundo.

—Pues adonde os llama vuestra obligación, y yo a la mía. ¿Habéis comprendido?

—¿Qué?

—Que sólo puede entrar en el calabozo de Marchiali la persona que venga provista de una orden del rey, y esa orden la traeré yo mismo.

—Corriente, monseñor, Guárdeos Dios.

—Vamos, Porthos, —dijo Aramis, —a Vaux, y a escape.

—Nunca se encuentra uno más ágil que cuando ha servido al rey, y, al servirlo, ha salvado a su patria, —repuso el gigante. — Además, como la carroza lleva menos peso... Partamos, partamos.

Y la carroza, libre de un peso que, en efecto, podía parecer carga muy pesada a Aramis, atravesó el puente levadizo de la Bastilla, que volvió a levantarse inmediatamente tras aquélla.

UNA NOCHE EN LA BASTILLA

El sufrimiento en esta vida está en proporción de las fuerzas humanas. Cuando el rey, triste y quebrantado, vio que lo conducían a un calabozo de la Bastilla, lo primero que se figuró fue que la muerte venía a ser como un sueño con sueños, que la cama se había hundido, que tras el hundimiento de la cama había sobrevenido la muerte, y que, prosiguiendo su sueño, Luis XIV, difunto, soñaba que le destronaban, le encarcelaban y le insultaban, a él, poco hacía tan poderoso.

—¿Es eso a lo que apellidan la eternidad, el infierno? —murmuró Luis XIV en el instante en que se cerró la puerta del calabozo, empujada por Baisemeaux.

El rey ni siquiera miró en torno de sí, sino que, arrimado a una de las paredes del calabozo, se entregó a la terrible suposición de su muerte, cerrando los ojos para no ver algo todavía más terrible.

—Pero ¿cómo he muerto? —decía entre sí.

—¿Habrán hecho bajar artificiosamente mi cama? Pero no, yo no recuerdo haber recibido confusión alguna, ningún choque... Más bien me habrán envenenado, durante la cena o con el humo de las velas, como a Juana de Albret, mi bisabuela.

De repente el frío del calabozo envolvió como en un manto de hielo a Luis, que prosiguió:

—He visto el cadáver de mi padre en su lecho mortuorio y revestido con las insignias reales. Aquel rostro pálido, tan sosegado y decaído; aquellas manos tan hábiles, entonces insensibles, y aquellas envaradas piernas, no renunciaban un dormir poblado de sueños. Y, sin embargo, ¡cuántos sueños no debía dios enviar a aquel muerto!... ¡a aquel muerto a quien tantos otros precedieran, precipitados por él en la muerte eterna!... No, aquel rey todavía lo era; reinaba aún en su lecho mortuorio, como cuando estaba sentado en su trono. Para nada había abdicado Su Majestad. Dios, que no le castigó a él, no puede castigarme a mí que nada he hecho.

Un ruido extraño llamó la atención del joven; miró y vio en la chimenea, a los pies de un colosal crucifijo groseramente pintado al fresco, un ratón monstruoso que estaba royendo un mendrugo, mientras fijaba en el nuevo huésped del calabozo una mirada de inteligencia y curiosidad.

Luis, trémulo de miedo y de asco, retrocedió hasta la puerta, lanzando un grito, Luis conoció que estaba vivo y en pleno goce de su razón y su conciencia naturales.

—¡Preso! —exclamó—, ¡Preso yo! —Y después de buscar con la mirada una campanilla para llamar, continuó: —En la Bastilla no las hay, y yo estoy encerrado en la Bastilla. Pero ¿cómo he sido reducido a prisión? Necesariamente es esta una conspiración de Fouquet. En Vaux me han atraído a un lazo... Pero Fouquet ha debido tener quien lo secundara... Su agente... aquella voz... era Herblay; sí, lo he conocido... Colbert tenía razón. Pero, ¿qué quiere de mi Fouquet? ¿Va a reinar en mi lugar?... ¡Es imposible! ¿Quién sabe?... Quizá mi hermano el duque de Orleáns hace contra mí lo que durante toda su vida se propuso contra mi padre, mi tío... Pero, ¿y la reina? ¿y mi madre? ¿y La Valiére? ¡Oh! a La Valiére la habrán puesto a discreción de la princesa... ¡Pobre Luisa! indudablemente la han encerrado como a mí, y nunca jamás volveremos a vernos.

Ante tal idea, el amante estalló en sollozos, suspiros y lamentos.

—Aquí hay un gobernador —prosiguió el rey enfurecido—. Llamemos.

Llamó, pero ninguna voz respondió a la suya. Entonces, tomó la silla, y con ella golpeó la robusta puerta de encina; pero al dar la madera contra la madera, sólo respondieron en las profundidades de la escalera mil lúgubres ecos.

Entonces y calmado el primer paroxismo de su cólera, el monarca vio una enrejada ventana por la que entraba un dorado cuadrilongo, indudablemente proyectado por la luminosa aurora, y acercándose a ella, empezó a llamar, con voz natural primero, y luego a gritos. Pero como si no hubiese llamado.

Al rey empezaba a hervirle la sangre, a subírsele a la cabeza, acostumbrado a ordenar, se rebelaba contra la idea de la desobediencia.

Poco a poco fue enconándose el ánimo del preso, que rompió la silla al esgrimirla como un ariete contra la puerta.

Acá y aculá respondieron algunas voces ahogadas. Las voces produjeron un efecto extraño en el rey, que se detuvo para escucharlas. Eran las de los presos, en otro tiempo sus víctimas, y ahora sus compañeros. Aquellas voces acusaban al autor de aquel ruido, como en silencio los suspiros y las lágrimas acusaban al autor de su cautiverio. Después de haber quitado la libertad a tantos hombres, ahora les quitaba el sueño.

Esta idea estuvo a pique de acabar con su razón y, sediento de tener alguna noticia o una conclusión, redobló sus fuerzas, y empezó de nuevo a esgrimir contra la puerta el palo de la silla.

Al cabo de una hora, Luis oyó ruido en el corredor, al otro lado de su puerta, en la que descargaron un golpe furibundo que hizo cesar los suyos.

—¡Mil rayos! —exclamó una voz ruda y grosera—¿habéis perdido el juicio? ¿qué os pasa esta mañana?

—¡Esta mañana! —dijo entre sí y con sorpresa el rey. Y, cortésmente añadió: —¿Sois el gobernador de la Bastilla, caballero?

—Vaya, que os han volcado los sesos —replicó la voz—, pero esa no es razón para que metáis tanto ruido. Silencio, ¡vive Dios!

—¿Sois vos el gobernador? —repitió el rey.

Luis oyó cerrar una puerta. El carcelero acababa de marcharse sin haberse dignado responder.

Cuando el rey se persuadió de que se había alejado el que le dirigió la palabra, dio rienda suelta a su furor. Ágil como un tigre, saltó de la mesa a la ventana, de la que sacudió las rejas, y después de romper un vidrio, cuyos pedazos fueron a parar al patio produciendo mil armoniosos tonos, llamó por espacio de una hora y con voz cada vez más enronquecida al gobernador.

Víctima de ardiente calentura, con los cabellos en desorden y pegados a la frente, hecho jirones y blanqueado el traje, y desgarrada su camisa, el rey no calmó su furor hasta que hubo agotado sus fuerzas.

Apoyó la frente en la puerta, y dejó que fuese calmándose poco a poco su corazón.

—Hora llegará en que me traigan el alimento que dan a todos los presos —dijo entre sí—, y entonces veré a alguien que responderá a lo que yo pregunte.

El rey buscó en su memoria a qué hora comían los presos de la Bastilla; pero, en vano, pues lo ignoraba. Aquella fue para él una sorda y dolorosa puñalada que le infería el remordimiento de haber vivido veinticinco años rey y dichoso, sin pensar en los padecimientos de los desventurados a quienes priva injustamente de su libertad. Y Luis sintió la vergüenza, y conoció que Dios, al permitir aquella humillación terrible, no hacía más que devolver a un hombre los martirios que ese mismo hombre infligiera a tantos otros.

Nada podía ser más eficaz para despertar nuevamente las creencias religiosas en aquella alma aterrada por la sensación de los dolores, pero Luis no se atrevió a arrodillarse para elevar su corazón a Dios y suplicarle que pusiese fin a aquella prueba.

—Dios siempre obra bien —dijo entre sí— por lo tanto, yo sería un cobarde si pidiese lo que con frecuencia he negado a mis semejantes.

Ahí estaba de sus reflexiones, es decir, de su agonía, cuando allende la puerta volvió a oírse ruido, pero ahora seguido del rechinar de llaves y cerrojos.

El rey dio un brinco, para acercarse al que iba a entrar; pero de pronto se hizo cargo de que tales demostraciones eran indignas de un monarca y, deteniéndose, tomó una actitud noble y tranquila, y aguardó, de espaldas hacia la ventana, para disimular cuanto le fuese posible su agitación a los ojos del recién venido, que no era otro que el llavero, portador de una cesta llena de víveres.

Luis miró con inquietud a aquel hombre, y aguardó a que hablase.

—¡Ah! —dijo el llavero—, ¿conque habéis roto la silla? Ya lo dije. Por fuerza os habéis tocado de la cabeza.

—Ved lo que decís —repuso Luis— pues os interesa grandemente.

—¿Cómo? —exclamó con sorpresa el carcelero, dejando el cesto sobre la mesa.

—Decid al gobernador que suba —añadió con nobleza el rey.

—Vamos a ver, hijo mío —repuso el carcelero; —siempre habéis sido muy cuerdo; pero la locura lo vuelve malo a uno, y quiero advertiros; habéis roto la silla y hecho ruido, y este es delito que se castiga con el calabozo. Prometedme que no volveréis a las andadas, y no diré nada al gobernador.

—Quiero ver al gobernador —repitió el rey sin pestañear.

—¡Cuidado! os hará encerrar en el calabozo.

—¡Quiero verlo! ¿Oís?

—¡Ah diantre! ¿se os extravía la mirada? pues me llevo vuestro cuchillo. Y diciendo y haciendo, el carcelero cerró la puerta y se marchó, dejando al rey más aturdido, más desventurado y más solo que nunca.

En vano empezó a golpear de nuevo la puerta con el palo de la silla; en vano arrojó fuentes y platos por la ventana; nadie le hizo caso.

Dos horas después, del rey, del caballero, del hombre, del ente razonable, no quedaba más que un loco que se arrancaba las uñas, arañando las puertas y haciendo esfuerzos sobrehumanos para desembaldosar el suelo, lanzaba tan espantosos gritos que no parecía, sino que la vetusta Bastilla se conmovía en sus cimientos por haberse atrevido a rebelarse contra su amo y señor.

Baisemeaux ni siquiera se tomó la molestia de preguntar la causa de tanto ruido, porque ¿no eran los locos moneda corriente en la fortaleza, y los muros no eran, a su vez, más fuertes que los locos? Baisemeaux, impresionado con lo que dijo Aramis, y escudado con la orden del rey, no deseaba, sino que Marchiali se volviese suficientemente loco para ahorcarse del pabellón de su cama o de uno de los barrotes de su ventana.

En efecto, aquel preso reportaba poca ganancia, y ocasionaba más molestias que las debidas. Así, pues, de suicidarse el preso, habrían tenido un desenlace que ni a pedir de boca las complicaciones de Seldón y de Marchiali, y la libertad, reencarnación y semejanzas. Y aun creyó Baisemeaux haber notado que a Herblay no le habría disgustado tal fin.

—Realmente —decía Baisemeaux a su mayor—, un preso es ya harto desdichado con estarlo, y padece lo bastante para que, caritativamente pueda uno desearle la muerte. Con tanta mayor razón cuando el preso se ha vuelto loco, entonces no habría que limitarse uno a desearle la muerte. sino matarlo sin más averiguaciones, lo cual sería una buena obra.

Y el buen gobernador se hizo servir el segundo almuerzo.

LA SOMBRA DE FOUQUET

D'Artagnan, aun aturdido de su entrevista con el rey, se preguntaba si realmente se hallaba en Vaux, si era efectivamente el capitán de los mosqueteros, y Fouquet el propietario del castillo en el cual Luis XIV acababa de recibir hospitalidad. Y aquellas no eran reflexiones del hombre embriagado con los vinos del superintendente. Pero el gascón era hombre sereno, con solo tocar su espada transmitía a su moral, en las ocasiones solemnes, el frío del acero.

Aquí estoy, históricamente envuelto en los destinos del rey y del ministro —dijo entre sí D'Artagnan al salir del real dormitorio—. Constará que yo, segundón de Gascuña, he echado la mano a Nicolás Fouquet, superintendente de la hacienda de Francia. Mis descendientes, si los tengo, se envanecerán con este arresto. Hay que cumplir decorosamente la orden del rey. Todo el mundo es bueno para pedirle al señor Fouquet la espada, pero no todos son a propósito para custodiarlo sin promover protestas. ¿Qué hacer, pues para que el superintendente pase de la cúspide del favor al abismo de la desgracia?

Aquí D'Artagnan se puso sombrío que era una compasión; le asaltaron escrúpulos.

—Creo —prosiguió D'Artagnan— que si no soy tonto daré a conocer a Fouquet lo que respecto a él se propone el rey. Pero si vendo el secreto de mi soberano, soy un pérfido y traidor, crimen previsto por el código militar. No, pienso que un hombre de ingenio, debe salir mucho más diestramente de este atolladero.

D'Artagnan se apretó las sienes con las manos, se arrancó algunos pelos del bigote, y prosiguió:

—La desgracia de Fouquet obedece a tres causas: el odio que le profesa Colbert, el haber intentado amar a La Valiére, y el estar el rey apegado a La Valiére y a Colbert. No hay remedio para él, es hombre al agua. ¿Pero yo, hombre, voy a sentarle la planta sobre la cabeza cuando sucumbe a intrigas de mujeres y de empleados? ¡No en mi vida! Si es peligroso, lo abatiré; si sólo es víctima de la persecución, veré. Y en vez de ir a buscar de un modo brutal a Fouquet, para arrestarlo y tapiarlo, voy a hacer cuanto esté en mi mano para comportarme caballerosamente.

Y D'Artagnan se encaminó al dormitorio de Fouquet, que, después de haberse despedido de las damas, se disponía a dormir tranquilamente sobre los laureles conquistados durante el día.

El ambiente estaba todavía perfumado o infestado, como se quiera, del olor de los fuegos artificiales. Las bujías despedían sus moribundas claridades, las flores caían desprendidas de las guirnaldas, y los grupos de danzarines y de cortesanos iban desparramándose por los salones.

El superintendente acababa de retirarse a su dormitorio, sonríense y más que medio muerto. Ya no oía ni veía; su cama le atraía, le fascinaba.

Estaba ya en manos de su ayuda de cámara cuando D'Artagnan apareció en el umbral de su dormitorio.

D'Artagnan, nunca logró vulgarizarse en la corte; en vano le veían a todas horas y en todas partes; siempre producía la misma impresión su presencia. Tal es el privilegio de ciertas personas, parecidas en esto al rayo o al trueno. Todos saben lo que son; pero su aparición admira, y la última impresión es, indefectiblemente, la que ha sido la más fuerte.

—¡Toma! ¿sois vos, señor de D'Artagnan? —dijo Fouquet.

—Para serviros —replicó el mosquetero.

—Entrad, mi querido señor de D'Artagnan.

—Gracias.

—¿Venís para hacerme una crítica de las fiestas? Sois hombre ingenioso.

—No, Señor.

—¿Estorban, por ventura, vuestro servicio?

—Nada.

—¿Quizás estáis mal alojado?

—Lo estoy a las mil maravillas.

—Os doy las gracias por vuestra amabilidad, y me siento obligado por todo lo que de lisonjero acabáis de decirme. Esto equivalía a indicarle a D'Artagnan que, pues tenía cama, fuese a acostarse y le dejase hacer a él otro tanto.

—¿Ya os acostáis? —preguntó el gascón al superintendente como si no hubiese comprendido la indirecta.

—Sí. ¿Tenéis que comunicarme algo?

—Nada. ¿Dormís aquí?

—Ya lo veis.

—¡Qué hermosas fiestas le habéis dado a Su Majestad, señor Fouquet!

—¿Lo creéis?

—Magníficas.

—¿Está satisfecho el rey?

—Hasta más no poder.

—¿Por ventura os ha rogado que vinieseis a comunicármelo?

—No hubiera elegido su majestad un mensajero tan indigno como yo.

—No os rebajéis, señor de D'Artagnan.

—¿Esa es vuestra cama?

—¿Por qué me hacéis tal pregunta? ¿No estáis a gusto en la vuestra?

—¿Me dais licencia para que os hable con franqueza?

—De todo corazón.

—Pues bien, no.

—Señor de D'Artagnan —dijo Fouquet estremeciéndose, —os cedo la mía.

—¿Yo privaros de ella, monseñor? En mi vida.

—¿Cómo nos vamos a arreglar, pues?

—Permitiéndome compartirla con vos.

—¡Ah! —exclamó Fouquet, mirando cara a cara al mosquetero— ¿salís del dormitorio del rey?

—Sí, monseñor.

—¿Para honrarme?... Esto es ya distinto.

—¡Ah! ¿conque me arrestan en mi casa?

—No digáis eso, monseñor.

—Al contrario, lo publicaré en alta voz.

—En este caso tendría que imponeros el silencio.

—¡Violencias en mi casa! —exclamó Fouquet.

—¡Bien, muy bien, vive Dios!

—Veo que no nos comprendemos. Mirad, allí hay un tablero, juguemos si os place, monseñor.

—¿Conque he caído en desgracia, señor de D'Artagnan?

—No, monseñor, pero...

—Pero se me prohíbe sustraerme a vuestra mirada.

—No comprendo palabra de cuantas decís, monseñor; y si deseáis que me retire, con decírmelo, estamos al cabo.

—En verdad, señor D'Artagnan, que vuestras maneras van a trastornarme el juicio. Me caía de sueño y me lo habéis quitado como con la mano.

—Lo siento mucho, y si queréis reconciliarme conmigo mismo, dormid ahí, en mi presencia, y lo celebraré en el alma.

—¡Ah! ¿me vigiláis?

—Me voy, pues.

—Si os entiendo, que me emplumen.

—Buenas noches, monseñor —repuso D'Artagnan, haciendo que se marchaba.

—Vaya, no me acuesto —dijo Fouquet. Y ahora os digo con toda formalidad que, pues os negáis a tratarme como hombre y os andáis con sutilezas conmigo, voy a acorralaros como se hace con el jabalí.

—¡Bah! —exclamó D'Artagnan, haciendo que se sonreía.

—Voy a ordenar que enganchen y parto para París —dijo Fouquet, sondeando con la mirada el corazón del capitán.

—Este es otro son, monseñor.

—¿Me arrestáis?

—No, monseñor, parto con vos.

—Basta, señor D'Artagnan —dijo Fouquet con frialdad.

—No en balde tenéis fama de hombre ingenioso y de expedientes; pero conmigo todo eso es superfluo. Al grano: ¿por qué me arrestáis? ¿qué he hecho?

—Nada sé, monseñor; pero conste que no os arresto... esta noche...

—¡Esta noche! —exclamó Fouquet palideciendo— pero, ¿y mañana?

—Todavía no estamos en mañana, monseñor. ¿Quién es capaz de responder del día siguiente?

—Capitán, permitidme hablar con el señor de Herblay.

—Lo siento, monseñor, pero no puede ser. Tengo orden de no dejaros hablar con persona alguna.

—¡Con el señor de Herblay, capitán, con vuestro amigo!

—¿Queréis decir, monseñor, que mi amigo el señor de Herblay sería el único con quien os debería impedir comunicaros?

—Decís bien —dijo Fouquet, tomando una actitud de marcada resignación—. Recibo una lección que no debí provocarla. El hombre caído no tiene derecho a nada, ni siquiera de parte de aquellos que le deben lo que son, tanto más de aquellos a quienes no ha tenido la dicha de prestarles un servicio.

—¡Monseñor!

—Es verdad, señor de D'Artagnan; respecto de mí, siempre os

habéis mantenido en la situación del hombre destinado a arrestarme. Nunca me habéis pedido cosa alguna.

—Monseñor —repuso el gascón enternecido ante aquel dolor elocuente y noble — ¿queréis hacerme la merced de empeñarme vuestra palabra de caballero de que no saldréis de este aposento?

—¿Para qué, si me custodiáis en él? ¿Teméis, acaso, que desenvaine contra el hombre más valiente de Francia?

—No, monseñor; es que voy a traeros al señor de Herblay, y, por consiguiente, a dejaros solo.

—¡Traerme al señor de Herblay! ¡dejarme solo! —exclamó Fouquet con gozo y sorpresa indecibles y juntando las manos.

—¿No se aloja Herblay en el cuarto azul?

—Sí, amigo mío, sí.

—¡Vuestro amigo!, gracias monseñor.

—¡Ah! me salváis, señor de D'Artagnan.

—Bien, emplearé diez minutos en ir y venir, ¿no es eso, monseñor?

—Poco más o menos.

—Y cinco para despertar y advertir a Aramis, hacen quince minutos. Ahora, monseñor, dadme vuestra palabra de que no intentaréis fugaros, y de que os encontraré aquí al volver.

—Os la empeño, señor de D'Artagnan —respondió Fouquet estrechando con afectuosa gratitud la mano del mosquetero, que se alejó con paso firme.

Fouquet siguió con la mirada a D'Artagnan, aguardó con visible impaciencia que la puerta se hubiese cerrado tras de aquél, y luego se abalanzó a sus llaves, abrió algunos cajones escondidos en varios muebles, buscó en vano algunos papeles que, sin duda, se quedaron en San Mandé, y que el superintendente pareció sentir no encontrarlos, y por fin, tomó con frenesí un montón de cartas, contratos y escrituras y los quemó apresuradamente en la tabla de mármol del hogar, sin curarse de sacar del interior de aquél las macetas de que estaba lleno.

Fouquet, como quien acaba de salvarse de un peligro inminente y libre del peligro, le abandonan las fuerzas, se dejó caer anonadado en un sillón.

D'Artagnan, al regresar, encontró al superintendente en la misma actitud, y no sospechó que Fouquet dejase de cumplir su palabra; pero sí pensó que utilizaría su ausencia para deshacerse de papeles, notas y contratos que pudieran empeorar la situación ya de suyo grave en que se hallaba.

—¿Qué tal el señor de Herblay? —preguntó el superintendente.

—Fuerza es que el señor de Herblay le gusten los paseos nocturnos, y a la luz de la luna, en el parque de Vaux, componga versos con algunos de vuestros poetas, pues no está en su cuarto.

—¡Cómo! ¿no está en su cuarto? —exclamó Fouquet, a quien se le escapaba su última esperanza; porque sin explicarse de qué manera podía socorrerle el obispo de Vannes, comprendía que en realidad sólo de él podía esperar socorro.

—O si está en su cuarto —continuó D'Artagnan, —ha tenido sus razones para no responderme.

—¿Por ventura no habéis llamado de modo que pudiese oíros?

—Ya podéis suponer, monseñor, que habiendo ya contravenido a la orden que me imponía el deber de no dejaros de vista ni un segundo, hubiera sido una locura despertar a todos los de la casa y evidenciarme en el corredor del obispo de Vannes, para que el señor Colbert pudiese haber probado que yo os daba el tiempo necesario para que quemarais vuestros papeles.

—¡Mis papeles!

—Está claro; a lo menos yo, en vuestro lugar, lo hubiera hecho. Pero volvamos a Aramis, monseñor.

—Os repito que habréis llamado excesivamente quedo, y no os habrá oído.

—Por muy quedo que uno llame a Aramis, monseñor, siempre oye cuando le interesa oír. Reitero, pues, que o Aramis no estaba en su cuarto, o, para no conocer mi voz, ha tenido razones que ignoro y que, tal vez, ignoráis vos también, por mucho que sea feudatario vuestra su grandeza monseñor el obispo de Vannes. Fouquet lanzó un suspiro, se levantó, dio tres o cuatro vueltas por su dormitorio, y se sentó, con abatimiento, en su regia cama de terciopelo cuajada de riquísimos encajes. D'Artagnan miró a Fouquet con honda compasión.

—Durante mi vida —dijo con melancolía el mosquetero— he visto arrestar a muchos hombres. Vamos, señor Fouquet, un hombre como vos no se abate de esta suerte. ¡Si vuestros amigos os vieran!

—No me habéis comprendido, señor de D'Artagnan —repuso el superintendente sonriéndose con tristeza —precisamente mi abatimiento obedece a que no me ven mis amigos. Solo, no vivo ni soy nada. Nunca he sabido qué era el aislamiento, señor de D'Artagnan. La pobreza, que en ocasiones he visto con sus harapos al final de mi camino, es el espectro con el cual se divierten hace muchos años algunos de mis amigos, que le poetizan, le acarician, y me lo hacen amable. ¡La pobreza!... yo la acepto, la conozco, la acojo como a una hermana desheredada, porque la pobreza no es soledad, el destierro, la prisión. ¿Acaso puedo yo ser nunca pobre con amigos como Pelissón, La Fontaine y Moliere, ¿y una amante como...? ¡Pero la soledad, la soledad para mí, hombre de bullicio y de placeres, que sólo existo porque los otros existen!... ¡Ah! ¡si supieseis qué solo me encuentro en este instante! ¡si supierais con qué fuerza representáis para mí, vos que me separáis de cuanto amo, la imagen de la soledad, de la nada, de la muerte!

Ya os he dicho que estabais muy exagerado, señor Fouquet —dijo D'Artagnan hondamente conmovido.

—El rey os quiere.

—No —replicó el superintendente moviendo la cabeza.

—Quien os odia es el señor Colbert.

—¿Colbert? ¿Y qué me importa a mí?

—Os arruinará.

—Lo reto a que lo haga: ya estoy arruinado.

D'Artagnan, al oír la estupenda declaración del superintendente miró alrededor con ademán expresivo.

—¿De qué sirven esas magnificencias cuando uno ha dejado de ser magnífico? —exclamó Fouquet, que comprendió la mirada del gascón.

—Pero ¿y las maravillas de Vaux? me diréis vos. Bueno, ¿y qué? ¿Con qué, si estoy arruinado, derramaré el agua en las urnas de mis náyades, el fuego en las entrañas de mis salamandras, el aire en el pecho de mis tritones? ¡Ah! señor de D'Artagnan, para ser suficientemente rico hay que serlo demasiado... ¿Movéis la cabeza? Si vos fueseis dueño de Vaux lo venderíais y con su producto compraríais un feudo en provincias que encerrara bosques, vergeles y campos y os diera con qué vivir... Si Vaux vale cuarenta millones, bien sacaríais...

—Diez —interrumpió D'Artagnan.

—¡Ni uno! señor capitán. No hay en Francia quien esté bastante rico para comprar el palacio de Vaux por dos millones y conservarlo como está; ni podría; ni sabría.

—¡Diantre! —repuso D'Artagnan; —a lo menos bien daría un millón por él.

—¿Y qué?

—Que un millón no es la miseria.

—Casi, casi, señor de D'Artagnan.

—¿Cómo?

—No me comprendéis. No quiero vender mi casa de Vaux. Os la regalo si queréis.

—Regaládsela al rey y saldréis más beneficiado.

—El rey no necesita que yo se la regale —dijo Fouquet, —si le place, me la quitará. Por eso prefiero que se derrumbe. ¡Ah! señor de D'Artagnan, si el rey no estuviese bajo mi techo, tomaría aquella vela y me iría a prender fuego a dos cajas de pólvora y cohetes que han quedado bajo la cúpula, y reduciría mi palacio a cenizas.

—Bueno —repuso D'Artagnan con negligencia —siempre quedarían los jardines, que es lo mejor.

—Pero ¿qué he dicho? ¡Incendiar a Vaux! ¡destruir mi palacio cuando Vaux no es mío! En verdad, Vaux pertenece a Le Brun, a Le Notre, a Pelisson, a La Fontaine, a Moliere, que ha hecho representar en él "Los importunos", en una palabra, a la posteridad. Ya veis pues, señor de D'Artagnan, que ni siquiera es mío mi palacio.

—Aplaudo la idea, y en ella os conozco, señor Fouquet —repuso el mosquetero.

—Si estáis arruinado, monseñor, tomadlo buenamente; también vos pertenecéis a la posteridad, y por lo tanto no tenéis derecho a empequeñeceros. A los hombres como vos eso no les sucede más que una vez en la vida. Todo consiste en adaptarse a las circunstancias. Un proverbio latino, del que no recuerdo las palabras pero sí la esencia, pues más de una vez he meditado sobre él, dice que el fin corona la obra. Fouquet se levantó, rodeó con su brazo derecho el cuello de D'Artagnan, y le apretó contra su pecho, mientras con la izquierda le estrechaba la mano.

—Buen sermón —dijo el superintendente después de una pausa.

—Sermón de mosquetero, monseñor.

—Vos que tal me decís, me queréis.

—Puede que sí.

—Pero, ¿dónde estará Herblay? —repuso Fouquet.

—Eso me pregunto yo.

—No me atrevo a rogaros que le hagáis buscar.

—Ni que me lo rogarais lo hiciera, monseñor, porque sería una imprudencia. Todos se enterarían, y Aramis, que no tiene arte ni parte en cuanto pasa, podría verse comprometido y englobado en vuestra desgracia.

Aguardaré a que amanezca.

—Es lo más acertado.

—¿Qué vamos a hacer una vez de día?

—No lo sé, monseñor.

—Hacedme una merced, señor de D'Artagnan.

—Con mil amores.

—Vuestra consigna es que me custodiéis, ¿no es eso?

—Sí, monseñor.

—Pues bien, sed mi sombra; prefiero la vuestra a toda otra. D'Artagnan se inclinó.

—Pero olvidad que sois el señor de D'Artagnan, capitán de mosqueteros, y que yo soy el señor Fouquet, superintendente de hacienda, y hablemos de mis asuntos particulares. ¿Qué es lo que ha dicho el rey?

—Nada.

—¡Así conversáis?

—¡Diantre!

—¿Qué concepto formáis de mi situación?

—Ninguno.

—Con todo, a menos de mala voluntad...

—Vuestra situación es delicada.

—¿Por qué?

—Porque os halláis en vuestra casa.

—Por delicada que sea, me hago cargo de ella.

—¿Imagináis, por ventura, que me habría mostrado tan franco con otro que no vos?

—¡Cómo! ¿vos franco para conmigo cuando os negáis a darme la más pequeña luz?

—Oíd, pues.

—Esto ya es distinto.

—¿Queréis que os diga cómo hubiera yo obrado con otro que no vos, monseñor? Pues bien, hubiera llegado a vuestra puerta, una vez hubiesen salido vuestros amigos, y si no hubiesen salido, los habría esperado a su salida para tomarlos unos tras otros como conejos al abandonar su gazapera, y los hubiera puesto a buen recaudo; luego me habría tendido sobre la alfombra de vuestro corredor, y con una mano sobre vos, sin que vos os dierais cuenta, os hubiera guardado para el almuerzo del amo. De esta suerte se evitaba toda defensa, todo escándalo, todo ruido; pero en cambio ni una advertencia para el señor Fouquet, ni una reserva, ni una de las atenciones delicadas que las personas corteses guardan entre sí en el momento decisivo. ¿Os place mi plan?

—Me hace estremecer.

—¡Qué triste hubiera sido para vos el que yo me hubiese presentado mañana, sin preparación, y os hubiera pedido vuestra espada!

—Me habría muerto de cólera y vergüenza.

—Expresáis con sobrada elocuencia vuestra gratitud; pero tened por seguro que no hecho lo bastante.

—No seré yo quien tal cosa afirme, señor de D'Artagnan.

—Pues bien, monseñor, si estáis satisfecho de mí, si estáis repuesto de la conmoción que he suavizado cuanto he podido, dejemos que el tiempo bata sus alas; estáis quebrantado y tenéis que reflexionar, dormid, pues, os lo ruego, o haced que dormís, sobre vuestra cama o entre sábanas. Yo dormiré en ese sillón, y cuando duermo, mi sueño es tan pesado que no me despertarían ni a cañonazos.

Fouquet se sonrió.

—Sin embargo, exceptúo el caso que abran una puerta, secreta o visible, de salida o entrada, porque os advierto que en este punto mi oído es vulnerable de manera extraordinaria. Id y venid, pues; paseaos por el aposento, escribid, borrad, romped, quemad; pero no toquéis la llave de la cerradura, ni el botón de la puerta, porque me haríais despertar sobresaltado, y esto me excitaría horrorosamente los nervios.

—Realmente sois el hombre más ingenioso y cortés que conozco, señor de D'Artagnan —dijo Fouquet.

—Sólo me dejaréis un pesar, el de haberos conocido tan tarde. D'Artagnan exhaló un suspiro que quería decir: ¡Ay! tal vez me habéis conocido excesivamente pronto. Luego se arrellanó en su sillón, mientras Fouquet, semi acostado en su cama y apoyado en el codo, meditaba en lo que le estaba pasando.

De este modo, custodiado y custodia dejaron arder las velas y aguardaron la luz del alba; y cuando Fouquet suspiraba demasiado alto, D'Artagnan roncaba con más fuerza.

Ninguna visita, ni la de Aramis, turbó su quietud, ni se oyó ruido alguno en el inmenso palacio.

LA MAÑANA

El joven príncipe descendió de la habitación de Aramis, como el rey había descendido de la mansión de Morfeo. La cúpula bajó, obedeciendo a la presión de Herblay, y Felipe se encontró ante la cama real, que había subido nuevamente, después de haber dejado a Luis XIV en las profundidades del subterráneo. Solo, en presencia de aquel lujo, solo ante su poder, ante el papel que iba a verse forzado a desempeñar, Felipe sintió, por primera vez abrirse su alma a las múltiples emociones que son los latidos vitales de un corazón de rey; pero palideció al contemplar aquella cama vacía y aun arrugada por el cuerpo de su hermano.

Felipe se inclinó para examinar mejor la cama, y vio el pañuelo todavía humedecido con el sudor que corriera por la frente de Luis XIV. Aquel sudor aterró a Felipe como la sangre de Abel aterró a Caín.

—Heme aquí cara a cara con mi destino —dijo entre sí Felipe, pálido y con las pupilas ardientes—. ¿Será más terrible que no doloroso ha sido mi cautiverio? ¿Obligado a seguir a cada instante la soberanía del pensamiento, daré eternamente oído a los escrúpulos de mi corazón?... Sí, el rey ha descansado en esta cama; su cabeza ha impreso esta concavidad en la almohada, y sus amargas lágrimas han humedecido este pañuelo... ¡Y vacilo en acostarme en esta cama, en apretar entre mis dedos este pañuelo que ostenta las armas y la cifra del rey!... ¡Oh! imitemos al señor de Herblay, que dice que la acción debe siempre adelantarse un grado al pensamiento; sí, imitemos al señor de Herblay, que siempre piensa en sí mismo y se tiene por hombre honrado cuando sólo contraría o vende a sus enemigos. Esta cama yo la habría usado si Luis XIV no me lo hubiese impedido con el crimen de nuestra madre; sólo yo habría tenido derecho a servirme de este pañuelo con el escudo de Francia, si, como dice el señor de Herblay, me hubiesen dejado en mi sitio en la cuna real... ¡Felipe, hijo de Francia, sube a tu cama! ¡Felipe, único rey de Francia, recobra tu blasón! ¡Felipe, único heredero presunto de Luis XIII, tu padre, no tengas compasión para el usurpador, que en este instante ni siquiera siente remordimiento alguno por lo que te ha hecho padecer!

Dicho esto, Felipe, a pesar de la repugnancia instintiva de su cuerpo, y de los estremecimientos y del terror vencidos por la voluntad, se acostó en la cama real.

Al descansar la cabeza en la mullida almohada, Felipe divisó, encima de él, la corona de Francia, sostenida, como hemos dicho, por el ángel de las alas de oro.

Contemplad al real intruso, de mirada sombría y cuerpo tembloroso; parece tigre extraviado durante la noche de tormenta, que al través de cañaverales y de incógnitos barrancos, va a acostarse en la caverna del león ausente.

Puede uno alentar la ambición de acostarse en el lecho del león, pero no esperar dormir tranquilo en él.

Felipe prestó oído atento a todos los rumores, dejó que su corazón oscilase al soplo de todos los sobresaltos; pero fiado en su energía, redoblada por la exageración de su resolución suprema, aguardó sin debilidad que se presentase una circunstancia decisiva para juzgarse a sí mismo.

Pero nada sobrevino.

Hacia la madrugada, una sombra se deslizó en el dormitorio real, sombra que no causó sorpresa alguna a Felipe, tanto más cuanto que la esperaba.

—¿Y bien, señor de Herblay? —dijo el príncipe.

—Todo ha concluido, sire.

—¿Qué ha pasado?

—Lo que esperábamos.

—¿Ha resistido?

—Encarnizadamente; ha llorado y dado gritos.

—¿Y después?

—Ha sobrevenido el estupor.

—¿Y por fin?

—Por fin, victoria completa y silencio absoluto.

—¿Sospecha algo el gobernador de la Bastilla?

—Nada.

—¿Y el parecido?

—Es el que ha determinado el buen éxito de la empresa.

—Sin embargo, no olvidéis que el preso no puede menos de explicarse, como yo pude hacerlo no obstante haberme visto obligado a combatir un poder incomparablemente más fuerte que el mío.

—Ya lo he previsto todo. Dentro de algunos días, más pronto si lo exigen las circunstancias, sacaremos de su prisión al cautivo y lo desterraremos a un punto tan lejano...

—Uno vuelve del destierro, señor de Herblay.

—He dicho a un punto tan lejano, que las fuerzas materiales del hombre y la duración de su vida no bastarían para procurar su regreso. Una vez más el rey y Aramis cruzaron una fría mirada de inteligencia.

—¿Y el señor de Vallón? —preguntó Felipe.

—Os lo presentarán hoy, y os felicitará confidencialmente por haberos salvado del peligro que os ha hecho correr el usurpador.

—¿Qué haremos de él?

—¿Del señor de Vallón?

—Un duque vitalicio, ¿no es verdad?

—Sí, sire —respondió Aramis, sonriéndose de un modo particular.

—¿Por qué os reís, señor de Herblay?

—Me río de la previsora idea de vuestra majestad.

—¿Previsora? ¿qué queréis decir?

—Vuestra majestad teme que el pobre Porthos se convierta en un testigo incómodo, y quiere deshacerse de él.

—¿Creándole duque?

—Sí, sire, porque la alegría va a matarlo, y con él moriría el secreto.

—¡Qué decís!

—Y yo perderé un buen amigo —repuso con la mayor flema Herblay.

En este momento y en medio de la fútil conversación bajo la cual los dos conspiradores ocultaban el gozo y el orgullo del triunfo, Aramis oyó un rumor que le hizo aguzar el oído.

—¿Qué pasa? —preguntó Felipe.

—Amanece, sire.

—¿Y qué?

—Que anoche, antes de acostaron, decidisteis hacer algo llegado el día.

—Sí, dije a mi capitán de mosqueteros que lo aguardaría, —contestó con viveza el joven.

—Pues si así lo dijisteis, va a presentarse porque es hombre puntual.

—Oigo pasos en el vestíbulo.

—Es él.

—Ea, empecemos el ataque —dijo Felipe con resolución.

—Cuidado, Sire —repuso Aramis: —empezar el ataque, y por D'Artagnan, sería una locura. D'Artagnan no sabe ni ha visto cosa alguna y está a mil leguas de sospechar nuestro misterio; pero si es el primero en entrar hoy aquí, barruntará que ha pasado algo que debe ponerle sobre aviso. Antes que permitáis la entrada a D'Artagnan, debemos ventilar mucho el dormitorio, o introducir en él tanta gente, que el mejor sabueso del reino quede desorientado por tantos rastros diferentes.

—¿Cómo despedirle si le he citado? —observó el príncipe, ardiendo en deseos de medirse con tan temible adversario.

—Yo me encargo de ello —repuso el obispo, —y, para empezar, voy a dar un golpe que dejará aturdido al gascón.

—También él sabe darlos —replicó con viveza el príncipe.

En efecto, en el exterior resonó un golpe.

Aramis no se engañó: realmente era D'Artagnan quien así se anunciaba.

Ya hemos visto al mosquetero pasar la noche filosofando con el señor Fouquet; pero aquél estaba fatigadísimo, aun de fingir el sueño. Y apenas el alba iluminó con su azulada aureola las suntuosas cornisas del dormitorio del superintendente, D'Artagnan se levantó de su sillón, acomodó su espada, y con la manga se cepilló el traje y sombrero, como soldado pronto a pasar revista de limpieza.

—¿Os vais? —preguntó Fouquet al gascón.

—Sí, monseñor, ¿y vos?

—Me quedo.

—¿Palabra?

—Palabra.

—Por otra parte, salgo únicamente en busca de la respuesta que vos sabéis.

—De la sentencia queréis decir.

—Mirad, monseñor, yo tengo algo de romano antiguo. Esta mañana, al levantarme, he notado que mi espada no se ha enganchado en ninguna agujeta, y que el tahalí ha resbalado sin tropiezo. Es una señal infalible.

—¿De prosperidad?

—Sí.

—¡Diantre! no sabía que vuestra espada os tuviese tan al cabo —dijo Fouquet.

—¿Es hechicera la hoja de vuestra espada, o está encantada? —Mi espada es miembro de mi cuerpo. He oído decir que a algunos hombres les avisa la pierna o una punzada en las sienes. A mí me avisa mi espada. Pues bien, mi espada nada me ha dicho esta mañana... ¡Ah!, ¡sí!... ahora acaba de caer por sí en el último recodo del tahalí. ¿Sabéis qué presagia esto?

—No.

—Pues me presagia un arresto para hoy.

—Pero si nada triste os predice vuestra espada —repuso el superintendente, más admirado que enojado de aquella franqueza— ¿no es triste para vos el arrestarme?

—¿Yo arrestaros a vos?

—Claro, el presagio...

—No es por vos, pues desde anoche estáis arrestado. Luego no seréis vos a quien yo arreste. Por eso me alegro, por eso digo que se me prepara un bien día. Dichas estas palabras con afectuoso gracejo, el capitán se despidió de Fouquet para encaminarse a la habitación del rey.

—Dadme la última prueba de afecto —dijo Fouquet, en el instante en que el gascón iba a atravesar el umbral.

—Estoy pronto, monseñor.

—Permitidme que vea a Herblay.

—Haré cuanto esté en mi mano para conducirlo aquí. D'Artagnan llamó a la puerta del dormitorio del rey, y una vez abierta, el gascón pudo creer que el mismísimo rey le había franqueado el paso; suposición que no era inadmisible, atendido el estado de agitación en que el mosquetero dejó a Luis XIV. Pero, en vez de la cara del rey, a quien iba a saludar con el mayor respeto, vio la impasible fisonomía de Herblay.

—¡Aramis! —exclamó D'Artagnan.

—¡Aquí! —balbuceó el mosquetero.

—Su majestad os ruega que anunciéis que está descansando, pues ha pasado muy mala noche.

—Pero ahora comprendéis, ¿no es así? —replicó Herblay.

—¡Pues no he de comprender! —respondió en voz alta el mosquetero. Y entre sí añadió: —Pues no comprendo ni pizca; pero lo mismo da, aquí traigo la orden. —Luego dijo al prelado: Adelante, monseñor.

D'Artagnan condujo a Aramis al dormitorio de Fouquet.

EL AMIGO DEL REY

Fouquet aguardaba con ansiedad, y ya había despedido a algunos servidores y amigos suyos que, anticipándose a la hora de sus acostumbradas recepciones, acudieron a su puerta.

Cuando Fouquet vio volver a D'Artagnan, y tras éste al obispo de Vannes, su alegría fue tan grande como grande había sido su zozobra. Para el superintendente, la presencia de Aramis era una compensación a la desgracia de ser arrestado.

El obispo estaba taciturno y grave, y D'Artagnan, trastornado por todo aquel cúmulo de acontecimientos increíbles.

—¿Y bien, capitán, me traéis al señor de Herblay?

—Y algo mejor todavía, monseñor.

—¿Qué?

—La libertad.

—¿Estoy libre?

—Sí, monseñor; por orden del rey.

Fouquet recobró toda su serenidad para interrogar a Aramis con la mirada.

—Dad las gracias al señor obispo de Vannes —prosiguió D'Artagnan—, pues a él y a nadie más que a él debéis el cambio del rey.

Aramis se volvió hacia Fouquet, que no estaba menos pasmado que el mosquetero y le dijo:

—Monseñor, el rey me ha encargado que os diga que su amistad para con vos es hoy más firme que nunca, y que la hermosa fiesta que le habéis dado y con tanta generosidad ofrecido, le ha dejado hondamente satisfecho.

Y Aramis saludó a Fouquet tan ceremoniosamente, que éste, incapaz de comprender una diplomacia tan sutil, quedó sin voz, sin idea, sin movimiento. Herblay se volvió hacia el mosquetero, y le dijo con voz meliflua:

—Amigo mío, ¿verdad que no olvidaréis la orden del rey concerniente a las prohibiciones que tiene hechas para cuando se levante?

Estas palabras eran tan claras que D'Artagnan se dio por entendido. Así, pues, saludó a Fouquet y luego a Aramis con respeto algo irónico, y salió. Entonces el superintendente se abalanzó a la puerta para cerrarla, y salió.

—Mi querido Herblay, creo que ha llegado la hora de que me expliquéis lo que pasa, porque en verdad no entiendo nada.

—Todo vais a saberlo —repuso Aramis sentándose y haciendo sentar a Fouquet.

—¿Por dónde hay que principiar?

—Por esto. ¿Por qué ha mandado el rey que me pongan en libertad?

—Mejor hubierais hecho preguntándome por qué os hizo arrestar.

—Desde que lo efectuaron he tenido tiempo de reflexionarlo, y casi juraría que los celos han influido algo. Mi fiesta ha contrariado a Colbert, y Colbert ha hallado contra mí algún plan, el de Belle-Isle, pongamos por caso.

—No, todavía no hemos llegado a eso.

—¿Por qué?

—¿Os acordáis de aquellos resguardos de trece millones que os hizo robar Mazarino?

—Sí, ¿y qué?

—Que por este lado ya os declaran ladrón.

—¡Válgame Dios!

—No todo para aquí. ¿Recordáis la carta que escribisteis a La Valiére?

—¡Ay! es verdad.

—Pues sois traidor y sobornador.

—¿Por qué me ha perdonado pues, el rey?

—Todavía no hemos llegado a ese punto de nuestra argumentación. Lo que yo quiero es que ante todo quedéis bien impuesto de vuestra situación. El rey sabe que sois malversador de caudales del Estado... ¡Qué diantre!, ya sé yo que no habéis malversado un ardite; pero sea lo que fuere, Su Majestad no ha visto los resguardos, y, por lo tanto, no puede menos de teneros por criminal.

—Con todo eso, no veo...

—Ya veréis. Además, como el rey ha leído la carta que dirigisteis a La Valiére, no puede caberle duda alguna respecto de vuestros propósitos para con aquélla, ¿no es así?

—Sí; pero acabad de una vez.

—A eso voy. El rey es, pues, para vos un enemigo capital, implacable, eterno.

—De acuerdo. Pero ¿soy por ventura tan poderoso para que, pese al odio que me profesa y a los pretextos que mi debilidad o mi desgracia le proporcionan contra mí, no se haya atrevido a consumar mi perdición?

—Queda demostrado, —prosiguió Aramis con indiferencia— que no hay reconciliación posible entre vos y el monarca.

—Pero me perdona.

—¿Lo creéis así? —preguntó el obispo fijando una mirada escrutadora en su interlocutor.

—Puedo no creer en la sinceridad del corazón, pero sí en la verdad del caso, —replicó Fouquet. Y al ver que Aramis encogía ligeramente los hombros, añadió: —Entonces ¿por qué os ha encargado Luis XIV que me dijerais lo que me habéis dicho?

—El rey no me ha encargado de nada para vos.

—¡De nada! —exclamó el superintendente en el colmo de la estupefacción. —Pues ¿y la orden?...

—¡Ah! es verdad, —repuso Aramis con acento tan singular, que Fouquet no pudo menos de estremecerse.

—Vos me ocultáis algo, Herblay. ¿Acaso el rey me destierra?

—Adivinado.

—Me asustáis.

—Señal que no habéis adivinado.

—¿Qué os ha dicho el rey? En nombre de nuestra amistad no me lo ocultéis.

—Nada.

—Vais a hacer que me muera de impaciencia, Herblay. ¿Continúo siendo superintendente?

—Mientras queráis.

—Pero ¿qué singular imperio habéis adquirido de repente en el ánimo de Su Majestad?

—Ya lo veis.

—Le hacéis obrar a vuestro antojo.

—Tal creo.

—Es inverosímil.

—Así dirán.

—Herblay, en nombre de nuestra alianza, de nuestra amistad y de cuanto más querido os sea en el mundo, decidme sin rodeos lo que hay. ¿A qué debéis el haberos impuesto de tal manera en el ánimo del rey? Me consta que no os veía con buenos ojos. Ahora me querrá.

—¿Habéis tenido algún negocio particular con él?

—Sí.

—¿Un secreto, tal vez?

—Sí.

—¿Tal que pueda haber impreso un nuevo rumbo a las miras de Su Majestad?

—Realmente sois un hombre superior. Habéis adivinado. En efecto, he descubierto un secreto capaz de modificar las miras del rey de Francia.

—¡Ah! —repuso Fouquet con la reserva del hombre cortés que no quiere interrogar.

—Vais a juzgarlo —continuó Aramis— y a decirme si me engaño respecto de la importancia de tal secreto.

—Pues me hacéis la gran merced de abrirme vuestro corazón, os escucho; pero conste que no he cometido la indiscreción de interrogaros. Aramis se recogió un momento. Después miró profundamente a Fouquet que estaba mudo, admirado, confundido y con grave acento le contó la historia del desgraciado Felipe.

—¡Oh! ¡Dios mío! ¡Qué extraña aventura! —dijo al fin Fouquet.

—Todavía no hemos llegado al fin. Paciencia, amigo mío.

—La tendré.

—Dios envió al oprimido un vengador, o, si lo preferís, un apoyo. Sucedió, pues, que el soberano reinante... Opináis como yo, ¿no es verdad? Prosigo, pues Dios permitió que el usurpador tuviese por primer ministro un hombre de talento y de gran corazón y sobre esto, animoso.

—Está bien, está bien —dijo Fouquet.

—Comprendo, habéis contado conmigo para que os ayude a reparar la injusticia de que ha sido víctima el pobre hermano de Luis XIV. Habéis hecho bien; os ayudaré. Gracias, Herblay, gracias.

—Nada de eso, pero... si no me dejáis concluir —exclamó Aramis con impasibilidad.

—Me callo.

—Decía, pues, que el soberano reinante cobró aversión a su

ministro, el señor Fouquet, el cual se veía amenazado en su fortuna, en su libertad y quizá también en su vida, por la intriga y el odio, a los que prestó oído el rey. Pero Dios permitió, asimismo, para la salvación del príncipe sacrificado, que el señor Fouquet tuviese a su vez un amigo devoto, conocedor del secreto de Estado, y con aliento bastante para publicar aquel secreto después de haberlo tenido para aguardarle por espacio de veinte años en su corazón.

—No digáis más —repuso Fouquet ardiendo en ideas generosas—. Os comprendo y lo adivino todo. Al saber que yo estaba arrestado, os habéis abocado con el rey, al ver que vuestras súplicas no le ablandaban. le habéis amenazado con revelar el secreto, y Luis XIV, asustado, ha concedido al terror lo que había negado a vuestra generosa intercesión. Comprendo, comprendo, vos tenéis en el puño al rey; comprendo.

—Ni pizca —replicó Aramis. A fe, no valía la pena de que me interrumpierais otra vez. Además, y con perdón sea dicho, descuidáis demasiado la lógica y no hacéis el uso debido de vuestra memoria.

—¿Por qué?

—¿En qué he basado yo el principio de nuestra conversación?

—En el odio que me profesa Su Majestad, odio invencible, pero ¿qué odio es capaz de resistir a la amenaza de tal revelación?

—Aquí es donde falsea vuestra lógica. ¡Cómo! ¿vos creéis que de haber hecho yo tal revelación, estaría vivo en esta hora?

—Apenas hace diez minutos que os habéis separado del rey.

—¿Y qué? no hubiera tenido tiempo de hacerme matar; pero sí el suficiente para hacerme amordazar y sepultar en una mazmorra. Vaya, más firme en el raciocinio, ¡voto a mil bombas!

Por tal exclamación del mosquetero, resbalón de un hombre que siempre caminaba con pies de plomo, Fouquet pudo comprender a qué grado de exaltación había llegado el sereno y reservado obispo de Vannes.

—Además —continuó este último después de haberse calmado— ¿sería yo quien soy, un amigo verdadero, si a vos a quien ya el rey os odia, os expusiera a ser juguete de una pasión todavía terrible de aquél? Que le hubierais robado la hacienda y galanteado a su concubina, ¡pase! Pero tener en vuestras manos su corona y su honra, primero os arrancaría el corazón con sus propias uñas.

—¿Luego no le habéis dejado entrever el secreto?

—Antes me hubiera tragado todos los venenos que Mitrídates se bebió en el espacio de veinte años para ver si de esta suerte conseguía no morirse.

—¿Qué habéis hecho pues?

—Ahí está el quid, monseñor. Paréceme que voy a despertar vuestra curiosidad.

—¿Continuáis prestándome oído atento?

—¡Pues no he de escucharos! Decid.

Aramis dio una vuelta alrededor del aposento para cerciorarse de que nadie podía escuchar, y luego se volvió a sentar junto al sillón en el cual Fouquet aguardaba con profunda ansiedad sus revelaciones.

—Había olvidado haceros sabedor de una particularidad notable referente a los mellizos de que estamos hablando —repuso Aramis— y es que Dios los ha criado tan semejantes entre sí, que únicamente él, si les citara ante el tribunal, los podría distinguir uno de otro. Ana de Austria, con ser madre de ellos, no lo conseguiría.

—¡Es imposible! —exclamó Fouquet.

—Nobleza de facciones, andar, estatura, voz, todo en ellos es igual.

—Pero ¿y el pensamiento, la inteligencia, la ciencia de la vida?

—En esto hay desigualdad, monseñor. El preso de la Bastilla es incontestablemente superior a su hermano, y si la pobre víctima pasase de la prisión al trono, tal vez desde su origen Francia no habría tenido un soberano más grande en cuanto a la inteligencia y a la nobleza de carácter. Fouquet bajó la frente bajo el peso de aquel secreto terrible.

—También hay desigualdad para vos entre los dos gemelos hijos de Luis XIII —repuso Aramis acercándose al superintendente y prosiguiendo su obra de tentación—, y la desigualdad, en este punto, está en que el último nacido no conoce a Colbert. Fouquet se levantó con las facciones pálidas y alteradas. La saeta había dado en el blanco, pero no en el corazón, sino en el alma.

—Ya —dijo el superintendente— me proponéis una conspiración.

—Casi, casi.

—Una tentativa de esas que cambian la faz de los imperios, como me habéis dicho al principio de esta conversación.

—Pero —replicó Fouquet después de penoso silencio —vos no habéis reflexionado que esta revolución política es para trastornar a todo el reino, y que para arrancar de cuajo el árbol de infinitas raíces a que llaman un rey y sustituirlo por otro, nunca estará la tierra lo suficientemente apelmazada para que el nuevo soberano quede al abrigo del viento de la borrasca pasada y de las oscilaciones de su propio cuerpo.

Aramis volvió a sonreírse.

—Tened en cuenta —continuó Fouquet enardeciéndose con la eficacia del talento que concibe un proyecto y lo madura en pocos segundos, y con la amplitud de miras del que prevé todas las consecuencias y abarca todos los resultados—: tened en cuenta que debemos convocar a la nobleza, al clero y al estado llano; destruir al príncipe reinante, turbar con un escándalo inaudito la tumba de Luis XIII, perder la vida y la honra de Ana de Austria, y la vida y la paz de María Teresa, y que hecho esto, si lo conseguimos...

—Por mí fe que no os comprendo, —replicó Aramis con indiferencia.

—De cuantas palabras acabáis de verter no aprovecha ni una.

—¡Cómo! —exclamó con admiración el superintendente —¿un hombre como vos no discute en el terreno de la práctica? ¿Os limitáis a la alegría pueril de una ilusión política? ¿Prescindís de las alternativas de la ejecución, es decir, de la realidad?

—Amigo mío —replicó Aramis dando un acento de familiaridad desdeñosa al calificativo—, ¿qué hace Dios para sustituir a un rey por otro?

—¡Dios! —prorrumpió Fouquet— Dios delega a su agente, que toma al condenado, se lo lleva y hace sentar al triunfador en el trono vacío.

—Pero olvidáis que aquel agente es la muerte...

—¡Oh Dios! ¿acaso alentaríais la intención?...

—Nada de eso, monseñor. Vais más allá del fin. ¿Quién os habla de matar a Luis XIV? ¿quién de seguir el ejemplo de Dios en la estricta práctica de sus obras? No. Lo que yo quise deciros es que Dios hace las cosas sin trastorno, sin escándalo, sin esfuerzos, y que los hombres inspirados por Dios triunfan como él en cuanto emprenden, intentan y hacen.

—¿Qué queréis decir?

—Quiero decir, amigo mío —prosiguió Aramis— que, si ha habido trastorno, escándalo, y aún esfuerzo en la sustitución del rey por el preso, os reto a que me lo probéis.

—¿Cómo? —exclamó Fouquet, más blanco que el pañuelo con que

se enjugaba las sienes.

—¿Qué decís?...

—Entrad en el dormitorio del rey —continuó Aramis con pasmosa tranquilidad—, y no obstante estar vos en autos, os reto a que advirtáis que el preso de la Bastilla está acostado en la cama de su hermano.

—Pero ¿y el rey? —preguntó Fouquet sobrecogido de horror al oír tal nueva.

—¿Qué rey? —dijo Aramis con voz suave—: ¿el que os odia o el que os quiere?

—El rey... de ayer.

—Tranquilizaos; ha ido a tomar en la Bastilla el puesto que por espacio de demasiado tiempo ha ocupado su víctima.

—¡Dios de Dios! ¿Y quién le ha llevado a la Bastilla?

—Yo.

—¡Vos!

—Sí, y del modo más sencillo. Esta noche le he secuestrado, y mientras él bajaba a la obscuridad, el otro subía a la luz. Paréceme que eso no ha levantado el más leve ruido. Un relámpago sin trueno no despierta a nadie.

Fouquet lanzó un grito sordo, como si un ser invisible hubiese descargado sobre él un golpe terrible, y, tomándose la cabeza con las crispadas manos, murmuró:

—¿Vos habéis hecho eso?

—Con bastante destreza. ¿Qué? ¿no lo creéis?

—¿Vos habéis destronado al rey y reducido a prisión?

—Sí.

—¿Y la acción se ha consumado aquí, en Vaux?

—Sí, en la cámara de Morfeo. No parece, sino que la construyeron en previsión de semejante acto.

—¿Y cuándo ha pasado eso?

—Esta noche.

—¡Esta noche!

—Entre doce y una.

—¡En Vaux! ¡en mi casa! —prorrumpió Fouquet con voz atragantada.

—Sí, en vuestra casa, que bien vuestra es desde que Colbert no puede hacer que os la roben.

—¡Conque ha sido en mi casa donde se ha cometido tamaño

crimen!

—¡Crimen! —repuso Aramis con estupefacción.

—¡Crimen abominable! —prosiguió Fouquet exaltándose por momentos, —¡crimen más execrable que un asesinato! ¡crimen que para siempre deshonra mi nombre y me libra al horror de la posteridad!

—Estáis delirando, caballero —replicó el obispo con voz no muy firme.

—Cuidado con levantar tanto la voz.

—La levantaré de tal suerte, que me oirá el universo entero.

—Señor Fouquet, ved lo que hacéis.

—Sí —exclamó el superintendente volviéndose hacia el prelado y mirándole cara a cara —al cometer esa traición, ese crimen contra mi huésped, contra aquel que descansaba tranquilamente bajo mi techo, me habéis deshonrado. ¡Ay de mí!

—¡Ay de aquel que bajo vuestro techo meditaba la ruina de vuestra fortuna y de vuestra vida! ¿Olvidáis eso?

—¡Era mi huésped, era mi rey!

—¿Estoy con un insensato? —repuso Aramis levantándose, con los ojos sanguinolentos y la boca convulsiva.

—No, sino con un hombre honrado.

—¡Loco!

—Con un hombre que os impedirá que consuméis vuestro crimen.

—¡Loco!

—Con un hombre que prefiere mataros y morir a que consuméis su deshonor.

Y Fouquet se abalanzó a su espada puesta por D'Artagnan a la cabecera de la cama, y la blandió con resolución.

Aramis arrugó el ceño, y se metió la diestra en la pechera como buscando un arma.

Aquel ademán no pasó inadvertido a Fouquet, que noble y soberbio en su magnanimidad, arrojó lejos de sí su espada, que fue a parar al pasillo de la cama, y se acercó a Herblay hasta tocarle el hombro con su desarmada mano.

—Caballero —dijo el superintendente —me sería grato morirme en este instante para no sobrevivir a mi oprobio; si todavía sentís por mí alguna amistad, por favor, quitadme la vida. Aramis permaneció silencioso e inmóvil.

—¿No me respondéis?

Herblay levantó pausadamente la cabeza, y por sus pupilas cruzó un nuevo rayo de esperanza.

—Reflexionad en lo que nos espera, monseñor —dijo el prelado—. Queda satisfecha la justicia, el rey vive aún, y su prisión os salva la vida.

—Podéis haber obrado en mi provecho —repuso Fouquet— pero no acepto vuestro servicio. Sin embargo, no quiero causar vuestra perdición. Salid inmediatamente de esta casa.

Aramis apagó el rayo que emanaba de su quebrantado corazón.

—Soy hospitalario para todos —continuó Fouquet con inefable majestad—: tan seguro estáis vos de no veros sacrificado, como aquel de quien habíais consumado la perdición.

—Lo seréis vos —replicó Herblay con voz sorda y profética—: lo seréis vos, lo seréis vos.

—Acepto el augurio, señor de Herblay; pero nada me detendrá. Vais a salir de Vaux, de Francia; os concedo cuatro horas para que os pongáis a cubierto de la persecución del rey.

—¿Cuatro horas? —dijo Aramis con voz de zumba y de incredulidad.

—Sí; dentro del plazo que os fijo nadie os perseguirá. Luego llevaréis cuatro horas de delantera a cuantos el rey envíe a vuestro alcance.

—¡Cuatro horas! —repitió Aramis sonrojándose.

—Son más que las que se necesitan para embarcaros y llegar a Belle-Isle, que os doy por refugio.

—¡Ah! —murmuró el prelado.

—Belle-Isle es mía para vos, como Vaux es mío para el rey. Marchaos, Herblay, y tened por seguro que mientras yo aliente, no tocarán en uno de vuestros cabellos.

—Gracias —dijo Aramis con terrible ironía.

—Marchaos, pues, y dadme la mano para que ambos corramos, vos, a la salvación de vuestra vida, yo, a la salvación del rey. Aramis sacó de su seno la mano que en él escondió. Estaba teñida en su sangre, arrancada de su pecho con sus uñas, como para castigar a la carne por haber dado vida a tantos proyectos, más vanos, más insensatos, más perecederos que la vida del hombre.

Fouquet sintió horror y compasión, y tendió los brazos a Herblay.

—No traía armas, —dijo éste, huraño y terrible como el espectro de

Dido.

Y sin tocar la mano de Fouquet, desvió la mirada y retrocedió dos pasos.

Las últimas palabras del prelado fueron una imprecación; su último ademán un anatema escrito por su enrojecida mano, con la que salpicó con algunas gotas de sangre el rostro del superintendente.

Después, ambos se abalanzaron fuera del aposento por la escalera secreta que conducía a los patios interiores.

Fouquet ordenó que engancharan sus mejores caballos; Aramis se detuvo al pie de la escalera que conducía al cuarto de Porthos.

Mientras la carroza de Fouquet salía del patio principal a galope tendido, Herblay decía entre sí:

—¿Partiré solo? ¿avisaré al príncipe?... ¡Oh rabia!... Si aviso al príncipe, ¿qué hago?... Partir con él ... arrastrar conmigo y a todas partes ese testimonio acusador... La guerra... la guerra civil, implacable... Sin recursos ¡ay!... ¡Imposible!... ¿Qué va a hacer sin mí?... ¡Ah! sin mí va a derrumbarse como yo... ¿Quién sabe?... ¡Cúmplase su destino!... ¿No estaba condenado? pues continúe siéndolo... ¡Dios!... ¡Demonio!... sombrío y mofador poder a que llaman ingenio del hombre, no eres más que un soplo incierto, más inútil que el viento en la montaña, te nombras acaso, y no eres nada, lo abrasas todo con tu aliento, levantas las peñas, y aún la montaña, y de improviso te desmenuzas ante la cruz de madera tras la cual vive otro poder invisible... que tal vez tú negabas, y que se venga de ti, y te reduce a polvo sin designarse siquiera decirte cómo se llama... ¡Perdido!... ¡Estoy perdido!... ¿Qué hacer?... ¿Iré a Belle-Isle? ... Sí... ¡Y Porthos, que va a quedarse aquí, y a hablar, y a contárselo todo a todos! ¡Porthos, que tal vez va a padecer!... No, yo no quiero que Porthos padezca. Es uno de mis miembros; su dolor es mi dolor... Porthos partirá conmigo, seguirá mi destino, fuerza es que lo siga.

Y temeroso de encontrar a alguien a quien su precipitación pudiera parecer sospechosa, Aramis subió la escalera sin ser visto.

Porthos apenas regresado de París, dormía ya el sueño del justo. Su gigantesco cuerpo olvidaba la fatiga, así como su cerebro el pensamiento.

Aramis entró ligero como un espectro, apoyó su nerviosa mano en el hombro del gigante, y dijo en voz alta:

—Porthos, levantaos.

Porthos se levantó y abrió los ojos antes de haber abierto su inteligencia.

—¡Partimos —dijo Aramis!

—¡Ah! —exclamó el gigante.

—A caballo y más veloces que nunca.

—¡Ah! —replicó Porthos.

—Vestíos.

Aramis ayudó a su amigo a vestirse, y le metió en el bolsillo su dinero y sus diamantes.

En esto un ligero ruido llamó la atención de Herblay, y al volverse y al ver a D'Artagnan en el vano de la puerta, se estremeció.

—¿Qué diablos estáis haciendo ahí tan conmovido? —preguntó el mosquetero.

—¡Chitón! —dijo el gigante.

—Partimos en comisión, —añadió el obispo.

—¡Qué dichosos sois! —repuso D'Artagnan.

—¡Valiente dicha! —dijo Porthos. —Me estoy cayendo de fatiga, y en verdad preferiría dormir; pero el servicio del rey...

—¿Habéis visto al señor Fouquet? —preguntó Aramis al gascón.

—Sí, hace poco, en su carroza.

—¿Qué os ha dicho? Adiós.

—¿Nada más?

—¿Qué más queríais que me dijese?

—Escuchad, —dijo Aramis abrazando al mosquetero, —vuelve a brillar el sol para vos: en adelante no tendréis que envidiar a nadie.

—¡Bah!

—Os predigo para hoy un acontecimiento que mejorará en tercio y quinto vuestro estado.

—¿De veras?

—Ya sabéis que yo estoy al corriente de noticias.

—Sí, sé.

—Porthos, ¿estáis?

—Partamos, —exclamó el gigante.

—Y abracemos a D'Artagnan, —añadió Aramis.

—Con toda el alma ¿Y los caballos?

—No faltan aquí, —repuso el gascón. —¿Queréis el mío?

—Gracias, Porthos tiene su caballeriza. Adiós D'Artagnan. Los dos fugitivos subieron sobre sendos caballos y en presen cia del capitán de mosqueteros, que tuvo el estribo a Prothos y acompañó a sus amigos con la mirada hasta que los hubo perdido de vista.

—En otro tiempo —murmuró D'Artagnan —hubiera dicho que esos hombres huían; pero en la actualidad está tan cambiada la política, que a eso le llaman ir en comisión. En buena hora sea. Vamos a nuestros quehaceres.

Y el gascón entró filosóficamente en su alojamiento.

CÓMO SE RESPETA LA CONSIGNA EN LA BASTILLA

Fouquet, mientras su carroza lo llevaba como en alas del huracán, se estremecía de horror al pensar en lo que acababa de saber.

—¿Qué hacían, en su juventud esos hombres prodigiosos —decía entre sí el superintendente, —si en la edad madura todavía tienen fibra para idear tales empresas y ejecutarlas sin pestañear?

A veces, Fouquet se preguntaba si cuanto le contó Herblay no era un sueño, y si al llegar él a la Bastilla no iba a encontrar una orden de arresto que le enviase adonde el rey destronado.

En esta previsión, el superintendente dio algunas órdenes selladas por el camino, mientras enganchaban los caballos, y las dirigió a D'Artagnan y a todos los jefes de cuerpo cuya fidelidad no podía ser sospechosa.

—De esta manera —dijo entre sí Fouquet— preso o no, habré servido cual debo la causa del honor. Como las órdenes no llegarán a su destino antes que yo, si vuelvo libre, no las habrán abierto, y las recobraré. Si tardo, será señal de que me habrá ocurrido alguna desgracia, y entonces nos llegará socorro a mí y al rey.

Así preparado, el superintendente llegó a la puerta de la Bastilla después de haber recorrido cinco leguas y media en una hora.

A Fouquet le sucedió completamente lo contrario que a Aramis. Por más que se nombró, por más que se dio a conocer, no consiguió que le permitiesen la entrada en la fortaleza. A fuerza de instar, amenazar y ordenar, logró que un centinela avisara a un sargento para que éste a su vez advirtiera al mayor.

Fouquet tascaba el freno en su carroza, a la puerta de la Bastilla, y aguardaba la vuelta del sargento, que por fin reapareció con cara avinagrada.

—¿Qué ha dicho el mayor? —preguntó Fouquet con impaciencia.

—El mayor se ha echado a reír —contestó el soldado— y me ha dicho que el señor Fouquet está en Vaux, y que aun cuando estuviese en París, no se levantaría tan temprano.

—¡Voto a tal! sois un hato de pillos —exclamó el superintendente lanzándose fuera de la carroza.

Y antes de que el sargento hubiese tenido tiempo de cerrar la puerta, Fouquet se coló por la abertura y siguió adelante a pesar de las voces de auxilio que profería aquél. Fouquet iba ganando terreno, sin hacer caso de los gritos del sargento, que al fin le alcanzó y dijo al centinela de la segunda puerta:

—¡Cerradle el paso! El centinela cruzó la pica ante el ministro; pero éste, que era robusto y ágil, y, además, estaba exasperado, arrancó de las manos del soldado la pica y con ella le santiguó de firme las espaldas, sin olvidar las del sargento, que se acercaba en demasía. Los apaleados pusieron el grito en el cielo, y a sus voces salió todo el cuerpo de guardia de la avanzada, entre cuyos individuos hubo uno que conoció a Fouquet y que, al verlo, exclamó:

—¡Monseñor!... ¡Monseñor!... ¡Amigos! ¡Deteneos! Efectivamente, el que de tal suerte acababa de expresarse detuvo a los guardias, que se disponían a vengar a sus compañeros.

Fouquet ordenó que abriesen la reja; pero le objetaron que la consigna lo prohibía. Entonces mandó que avisaran al gobernador; pero éste, ya informado de lo que sucedía, se adelantaba apresuradamente blandiendo la espada a la cabeza de veinte soldados y seguido del mayor, en la persuasión de que atacaban la Bastilla.

Baisemeaux, al conocer a Fouquet, dejó caer la espada, y con tartamuda lengua dijo:

—¡Ah! Monseñor, perdonad...

—Os felicito, caballero, —repuso Fouquet, sofocado—. El servicio de la fortaleza se hace a las mil maravillas.

Baisemeaux se dio a entender que las palabras del ministro encerraban una ironía presagio de arrebatada cólera, y palideció; pero muy lejos de esto, Fouquet, dijo:

—Señor de Baisemeaux, necesito hablar con vos en particular. Fouquet siguió al gobernador a su despacho en medio de un murmullo de satisfacción general.

Baisemeaux temblaba de vergüenza y de temor. Pero fue peor todavía cuando Fouquet le preguntó con voz lacónica y mirada de imperio:

—¿Habéis visto al señor de Herblay esta noche?

—Sí, monseñor.

—¿Y no os llena de horror el crimen de que os habéis hecho cómplice?

—No hay remedio para mí, —dijo para sus adentros el gobernador. Y con voz alta añadió: —¿Qué crimen, monseñor?

—Señor Baisemeaux, ved cómo obráis, pues en lo que habéis hecho hay bastante para haceros descuartizar vivo. Conducidme inmediatamente adonde está el preso.

—¿Qué preso? —preguntó el gobernador temblando de los pies a la cabeza.

—¡Ah! ¿fingís no comprenderme? Bueno; bien mirado es lo mejor que podéis hacer, porque, de confesar vos vuestra complicidad, no habría remedio para vos. Quiero, pues, simular que doy fe a vuestra ignorancia.

—Por favor, monseñor...

—Está bien. Conducidme al calabozo del preso.

—¿Al calabozo de Marchiali?

—¿Quién es Marchiali?

—El preso que ha traído el señor de Herblay esta noche.

—¿Le llaman Marchiali? —preguntó el superintendente, turbado en sus convicciones por la ingenua seguridad de Baisemeaux.

—Sí, monseñor, bajo tal nombre está inscripto en el registro de la Bastilla. Fouquet sondeó con la mirada el corazón de Baisemeaux, y con la claridad que da el hábito del poder, vio en él la sinceridad más absoluta.

—¿Ese Marchiali es el preso que el señor de Herblay se llevó anteayer?

—Sí, monseñor.

—¿Y le ha traído nuevamente esta noche? —añadió con viveza el superintendente, que al punto comprendió el mecanismo del plan de Aramis.

—Sí, monseñor.

—¿Y se llama Marchiali?

—Esto es. Si monseñor viene para llevárselo, mejor; porque iba a escribir otra vez respecto de él.

—¿Qué ha hecho?

—Desde esta noche está insufrible; le dan tales arrebatos, que no parece, sino que la Bastilla se viene al suelo.

—Pues bien —dijo Fouquet —voy a desembarazaros de él.

—Que me place, monseñor.

—Conducidme a su calabozo.

—Monseñor me hará la merced de entregarme la orden...

—¿Qué orden?

—Una orden del rey.

—Voy a firmaros una.

—No basta, monseñor; necesito la orden del rey.

—¡Ah! —exclamó Fouquet irritándose otra vez— ya que os mostráis tan escrupuloso en soltar a los presos, mostradme la orden mediante la cual libertasteis a Marchiali.

Baisemeaux mostró la orden concerniente a la libertad de Seldón.

—Seldón no es Marchiali —objetó Fouquet.

—Pero Marchiali no está libre, monseñor, sino en su calabozo.

—¿No me habéis dicho que el señor de Herblay se lo llevó y lo ha devuelto?

—No he dicho esto, monseñor.

—¿Que no lo habéis dicho? todavía me parece estar oyéndolo.

—Ha sido un lapsus.

—¡Señor de Baisemeaux, cuidado!

—Como estoy en regla, nada tengo que temer, monseñor.

—¿Y os atrevéis a decir eso?

—Lo diré ante un apóstol. El señor de Herblay me ha traído la orden de libertad a Seldón, y Seldón está libre.

—Os digo que Marchiali ha salido de la Bastilla.

—Que me lo prueben, monseñor.

—Dejadme que lo vea.

—Monseñor, vos que ejercéis un mando tan alto en este reino, sabéis que nadie puede ver a los presos sin una orden del rey.

—Bien ha entrado el señor de Herblay.

—Que me lo prueben, monseñor —repitió Baisemeaux.

—El señor de Herblay ha perdido todo su poder.

—¡Quién! ¿El señor de Herblay? es imposible.

—Ya veis que ha influido en vos.

—Lo que me influye, monseñor, es el servicio del rey. Al pediros una orden de él, cumplo con mi deber. Entregádmela y entraréis.

—Os doy mi palabra de que si me dejáis entrar en el calabozo del preso os entregaré inmediatamente la orden que me exigís.

—Dádmela sin dilación, monseñor.

—Como también os la doy de que os hago arrestar junto con vuestros oficiales si no consentís en lo que os pido.

—Antes de cometer semejante acto de violencia, reflexionaréis, monseñor —dijo Baisemeaux más blanco que la cera—, que sólo obedeceremos a una orden del rey, y que tan poco os costará obtener una para ver a Marchiali, como para conseguir otra tan en mi perjuicio, siendo como soy, inocente.

—Es verdad —repuso Fouquet poseído de furor. Y con voz sonora y atrayendo a sí al desventurado gobernador, añadió:

—¿Sabéis por qué quiero con tanto ardor hablar con el preso?

—No, monseñor, y dignaos notar en el espanto que me infundís y que va a dar conmigo en tierra.

—Mas daréis con vos en tierra cuando dentro de poco me veáis volver al frente de diez mil hombres y treinta cañones.

—¡Válgame Dios! ¡monseñor se vuelve loco!

—Cuando amotine contra vos y vuestras malditas torres al pueblo de París, y fuerce vuestras puertas, y os haga colgar de las almenas de la torre de Coin.

—¡Monseñor! ¡Monseñor!...

—Os concedo diez minutos para que os decidáis —añadió Fouquet con voz sosegada— espero aquí, sentado en este sillón. Si dentro de diez minutos persistís, salgo, y me tengáis o no por loco, veréis lo que pasa.

Baisemeaux dio en el suelo una patada de desesperación, pero no replicó.

Al ver esto, Fouquet tomó una pluma y escribió lo siguiente:

—"Reúna el preboste de los mercaderes la guardia cívica, y con ella y para el servicio del rey, ataque la Bastilla".

Baisemeaux encogió los hombros. Fouquet escribió:

"El señor duque de Bouillón y el señor príncipe de Condé se pondrán a la cabeza de los suizos y de los guardias, y para el servicio de Su Majestad marcharán sobre la Bastilla".

Baisemeaux reflexionó. Fouquet continuó en su tarea y extendió esta orden: "Se ordena a todo soldado, ciudadano o noble, que tomen doquiera los encuentren, al caballero Herblay, obispo de Vannes, y a sus cómplices, que son el señor Baisemeaux, gobernador de la Bastilla, sospechoso de los crímenes de traición, rebelión y lesa majestad..."

—Deteneos, monseñor —exclamó Baisemeaux.

—Si entiendo lo que pasa, que me emplumen; pero como tantos males, aunque desencadenados por la locura, pueden sobrevenir dentro de dos horas, júzgueme el rey y vea si he obrado mal al romper la consigna en presencia de tantas y tan eminentes catástrofes.

—Vamos a la torre, monseñor; veréis a Marchiali.

Fouquet se lanzó fuera del despacho. Baisemeaux le siguió, limpiándose el frío sudor que le inundaba la frente.

—¡Qué horrorosa mañana! —iba diciendo Baisemeaux— ¡qué desgracia!

—¡Aprisa! ¡aprisa! —dijo con voz áspera el superintendente, advirtiendo lo que pasaba en el ánimo del gobernador.

—Quédese aquí este hombre, y tomad vos mismo las llaves y mostradme el camino. Nadie ¿oís? absolutamente nadie debe enterarse de lo que va a pasar.

—¡Ah! —repuso Baisemeaux indeciso.

—¡Otra vez! —prorrumpió Fouquet.

—Decid inmediatamente sí o no, y salgo de la Bastilla para llevar yo mismo las órdenes a su destino.

Baisemeaux tomó las llaves y subió solo con el ministro la escalera de la torre.

Según iban ascendiendo por aquella espiral, los murmullos ahogados se convertían en gritos claros y en espantosas imprecaciones.

—¿Quién grita? —preguntó Fouquet.

—Marchiali. Así aúllan los locos —respondió el gobernador dirigiendo una mirada más henchida de alusiones ofensivas que de respeto al superintendente.

Este se estremeció, pues en un grito todavía más terrible que los anteriores acababa de conocer la voz del rey.

Fouquet se detuvo en el descenso de la escalera, y tomó el manojo de llaves de manos de Baisemeaux, que, figurándose que el nuevo loco iba a estrellarse el cráneo con una de ellas, exclamó:

—¡Ah! El señor de Herblay no me ha hablado de eso.

—¡Vengan las llaves! —prorrumpió Fouquet arrancándoselas.

—¿Dónde está la puerta que quiero abrir?

—Es ésta.

Un grito horrendo seguido de un terrible trancazo contra la puerta, despertó los ecos de la escalera.

—¡Retiraros! —dijo con voz amenazante Fouquet a Baisemeaux.

—Con mil amores —murmuró el gobernador.

—¡Retiraros! —repitió Fouquet—, y si antes que os llame sentáis la planta en esta escalera, yo os aseguro que vais a ocupar el sitio del preso más infeliz de la Bastilla.

—De esta no escapo —masculló el gobernador retirándose con paso vacilante. Los gritos del preso resonaban cada vez con más fuerza. Fouquet, en cuanto se hubo cerciorado de que Baisemeaux había llegado al pie de la escalera, introdujo la llave en la primera cerradura.

—¡Socorro! ¡soy el rey! ¡socorro! —gritó entonces Luis XIV con acento de rabia. Como la llave de la segunda puerta no era la misma que la de la primera, Fouquet se vio obligado a probar algunas de las del manojo, mientras el rey, enardecido, loco, furioso, gritaba con todas sus fuerzas:

—¡El señor Fouquet es quien me ha hecho traer aquí! ¡socorro contra el señor Fouquet! ¡soy el rey! ¡favor al rey contra el señor Fouquet! Estas vociferaciones partían del corazón del ministro, e iban seguidas de golpes espantosos descargados contra la puerta con la silla, de la que Luis se servía como de un ariete. Fouquet dio por fin con la llave. El rey, ya no articulaba, sino rugía, aullaba estas palabras:

—¡Muera Fouquet! ¡muera el asesino Fouquet! Entonces se abrió la puerta.

EL RECONOCIMIENTO DEL REY

Fouquet y el rey iban a abalanzarse uno contra otro, pero al verse se detuvieron y lanzaron un grito de horror.

—¿Venís a asesinarme? —exclamó el rey al conocer al superintendente.

—¡El rey en semejante estado! —exclamó el ministro. Efectivamente, nada más espantoso que el aspecto del joven príncipe en el momento en que entró Fouquet. Su traje estaba hecho jirones, y su camisa, desabrochada y reducida a pedazos, estaba empapada del sudor y la sangre que le inundaba el pecho y los desgarrados brazos.

Fosco, pálido, frenético, con los cabellos erizados, Luis XIV era la imagen viviente de la desesperación, del hambre y del miedo reunidos en una sola estatua; y tanto se conmovió y turbó el ministro al verle, que se acercó a él desolado, con los brazos abiertos y las lágrimas en los ojos. Luis blandió sobre la cabeza de Fouquet el palo de la silla del cual hiciera tan enfurecido uso.

—¡Qué! —dijo con voz trémula el ministro— ¿no conocéis ya al más fiel de vuestros amigos?

—¿Vos, vos amigo mío? —replicó el rey con rechinar de dientes en que resonaron el odio y la sed de inmediata venganza.

—Un servidor respetuoso —añadió Fouquet cayendo de hinojos. El rey tiró su arma, y el ministro se acercó a él, le besó las rodillas, le tomó cariñosamente en brazos y dijo:

—¡Oh rey! ¡oh hijo mío! ¡cuánto debéis haber padecido! Luis, recobrado por el cambio de la situación, miróse a sí mismo, y, avergonzado del desorden de sus ropas, corrido de su locura, abochornado de la protección de que era objeto, retrocedió.

Fouquet no comprendió aquel movimiento, ni que el rey, en su orgullo, nunca le perdonaría el que hubiese sido testigo de tanta debilidad.

—Venid, Sire, estáis libre —dijo el superintendente.

—¿Libre? —repuso el rey. —¡Ah! ¿me devolvéis la libertad después de haber osado poner sobre mí vuestra mano?

—Sire —repuso Fouquet indignado, vos no decís lo que sentís; vos no creéis que en esta circunstancia sea yo culpable.

Y sucinta y calurosamente el ministro contó al monarca toda la intriga de que el lector ya conoce los detalles.

Durante el relato, Luis sufrió las más horribles angustias, y, una vez Fouquet hubo terminado, la magnitud del peligro que había corrido le conmovió todavía más que la importancia del secreto relativo a su hermano gemelo.

—Señor Fouquet —dijo el rey, —eso del parto doble es una mentira, y no puede ser que hayáis sido víctima de semejante impostura.

—¡Sire!

—Digo que no puede ser que se sospeche de la honra y de la virtud de mi madre. ¿Y vos, mi primer ministro, no habéis castigado ya a los criminales?

—No os ofusquéis, Sire —repuso Fouquet. —Reflexionadlo bien; el nacimiento de vuestro hermano...

—No tengo más que uno, el duque de Orleans, a quien conocéis como a mí mismo. Os digo que hay conspiración, empezando por el gobernador de la Bastilla.

—Sire, Sire, el gobernador de la Bastilla ha sido engañado como todo el mundo, por el parecido del príncipe.

—¿El parecido? ¡Queréis callaros!

—Con todo eso es menester que Marchiali se parezca grandemente a Vuestra Majestad para que todos se engañen —repuso Fouquet.

—¡Locura!

—No digáis eso; Sire; el hombre que se muestra dispuesto a arrojar la mirada de vuestros ministros, de vuestra madre, de vuestra servidumbre, de vuestra familia, debe estar muy seguro del parecido.

—En efecto —exclamó el rey. Y ese hombre ¿dónde está?

—¿Dónde sino en Vaux?

—¡En Vaux! ¿Y vos consentís que permanezca en Vaux un hombre tal?

—Sire, he creído que lo más apremiante era librar a Vuestra Majestad. Cumplido este deber, haré lo que el rey me ordene.

—Concentremos tropas en París —dijo el monarca, después de unos instantes de reflexión.

—Ya están dadas las órdenes al efecto —contestó Fouquet.

—¿Las habéis dado vos? —exclamó el rey.

—Para esto sí, Sire. Antes de una hora Vuestra Majestad estará al frente de diez mil hombres. Por toda respuesta, el rey tomó con tal efusión la mano del superintendente que se veía cuánta desconfianza había conservado hasta entonces hacia el primer ministro, a pesar de la intervención de éste.

—¿Y con los diez mil hombres —prosiguió el rey, —vamos a sitiar, en vuestra casa, a los rebeldes, que a estas horas deben haber ya tomado posesión de ella y tal vez atrincherándose en ella?

—Me admira de que tal sucediese.

—¿Por qué?

—Porque he desenmascarado a su jefe, el alma de la empresa, y a mi ver ha abortado el plan.

—¿Vos habéis desenmascarado al supuesto príncipe?

—No, Sire, ni siquiera lo he visto.

—¿A quién, pues, habéis desenmascarado?

—El jefe de la empresa no es el desventurado usurpador; éste sólo es un instrumento destinado por toda su vida al infortunio, lo conozco.

—¡Sin remisión!

—Es el padre Herblay, obispo de Vannes.

—¿Vuestro amigo?

—Lo fue, Sire —replicó con nobleza el superintendente.

—Es una desgracia para vos —dijo el rey con menos generosidad.

—Mientras estuve ignorante del crimen, Sire, tal amistad nada tenía de deshonrosa.

—Era menester preverlo.

—Si soy culpable, Sire, me pongo en las manos de Vuestra Majestad.

—No es eso lo que quise decir, señor Fouquet —dijo el rey, disgustado de haber dado a conocer la mala disposición de su ánimo— lo que quise decir es que a pesar de la máscara con que el miserable Herblay se cubría el rostro, he tenido como un presentimiento de que era él. Pero al caudillo de la empresa le acompañaba un hombre de pelo en pecho, que me amenazaba con su fuerza hercúlea.

—¿Quién es?

—Debe ser su amigo el barón de Vallón, el antiguo mosquetero.

—¿El amigo de D'Artagnan y del conde de La Fere? No es para desperdiciarla esta relación entre los conspiradores y el señor de Bragelonne.

—Sire, Sire, os avanzáis en demasía. El señor conde de La Fere es el hombre más de bien que hay en Francia. Contentaos con lo que pongo en vuestras manos.

—Corriente, porque eso quiere decir que ponéis en mis manos a los culpables.

—¿Qué interpretación da Vuestra Majestad a mis palabras? —preguntó Fouquet.

—Entiendo que vamos a llegar a Vaux con las tropas, y que no va a escapar ni uno de cuantos forman aquel nido de víboras.

—¡Qué! ¿Vuestra Majestad va a matar a los suyos? —exclamó Fouquet.

—¡Hasta el último!

—¡Oh! ¡Sirte!

—Entendámonos, señor Fouquet —dijo con altivez el monarca—. Yo no vivo en un tiempo en que el asesinato sea la única y última razón de los reyes. Gracias a Dios no es así. Tengo parlamentos que juzgan en mi nombre, y patíbulos en los que ejecutan mi voluntad suprema.

—Me propaso a hacer observar a Vuestra Majestad —replicó Fouquet palideciendo— que todo proceso sobre esta materia será un escándalo mortífero para la dignidad del trono. Hay que evitar a todo trance que el augusto nombre de Ana de Austria circule por los labios del pueblo, entreabiertos por una sonrisa.

—Hay que hacer justicia. señor Fouquet.

—Está bien, Sire; pero la sangre real no puede correr en el patíbulo.

—¡La sangre real! ¿y vos creéis eso? —exclamó el rey enfurecido y dando una patada en el suelo—. El parto doble de que me habéis hablado es pura fábula. Ahí, sobre todo, en esa fábula, es donde para mí está el crimen de Herblay, ese es el crimen que yo quiero castigar, mucho más que no la violencia y el insulto que me han inferido él y Vallón.

—¿Castigar de muerte?

—De muerte.

—Sire —repuso con firmeza el ministro, levantando con majestad la frente—, si os gusta, haréis decapitar a Felipe de Francia, vuestro hermano; eso os atañe a vos, Sire, y sobre el particular consultaréis a vuestra madre Ana de Austria. Lo que ordenéis estará bien ordenado. Quiero, pues, no mezclarme más en este asunto, ni siquiera para la mayor honra de vuestra corona; pero tengo que pediros una gracia, y os la pido, Sire.

—¿Cuál? —preguntó el rey turbado por las últimas palabras del ministro.

—El perdón de los señores de Herblay y de Vallón.

—¿Mis asesinos?

—No, Sire, sino dos rebeldes.

—Comprendo que me pidáis el perdón para vuestros amigos.

—¡Mis amigos! —exclamó Fouquet hondamente ofendido.

—Sí, vuestros amigos, pero la seguridad de mi Estado exige un ejemplar castigo de los culpables.

—No os diré, Sire, que acabo de libertaros y de salvaros la vida.

—¡Caballero!

—Ni que si el señor de Herblay hubiese tenido la intención de asesinaros, pudo haberos asesinado esta madrugada en el bosque de Senar.

—El rey se estremeció.

—Un pistoletazo en mitad del rostro de Luis XIV, desfigurado por la herida era para siempre la absolución del señor de Herblay.

Al saber el peligro evitado, el rey palideció de miedo.

—Si el señor de Herblay hubiese sido un asesino —continuó Fouquet— no tenía necesidad de hacerme sabedor de su plan para conseguir sus propósitos. Desembarazado del rey legítimo, no había quien fuera capaz de reconocer al usurpador, que habría sido reconocido por Ana de Austria, pues para ello no dejaba de ser un hijo como para la conciencia del señor de Herblay era aquél un rey de la sangre de Luis XIII. Además, el conspirador contaba con la seguridad, con el secreto, con la impunidad, con sólo disparar una pistola. Sire, por vuestra salvación eterna, perdón para el señor de Herblay.

La fiel pintura de la generosidad de Aramis, en vez de enternecer al rey le humilló; porque el monarca en su indómito orgullo, no podía admitir que un hombre había tenido a su discreción la vida de un rey. Cada una de las palabras de Fouquet tenía por eficaces para obtener el perdón de sus amigos, destilaba una gota de veneno en el ya ulcerado corazón de Luis XIV, que, muy lejos de ceder, exclamó con ímpetu:

—Verdaderamente no me explico que me pidáis clemencia para hombres tales. ¿A qué pedir lo que uno puede conseguir sin solicitarlo?

—No os comprendo. Sire.

—Sin embargo, es evidente. ¿Dónde estoy?

—En la Bastilla, Sire.

—Y en un calabozo, y pasando por loco, ¿no es verdad?

—Lo es, Sire.

—Y aquí nadie conoce más que a Marchiali.

—De seguro, Sire.

—Pues dejad las cosas como están. Dejad al loco que se pudra en un calabozo de la Bastilla, y los señores de Herblay y de Vallón para nada necesitan de mi clemencia. Su nuevo rey les obedecerá.

—Vuestra Majestad me injuria, y hace mal —replicó Fouquet con sequedad. —Ni yo soy tan niño, ni el señor de Herblay tan inepto que no nos hayamos hecho todas esas reflexiones y si yo, como decís, hubiese querido sentar en el trono a un nuevo rey, ¿a qué haber venido a forzar las puertas de la Bastilla para arrancaros de ella? Esto cae de su peso. Vuestra Majestad tiene el juicio turbado con la cólera; de lo contrario, no ofendería sin razón a su servidor que le ha prestado el más importante servicio.

Viendo Luis XIV que se había excedido, que las puertas de la Bastilla todavía estaban cerradas para él, mientras poco a poco iban abriéndose las esclusas tras las cuales el generoso Fouquet contenía su cólera, repuso:

—No lo he dicho para humillaros. ¡Dios me libre! Lo que hay, es que os dirigís a mí para obtener un perdón, y os respondo según me dicta mi conciencia. Ahora bien, según mi conciencia, los culpables de quienes estamos hablando no son dignos de clemencia ni de perdón.

Fouquet guardó silencio.

—En esto —prosiguió el rey, —mi conducta es tan generosa como la vuestra en cuanto a lo que os ha traído, porque la verdad es que estoy en vuestro poder. Y aun añado que lo, es más, atento que vos me imponéis condiciones de las cuales pueden pender mi libertad y mi vida, y el negarme a admitirlas, es hacer un sacrificio.

—Realmente la sinrazón está de mi parte —repuso Fouquet; —en la apariencia os obligaba a ser clemente; me arrepiento, Sire, y os suplico que me perdonéis.

—Lo estáis, mi querido señor Fouquet —dijo el rey sonriéndose de modo que acabó de serenar su rostro, alterado desde la víspera, por tantos acontecimientos.

—Bueno, yo ya he obtenido mi perdón —repuso el obstinado ministro— —pero ¿y los señores de Herblay y de Vallón?

—No lo obtendrán mientras yo viva —replicó el inflexible rey. —Hacedme la merced de no volver a decirme jamás una palabra sobre el particular.

—Seréis obedecido, Sire.

—¿Y no me guardaréis rencor por mi negativa?

—No, Sire, porque había previsto el caso.

—¿Vos habéis previsto el caso de que yo negaría el perdón a aquellos señores?

—Sí, Sire, y lo prueba el que he tomado todas mis disposiciones en consonancia con mi previsión.

—¿Qué queréis decir? —exclamó con sorpresa el soberano.

—Por decirlo así, el señor de Herblay acaba de ponerse a mi discreción, dejándome la honra de salvar a mi rey y a mi patria. ¿Podía yo condenar a muerte al señor de Herblay? No, como tampoco exponerle a la legítima indignación de Vuestra Majestad, lo cual hubiera sido lo mismo que si yo hubiese matado por mi mano.

—¿Qué habéis hecho?

—Sire, he dado al señor de Herblay mis mejores caballos, y llevan cuatro horas de delantera a cuantos Vuestra Majestad pueda enviar en persecución de aquél.

—Está bien —exclamó Luis: —pero el mundo es bastante grande para que mis corredores ganen sobre vuestros caballos las cuatro horas de delantera que habéis concedido al señor de Herblay.

—Al concederle cuatro horas, Sire, sabía que le daba la vida, y la salvará.

—¿Cómo? —Porque tras una carrera en la cual siempre llevará cuatro horas de ventaja a vuestros mosqueteros, llegará a mi castillo de Belle-Isle, donde le he dado asilo.

—Bueno —replicó el rey; —pero olvidáis que me donasteis Belle-Isle.

—No para hacer arrestar en ella a mis amigos.

—¡Ah! ¿os reincorporáis de Belle-Isle?

—Para eso, sí, Sire.

—Mis mosqueteros volverán a quitárosla, y en paz.

—Ni vuestros mosqueteros ni todo vuestro ejército son capaces de tomarla, Sire. Belle-Isle es inexpugnable —dijo Fouquet con frialdad.

El rey perdió el color y lanzó un rayo por los ojos. Fouquet conoció que estabaperdido; pero como no era hombre que retrocediera ante la voz del honor, sostuvo la rencorosa mirada del rey, que devoró su rabia.

—¿Vamos a Vaux? —preguntó Luis XIV tras una pausa de silencio.

—Estoy a las órdenes de Vuestra Majestad —contestó Fouquet haciendo una profunda reverencia; —pero creo que Vuestra Majestad no puede prescindir de mudar de traje antes de presentarse en la corte.

—Pasaremos por el Louvre —dijo el rey.

—Vamos.

Luis XIV y Fouquet se marcharon en presencia del despavorido Baisemeaux, que una vez más vio salir a Marchiali, y se arrancó los pocos cabellos que le quedaban.

EL FALSO REY

En Vaux el real usurpador continuaba desempeñando a las mil maravillas su papel de rey.

Felipe ordenó que, para su salida de la cama, introdujesen a las entradas, ya dispuestas para presentarse a su rey. Y se decidió a dar tal orden, pese a la ausencia de Herblay, que no se dejaba ver de nuevo, nuestros lectores saben por qué. Pero el príncipe, creyendo que aquella ausencia no podía prolongarse, quería, como todos los hombres temerarios, ensayar su valor y su fortuna, fuera de toda protección y consejo.

Otra razón le impedía a ello: Ana de Austria iba a aparecer. La madre culpable iba a encontrarse en presencia de su hijo sacrificado; y Felipe no quería, de sentir una debilidad, hacer testigo de ella al hombre ante el cual estaba obligada a desplegar en adelante tanta energía.

Felipe abrió de par en par la puerta, y entraron silenciosamente algunos personajes.

Él no se movió mientras sus ayudas de cámara lo vistieron, a imitación de lo que vio hacer, la víspera, a su hermano. Felipe desempeñó en aquel punto el papel de rey de manera que no despertó ninguna sospecha.

Felipe recibió, en traje de caza, a sus visitantes, y gracias a su memoria y a las notas de Aramis, conoció inmediatamente a Ana de Austria, a quien daba la mano el duque de Orleans, y a la princesa a la cual acompañaba Saint-Aignán. A todos dirigió Felipe una sonrisa, y, al conocer a su madre, se estremeció.

El noble e imponente rostro de la reina madre, descompuesto por el dolor, dispuso su corazón en pro de aquella famosa reina que inmolara un hijo a la razón del Estado. Felipe encontró hermosa a su madre, y como sabía que Luis XIV la amaba, se propuso amarla también, y no ser para su vejez un castigo cruel.

Felipe miró a su hermano con ternura fácil de comprender. El duque de Orleans nada había usurpado, a nadie perjudicado en su vida. Rama separada, dejaba que creciera el tallo, sin pensar en su propia elevación y majestad. Así como a su madre, Felipe se propuso amar a su hermano, a quien le bastaba el dinero, que da los placeres. Después Felipe saludó afectuosamente a Saint-Aignán, que se deshacía en sonrisas y en reverencias, y, temblando, tendió la mano a su cuñada Enriqueta, de la que le llamó la atención la hermosura. Pero en los ojos de la princesa notó un resto de frialdad que le pareció de buen agüero para la facilidad de sus relaciones futuras.

—¡Cuánto más cómodo me será —dijo Felipe, —ser hermano de

esa mujer, que no su galán, si me manifiesta una frialdad que mi hermano no podía sentir por ella, y que a mí me la impone el deber!

Lo que Felipe temía más en aquel momento era la presencia de la reina María Teresa; porque su corazón y su alma acababan de ser conmovidos por una prueba tan violenta que, a pesar de su buen temple, tal vez no hubieran soportado un nuevo choque. Por fortuna la reina no se presentó. Entonces, Ana de Austria empezó una disertación política respecto del recibimiento que el señor Fouquet había hecho a la familia real, y atenuó sus ataques con cumplimientos dirigidos al rey, con preguntas sobre su salud, con halagos maternales y con astucias diplomáticas.

—¿Os habéis reconciliado con el señor Fouquet, hijo mío? —preguntó Ana de Austria.

—Saint-Aignán —dijo Felipe—, hacedme la merced de enteraros de cómo está la reina.

A estas palabras, las primeras que Felipe pronunció en voz alta, la ligera diferencia que había entre la voz de Felipe y la de Luis XIV, no pasó inadvertida a los oídos maternales; así es que Ana de Austria miró fijamente a su hijo.

—Señora —continuó Felipe una vez hubo salido Saint-Aignán— ya sabéis que no me place que me hablen mal del señor Fouquet, y vos misma me habéis hablado de él ventajosamente.

—Es verdad, por esto me ciño a interrogaros respecto a vuestra disposición para con él.

—Sire —dijo Enriqueta, —a mí siempre me ha sido simpático el señor Fouquet. Es hombre de gusto exquisito, y un excelente sujeto.

—Un superintendente que nunca escatima y que paga en oro cuantas libranzas le envío al cobro —añadió el duque de Orleans.

—Por lo que se ve —replicó la reina madre, —aquí todos miran únicamente por sí, y nadie por el Estado, y la verdad es que el señor Fouquet está arruinando el reino.

—¿También vos escudáis al señor Colbert, madre mía? —repuso Felipe bajando la voz.

—¿Por qué me decís eso? —preguntó Ana de Austria con sorpresa.

—Porque os expresáis como lo haría vuestra antigua amiga, la señora de Chevreuse.

Al oír este nombre, la reina palideció. Felipe había irritado a la leona.

—¿Qué me estáis diciendo de la señora de Chevreuse —repuso Ana de Austria, —y qué mosca os ha picado hoy contra mí?

—¿Por ventura —continuó Felipe—, la señora de Chevreuse no está siempre dispuesta a formar una liga contra alguien? ¿Acaso no os ha hecho recientemente una visita?

—Os expresáis de tal suerte —dijo Ana de Austria—, que no parece sino que estoy oyendo a vuestro padre.

—Mi padre no podía ver a la señora de Chevreuse, y con razón —dijo Felipe.

Tampoco yo puedo sufrirla, y si se atreve a venir, como en otro tiempo, para sembrar las disensiones y el odio so pretexto de mendigar dinero...

—¿Qué? —repuso con altivez Ana de Austria provocando la tormenta.

—La expatriaré, y con ella a todos los artesanos de secretos y misterios —contestó con resolución Felipe.

Él no calculó el alcance de sus terribles palabras, o tal vez se propuso ver el efecto que producían. Ana de Austria estuvo en un tris de caerse desmayada; abrió desmesuradamente los ojos, pero por un instante dejó de ver, y tendió los brazos hacia el duque de Orleans que le dio un beso sin temor de irritar al monarca.

—Sire —murmuró Ana de Austria—, mal, muy mal tratáis a vuestra madre.

—¿En qué os trato mal, señora? —replicó Felipe—. Solo hablo de la señora de Chevreuse. ¿O es que preferís la señora de Chevreuse a la seguridad de mi Estado y a la mía propia? Lo que digo y afirmo es que la señora de Chevreuse ha venido a Francia para pedir prestado dinero, y que se ha dirigido al señor Fouquet para venderle cierto secreto.

—¡Cierto secreto! —exclamó Ana de Austria.

—Relativo a un supuesto robo cometido por el superintendente, lo cual es falso. El señor Fouquet la hizo despedir con indignación, pues prefiere la estimación del rey a toda complicidad con intrigantes. Entonces, la señora de Chevreuse fue y vendió el secreto al señor Colbert, y como es mujer insaciable, y no le bastaba haber arrancado cien mil escudos al intendente, picó más alto para ver si se hacía con mayores recursos... ¿Es o no es verdad lo que digo, señora?

—Todo lo sabéis, Sire —repuso la reina madre, más inquieta que irritada.

—Ya veis, pues, señora —continuó Felipe —que tengo derecho de mirar con malos ojos a esa harpía que viene a tramar en mi corte la deshonra de unos y la ruina de otros. Si Dios ha permitido que se cometieran ciertos crímenes, y los ha ocultado bajo el manto de su clemencia, yo no admito que la señora de Chevreuse tenga el poder de contrarrestar los designios de Dios.

Tanto esta última parte del discurso de Felipe turbó a la reina madre, que se compadeció de ella, y, tomándole la mano, se la besó con ternura; pero Ana de Austria no advirtió que, en aquel beso dado a pesar de las resistencias y los rencores del corazón, iba envuelto el perdón de ocho años de horribles padecimientos.

Felipe dejó que aquellas emociones se suavizaran, y tras un instante de silencio, dijo con cierta alegría:

—Todavía no partimos hoy; tengo un plan.

Felipe miró hacia la puerta por si veía a Herblay, cuya ausencia empezaba a inquietarlo. Y al ver que su madre se disponía a marcharse, repuso:

—Quedaos, madre; quiero que hagáis las paces con el señor Fouquet.

—Pero si no lo quiero mal; lo único que temo son sus prodigalidades.

—Pondremos coto a ellas, y no tomaremos del superintendente más que las buenas cualidades.

—¿Qué busca Vuestra Majestad? —preguntó Enriqueta al ver que el rey miraba hacia la puerta, y deseosa de dispararle una saeta al corazón, pues creyó que aquél esperaba a La Valiére o carta de ésta.

—Hermana mía —respondió Felipe, adivinando el pensamiento de la princesa, gracias a la maravillosa perspicacia que la fortuna iba a permitirle desplegar en lo sucesivo—; hermana mía, espero a un hombre notabilísimo, a un consejero hábil si los hay, y al cual quiero presentaros a todos, recomendándolo a vuestra indulgencia. ¡Ah! ¿sois vos, D'Artagnan? Entrad.

—¿Qué desea Vuestra Majestad? —preguntó el gascón adelantándose.

—¿Sabéis dónde está vuestro amigo el señor obispo de Vannes?

—Pero si...

—Lo estoy aguardando y no aparece. Que vayan por él. D'Artagnan se quedó como quien ve visiones; pero reflexionando que Aramis había salido de Vaux ocultamente con una comisión del rey, dedujo que éste tenía empeño en guardar secreto. Así pues, replicó:

—¿Vuestra Majestad desea absolutamente que vayan por el señor de Herblay?

—Tanto como eso no —respondió Felipe—, no tengo tal necesidad de él, pero si lo encuentran...

—He dado en el blanco —dijo entre sí D'Artagnan.

—¿Ese señor de Herblay es el obispo de Vannes? —preguntó Ana de Austria.

—¿Y es el amigo del señor Fouquet?

—Sí, señora; en sus modales fue mosquetero.

Ana de Austria se ruborizó.

—Uno de aquellos cuatro valientes que hicieron tantas proezas —añadió Felipe.

La reina madre se arrepintió de haber querido morder.

—Sea cual fuese vuestra elección —dijo Ana de Austria—, desde luego la tengo por excelente.

—En él —continuó Felipe—, veréis la profundidad de Richelieu, descartada la avaricia de Mazarino.

—¿Un primer ministro, Sire? —preguntó el duque de Orleans no teniéndolas todas consigo.

—Ya os lo contaré, hermano mío... Pero es singular que no esté aquí el señor de Herblay. —Y levantando la voz, añadió: —Avisen al señor Fouquet que tengo que hablar con él... ¡Ah! ante vosotros, ante vosotros; no os retiréis.

Saint-Aignán volvió trayendo nuevas satisfactorias de la reina María Teresa, que guardaba cama sólo por precaución y para recobrar la fuerza para cumplir la voluntad del rey.

Mientras andaban buscando por todas partes a Fouquet y a Herblay, el nuevo rey continuaba apaciblemente sus pruebas, y todo el mundo, familia, servidumbre y criados, le tenían por el rey, en su gesto, en su voz y en sus hábitos.

Felipe, aplicando a todas las fisonomías la nota y el dibujo fieles que le proporcionó su cómplice Herblay, se portaba de modo que no podía despertar la más leve sospecha en el ánimo de los que le rodeaban.

Nada podía en lo porvenir inquietar al usurpador. Y aquí es de admirar la portentosa facilidad con que la Providencia acababa de derrumbar el mayor poder del mundo para sustituirlo con el más humilde.

Felipe admiraba la bondad de Dios para con él, pero a las veces le parecía que se interpusiera una nube entre él y los rayos de su nueva gloria. Aquella nube era la ausencia de Aramis.

Decayó la conversación. Felipe no pensaba en despedir a su hermano ni a Enriqueta, que no acertaban a explicarse aquel descuido del rey, y empezaban a impacientarse. Entonces, Ana de Austria se inclinó hasta su hijo y le dirigió algunas palabras en castellano. Felipe, que ignoraba el idioma, palideció ante el inesperado obstáculo; pero como si el imperturbable espíritu de Herblay lo hubiese cubierto con su infalibilidad, en vez de desconcertarse se levantó.

—¡Qué! ¿No me respondéis? —repuso Ana de Austria.

—¿Qué ruido es ese? —preguntó Felipe volviéndose hacia la puerta de la escalera secreta.

—¡Por aquí! ¡por aquí! ¡Faltan pocos escalones para llegar, Sire! —gritó una voz.

—La voz del señor Fouquet —dijo D'Artagnan, que estaba en pie junto a la reina madre.

—No andará lejos el señor de Herblay —añadió Felipe, el cual vio lo que nunca pudo esperar que vería tan cerca de sí.

Todos miraron hacia la puerta por la cual presumían iba a entrar Fouquet; pero no fue éste quien entró, sino otro personaje que arrancó una exclamación terrible, de dolor, al rey y a todos los circunstantes.

Ni aun los hombres cuyo sino encierra más elementos extraños y accidentes maravillosos, les es dado contemplar un espectáculo semejante al que ofrecía aquel momento el dormitorio real.

Al través de los medios cerrados postigos entraba una vaga claridad, velada por grandes colgaduras de terciopelo forradas de tupida seda.

En medio de aquella suave penumbra se habían dilatado poco a poco las pupilas, y cada cual veía a los demás antes con la confianza que no con los ojos. Con todo, en tales circunstancias llega uno a distinguir todo cuanto lo rodea, y si se presenta un nuevo objeto, éste aparece luminoso como bañado por los rayos del sol.

Esto fue lo que sucedió respecto de Luis XIV cuando apareció, pálido y con el ceño fruncido, baja el cortinón de la escalera secreta seguido de Fouquet, en cuyo rostro se veían impresas la severidad y la tristeza.

La reina madre, que tenía asida una de las manos de Felipe, al ver a Luis XIV, lanzó un grito, como lo habría hecho al ver un fantasma, el duque de Orleans quedó momentáneamente deslumbrado, y dejó de mirar al rey que tenía enfrente para posar los ojos en el que estaba a su lado, y la princesa, juguete de una ilusión qua nada tenía de inverosímil, se adelantó un paso, creyendo que veía reflejada en un espejo la imagen de un cuñado. Los dos príncipes, desconcertados a cual más, pues renunciamos a pintar el espantoso sobrecogimiento de Felipe, temblorosos los dos, y los dos con las manos crispadas, se medían mutuamente con los ojos y hundían uno en el alma del otro miradas más agudas que un puñal. Mudos, jadeantes, encorvados, no parecía, sino que iban a arremeterse cual encarnizados enemigos. Aquella inaudita semejanza de rostro, ademanes y estatura, la casual semejanza de trajes —pues Luis, al pasar por el Louvre, se había puesto uno dé terciopelo morado—, aquella acabada analogía de ambos príncipes acabó de trastornar el corazón de Ana de Austria, sin embargo, que todavía no adivinaba la verdad. Que hay desventuras que el ser humano no se aviene a aceptar en la vida, y prefiere achacarlas a lo sobrenatural, a lo imposible. Luis no contó con aquellos obstáculos; Luis creyó que le bastaría presentarse para que todos lo conocieran. Sol viviente, no admitía que pudiesen compararle con hombre alguno ni que toda antorcha no se convirtiera en tinieblas tan pronto él hacía brillar su rayo vencedor. Así es que, al ver a Felipe, quizás fue él quien quedó más petrificado que todos los demás, y su silencio, su inmovilidad, fueron el tiempo de recogimiento y de calma precursores de las explosiones violentas de la cólera.

Mas ¿quién sería capaz de pintar el sobrecogimiento y el estupor de Fouquet en presencia de aquel retrato viviente de su soberano? Fouquet se dijo mentalmente que Aramis tenía razón, que el intruso era un rey tan puro en su estirpe como el otro, y que, para haber repudiado toda participación en aquel golpe de Estado tan hábilmente llevado a término por el general de los jesuitas, era preciso ser un loco entusiasta, para siempre indigno de poner las manos en una obra política. Además, Fouquet sacrificaba la sangre de Luis XIII a la sangre del mismo rey, una ambición noble a una ambición egoísta, el derecho de adquirir al derecho de conservar. Bastóle ver al pretendiente para comprender todo el alcance de su desacierto.

Para todos quedó envuelto en el misterio lo que pasó en el ánimo de Fouquet, el cual tuvo cinco minutos para concentrar sus meditaciones respecto de aquel punto del caso de conciencia; cinco minutos, es decir, cinco siglos durante los cuales los dos reyes y su familia apenas tuvieron tiempo de rehacerse de tan terrible conmoción.

D'Artagnan, arrimado a la pared, al lado del superintendente, con la mano en la cabeza y la mirada fija, no acertaba a explicarse aquel prodigio. De pronto no pudiera haber dicho por qué dudaba; pero es seguro que sabía que había tenido razón al dudar, y que, en aquel encuentro de los dos Luises, estaba todo el misterio que, durante aquellos últimos días, hizo tan sospechosa al mosquetero la conducta de Aramis.

Sin embargo, D'Artagnan, como los actores todos de aquella escena, no veía claro; parecía nadar en las nieblas de un pesado sueño.

De pronto, Luis XIII, más impaciente y más acostumbrado a mandar, se abalanzó a los postigos y los abrió de par en par rasgando las colgaduras, dando con ello paso a una oleada de luz que inundó de claridad el dormitorio e hizo retroceder a Felipe hasta la alcoba.

—Madre —exclamó Luis aprovechando con ardor el movimiento de Felipe y dirigiéndose a Ana de Austria—; madre, ya que aquí han desconocido todos a su rey, ¿no conocéis vos a vuestro hijo?

Ana de Austria se estremeció y levantó las manos hacia el cielo sin poder articular palabra.

—Madre —dijo Felipe con voz tranquila—, ¿no conocéis a vuestro hijo?

Luis retrocedió a su vez.

Ana de Austria, herida en su razón y en su alma por el remordimiento, perdió el equilibrio, y como nadie la socorrió por estar todos petrificados, cayó en su sillón exhalando un débil suspiro.

Luis XIV, no pudiendo soportar aquel espectáculo y aquella afrenta, se abalanzó a D'Artagnan, de quien empezaba a apoderarse el vértigo, y que se tambaleaba rozando la puerta que le servía de apoyo, y exclamó:

—¡A mí, mosqueteros! Miradnos a los dos cara a cara y ved cuál de las dos está más pálida.

Aquella voz despertó a D'Artagnan y removió en su corazón la fibra de la obediencia. Así pues, el mosquetero irguió la frente, y, sin vacilar más, se acercó a Felipe, le sentó la mano en el hombro y le dijo:

—Daos prisa, caballero.

Felipe no levantó los ojos hacia el cielo, ni se movió del sitio en que se encontraba como si hubiese echado raíces en él; lo único que hizo fue clavar una intensa mirada en su hermano, reprochándole con sublime silencio todas las amarguras y todos sus martirios venideros. Ante aquel lenguaje de alma, Luis, sin fuerzas, bajó los ojos, y llevándose precipitadamente consigo a su hermano y a su cuñada, abandonó a su madre tendida y sin movimiento a tres pasos del hijo a quien por segunda vez dejaba condenar a muerte.

Felipe se acercó a Ana de Austria, y con voz dulcísima y noblemente conmovida, dijo:

—Madre, madre mía, si yo no fuese vuestro hijo os maldeciría por haberme hecho tan desgraciado.

D'Artagnan sintió hielo en la médula de sus huesos, y saludando respetuosamente al joven príncipe, le dijo medio encorvado:

—Monseñor, perdonadme, no soy más que un soldado, y mis juramentos me ligan al que acaba de salir de este aposento.

—Gracias, señor de D'Artagnan. Pero ¿qué ha sido del señor de Herblay?

—El señor de Herblay está a salvo, monseñor —dijo una voz tras ellos—, y mientras yo aliente o esté libre, nadie le tocará un cabello.

—¡Ah! ¿sois vos, señor Fouquet? —repuso Felipe sonriéndose con tristeza.

—Perdonadme, monseñor —replicó el superintendente—, pero el que acaba de salir de aquí era mi huésped.

—A eso le llamo yo ser buenos y dignos amigos —murmuró Felipe exhalando un suspiro.

—Ellos me hacen desear el mundo. Señor de D'Artagnan, os sigo.

En el instante en que el capitán de mosqueteros iba a salir, apareció Colbert, entregó a aquél una orden del rey y se retiró. D'Artagnan estrujó con rabia el papel.

—¿Qué es ello? —preguntó el príncipe.

—Leed, monseñor —contestó el mosquetero.

Felipe leyó las siguientes palabras, trazadas apresuradamente por la mano de Luis XIV:

"El señor D'Artagnan va a conducir al preso a las islas de Santa Margarita, y le cubrirá el rostro con una visera de hierro, que aquél no podrá levantar bajo pena de muerte."

—Está bien —dijo con resignación el desventurado príncipe—.

Estoy pronto.

—Aramis tenía razón —repuso Fouquet al oído del mosquetero—; tan rey es éste como el otro.

—¡Más! —replicó D'Artagnan—. Sólo le faltamos vos y yo.

EN EL QUE PORTHOS CREE QUE
CORRE TRAS UN DUCADO

Aramis y Porthos aprovecharon el tiempo que les concedió Fouquet.

Porthos no comprendía para qué género de comisión le obligaban a desplegar tal velocidad; pero al ver que Aramis arreaba a su cabalgadura, él no le iba a la zaga. Así pronto se encontraron a doce leguas de Vaux, luego hubo necesidad de cambiar de caballos y organizar un servicio de postas.

Allí fue donde Porthos se aventuró a interrogar discretamente a Aramis.

—¡Chitón! —replicó Herblay; —contentaos con saber que nuestra fortuna depende de nuestra rapidez.

Como si Porthos hubiera sido todavía el mosquetero sin blanca de 1926, siguió adelante, movido por la mágica palabra "fortuna". —Van a hacerme duque —dijo en alta voz y hablando consigo mismo.

—Puede que sí —replicó Aramis sonriéndose a su modo. Aramis tenía la cabeza hecha un volcán, la actividad de su cuerpo no había conseguido sobreponerse a la de su espíritu. en el camino real, y libre de entregarse a lo menos a las impresiones del momento, Herblay vomitaba una blasfemia a cada tropiezo de su cabalgadura y a cada desigualdad del terreno. Pálido y cubierto de hirviente sudor, clavaba despiadadamente las espuelas en los ijares de su montura.

Así corrieron por espacio de ocho largas horas los fugitivos, hasta que llegaron a Orleans.

Eran las cuatro de la tarde, y Aramis, al interrogar sus recuerdos, dio por cierto que toda persecución era imposible. Admitiendo la persecución, que, por otra parte, no era manifiesta, los fugitivos tenían una ventaja de cinco horas sobre sus perseguidores.

Para Herblay, no habría sido imprudente descansar, pero seguir adelante era asegurar la partida.

Dio, pues, a Porthos el disgusto de montar nuevamente a caballo, y ambos devoraron el espacio hasta las siete de la tarde, hora en que se apearon en una venta.

No les faltaba más que una posta para llegar a Blois; pero un contratiempo diabólico vino a sembrar la alarma en el corazón de Aramis. En aquella posta no había caballos.

El prelado se preguntó por qué infernal maquinación sus enemigos habían conseguido quitarle el medio de ir más alá, a él que no tenía por Dios al acaso y veía en todo resultado una causa. Pero en el instante en que iba a dar rienda a su enojo para obtener una explicación o un caballo, se le ocurrió una idea: se acordó de que el conde de La Fere vivía en las cercanías.

—No viajo ni hago posta entera —le dijo Herblay al maestro de postas—. Dadme, pues, dos caballos para ir a visitar a un señor amigo mío que mora no lejos de aquí.

—¿Qué señor? —preguntó el maestro de postas.

—El señor conde de La Fere.

—¡Ah! —repuso el maestro descubriéndose con respeto—, no puedo proporcionaros dos caballos, pues todos los tiene acaparados el señor duque de Beaufort.

—¿El señor duque de Beaufort? —repuso Aramis con disgusto.

—Con todo —continuó el maestro de postas, —si os place serviros de un carretón, haré enganchar a él un caballo ciego al que sólo le quedan los remos, y así podréis llegar a casa del señor conde de La Fere.

—Esto vale un Luis —repuso Herblay.

—No, señor, sino un escudo.

—Os daré un escudo, pero eso no menoscaba para nada mi derecho a daros un Luis por vuestra buena ocurrencia.

—Está caro —repuso lleno de alegría el maestro de postas.

El maestro de postas encargó a uno de sus mozos de cuadra que condujera los forasteros a La Fere.

Porthos se sentó en la carreta, junto a Aramis, y dijo al oído de éste:

—Comprendo.

—¡Ah! —replicó Aramis: —¿y qué comprendéis, mi buen amigo?

—Vamos de parte del rey a hacer una proposición de grande importancia a Athos.

—¡Psé!

—No me digáis nada —añadió Porthos procurando hacer

contrapeso para evitar los tumbos de la carreta, —no me digáis nada; adivinaré.

—Eso es, adivinad.

A las nueve de la noche y a la claridad de una luna despejada, Porthos y Aramis llegaron a casa de Athos.

Porthos y su compañero se apearon a la puerta del pequeño castillo, que es donde vamos a encontrar de nuevo a Athos y a Bragelonne, desaparecidos ambos después del descubrimiento de la infidelidad de Luisa.

Si hay una máxima verdadera, es la que reza que los grandes dolores encierran en sí el germen de su consuelo. En efecto, la dolorosa herida abierta en el corazón de Raúl, acercó a él a su padre y Dios sabe si eran dulces los consuelos que manaban de los elocuentes labios y del alma generosa de Athos. Sin embargo, no siempre Raúl comprendía a su padre; y es que, para el corazón verdaderamente enamorado, nada reemplaza el recuerdo y el pensamiento del objeto amado. Entonces decía Raúl a su padre:

—Señor, cuanto me decís es cierto: creo firmemente que no hay quien haya sentido más quebrantado el corazón que vos; pero vos sois demasiado grande por lo que atañe a la inteligencia, y excesivamente probado por la desventura, para no ser indulgente con la debilidad del soldado que padece por la primera vez. Pago un tributo que no volveré a pagar; por lo tanto, toleradme que me abisme cuando pueda en el dolor, que sumergido en él me olvide de mí mismo y se anegue mi corazón.

—¡Raúl! ¡Raúl!

—Escuchad, señor; nunca me acostumbraré a la idea de que Luisa, la más casta y candorosa de las mujeres pueda haber engañado de manera tan vil a un hombre tan honrado y tan amante como yo; nunca acertaré a resolverme a ver aquel rostro apacible y angelical convertido en cara hipócrita y lasciva. ¡Luisa perdida! ¡Luisa infame! ¡Ah!, señor, esto es para mí más doloroso que mi desventura, que su abandono.

Athos entonces echaba mano del remedio heroico; defendía a Luisa contra Raúl, y justificaba su perfidia con su amor.

—Una mujer que hubiera cedido al rey por el mero hecho de ser rey —decía Athos, — merecería el calificativo de infame; pero Luisa ama a Luis. Jóvenes ambos, han olvidado, la su alcurnia, ella sus juramentos. El amor todo lo absuelve, Raúl. El rey y Luisa se aman sinceramente.

Dada aquella puñalada, Athos, suspirando, miraba a su hijo como al dolor de la tremenda herida huía a lo más cerrado del bosque o se refugiaba en su cuarto del que una hora después salía, pálido y trémulo, para acercarse nuevamente y sonriéndose a Athos, a quien besaba la mano como el perro que acaba de ser castigado acaricia a su amo para rescatar su falta. Raúl sólo daba oídos a su debilidad, y no confesaba más que su dolor.

Así pasaron los días que siguieron a la escena durante la cual Athos había agitado de manera tan violenta el indómito orgullo del monarca; escena sobre la cual el conde de La Fere no dijo nunca una palabra a Raúl, por más que a éste le habría tal vez servido de consuelo la humillación por la que pasó su rival. Y es que Athos no quería que el amante ofendido olvidara el respeto debido al rey.

Y cuando Bragelonne, enardecido, arrebatado, sombrío, hablaba con menosprecio de la palabra real, de la fe equívoca que algunos insensatos buscaban en las personas emanadas del trono; cuando Raúl predecía los tiempos en que los reyes serían más pequeños que los hombres. Athos le decía con su voz serena y persuasiva:

Tenéis razón, hijo mío; sucederá como decís: los reyes perderán su prestigio, como pierden su claridad las estrellas que han llegado al límite que Dios les señalara. Pero antes que llegue tal momento, ya estaremos muertos nosotros, Raúl; y no olvidéis lo que voy a deciros: en este mundo fuerza es que todos, hombres, mujeres y reyes, vivamos en los presentes; sólo para Dios debemos vivir según lo venidero.

He aquí como conversaban Athos y Raúl, paseándose por la larga alameda de tilos del parque, cuando resonó la campanilla que servía para avisar al conde la hora de la comida o una visita. Maquinalmente y sin dar importancia el sonido que acababa de vibrar, el conde y su hijo dieron media vuelta, y al llegar al extremo de la alameda se encontraron en presencia de Porthos y de Herblay.

EL ÚLTIMO ADIÓS

Raúl lanzó una exclamación de alegría y abrazó con ternura a Porthos, Aramis y Athos se abrazaron como se abrazan los hombres maduros, y aun para el primero aquel abrazo equivalió a una pregunta, pues dijo sin tardanza:

—Amigo mío, estamos aquí por poco rato.

—¡Ah! —exclamó el conde.

—El tiempo de poneros al tanto de mi buena suerte, —repuso Porthos.

—¡Ah! —exclamó Raúl.

Athos miró a Aramis, cuyo ademán sombrío le pareció poco en armonía con la buena nueva de que hablaba Vallón.

—¿Qué buena suerte os ha traído? —preguntó Raúl sonriéndose.

—El rey me hace duque, —respondió con misterio el buen Porthos inclinándose hasta el oído del joven duque vitalicio. Pero los apartes del coloso eran siempre lo bastante sonoros para que todos los oyeran. Athos lanzó una exclamación que hizo estremecer a Aramis, que se apoyó en el brazo de su amigo, y, después de haber pedido licencia a Porthos para hablar algunos momentos aparte, dijo al conde:

—Mi querido Athos, estoy transido de dolor.

—¡De dolor! —exclamó el conde; —¿qué decís, mi querido amigo?

—He aquí en dos palabras lo que pasa: he conspirado contra el rey, la conspiración ha abortado, y a esta hora es indudable que me buscan.

—¡Os buscan!... ¡una conspiración!... Pero ¿qué estáis diciendo, amigo mío?

—La triste verdad. Estoy perdido.

—Pero Porthos ... ese título de duque... ¿qué significa todo eso?

—Esta es la causa de mi pesadumbre mayor; esta mi herida más profunda. En la creencia de un triunfo infalible, arrastré a Porthos en mi conjuración, a la que aplicó todas sus fuerzas, sin saber absolutamente nada, y hoy está comprometido y perdido como yo.

—¡Dios santo! —exclamó el conde volviéndose hacia Porthos, que le dirigió una sonrisa de cariño.

—Es menester que lo comprendáis todo —prosiguió Aramis—. Escuchadme.

Y Herblay contó la historia que ya conocemos.

—Era una grande idea —repuso el conde, —pero también una falta muy grande...

—De la que estoy castigado —exclamó Aramis.

—Por eso no os revelaré por entero mi pensamiento.

—No temáis en manifestármelo.

—Pues bien, lo que habéis hecho vos es un crimen.

—Capital, lo sé; es crimen de lesa majestad.

—¡Pobre Porthos! —dijo el conde.

—¿Qué queréis que haga? Ya os he dicho que el triunfo era seguro.

—Fouquet es hombre honrado.

—Y yo un necio por haberle juzgado tan mal —dijo Aramis—. ¡Oh sabiduría de los hombres! ¡oh muela inmensa que tritura un mundo, y que a lo mejor es detenida por el grano de arena que cae no se sabe cómo en sus rodajes!

—¡Decid por un diamante, Herblay! En fin, ya el mal no tiene remedio. ¿Qué pensáis hacer?

—Me llevo conmigo a Porthos, pues el rey nunca querrá creer que nuestro buen amigo ha obrado candorosamente creyendo que al hacer la que ha hecho servía a su soberano. Pagaría con su cabeza mi falta, y no lo consiento.

—¿Adónde os le lleváis?

—Primeramente, a Belle-Isle, que es un refugio inexpugnable; luego, y en una embarcación que tengo preparada, nos trasladaremos a Inglaterra, donde estoy bien relacionado.

—¿Vos a Inglaterra?

—O a España, donde todavía tengo más amigos.

—Al desterrar a Porthos, le arruináis, pues el rey confiscará sus bienes.

—Todo está previsto. Una vez en España, arbitraré la manera de reconciliarme con Luis XIV y de hacer que Porthos entre nuevamente en su gracias.

—Por lo que veo, gozáis de gran valimiento —dijo Athos con discreción.

—Muy grande, y al servicio de mis amigos, amigo Athos —dijo Aramis acompañando sus palabras de un sincero apretón de manos.

—Gracias —repuso el conde.

—Y pues parece que viene rodado, perdonad que os diga que también vos y Raúl estáis descontentos a causa de los agravios que os ha inferido el rey. Imitad nuestro ejemplo. Pasad a Belle-Isle, y luego veremos... Os doy palabra de que dentro de un mes habrá estallado la guerra entre Francia y España a causa de ese hijo de Luis XIII, que es también infante, y al cual Francia detiene inhumanamente. Ahora bien, como Luis XIV no querrá que por esta causa se encienda una guerra, os garantizo una transacción cuyo resultado será la grandeza de Porthos y mía, y un ducado en Francia para vos, que ya sois grande de España. ¿Aceptáis?

—No; prefiero tener algo que echar en cara al rey; es un orgullo natural entre los de mi linaje el aspirar a la superioridad sobre las estirpes reales. Si yo hiciese lo que me proponéis, quedaría obligado al rey, y cuanto ganaría en lo material, lo perdería en mi conciencia. Gracias.

—Pues dadme dos cosas: vuestra absolución...

—Si realmente os habíais propuesto vengar al débil y al oprimido contra el opresor, os la doy, Aramis.

—Me basta, —repuso Herblay sonrojándose. Ahora, dadme vuestros dos mejores caballos para el segundo relevo, pues so pretexto de un viaje que el señor de Beaufort hace por estos parajes, me los han negado en el relevo cercano.

—Tendréis mis dos caballos mejores, Aramis, y os recomiendo a Porthos.

—Nada temáis. Dos palabras más; ¿os parece que hago para con él lo que debo?

—Estando, como está hecho el mal sí; porque el rey no lo perdonaría, y luego, por más que él diga, siempre tenéis un apoyo en el señor Fouquet, que nos os abandonará, ya que no obstante su heroico comportamiento, también está muy comprometido.

—Decís bien. He ahí por qué en vez de embarcarme inmediatamente, lo que daría a comprender mi temor y me haría culpable voy a quedarme en territorio francés. Pero Belle-Isle será para mí el territorio que yo quiera: inglés, español o romano, todo consiste en el pabellón que yo enarbole.

—¿Cómo así?

—Yo soy quien ha fortificado a Belle-Isle, y mientras yo la defienda, no habrá quien ponga la planta en ella. Además de que, como vos lo habéis dicho hace poco, puedo contar con el señor Fouquet, lo cual quiere decir que sin el consentimiento del superintendente no atacarán a Belle-Isle.

—Es verdad. Sin embargo, sed prudente. Aramis se sonrió.

—Os recomiendo a Porthos, —repitió el conde con fría insistencia.

—Nuestro hermano Porthos seguirá mi suerte, —repuso Aramis en el mismo tono.

Athos se inclinó y estrechó la mano de Aramis; luego se acercó al Porthos y le dio un efusivo abrazo.

—¿Verdad que nací con buena estrella? —repuso él, embozándose en su amplia capa.

Venid, amigo mío, —dijo Aramis.

Raúl se había anticipado para dar las órdenes del caso y hacer ensillar los dos caballos.

Ya el grupo se había dividido; ya Athos miraba a sus amigos a punto de partir, cuando algo así como una niebla pasó por delante de los ojos del conde y le cayó cual losa de plomo sobre el corazón.

—¡Es singular! —dijo entre sí Athos—. ¿De qué nace ese anhelo de abrazar nuevamente a Porthos?

Precisamente Vallón se había vuelto, y se acercaba con los brazos abiertos a su antiguo amigo.

Aquel último abrazo encerró tanta ternura como en la juventud, como en los tiempos en que el corazón latía con fuerza, como en los días en que la vida se presentaba color de rosa.

Porthos subió sobre el caballo, mientras Aramis se volvía para echar nuevamente los brazos al cuello de Athos.

Este vio a sus dos amigos en el camino real alargarse en la sombra con sus blancas capas. Cual dos fantasmas, los fugitivos se agrandaban a proporción que iban alejándose, y no fue entre la niebla, no en la pendiente del suelo donde desaparecieron: al final de la perspectiva, Aramis y Porthos pareció como que habían dado con los pies a sus cuerpos un impulso que les hizo perderse evaporados en las nubes.

Entonces y con el corazón opreso Athos entró otra vez en su casa y dijo a Bragelonne:

—El corazón me dice que no volveré a ver a esos dos hombres. De repente atrajo la atención de padre e hijo hacia la alameda, un rumor de caballos y de voces.

Algunos porta antorchas a caballo sacudían alegremente sus hachas en los árboles del camino, y de cuando en cuando volvían el rostro para no alejarse de los jinetes que les seguían.

Aquella luz, aquel ruido, el polvo que levantaban una docena de caballos ricamente enjaezados, hicieron estupendo contraste en medio de la noche con la desaparición sorda y fúnebre de Porthos y de Aramis.

Athos entró en su casa; pero apenas hubo llegado a su terraza, cuando pareció que la verja se inflamaba, todas las antorchas se detuvieron y abrasaron con su claridad el camino.

—¡El señor duque de Beaufort! —gritó una voz. Athos al oír aquel grito, se abalanzó a la verja.

BEAUFORT

Ya el duque se había apeado y buscaba algo alrededor.

—Aquí estoy, monseñor —dijo Athos.

—¡Hola! Buenas noches, ¿es muy tarde para un amigo, querido conde?

Beaufort, del brazo de Athos entró en casa, seguido de Raúl que iba respetuosa y modestamente entre los oficiales del príncipe, de los cuales muchos eran amigos suyos.

El príncipe se volvió en el instante en que Raúl, para dejarle solo con Athos cerraba la puerta para pasar con los oficiales a una sala contigua.

—¿Es ese el mozo de quien he oído tantos elogios de boca del señor príncipe de Condé? —preguntó Beaufort.

—Sí, monseñor —respondió el conde.

—¡Es todo un soldado! No está de más aquí. Decidle que se quede, conde.

—Raúl, quedaos, ya que monseñor lo consiente —dijo Athos.

—¡Caramba! es gallardo y hermoso —prosiguió el duque—. ¿Me lo daréis si os lo pido?

—¿En qué sentido me lo preguntáis, monseñor? —dijo el conde.

—He venido para despedirme de vos.

—¿Para despediros, monseñor?

—Sí. ¿No imagináis poco ni mucho lo que voy a ser?

—Lo que siempre habéis sido, monseñor; príncipe valiente y caballero cumplido.

—Voy a convertirme en príncipe africano, en caballero beduino. El rey me envía a hacer la guerra a los árabes.

—¡Qué decís, monseñor!

—¿Verdad que es fenomenal? Yo, el parisiense por excelencia, yo, que he reinado en los barrios y fui llamado rey de los mercados, paso de la plaza de Maubert a los minaretes de Djidgeli; de frondista me convierto en aventurero.

—Si vos mismo no me lo dijeseis, monseñor...

—No lo creeríais. Sin embargo, dad crédito a mis palabras, y despidámonos. Esto trae el recobrar el favor.

—¿El favor?

—Sí. ¿Os sonreís? ¡Ah! mi querido conde, ¿sabéis por qué he

aceptado?

—Porque Vuestra Alteza antepone la gloria a todo.

—No, conde, andar a mosquetazos con los salvajes no es glorioso. Yo no tomo la gloria por este lado, y lo más probable es que en vez de gloria encuentre yo otra cosa... Pero quise y quiero, ¿oís bien, señor conde? que mi vida tenga esta última faz después de haber brillado de tan singular manera durante medio siglo. Porque no podéis menos de convenir conmigo, en que no deja de ser notable el haber nacido hijo de rey, haber hecho la guerra a reyes, figurado entre los grandes del siglo, llenado dignamente los deberes de su jerarquía, trascender a Enrique IV, y ser grande almirante de Francia, para ir a hacerse matar en Djidgeli, en medio de turcos, sarracenos y moros.

—Rara es vuestra insistencia sobre el particular, monseñor —repuso Athos turbado—. ¿Cómo admitir que una carrera tan brillante como la vuestra vaya a tener por remate un fin tan obscuro?

—¿Acaso os creéis, hombre justo y sencillo, que si por tan ridículo pretexto voy al África, no haré por salir de ella sin menoscabo? ¿Por ventura no haré hablar de mí? Y para que hablen de mí actualmente, cuando brillan Condé, Turena y otros tantos, ¿qué me queda a mí, almirante de Francia, hijo de Enrique IV, rey de París, sino hacerme matar? ¡Voto al diablo! yo os juro que hablarán de mí; pese a todo dios me matarán, si no en Africa, en otra parte.

—Exageráis, monseñor —dijo el conde— y nunca os habéis mostrado exagerado sino en punto al valor.

—Valor se requiere para irse uno al arrostrar el escorbuto, la disentería, la langosta y las flechas emponzoñadas. Además, hace tiempo que lo tengo pensado, y cuando me decido, el demonio que me haga desistir.

—Quisisteis salir de Vincennes, monseñor.

—¡Hombre! ¿por ventura no me ayudasteis vos a salir de allí? A propósito, ¿dónde está Vaugrimaud que no lo veo por más que miro a todas partes? ¿Sigue bien?

—Vaugrimaud continúa siendo el más respetuoso servidor de Vuestra Alteza, —respondió Athos sonriéndose.

Traigo para él y por vía de legado cien doblones. Tengo hecho mi testamento, conde, y comprenderéis que si vieran el nombre de Grimaud en mi testamento...

El duque se echó a reír; luego se volvió hacia Raúl, que desde el comienzo de aquella conversación se quedó profundamente pensativo y le dijo:

—Joven, me consta que en esta casa hay cierto vino de Vauvray...

Raúl salió apresuradamente para servir al duque; el cual, una vez a solas con el conde, le tomó la mano y le preguntó, aludiendo a Bragelonne:

—¿Qué pensáis hacer de él?

—Por lo pronto, nada, monseñor.

—Ya, de resultas de la pasión del rey por... La Valiére.

—Esto es, monseñor.

—¿Conque es cierto lo que dicen?... Me baila por la mente que yo he visto en alguna parte a la muchacha esa, y si mal no recuerdo, no es hermosa.

—No lo es, monseñor.

—¿Sabéis a quién me recuerda?

—No sé, monseñor.

—Me recuerda a una moza no mal parecida, hija de una mujer que vivía en el mercado.

—¡Ah! —exclamó Athos sonriéndose.

—¡Qué hermosos tiempos aquellos! —dijo Beaufort.

—Pues sí. La Valiére me recuerda a aquella muchacha.

—¿No tuvo un hijo?

—Paréceme que sí —respondió el duque con indolente ingenuidad, con un olvido indecible.

—De manera que el pobre Raúl... Es hijo vuestro, ¿no es verdad?

—Sí, monseñor.

—De manera que el pobre muchacho se ha visto desbancado por el rey, y de resultas, vos y él ponéis mala cara al soberano.

—Hacemos más que ponerle mala cara, monseñor; nos hemos separado de él.

—¿Vais a dejar que se pudra ese muchacho? Hacéis mal. Dádmelo al mí.

—Deseo conservarlo a mi lado, monseñor. No tengo más que él en el mundo, y mientras se avenga a permanecer...

—Bien, bien —repuso el duque.

—Sin embargo, yo lo hubiera reconciliado sin tardanza con el rey. Es de la madera de que se hacen los mariscales de Francia, y a más de uno de su fuste, he visto yo empuñar el bastón de mariscal.

—No digo que no, monseñor; pero como el rey es quien nombra a los mariscales de Francia, Raúl nunca aceptará cosa alguna de Su Majestad.

En esto entró Bragelonne precediendo al Grimaud, que traía en sus todavía seguras manos una salvilla con un vaso y una botella del vino predilecto del duque.

Beaufort, al ver a su antiguo protegido, exclamó con alegría:

—Buenas noches, Grimaud, ¿qué tal va esa salud? Grimaud, tan lleno de satisfacción como su noble interlocutor, hizo una profunda reverencia.

—¡Dos amigos! —exclamó el duque sacudiendo con robusta mano el hombro del honrado Grimaud, que hizo una reverencia más profunda que la primera.

—¡Cómo! ¿un sólo vaso, conde? —repuso Beaufort.

—Sólo beberé con Vuestra Alteza si Vuestra Alteza se digna invitarme a que lo haga —contestó con noble humildad Athos.

—¡Vive Dios! que habéis hecho bien en no haber hecho traer más que un vaso —replicó el duque—, así beberemos los dos en él como dos hermanos de armas. Vos primero, conde.

—Pues os dignáis hacerme tal favor, hacédmelo por entero —dijo Athos apartando con suavidad el vaso.

—Sois un grande amigo —repuso Beaufort, que bebió y entregó el vaso de oro a su compañero: —Pero como todavía tengo sed, quiero honrar a ese garrido mozo que está ahí en pie. —Y volviéndose hacia Raúl, añadió: —La dicha va conmigo, vizconde; mientras bebáis en mi vaso, desead algo, y acabe conmigo la peste si no veis cumplido vuestro deseo.

El duque tendió el vaso al Bragelonne, que humedeció precipitadamente en el vino los labios y dijo con igual presteza:

—Deseo algo, monseñor.

A Raúl le brillaron con fuego sombrío los ojos, se le encendieron las mejillas, y se sonrió de modo que llenó de espanto al Athos.

—¿Qué deseáis? —preguntó Beaufort sentándose en el sillón, mientras con una mano entregaba la botella y una bolsa a Grimaud.

—¿Me prometéis acceder a mi deseo, monseñor?

—Desde luego, pues tal es lo pactado.

—Pues deseo acompañaros a Djidgeli, monseñor. Athos se puso pálido y no pudo ocultar su turbación.

—Es difícil, muy difícil, mi querido vizconde —repuso el duque bajando la voz y después de haber mirado al su amigo como para ayudarle a parar aquel golpe imprevisto.

—Perdonad, monseñor, he sido indiscreto —repuso Bragelonne con voz firme; —pero como vos mismo me habéis invitado...

—¿A que me dejarais? —atajó el conde.

—Señor, ¿cómo podéis creer...?

—¡Qué caramba! —exclamó el duque—, el vizconde tiene razón. ¿Qué va a hacer aquí sino morirse de tristeza?

Raúl se sonrojó; pero el príncipe, enardecido, prosiguió:

—La guerra es destrucción, en ella se gana todo, y sólo se pierde una cosa, la vida, y entonces tanto peor.

—Es decir, la memoria —repuso Raúl con viveza—, es decir, tanto mejor. Mas al ver que Athos se levantaba y abría la ventana, el joven se arrepintió de las palabras que acababa de pronunciar.

El acto del conde sin duda escondía una emoción; Raúl se abalanzó a su padre, que ya había devorado su dolor, pues reapareció en el campo de luz de las bujías con el rostro sereno e impasible.

—¿En qué quedamos? —preguntó el duque—, ¿se viene o no se viene conmigo? Si se viene le nombro mi edecán, y os prometo mirarlo como a hijo, conde.

—¡Monseñor! —exclamó Raúl hincando una rodilla.

—Monseñor —repuso Athos asiendo la mano al duque—. Raúl hará lo que mejor le plazca.

—No, sino lo que os plazca a vos, señor —replicó el vizconde.

—Vaya, vaya, —dijo Beaufort—, aquí no hay conde ni vizconde que valgan. Me llevo al Bragelonne. La marina le abre una carrera brillantísima, amigo mío.

Raúl entendió, y recobró su serenidad, y no volvió a proferir palabra.

Al ver lo avanzado de la hora, Beaufort se levantó y dijo apresuradamente:

Tengo prisa; pero a quien me diga que he perdido el tiempo conversando con un amigo, le responderé que en cambio he hecho una buena adquisición.

—Con perdón, señor duque —repuso Bragelonne—, pero no digáis nada respecto de mí al rey, a quien no estoy dispuesto a servir.

—¿A quién, pues, vas a servir si no al rey, muchacho? —objetó el duque. —Pasaron ya aquellos tiempos en que podías haber dicho que servías a Beaufort. Hoy, grandes y chicos, servimos al rey; por eso si sirves en mis naves, no valen subterfugios, mi querido vizconde, a quien servirás será a Su Majestad.

Athos aguardaba con cierta alegría impaciente la manera cómo iba a escaparse de aquel callejón sin salida el vizconde, enemigo irreconciliable del rey, su rival. El padre creía que el obstáculo ahogaría el deseo y casi estaba agradecido al Beaufort, cuya ligereza o cuya generosa reflexión acababa de poner otra vez en duda la partida de un hijo su único gozo. Pero Raúl contestó con voz firme y sosegada:

—Ya yo había resuelto en mi ánimo la objeción que me hacéis, señor duque. Pues me hacéis la gran merced de llevarme con vos, serviré en vuestras naves, pero en ellas serviré a un amo más poderoso que el rey: a Dios.

—¡A Dios! —exclamaron a una Athos y el príncipe.

—¿Como?

—Mi intención es profesar y hacerme caballero de Malta —prosiguió Bragelonne, vertiendo una a una sus palabras, más heladas que las gotas desprendidas de los negros árboles después de las tormentas invernales.

A este último golpe, Athos se tambaleó, el príncipe se sintió conmovido, y Grimaud exhaló un sordo gemido y dejó caer la botella, que se hizo añicos en la alfombra sin que ninguno de los presentes lo advirtiera.

Beaufort miró de hito en hito al vizconde, y por más que éste tenía los ojos clavados en el suelo, leyó en sus facciones una resolución inquebrantable.

En cuanto a Athos, conocedor como era del alma tierna e inflexible de su hijo, no contó hacerle desviar del camino que acababa de trazarse.

—Conde —dijo Beaufort tendiendo la mano a Athos—, dentro de dos días salgo para Tolón. ¿Os veré en París para saber vuestra resolución definitiva? Tendré la honra de ir allá para daros las gracias por todas vuestras bondades.

—No dejéis de llevaros al vizconde, tanto si me acompaña al África como no —añadió el duque—; tiene mi palabra, y no le pido sino la vuestra.

Después de haber derramado un poco de bálsamo en la herida abierta en aquel corazón paternal, el duque dio un tirón de orejas a

Grimaud, que parpadeaba más que de costumbre, y en la terraza se reunió con su escolta y se alejó.

PREPARATIVOS DE MARCHA

Athos, hombre fuerte por excelencia, no perdió más tiempo en combatir la inmutable resolución de su hijo; al contrario, empleó los dos días que el duque concedió en hacer preparar cuidadosamente el equipaje de Raúl por el buen Grimaud, que se aplicó a la tarea con el cariño y la inteligencia que todos sabemos.

El conde mandó a su fiel criado que una vez preparados los equipajes, saliese para París, y para no exponerse a hacer esperar al duque, o, a lo menos, a que Raúl fuese tachado de reacio si el duque advertía su ausencia, al día siguiente de la visita de Beaufort emprendió con su hijo el camino de París.

Athos se dirigió a casa de Planchet para saber de D'Artagnan; al llegar a la calle de los Lombardos, se encontró con que en la tienda del droguero había gran movimiento, pero no originado por la venta o la llegada de mercancías. Planchet no oficiaba, como de costumbre, entre sacos y barriles. No. Un sirviente, con la pluma en la oreja, y otro con una libreta en la mano, trazaban cifras y sumas, mientras un tercero contaba y pesaba.

Tratábase de un inventario.

Athos, que no era comerciante, y veía que despedían a muchos parroquianos, se preguntó si él, que nada tenía que comprar, sería allí importuno. Así pues, se acercó a uno de los sirvientes y le dijo con toda finura si podía hablar con el señor Planchet.

—Está dando la última mano a sus maletas —respondió el interpelado.

—¡Como! ¿Se va el señor Planchet?

—Sí, señor, dentro de poco.

—Pues hacedme la merced de decirle que el señor conde de La Fere desea hablar con él.

Uno de los empleados, sin duda acostumbrado a oír pronunciar con el mayor respeto el nombre del conde de La Fere, fue a avisar inmediatamente a Planchet.

Planchet, dejó su ocupación y acudió apresuradamente, diciendo con verdadera alegría:

—¡Ah¡ señor conde, ¿qué buena estrella os trae?

—Mi querido Planchet —repuso Athos— me trae el deseo de saber de vos... ¡Pero en qué tráfago os encuentro! Estáis blanco como un molinero ¿Dónde os habéis metido?

—¡Ah! ¡diantre! cuidado, señor conde, cuidado, no os acerquéis a mí hasta que me haya sacudido bien.

—¿Por qué? Harina o polvo no hacen más que blanquear.

—No, no, eso que veis en mis brazos es arsénico.

—¿Arsénico?

—Sí, señor estoy haciendo mis provisiones para los ratones.

—Es verdad, en una tienda como esta los ratones abundan.

—No me ocupé de esta tienda, señor; conde: los ratones se han comido en ella más que me comerán.

—¿Qué queréis decir?

—Podéis haberlo visto, señor conde: hacen mi inventario.

—¿Os retiráis?

—Sí, señor conde, traspaso mi tienda a uno de mis empleados

—¿Conque ya estáis bastante rico?

—Le he tomado aversión a la ciudad, no sé si porque envejezco, y porque, al envejecer, como me dijo una vez el señor de D'Artagnan, uno piensa con más frecuencia en la juventud; pero hace algún tiempo que el campo y la huerta me atraen. Y acompañando de una sonrisa un tanto presuntuosa, añadió: —En mis mocedades fui campesino.

—¿Vais a comprar algunas tierras? —preguntó Athos.

—Una casita en Fontainebleau y unas veinte fanegas en los alrededores de ella.

—Os doy mi enhorabuena, Planchet.

—Pero estamos muy mal aquí, señor conde; ese maldito polvo os hace toser, y no quiero envenenar al más cumplido caballero del reino.

—Sí, hablemos aparte —dijo Athos: —en vuestra habitación, por ejemplo, porque tendréis un cuarto particular...

—Es verdad, señor conde.

—¿Arriba tal vez? —repuso Athos fingiendo subir al ver turbado a Planchet.

—Es que... —objetó el droguero vacilando.

Athos interpretó mal la vacilación de Planchet, y atribuyéndola al temor de éste de ofrecer una hospitalidad poco digna al huésped, prosiguió adelante, diciendo:

—No importa, ya sabemos que la habitación de un tendero, en este barrio, no puede ser un palacio. Vaya, subamos.

Raúl precedió a su padre y entró, pero al mismo punto resonaron dos exclamaciones, y aun podemos decir tres, y una de ellas más aguda que las demás, como lanzada por una mujer. La otra exclamación, de sorpresa, salió de boca de Raúl, que, no bien la hubo proferido, cerró la puerta. La tercera fue de espanto, y la exhaló Planchet, pues dio un paso para descender de nuevo.

—¿La señora?... —repuso Athos—. Perdonad, mi amigo, ignoraba que aquí arriba tuvieseis...

—Es Truchen —añadió Planchet un poco sonrojado.

—Quienquiera que sea, mi buen Planchet, perdonad nuestra indiscreción.

—No, no, ahora ya podéis subir, señores.

—¿Para qué? —repuso Athos.

—La señora ya está avisada, y habrá tenido tiempo...

—No Planchet. Adiós.

—No me deis el disgusto de quedaron en la escalera, señores, ni de salir de mi casa sin haberos sentado.

—De haber sabido nosotros que ahí arriba había una dama —dijo Athos con su habitual serenidad —os habríamos pedido permiso para saludarla.

Planchet quedó tan cortado por aquella exquisita impertinencia, que forzó el paso y abrió por sí mismo la puerta para hacer entrar al conde y a su hijo. Truchen, ya completamente vestida con traje de tendera rica y coqueta, y mirando con sus ojos alemanes con mezcla de francés a los recién llegados, hizo a cada uno de éstos una reverencia y se bajó a la tienda, aunque no sin antes haber pegado el oído a la puerta para saber qué dirían de ella a Planchet los hidalgos visitadores; pero como Athos se lo figuró, no dijo una palabra respecto del particular. En cambio, no tuvo otro remedio que escuchar a Planchet, que le contó sus idilios de felicidad, traducidos en un lenguaje más casto que el de Longo, y acabó diciendo que Truchen había hecho el encanto de su edad madura, y traído la bendición a sus negocios, como Ruth a Booz.

—Sólo os faltan herederos de vuestra prosperidad —repuso Athos.

—Si tuviese uno, no le tocarían menos de trescientas mil libras —replicó Planchet.

—Pues es menester que lo tengáis —dijo sosegadamente Athos—, para que no se pierda vuestra fortunita.

La palabra "fortunita" puso a Planchet en su fila, como en otro tiempo la voz del sargento cuando aquél era piquero del regimiento del Piamonte, donde lo colocó Rochefort. Athos comprendió que el droguero se casaría con Truchen, y que formaría un árbol genealógico. Y esto le pareció tanto más evidente, cuando supo que el sirviente a quien Planchet vendía su tienda era primo de Truchen, encarnado como un alelí, de encrespados cabellos y cargado de hombros.

El conde de La Fere sabía cuánto puede y debe saberse sobre la suerte de un droguero.

Porque la verdad es que Athos comprendió, y dijo sin transición:

—¿Dónde está el señor de D'Artagnan, que no le han encontrado en el Louvre?

—Ha desaparecido, señor conde.

—¡Desaparecido! —exclamó Athos con sorpresa.

—Ya sabemos lo que esto significa, señor conde.

—No yo.

—Cuando el señor de D'Artagnan desaparece, es siempre por alguna comisión o algún negocio.

—¿Os ha dicho algo?

—Nunca me dice nada.

—Sin embargo, tiempo atrás supisteis su viaje a Inglaterra.

—A causa de la especulación —replicó atolondradamente Planchet.

—¿Qué especulación?

—Quiero decir... —protestó Planchet.

—Bien, bien, vuestros asuntos, así como los de vuestro amigo, nada tienen que ver; sólo me ha llevado a interrogaros el interés que el señor de D'Artagnan nos inspira. Ahora bien, como el capitán de mosqueteros no está aquí, y no podéis decirnos dónde está, nos vamos. Hasta la vista Planchet:

—Señor conde —dijo el droguero —querría poder deciros...

—De ningún modo, no soy yo quien recrimine la discreción a un servidor.

Esta palabra "servidor" hirió al semimillonario Planchet; pero el respeto y su natural bondad se sobrepusieron al orgullo.

—No es indiscreto deciros que el señor de D'Artagnan estuvo aquí el otro día —repuso el droguero—, y que pasó largas horas consultando un mapa.

—Tenéis razón, amigo mío; no digáis más.

—Y como prueba aquí está el mapa, —añadió Planchet.

Y presentó, en efecto, al conde de La Fere, un mapa de Francia, en el cual la mirada experta de aquél descubrió un itinerario punteado con pequeños alfileres.

Athos siguió con la mirada los alfileres y los agujeros, y vio que D'Artagnan debía haber tomado la dirección del Mediodía, hacia el Mediterráneo, del lado de Tolón, hasta las inmediaciones de Cannes. El conde se devanaba los sesos para adivinar qué iba: a hacer D'Artagnan en Cannes, y qué motivos podía tener para ir a observar las márgenes del Var; pero nada sacó en claro.

—No importa —dijo Raúl—, que tampoco atinó en el porqué del viaje del mosquetero, y dirigiéndose a su padre, que silenciosamente y con el dedo le hacía comprender la marcha de D'Artagnan; —no importa, se puede confesar que hay una providencia siempre ocupada en acercar nuestro destino al del señor de D'Artagnan. Él va hacia Cannes y vos, señor, me acompañáis, a lo menos, hasta Tolón. Estad seguro de que más fácilmente lo encontraremos en nuestro camino que en este mapa.

Despidiéndose de Planchet, que estaba reprendiendo a sus dependientes, y con ellos al primo de Truchen, su sucesor, los dos hidalgos salieron para encaminarse a casa del duque de Beaufort, y a la puerta de la droguería vieron un coche, depositario futuro de los encantos de Truchen y de las talegas del droguero.

EL INVENTARIO DE M. DE BEAUFORT

No le faltaba más a Athos que visitar al duque de Beaufort y ponerse de acuerdo con él para la partida.

El duque estaba espléndidamente instalado en París; tenía el soberbio boato de las colosales fortunas que algunos ancianos recordaban haber visto florecer en tiempo de las liberalidades de Enrique III. En aquel reinado hubo señores que verdaderamente estaban más ricos que el monarca, y sabiendo ellos esto, usaban de sus riquezas, y se daban el gusto de humillar un poco a su real majestad.

Aquella fue la egoísta aristocracia a la cual Richelieu obligó a contribuir con su sangre, su bolsa y sus reverencias a lo que desde entonces se llamó "el servicio del rey".

Desde Luis XI, el terrible segador de grandes, hasta Richelieu, ¡cuántas familias habían vuelto a levantar la cabeza! Pero también ¡cuántas la doblaron para no volver a levantarla jamás, desde Richelieu a Luis XIV! Pero Beaufort había nacido príncipe, y de una sangre que no derrama en los patíbulos, si no es por sentencia de los pueblos.

Este príncipe conservó, pues, su modo de vivir con esplendidez. ¿Cómo pagaba sus caballos, sus criados y su mesa? Nadie lo sabía, y él menos que los demás. Pero en aquel tiempo los hijos del rey gozaban de un privilegio, y es que persona alguna se negaba a convertirse en acreedor de ellos, ya por respeto, ya por devoción, o bien porque esperaban cobrar algún día.

Athos y Raúl encontraron la casa del príncipe revuelta como la de Planchet.

También el duque hacía inventario, es decir que distribuía a sus amigos, a sus acreedores, todo cuanto de valor había en su casa.

Para encontrar la entonces enorme cantidad de dos millones, que el duque juzgó necesario reunir para encaminarse al África, distribuía a sus antiguos acreedores valijas, armas, joyas y muebles, lo cual era más magnífico que vender, y le reportaba el doble.

En efecto, ¿qué hombre a quien uno debe diez mil libras se niega a llevarse un regalo de seis mil, que tiene el mérito de haber pertenecido al descendiente de Enrique IV, y después de haberse llevado el regalo, no da otras diez mil libras a tan generoso señor?

Y así fue. El duque levantó la casa; la cual no necesita un almirante si la tiene a bordo. Además, se deshizo de sus armas superfluas, pues iba a vivir entre cañones, y de sus joyas, que la mar podía devorar; pero en cambio tenía en sus cofres tres o cuatrocientos mil escudos.

Y en todas partes, en la casa, había personas que creían robar a mansalva. Él lo daba todo. La fábula oriental en que un árabe saqueando un palacio se apoderó de una olla en cuyo fondo había un saco de oro, y a quien todos dejaron pasar sin inconveniente, era una verdad en casa del duque. Todos estaban contentos con llevarse algo.

Beaufort acabó por dar sus caballos y vació sus graneros. Además, se creía que si el duque hacía aquello era porque esperaba hallar mayor fortuna entre los árabes.

He aquí la situación, de la que se dio cuenta al instante con su mirada investigadora el conde de La Fere.

Este encontró al almirante de Francia un poco aturdido, pues acababa de levantarse de una mesa de cincuenta cubiertos donde se bebió en abundancia a la prosperidad de la expedición, y al llegar a los postres, se abandonaron los restos a los criados y los platos vacíos a los curiosos.

Beaufort se había embriagado a una con su ruina y con su popularidad.

—He aquí mi edecán —exclamó el duque al ver a Athos y a Raúl.

—Por aquí, conde; por aquí, vizconde. Athos buscó un paso al través de los montones de ropa blanca y de vajilla que cubrían el suelo.

—He aquí vuestra comisión —dijo el príncipe a Raúl—. Yo la había preparado contando con vos. Id por delante hasta Antibes. ¿Conocéis el mar?

—Sí, monseñor, he viajado con el príncipe de Condé.

—Bueno. Haced que todas las garrabas estén dispuestas para escoltarme y conducir mis provisiones. Urge que el ejército pueda embarcarse, a más tardar, dentro de quince días.

—Así se hará, monseñor.

—Esta orden os confiere el derecho de visita y de requisa en todas las islas cercanas a la costa. En ellas haréis las levas y las requisas que en mi nombre os plazca hacer.

—Está bien, señor duque.

—Y como sois activo y trabajáis mucho, necesitáis mucho dinero.

—Yo creo que no, monseñor.

—Pues yo espero lo contrario. Mi mayordomo ha extendido unas libranzas de a mil libras cada una, pagaderas en las ciudades del Mediodía. Veros con él y os dará cien.

—Conservad vuestro dinero —repuso Athos interrumpiendo al príncipe— para hacer la guerra a los árabes, tanto se necesita del oro como del plomo.

—Pues yo quiero ensayar lo puesto —replicó el duque —además de que ya conocéis mi modo de pensar respecto de la expresión: mucho ruido, mucho fuego, y si es menester, desapareceré entre el humo. A vos os retengo, mi querido conde.

—No, monseñor, me voy con Raúl; la comisión que le habéis encargado es difícil y penosa, y por sí solo le costaría demasiado trabajo llenarla. Vos no notáis, monseñor, en que acabáis de conferirle un mando de primer orden.

—¡Bah!

—¡Y en la marina!

—Es verdad; pero un hombre como él hace cuanto se propone—. Monseñor, en ningún otro hombre hallaréis más celo, más inteligencia y más valentía que en Raúl; pero si no pudiese efectuarse el embargo del ejército en el día que tenéis dispuesto, nadie más que vos tendría la culpa de semejante contratiempo.

—¡Toma! ¿pues no me está riñendo mi amigo?

—Monseñor, para avituallar una escuadra, para concentrar una cuadrilla, para reclutar a los marineros, un almirante necesitaría tres meses, y Raúl es capitán de caballería, y no le concedéis más que dos semanas.

—Pues yo os digo que él lo hará. También lo creo yo; pero le ayudaré.

—Ya he contado con vos, y aún espero que, una vez en Tolón, no le dejaréis partir solo.

—¡Ah! —exclamó Athos moviendo la cabeza.

—¡Paciencia! ¡Paciencia!

—Con vuestra licencia, monseñor.

—¿Os vais? Guárdeos Dios y la suerte os ayude.

—Adiós, monseñor, y que también os sea propicia la fortuna.

—Bien, empieza la expedición —dijo Athos a su hijo.

—No hay víveres, ni reservas, ni flotilla de carga. ¿Qué van a hacer?

—Si todos hacen lo que yo —repuso Raúl —no faltarán las vituallas.

LA FUENTE DE PLATA

El viaje fue agradable. Athos y su hijo atravesaron toda Francia a razón de quince leguas por día. Emplearon quince días en llegar a Tolón y perdieron las huellas de D'Artagnan en Antibes.

Hay que creer que el capitán de mosqueteros quiso guardar el incógnito en aquellos parajes; porque de los informes que tomó Athos, obtuvo la seguridad de que habían visto al jinete que él describió, cambiar caballos por un coche cuidadosamente cerrado que tomó hacia Aviñón.

Raúl sintió mucho no encontrar a D'Artagnan; y es que a su tierno corazón le faltaba la despedida y el consuelo de aquel corazón de acero.

Athos sabía por experiencia que D'Artagnan se volvía impenetrable cuando estaba metido en un negocio serio, ya por cuenta propia o en servicio del rey, y aun temía ofender a su amigo o perjudicarlo, tomando demasiados informes. Sin embargo, cuando Raúl empezó su labor de clasificación para la flotilla, y concentró las gabarras y alijadores para enviarlos a Tolón, uno de los pescadores dijo al conde que su barca estaba en reparación después de un viaje hecho por cuenta de un hidalgo a quien apremiaba mucho embarcarse.

Imaginándose Athos que aquel hombre mentía para quedar libre y ganar más dinero pescando, una vez sus compañeros hubiesen partido, insistió para conseguir pormenores.

El pescador dijo entonces que unos seis días antes, y durante una noche, un hombre le había flotado su barca para trasladarse a la isla de San Honorato. Cerróse el trato, pero el hidalgo llegó con una gran caja de coche, a la que se empeñó en embarcar, pese a las dificultades que presentaba tal operación. El pescador quiso desdecirse, y amenazó, y en pago recibió una paliza furiosamente descargada por el hidalgo. El pescador acudió, refunfuñando, al síndico de sus cofrades de Antibes, los cuales administran justicia entre sí y se protegen; pero el hidalgo exhibió cierto papel, al ver el cual el síndico, haciendo una reverencia hasta el suelo, conjuró al pescador a obedecer y le echó un sermón por haberse mostrado recalcitrante.

—Entonces —prosiguió el pescador —no tuve más remedio que partir con el cargamento.

—Bueno —replicó Athos—pero hasta aquí nada justifica lo que habéis dicho respecto del estado de vuestra embarcación.

—A eso voy, señor. Puse la proa a la isla de San Honorato, obedeciendo a la orden del hidalgo; pero cambiando éste de parecer, se empeñó en que no podríamos pasar por el sud de la abadía.

—¿Por qué no?

—Porque frente a la torre cuadrada de los Benedictinos, hacia la punta del sur, está el banco de los "Monjes", a flor de agua y bajo ella, paso peligroso, pero que yo lo he salvado mil veces. El hidalgo me pidió que lo desembarcara en Santa Margarita.

—¿Y qué?

—¿Y qué, señor? —exclamó el pescador con dejo provenzal.

—¿Somos o no somos marinos? ¿Conocemos el paso o sólo servimos para meternos en agua dulce? Yo me obstiné en pasar, y el hidalgo ¿qué hizo? Me echó las manos al cuello y me dijo que iba a estrangularme. Entonces mi segundo y yo empuñamos sendas hachas para vengarnos de la afrenta de la noche, pero el hidalgo tiró de su espada y la esgrimió tan aprisa, que el demonio que lo acercara a él. Yo iba a lanzarle el hacha en la cabeza, lo cual estaba en mi derecho, ¿verdad, señor?, porque un marino a bordo es rey, como un ciudadano lo es en su casa; como he dicho, iba yo a lanzarle mi hacha a la cabeza, cuando prontamente y creedme si queréis, aquella caja de carroza se abrió no sé cómo, y de ella salió una especie de fantasma, cubierta con un casco negro y una máscara negra; algo que metía espanto y nos amenazaba con el puño.

—¿Quién era? —preguntó Athos.

—El demonio, señor, porque el hidalgo, al verlo, dijo con gran alegría: "Gracias monseñor."

—¡Es singular! —exclamó el conde mirando a Raúl.

—¿Qué hicisteis vos entonces? —preguntó Bragelonne al pescador.

—Ya comprenderéis, señor, que dos hombres como nosotros, éramos pocos contra dos hidalgos; pero ¡contra el diablo! ¡digo! Mi compañero y yo nos consultamos; pero, como si lo hubiéramos hecho, nos echamos de cabeza al agua, a siete u ochocientos pies de la costa.

—¿Y entonces?

—Entonces, señor, como soplaba el viento fresco del suroeste, la barca siguió avanzando y fue a parar a la playa de Santa margarita.

—Pero ¿y los viajeros?

—¡Bah! No os inquietéis. Y la prueba de que el uno era el demonio y protegía al otro, está en que cuando llegamos a nado adonde la barca, en vez de encontrar aquellos dos hombres desmenuzados por el choque, no encontramos nada, ni siquiera la carroza.

—¡Es extraño! ¡Es extraño! —repitió el conde.

—¿Y qué hicisteis luego, amigo mío?

—¿Qué hice? Me quejé al gobernador de Santa margarita, que se llevó el dedo a la boca y me dijo que como yo fuese otra vez a él con semejantes cuentos, me haría azotar.

—¿El gobernador?

—Sí, señor; y mi barca hecha astillas, pues dejó toda la proa en el cabo de Santa Margarita, y el carpintero me pide ciento veinte libras para reparar la avería.

—Bueno, —repuso Bragelonne, —quedáis eximido de servicio.

Podéis marcharos.

—¿Vamos a Santa Margarita, Raúl? —preguntó luego Athos. —Sí, señor; porque hay que poner algo en claro, y de seguro el hidalgo es D'Artagnan; en su modo de obrar le conozco.

Aquel mismo día, Athos y su hijo partieron para Santa Margacita a bordo de un quechemarín que por orden de ellos vino de Tolón.

La impresión que sintieron al desembarcar fue muy agradable.

La isla estaba llena de flores y frutas. Los naranjos y los granados doblaban sus ramas bajo el peso de los frutos; y toda la parte cultivada servía de jardín al gobernador. La isla estaba deshabitada. Tenía una ensenada donde podían refugiarse pequeñas embarcaciones, y donde iban los contrabandistas a depositar sus mercancías, lo que el gobernador les permitía, con tal que no asasen, ni tocasen las plantas.

Así es que la guarnición de la isla sólo se componía de ocho hombres que guardaban una fortaleza con doce cañones enmohecidos. La fortaleza tenía un profundo foso y tres torrecillas unidas entre sí por terraplenes.

Cuando Athos y Raúl llegaron a la isla de Santa Margarita, era el mediodía. Siguieron la tapia del vergel, bajo un sol abrasador. Todo era calma y silencio, todo dormía pesadamente; como el mar tranquilo, las hojas de los árboles inclinadas e inmóviles, sostenían una quietud sofocante, y hasta los insectos dormían en sus cuevas.

Los viajeros no encontraron a nadie que pudiera conducirles ante el gobernador. Sólo Athos vio cruzar un soldado por los terraplenes, llevando una cesta, y volviendo sin ella.

De pronto Athos oyó que le llamaban, y al levantar la cabeza vio en el vano de una ventana enrejada, algo blanco, como una mano que se movía, un no sé qué deslumbrador, como un arma herida por los rayos del sol, y antes que pudiese enterarme, llamó su atención desde la torre al suelo una ráfaga luminosa y un golpe seco en el foso. El objeto que produjo la ráfaga luminosa y el golpe, era una fuente de plata, que rodó hasta la candente arena, adonde fue Raúl a recogerla.

La mano que lanzó la fuente de plata hizo una seña a los dos hidalgos y desapareció. Entonces Raúl y Athos miraron con atención la fuente cubierta de polvo, y en el fondo de ella descubrieron unos caracteres trazados con la punta de un cuchillo y que decían: "Soy hermano del rey de Francia. Preso hoy, mañana estaré loco. Caballeros franceses y cristianos, rogad a Dios por el alma y la razón del hijo de vuestros señores." A Athos se le cayó de las manos la fuente, mientras Raúl se esforzaba en descifrar el sentido misterioso de aquellas lúgubres palabras.

En aquel mismo instante y de lo alto de la torre partió un grito. Raúl, veloz como el rayo, bajó la cabeza y obligó a su padre a que hiciese lo mismo. En la cresta de la muralla acababa de relucir el cañón de un mosquete, del cual partió una blanca humareda, y a seis pulgadas de los hidalgos vino a aplastarse una bala contra una piedra. Tras el primer mosquete apareció otro que también apuntó.

—¡Voto al diablo! —gritó Athos—. ¿Se asesina a la gente aquí? ¡Bajad, cobardes!

—¡Bajad! —repitió Bragelonne amenazando con el puño a los del castillo. El que iba a disparar el segundo mosquetazo, respondió a las voces del conde y Raúl con otras de sorpresa, y como su compañero se disponía a continuar el ataque y tomó el mosquete cargado, el que acababa de gritar levantó el arma, y el tiro fue al aire.

Athos y Raúl, al ver que los que les atacaron desaparecían de la plataforma, creyeron que bajaban para atacarles de frente, y aguardaron a pie firme.

Apenas transcurridos cinco minutos, sonó un tambor llamando a los ocho soldados de la guarnición, que se vinieron al otro lado del foso con mosquetes, al mando de un oficial en quien Raúl conoció al que había disparado el primer mosquetazo. Aquel oficial ordenó a sus soldados que preparasen las armas.

—¡Nos van a fusilar! —exclamó Bragelonne—. A lo menos desenvainemos y saltemos al foso, y mucho será que cada uno de nosotros no matemos a uno cuando hayan descargado.

Ya Raúl, añadiendo la acción al dicho, iba a saltar, seguido de Athos, cuando a sus espaldas resonó una voz conocida que llamó:

—¡Athos! ¡Raúl!

—¡D'Artagnan! —respondieron los dos hidalgos.

—¡Mil rayos! ¡Abajo las armas! —gritó el capitán a los soldados.

—Ya estaba ya seguro de lo que decía.

Los soldados bajaron sus mosquetes.

—Pero, —preguntó Athos, —¿sin avisar nos fusilan?

—Era yo quien iba a fusilaros —replicó D'Artagnan—. Y si el gobernador no he hecho blanco, lo hubiera hecho yo, amigos míos. Es una suerte que yo haya tomado la costumbre de apuntar con toda clama, en vez de hacerlo instintivamente. Al apuntaros me ha parecido conoceros, y ¡qué dicha, amigos míos!

—¡Cómo! —exclamó el conde—. ¿El que ha disparado contra nosotros es el gobernador de la fortaleza?

—En persona.

—¿Por qué ha disparado? ¿Qué le hemos hecho?

—¡Voto al diablo! Habéis recogido lo que os ha tirado el preso.

—Es verdad.

—El preso ha escrito algo en la fuente, ¿no es cierto?

—Sí.

—Me lo temí —repuso D'Artagnan dando muestras de la mayor inquietud y apoderándose de la fuente para leer lo que en ella había escrito; y, palideciendo lanzó una exclamación de angustia y añadió—: ¡Silencio! Aquí está el gobernador.

—¿Qué va a hacernos? —repuso Bragelonne.

—Callaos, por Dios —dijo D'Artagnan—. Si sospechan que sabéis leer, habéis comprendido, por más que yo os quiera con toda mi alma y me haga matar por vosotros...

—¿Qué? —preguntaron a una Athos y Raúl.

—No os salvaré de un encierro perpetuo por mucho que logre salvaros de la muerte.

Repito, pues, ¡silencio!

El gobernador atravesó el foso por medio de un puentecillo de tablas, y preguntó a D'Artagnan:

—¿Qué os detiene?

—Sois españoles y no comprendéis pizca de francés —dijo el gascón en voz baja a sus amigos. Y volviéndose hacia el gobernador, añadió en voz alta: —¿No os lo dije? Estos caballeros son dos capitanes españoles a quienes conocí en Ipres el año pasado... No entienden el francés.

—¡Ah! —repuso con atención el gobernador e intentando leer los caracteres de la fuente de plata. Y al ver que D'Artagnan se la quitaba para borrarlos con el punto de su espada, exclamó:

—¿Qué hacéis? ¿Conque yo no puedo leer?...

—Es un secreto de Estado —dijo el mosquetero—; y como sabéis que por orden del rey está condenado a muerte el que lo sepa, no hallo reparo en que leáis lo que dice la bandeja, pero inmediatamente después os hago fusilar.

Mientras D'Artagnan profería, entre formal e irónico, aquel apóstrofe, Athos y Raúl guardaban el más impasible silencio.

—Es imposible que esos caballeros no comprendan a lo menos algunas palabras —repuso el gobernador.

—¡Bah! Aunque comprendiesen lo que uno habla, no leerían ningún escrito, ni siquiera en castellano. Un noble español no debe saber leer.

—Invitad a esos caballeros a que vengan al fuerte —dijo el gobernador, que, si bien tuvo que contentarse con las explicaciones del gascón, era tenaz.

—Muy bien; yo mismo iba a proponéroslo —replicó D'Artagnan—. Lo cierto es que el capitán de mosqueteros hubiera querido ver a sus amigos a cien leguas de distancia. Así, pues, se volvió hacia los dos hidalgos, y en castellano les invitó al entrar en la fortaleza.

PRISIONERO Y CARCELEROS

Una vez en el fuerte, y mientras el gobernador hacía algunos preparativos para recibir a sus huéspedes:

—Vamos —dijo Athos— explicaos ahora que estamos solos.

—Es muy sencillo —respondió el mosquetero—. He conducido aquí un preso a quien por orden del rey nadie puede ver. Al llegar vosotros, el preso os ha arrojado algo al través de los barrotes de su ventana, algo que yo he visto caer mientras estaba comiendo con el gobernador, y que Raúl ha recogido. Y como no necesito mucho tiempo para comprender, he comprendido que estabais en inteligencia con el preso. Entonces...

—Habéis ordenado que nos fusilaran —interrumpió Athos.

—Lo confieso; pero si he sido yo quien primero he empuñado un mosquete, por fortuna he sido el último en apuntaros.

—Si me hubierais matado, hubiera tenido el honor de morir por la casa real de Francia; y es honra insigne morir por vuestra mano, siendo, como sois, su más leal y noble defensor.

—¿Qué diablos estáis diciendo de la casa real? —repuso D'Artagnan.

—¡Qué! Un hombre como vos, discreto y avisado, ¿da crédito a las locuras que escribe un insensato?

—Sí.

—Y con mayor razón, mi querido caballero —dijo Raúl—. Cuando tenéis orden de matar a quien las crea.

—Porque cuanto más absurda es una calumnia, —replicó el gascón, —más probabilidades tiene de popularizarse.

—No. D'Artagnan, —repuso en voz baja Athos, —sino porque el rey no quiere que el secreto de su familia transpire entre el pueblo y cubra de infamia a los verdugos del hijo de Luis XIII.

—No digáis esas niñerías, Athos, o de lo contrario dejo de teneros por sensato. Por otra parte, ¿cómo podría Luis XIII tener un hijo en la isla de Santa Margarita?

—Un hijo a quien habéis conducido vos aquí, enmascarado, en la barca de un pescador, —dijo el conde de La Fere.

—¿Y de dónde habéis sacado vos que una barca de pescador?... —repuso D'Artagnan algo cortado.

—Una barca que os ha traído aquí junto con la carroza que encerraba al preso, a quien vos llamáis monseñor. Ya veis que lo sé.

—Aunque esto fuese verdad, —replicó el mosquetero, royéndose el bigote; —aunque fuese verdad que yo hubiese conducido aquí en una barca y con una carroza a un preso enmascarado, nada prueba que el preso sea un príncipe... de la casa real de Francia.

—Eso preguntádselo a Aramis, —contestó con frialdad el conde.

—¿A Aramis? —exclamó con turbación el mosquetero. —¿Habéis visto a Aramis?

—Si, después del contratiempo que sufrió en Vaux. He visto al Aramis fugitivo, perseguido, perdido, y por él he sabido lo bastante para creer en lo que aquel desventurado ha grabado en la fuente de plata.

—He aquí cómo Dios se burla de lo que los hombres llaman sabiduría —repuso D'Artagnan con abatimiento—. ¡Buen secreto el que ya conocen catorce o quince personas! Athos ¡maldito sea el azar que os ha puesto frente a mí en este asunto! porque ahora...

—¿Queréis decir que vuestro secreto se ha divulgado porque yo lo sé? —dijo Athos con severa dulzura—. ¡Ay! otros más pesados he guardado en mi vida, y si no, recorred vuestra memoria.

—Pero nunca tan peligrosos —replicó D'Artagnan con tristeza—. Sospecho que cuantos estén en este secreto morirán mal.

—Cúmplase la voluntad de Dios, D'Àrtagnan. Pero aquí está el gobernador.

D'Artagnan y sus amigos se identificaron otra vez con los papeles que les tocaba desempeñar.

Aquel gobernador, suspicaz y duro, y muy obsequioso con D'Artagnan, se limitó a poner buena cara a sus huéspedes y a observarlos atentamente. Athos y Raúl notaron que el gobernador buscaba con frecuencia y repentinamente ponerles en un aprieto, o sorprenderlos; pero ninguno de los dos se desconcertó; dando así visos de verosimilitud, si no de verdad completa, a lo que dijera el mosquetero.

Acabada la comida, el gobernador se preparó para dormir la siesta.

—¿Cómo se llama ese hombre? tiene muy mal aspecto —dijo Athos en castellano a D'Artagnan.

—Saint-Mars —respondió el mosquetero.

—¿Conque va a ser el carcelero del joven príncipe?

—¿Acaso lo sé yo? ¿Quién sabe si voy a pasar toda mi vida en esta isla?

—¿Quién? ¿vos? ¡Cá!

—Amigo mío, me encuentro en la situación de quien se halla un tesoro en medio del desierto. Quiere llevárselo, y no puede; quiere dejarlo, y no se atreve. El rey no me llamará, temiendo de que otro no vigile tan bien como yo, y al mismo tiempo me echará de menos sabiendo, como sabe, que, de cerca, nadie le servirá como yo. Por lo demás, sucederá lo que Dios quiera.

—Por lo mismo que no sabéis nada fijo —replicó Bragelonne—, vuestro estado es transitorio y os volveréis a París.

—Preguntad a esos señores qué vienen a hacer en Santa Margarita, —interrumpió Sain—Mars.

—Sabedores de que había un convento de benedictinos en San Honorato, digno de ser visitado, y abundante caza en Santa Margarita, se han decidido a venir.

—Estoy a su disposición como a la vuestra —dijo Saint-Mars.

—Gracias —repuso el gascón.

—Y, ¿cuándo parten? —prosiguió el gobernador.

—Mañana —respondió D'Artagnan. Saint-Mars fue a hacer su ronda, y dejó al mosquetero solo con los supuestos españoles.

—Ved una vida y una sociedad que me fastidian —exclamó D'Artagnan—. Mando a ese hombre, y no puedo soportarle, ¡voto a mil rayos!... ¿Os gustaría matar conejos? El paseo resultará grato y poco fatigoso. La isla sólo tiene legua y media de longitud por media de anchura. Es un verdadero parque. Divirtámonos.

—Vayamos adonde queráis, D'Artagnan, no para divertirnos, sino para conversar con toda libertad. El gascón hizo seña a un soldado, que comprendió, trajo escopetas para los tres hidalgos, y se volvió al fuerte.

Ahora —dijo el mosquetero—, respondedme a la pregunta que ha poco me ha hecho el maldito Saint-Mars: ¿Qué habéis venido a hacer aquí?

—Hemos venido para despedirnos de vos.

—¡Despediros de mí! ¡Cómo! ¿parte Raúl?

—Sí.

—Apuesto que con el señor de Beaufort.

—Lo habéis adivinado, como siempre, amigo mío.

—La costumbre...

Mientras los dos amigos daban comienzo a su conversación, Raúl, con la cabeza pesada y el corazón henchido, se sentó en una musgosa peña, con la escopeta sobre las rodillas, y ora mirando la mar, ora el cielo, escuchando la voz de su alma, dejaba que poco a poco fuesen alejándose de él los cazadores.

—Raúl estás siempre triste, ¿no es verdad? —preguntó D'Artagnan a Athos al notar la ausencia de Bragelonne.

—De muerte —respondió Athos.

—Creo que exageráis. Raúl es de buen temple. Los corazones nobles como el suyo, tienen una segunda envoltura como una coraza. La primera sangra, la segunda resiste.

—No —repuso Athos—, Raúl morirá de esta.

—¡Voto al diablo! —exclamó D'Artagnan poniéndose sombrío. Después preguntó:

—¿Por qué le dejáis partir?

—Porque así lo quiere él.

—¿Y por qué no lo acompañáis?

—Porque no quiero verle morir. D'Artagnan miró en la cara al conde.

—Vos sabéis que pocas cosas me han dado miedo en mi vida —repuso Athos apoyando el brazo en el de su amigo—. Pues bien, tengo un miedo incesante, insuperable; temo llegar al día en que sostendré entre mis brazos el cadáver de ese pobre muchacho.

—¡Oh! —exclamó D'Artagnan—. ¡Cómo! ¡venís a poneros en

presencia del hombre más valiente que decís haber conocido, de vuestro D'Artagnan, del hombre sin igual, como le nombrabais en otro tiempo, y con los brazos cruzados le decís que teméis a vuestro hijo muerto, cuando habéis visto cuanto verse pueda en este mundo! ¿A qué ese miedo, Athos? en la tierra, el hombre debe esperarlo y afrontarlo todo.

—Escuchad, amigo mío: después de haber gastado mis fuerzas en esa tierra de que me habláis, no he conservado más que dos religiones: la de la vida, o sea mis amistades y mi deber de padre; la de la eternidad, o sea el amor y el respeto de Dios. Ahora tengo la revelación de que si Dios permitiese que en mi presencia mi amigo o mi hijo exhalasen su postrer aliento... ¡Oh! ni siquiera quiero deciros eso, D'Artagnan.

—¡Decidlo! ¡Decidlo!

—Soy fuerte contra todo, menos contra la muerte de aquellos a quienes amo. Estoy viejo y se acabó el valor; pero si Dios me hiriese de frente y de esta suerte, le maldeciría, y un caballero cristiano no debe maldecir a Dios, D'Artagnan, trastornado por aquella violenta borrasca de dolores.

—D'Artagnan, amigo mío, vos que amáis a Raúl, vedle —añadió Athos mostrando a su hijo—. Nunca le abandona la tristeza. ¿Hay más terrible, más aflictivo, que asistir minuto por minuto a la incesante agonía de ese mísero corazón?

—Dejadme que hable con él, Athos, ¿Quién sabe?

—Probadlo; pero estoy convencido de que será en vano.

—No le prodigaré consuelos, sino que le serviré.

—¿Vos?

—Yo. ¿Sería la primera vez que una mujer volviese de su infidelidad? Voy allá. Athos meneó la cabeza y continuó solo el paseo. D'Artagnan tomó por el atajo al través de las malezas, y al llegar a Raúl le tendió la mano y le dijo:

—¿Y bien? ¿tenéis que decirme algo?

—Tengo que pediros un favor —respondió el vizconde.

—Hablad.

—Tarde o temprano vais a regresar a Francia.

—Tal espero.

—Es menester que escriba a la señorita de La Valiére.

—No es menester.

—¡Tengo tanto que decirle!

—Pues id a decírselo a ella.

—¡Nunca!

—Luisa ama al rey —dijo brutalmente D'Artagnan—. Es una muchacha honrada. Raúl se estremeció.

—Y a pesar de haberos abandonado, puede que os ame más que al rey, pero de otra manera.

—¿Creéis firmemente que Luisa ame al rey, señor de D'Artagnan?

—Hasta la idolatría. Su corazón es inaccesible a todo afecto. Si continuaseis viviendo a su lado llegaríais a ser su mejor amigo.

—¡Ah! —exclamó Raúl con arranque apasionado ante aquella esperanza dolorosa.

—¿Queréis?

—Sería una cobardía.

—Nunca hay cobardía en hacer lo que impone la fuerza mayor. Si vuestro corazón os dice: ve o muere, id, Raúl. Ella. que os amaba, ¿ha sido cobarde o valiente al preferir al rey, a quien su corazón le ordenaba imperiosamente preferir? No, ha sido la más valiente de las mujeres. Haced como ella, obedeceos a vos mismo. ¡Ah! Raúl, estoy seguro de que al verla vos de cerca y con los ojos de un hombre celoso, dejarías de amarla.

—Me decidís, señor de D'Artagnan—. ¿A partir para verla de nuevo?

—Al contrario, a partir para no volver a verla nunca jamás. Prefiero amarla siempre.

—Con toda franqueza os digo que no esperabas semejante conclusión.

—Hacedme una merced, amigo; vos, que volveréis a verla, dadle esta carta, que, si lo juzgáis oportuno, le explicará, como a vos, lo que pasa en mi corazón. Leedla, la he escrito la noche última, pues tuve el presentimiento de que os vería hoy. Y entregó a D'Artagnan una carta que decía:

"Señorita: no sois culpable a mis ojos porque no me amáis, sino porque habéis consentido que yo creyera que me amabais; este error va a costarme la vida, y que, si os lo perdono a vos, no me lo perdono a mí. Dicen que los amantes felices cierran los oídos a las quejas de los amantes desdeñados; pero como vos no me amabais, no pasará eso con vos, sino que me escucharéis con ansiedad. Estoy seguro que de haber insistido yo para con vos para trocar vuestra amistad en amor, hubierais cedido temerosa de acarrearme la muerte o de aminorar la estima en que os tenía; pero prefiero morir sabiendo que sois libre y dichosa. ¡Cuánto vais a amarme cuando ya no tengáis que temer mi mirada ni mis reproches! Me amaréis, sí, porque por muy encantador que os parezca un nuevo amor, Dios en nada me ha hecho inferior a aquel a quien habéis escogido, y porque mi devoción, mi sacrificio, mi doloroso fin, me aseguran a vuestros ojos una superioridad segura sobre él. En la sencilla credulidad de mi corazón, he dejado escapar el tesoro que en mis manos tuve; ni falta quien me diga que vos me amábais lo bastante para llegar con el tiempo a amarme mucho. En verdad, esto dulcifica mi amargura y hace que vea en mí mi único enemigo.

"Recibid este último adiós, y agradecedme el que me haya refugiado en el inviolable asilo donde todo odio se extingue, donde perdura el amor.

"Adiós, mi señorita, y estad segura de que, si con mi sangre pudiese yo labrar vuestra dicha, os la daría hasta la última gota, puesto que la sacrifico a mi desgracia. —Raúl de Bragelonne".

La carta está bien —dijo el capitán; sólo le encuentro una falta.

—¿Cuál? —preguntó Raúl.

—Que habla de todo, menos de lo que exhala de vuestros ojos y de vuestro corazón cual mortífero veneno, y del amor insensato que todavía os abrasa.

Raúl palideció y se calló.

—¿Por qué no escribís solamente estas palabras: "señorita: ¿en vez de maldeciros, os amo y muero"?

—Es verdad —exclamó Raúl con siniestro gozo. E hizo pedazos su carta, y escribió estas líneas:

"Para gozar de la inefable dicha de repetiros que os amo cometo la cobardía de escribiros y en castigo de mi cobardía, muero —Raúl".

—La entregaréis este papel, ¿no es verdad, capitán? —dijo el vizconde al mosquetero.

—¿Cuándo? —preguntó D'Artagnan.

—Cuando escribáis la fecha al pie de estas palabras, —respondió Bragelonne, señalando con el dedo la última frase y levantándose prontamente para volar al encuentro de Athos, que regresaba muy despacio.

Al pasar por la muralla para entrar en una galería de la cual D'Artagnan tenía la llave, vieron que Saint-Mars iba al calabozo del preso, y se escondieron en el rincón de la escalera a una seña del mosquetero.

—¿Qué hay? —preguntó Athos.

—Mirad y veréis —respondió el gascón: —el preso torna de la capilla.

Y a la luz de los relámpagos y en medio de la violácea bruma con que el viento esfumaba el espacio, se vio pasar gravemente, a unos seis pasos de distancia detrás del gobernador, a un hombre vestido de negro, con el rostro cubierto por una careta de acero bruñido, soldada a un casco de lo mismo, que le envolvía toda la cabeza. El fuego del cielo arrancaba leonados reflejos que, al revolotear caprichosamente, parecían las iracundas miradas que, a falta de imprecaciones, lanzaba aquel desventurado.

En mitad de la galería, el preso se detuvo un instante, contempló el inmenso horizonte, aspiró el sulfuroso olor de la tormenta, bebió con avidez la cálida lluvia, lanzó un suspiro, semejante a un rugido.

—Venid, caballero —dijo Saint-Mars bruscamente al preso al ver que persistía en mirar más allá de las murallas—. Venid, repito, caballero.

—Decid, monseñor —gritó desde su rincón Athos a SaintMars con voz tan solemne y terrible, que el gobernador se estremeció de los pies a la cabeza.

Athos exigía el respeto a la majestad caída.

El preso se volvió, al tiempo que Saint-Mars decía:

—¿Quién ha hablado?

Yo —respondió D'Artagnan, mostrándose en seguida—. Ya sabéis que esta es la orden.

—¡No me llaméis caballero ni monseñor! —dijo a su vez el preso con voz que conmovió a Raúl hasta lo más hondo de sus entrañas—; ¡llamadme maldito!

El preso siguió adelante, y tras él chirrió la férrea puerta.

—¡He ahí un hombre desventurado! —exclamó con voz sorda D'Artagnan, mostrando a Raúl el calabozo del príncipe.

LAS PROMESAS

Apenas D'Artagnan entró en su aposento con sus amigos, vino un soldado del fuerte para avisarle que el gobernador deseaba hablar con él.

Una barca había llegado a Santa Margarita con una orden importante para el capitán de mosqueteros, que, al abrir el pliego, conoció la letra del rey.

"Como supongo que habéis dado ya el debido cumplimiento a mis órdenes —decía Luis XIV—, al llegar este pliego a vuestras manos volved inmediatamente a París, donde os espero en el Louvre".

—¡Loado sea Dios! Se acabó mi destierro —exclamó con alegría D'Artagnan y mostrando el pliego a Athos. —¡Ceso de ser carcelero!

—¿Luego nos dejáis? —repuso el conde de La Fere con tristeza.

—Para volvernos a ver, amigo mío —replicó el mosquetero— pues Raúl ya está bastante crecido para marcharse solo con el señor de Beaufort, y preferirá dejar que su padre se vuelva en compañía de D'Artagnan a no obligarle a que haga solo las doscientas leguas que lo separan de La Fere. ¿No es verdad, Raúl?

—Sí —respondió el vizconde con triste acento.

—No, amigo mío —interrumpió Athos—, no me separaré de Raúl hasta el día en que su nave haya desaparecido en el horizonte. Mientras esté en Francia, no se separará de mí.

—Como queráis; pero a lo menos saldremos juntos de Santa Margarita. Aprovechaos de la barca que va a conducirme a Antibes.

—Eso sí, nunca nos alejaremos con bastante prisa de este fuerte y del espectáculo que ha poco nos ha entristecido.

Los tres amigos se despidieron del gobernador, y a la luz de los postreros relámpagos de la tormenta que se alejaba, vieron blanquear por última vez las murallas de la fortaleza.

D'Artagnan se separó de sus amigos aquella noche misma...

—Amigos míos —dijo D'Artagnan antes de montar a caballo y abrazando a Athos—. Me hacéis el efecto de los soldados que abandonan su puesto. El corazón me dice que Raúl necesitaría que vos lo mantuvierais en su rango. ¿Queréis que solicite pasar al Africa con cien buenos mosqueteros? El rey no me dirá que no, y vos os vendréis conmigo.

—Señor de D'Artagnan, —repuso el vizconde estrechándole cariñosamente la mano—, gracias por el ofrecimiento, superior a cuanto deseamos el señor conde y yo. Soy joven, y necesito penas para el alma y fatiga para el cuerpo; el señor conde necesita de más profundo reposo, y os le recomiendo a vos que sois su mejor amigo, en la seguridad de que al velar por él tendréis en vuestras manos su alma y la mía.

—Fuerza es que parta, mi caballo se impacienta —dijo D'Artagnan, en quien la señal más manifiesta de viva emoción era el cambiar de conversación—. Hasta la vista pues, mi querido Athos; cuanto más apresuréis vuestro regreso, más pronto volveré a abrazaros.

Esta escena tuvo lugar ante la casa elegida por Athos a las puertas de Antibes, y adonde D'Artagnan después de cenar había ordenado que le trajesen sus caballos. Allí empezaba el camino real, que se extendía blanco y onduloso en medio duelos vapores de la noche.

El caballo aspiraba con fuerza las emanaciones salinas de los pantanos, yendo al trote.

Athos y Raúl volvían con tristeza hacia la casa, cuando de pronto oyeron aproximarse el ruido de los pasos de un caballo, ruido que al principio tomaron por una de esas extrañas repercusiones que engañan el oído a cada revuelta del camino. Pero era D'Artagnan que volvía al galope al encuentro de sus amigos, que lanzaron una exclamación de alegre sorpresa.

El capitán se apeó con ligereza y uniendo en un abrazo las cabezas de Athos y de Raúl, las mantuvo así largo tiempo ahogando un suspiro que le quebrantaba el pecho. Luego, con la rapidez que llegó, emprendió de nuevo la marcha, clavando sus espuelas en los ijares de su enfurecido caballo.

—¡Ay! —suspiró Athos imperceptiblemente mientras D'Artagnan, recuperando el tiempo perdido decía entre sí:

—¡Mal presagio! Las órdenes de Beaufort se llevaban a feliz término. Gracias a la diligencia de Raúl, había llevado para tolón la escuadrilla, a la que formaron convoy innumerables embarcacioncitas tripuladas por las mujeres y los amigos de los pescadores y los contrabandistas reclutados para el servicio de la escuadra.

El poco tiempo que de vivir juntos les quedaba al padre y al hijo, parecía que pasaba con doble rapidez, como aumenta la suya todo cuanto está para caer en el abismo de la eternidad.

Athos y Raúl regresaron a Tolón, donde hacían gran ruido carros y armas, relinchadores caballos, trompetas y tambores, y los soldados, criados y mercaderes que llenaban sus calles.

El duque de Beaufort estaba en todas partes, activando el embarco con el celo y el interés de un buen capitán, mostrándose cariñoso hasta con sus más humildes compañeros, y reprendiendo a sus tenientes por muy encumbrados que fuesen. Todo quiso inspeccionarlo Beaufort:

artillería, provisiones, bagajes, equipos y caballos. Frívolo, jactancioso y egoísta en su palacio, el duque, ante la responsabilidad que había contraído, era otra vez soldado, el gran señor capitán.

Estando Beaufort, satisfecho de su inspección, aparentemente a lo menos, felicitó a Raúl, dio las últimas órdenes para darse a la vela al clarear el nuevo día, y convidó a su mesa al conde y a su hijo, que so pretexto de atender a necesidades del servicio, declinaron la honra que les hacía el duque.

Athos y Raúl se fueron a su posada, situada a la sombra de los árboles de la plaza Mayor, y cenaron apresuradamente. Luego el conde condujo a su hijo a los peñones que dominan la ciudad, vastas y plomizas montañas desde las cuales se descubre un horizonte líquido tan lejano, que parece estar al nivel de ellas.

Como suele en aquel templado clima, la noche estaba hermosa, la luna, al levantarse a espaldas de los peñones, cubría con una argentada sábana la azul alfombra de la mar; en la rada maniobraban silenciosamente las naves que venían a ocupar el sitio que les estaba designado para facilitar el embarco. La mar, cargada de fósforo, se abría bajo las quillas de las barcas, que con sus cabeceos parecían querer sondear aquel abismo de blancas llamas, mientras de los remos se desprendían líquidos diamantes. En alas de la brisa, llegaban los cantos sencillos y lentos de los marineros, alegres por la generosidad del almirante, y a sus voces se unía de vez en cuando el rechinar de cadenas y el ruido sordo de las balas al caer en las bodegas. Espectáculo y armonías que, como el temor, oprimían el pecho, pero que también, como la esperanza, lo dilataban. Athos y su hijo se sentaron entre las malezas y sobre una alfombra de musgo del promontorio, y por encima de sus cabezas iban y venían los corpulentos murciélagos, arrebatados por el espantoso torbellino de su ciega caza. Raúl sacó los pies fuera del acantilado y los dejó que se bañaran en aquel vacío poblado por el vértigo y que invita a la muerte.

Cuando la luna, ya alta, inundó con su luz los vecinos picachos, cuando el espejo del agua quedó iluminado en toda su extensión, y los fanales de a bordo hubieron formado cada uno de ellos un punto rojo luminoso sobre la negra mole de cada nave, Athos llamó a sí todos sus recuerdos y todo su valor, y dijo a Raúl:

—Dios ha hecho cuanto vemos, Raúl y también a nosotros, átomos de ese gran universo. Brillamos como aquellos faroles, como las estrellas: suspiramos como las olas, sufrimos como aquellas grandes naves que se consumen arando las aguas, obedientes al viento que las lleva hacia su puerto, como a nosotros el soplo de Dios nos empuja a nuestro fin. Todo ama y vive, Raúl, y todo cuanto vive es hermoso.

—Realmente es maravilloso el espectáculo que tenemos ante nuestros ojos —repuso el vizconde.

—¡Qué bueno es D'Artagnan! —interrumpió inmediatamente Athos—. ¡qué dicha el haberse apoyado toda una vida en un amigo como él! Esto os fa faltado, Raúl. Yo no era un amigo para vos.

—¿Por qué, señor?

—Porque os he dado ocasión de que pudierais creer que la vida no tenía más que una fez, porque ¡ay! triste y severo, sin querer he cortado siempre los alegres capullos que sin cesar brotaban del árbol de la juventud; en una palabra, porque en este instante me arrepiento de no haber hecho de vos un hombre expansivo, disoluto y casquivano.

—Ya sé por qué me decís eso, señor —dijo el vizconde—. Pero estáis en un error, no sois vos quien me ha hecho lo que soy, sino el amor que me sorprendió en un momento en que los niños sólo tienen inclinaciones; sino la constancia propia de mi carácter, constancia que en los demás es un hábito. Creí que toda mi vida sería como era; que Dios me había puesto en un camino recto, orillado de frutas y de flores. Protegido por vuestra vigilancia y vuestra fuerza, me tuve por vigilante y fuerte, y como estaba preparado, a la primera caída he perdido el valor para siempre. No, sólo para mi ventura figuráis en mi pasado, señor, en mi porvenir sois mi esperanza. Nada tengo que decir de la vida tal cual vos me la habéis dispuesto, y por es os bendigo y os amo de todo corazón.

—Vuestras palabras me hacen bien, mi querido Raúl, y me prueban que en los días que vendrán haréis algo por mí.

—Todo lo haré por vos, señor.

—Raúl, lo que hasta ahora no he hecho por vos, lo haré en adelante. Seré vuestro amigo, no vuestro padre. A vuestra vuelta, que será pronto, ¿no es verdad? frecuentaremos el trato de las gentes en vez de vivir, como hasta ahora, aislados.

—Sí, señor, pues una expedición como esa no puede ser larga. Así pues, dentro de poco tiempo, en vez de vivir módicamente de mi renta, os daré el capital de mis tierras; eso os bastará para lanzaros al mundo hasta mi muerte, y antes de que éstas lleguen, espero que me daréis el consuelo de no dejar que se extinga mi estirpe.

—Haré cuanto me ordenéis —repuso Raúl profundamente conmovido.

—Raúl, haced que vuestro empleo de ayudante de campo no os conduzca a tentativas demasiado arriesgadas, tanto más cuanto está acreditado vuestro valor. Acordaos de que la guerra de los árabes es de emboscadas y asesinatos.

—Así dicen.

—Dejar la vida en una emboscada es poco glorioso, Raúl, pues acusa temeridad o imprevisión. ¿Me habéis comprendido bien, Raúl? No permita Dios que os exhorte a rehuir el combate.

—De lo mío soy prudente, señor, y la suerte me es muy propicia —dijo Raúl dejando vagar por sus labios una sonrisa que heló el corazón del desventurado padre. Y al ver el efecto de su sonrisa, se apresuró a añadir: —Tan es así, que en veinte combates a que he asistido no he sacado más que un rasguño.

—Además, —prosiguió Athos—, es menester que os guardéis del clima, porque es un fin muy vulgar morir de una fiebre. El rey san Luis suplicaba a Dios que antes que la calentura, le enviase una flecha o la peste.

—Con la sobriedad y un ejercicio moderado...

—Ya he obtenido del señor de Beaufort —atajó Athos—, que cada quince días expida a Francia un correo, lo cual correrá a vuestro cargo como edecán suyo. Supongo que no me olvidaréis.

—No, señor —respondió Raúl con voz entrecortada.

—En definitiva, Raúl, como sois buen cristiano, y yo también lo soy, debemos contar con una protección más especial de Dios o de nuestros ángeles custodios. Raúl, prometedme que, si os sobreviene un mal, seré yo el primero en quien penséis.

—¡Oh! señor, os lo prometo.

—Y que me llamaréis inmediatamente.

—Sin perder momento, señor.

—¿Soñáis conmigo alguna vez, Raúl?

—Todas las noches, señor. Durante mi primera juventud, os veía en sueños, sosegado y cariñoso con la mano tendida encima de mi cabeza. Por eso dormía siempre tan bien... "antes"

—Nos amamos demasiado —dijo el conde—, para que, desde el momento de nuestra separación, parte de nuestro ser no viaje con uno de nosotros dos y no habite donde habitemos. Mi corazón sentirá la tristeza cuando vos estéis triste, y cuando os sonriáis pensando en mí, me enviaréis desde aquella lejana tierra un rayo de vuestra alegría.

—No os prometo estar alegre —repuso Bragelonne—, pero sí os juro que, como no se oponga la muerte, no pasaré una hora sin que yo piense en vos.

El conde, no pudiendo contenerse por más tiempo, echó los brazos al cuello de su hijo, y lo retuvo abrazado con todas sus fuerzas.

A la luna había reemplazado el crepúsculo matutino, una dorada faja subía sobre el horizonte, anunciando la llegada del nuevo día.

Athos echó su capa sobre los hombros de Raúl y le condujo a la ciudad, convertida en inmenso hormiguero.

Al extremo de la meseta que acababan de abandonar, Athos y Raúl vieron un bulto negro que se movía con indecisión y como avergonzado de que le vieran. Era Grimaud que, inquieto había seguido a sus amos, y les aguardaba.

—¡Ah! ¡Mi buen Grimaud! —exclamó Raúl—. ¿Qué quieres? ¿Vienes a decirnos que es la hora de la partida?

—¿Solo? —profirió Grimaud mostrando Raúl a Athos y en son de reproche que demostraba claramente cuán trastornado estaba el anciano.

—Es verdad, es verdad —repuso el conde.

—No, Raúl no partirá solo; no permanecerá en extraña tierra sin un amigo que le recuerde los seres de él amados.

—¿Yo? —preguntó Grimaud.

—¿Tú? ¡Ah! sí, sí —exclamó Raúl conmovido hasta lo más íntimo de su corazón.

—¡Ay! —objetó el conde—, ¡estás muy viejo, mi buen Grimaud!

—Mejor —replicó el anciano con inefable profundidad de sentimiento y de inteligencias.

—Pero ved que ya se está efectuando el embarco y tú no estás preparado —dijo Bragelonne.

—Sí —contestó Grimaud mostrando las llaves de sus maletas ligadas con las de su joven señor.

—Pero tú no puedes dejar de esta suerte solo al señor conde —objetó Raúl—. Tú no has dejado nunca al señor conde.

Grimaud volvió su oscurecida mirada hacia Athos como para conocer el parecer de uno y de otro, y al ver que aquél nada respondía, repuso:

—El señor conde prefiere que os acompañe.

Athos hizo una señal afirmativa con la cabeza.

En aquel momento llenó los aires el redoble de los tambores: de la ciudad salieron los regimientos que debían formar parte de la expedición, cinco en todo, compuestos cada uno de cuarenta compañías. El regimiento Real, que abría la marcha y que se distinguía por el uniforme blanco con vivos azules de sus soldados, llevaba desplegadas sus banderas de ordenanza, color de violeta y de hoja seca, sembradas de flores de lis de oro y acuarteladas en cruz, y su bandera coronela, blanca con la cruz flordelisada, que sobresalí de las demás. Formaban las alas del mencionado regimiento las compañías de mosqueteros, y el centro de los piqueros, horquilla en mano y mosquete en el hombro aquéllos, y los últimos con sus lanzas de catorce pies, y unos y otros avanzaban alegremente hacia las barcas de transporte que debían conducirlos por secciones a las naves. Al regimiento Real seguían los de Picardía, Navarra, Normandía y el de la capitana, y cerraba la marcha, seguido de su estado mayor, el señor de Beaufort, que en la elección de las tropas había demostrado ser capitán peritísimo.

Faltando todavía más de una hora para embarcarse, Raúl y Athos se encaminaron pausadamente a la orilla para ocupar su sitio en el instante en que pasaba el príncipe. Grimaud, lleno de ardor, hacía transportar a la capitana el equipaje de Raúl. Athos, apoyado en el brazo de su hijo a quien iba a perder, se absorbía en la más dolorosa meditación, y se aturdía con el ruido y el movimiento, cuando de repente vio llegar un oficial de Beaufort, que de parte de éste llamó a Raúl.

—Hacedme la merced de decir al señor príncipe —contestó Bragelonne— que se sirva concederme una hora más para gozar de la presencia del señor conde.

—No —repuso Athos —un edecán no puede estar separado de esta suerte de su general. Caballero, decid al príncipe que el vizconde irá en seguida. El oficial se alejó al galope.

—Separarnos aquí o separarnos a bordo, al fin y al cabo resulta lo mismo —dijo Athos desempolvando cuidadosamente el traje de su hijo y pasándole la mano por los cabellos mientras iban andando.

—Necesitáis dinero, Raúl; el señor de Beaufort es hombre gustoso, y estoy seguro de que allá tendréis gusto en comprar armas y caballos, que en aquella tierra son preciosos. Ahora bien, como no servís al rey ni al señor de Beaufort, y sólo dependéis de vuestro ilustre albedrío, no debéis contar con sueldo ni larguezas. Quiero, que nada os falte en Djidgeli. Tomad, ahí van doscientas pistolas para que las gastéis dispuesto al darme gusto.

Raúl estrechó la mano a su padre, y, al doblar la esquina de una calle, vieron al príncipe montado en magnífico caballo blanco que correspondía con graciosas corvetas a los aplausos de las damas de la ciudad.

El duque llamó a Raúl y tendió la mano al conde, a quien dijo tantas y tales cosas y con tan cariñosa expresión, que el corazón del infortunado padre se sintió un poco fortalecido.

En medio de aquel bullicio llegó un momento terrible, y fue el momento en que al abandonar la arena de la playa, soldados y marineros cruzaron con sus familias y sus amigos los últimos besos: momento supremo en que, a pesar de la pureza del cielo, el calor del sol, los perfumes del aire y la agradable vida que circula por las venas, todo parece negro y amargo, y no obstante hablar por la boca de Dios, todo hace dudar de Dios.

Siendo el uso que el almirante y su estado mayor se embarcasen los últimos, el cañón aguardaba. Para lanzar su formidable voz, a que el generalísimo hubiese sentado los pies en la plancha que conducía a la capitana.

Athos, olvidando almirante, flota y su propia vanidad de hombre fuerte, abrazó a su hijo y lo estrechó convulsivamente contra su pecho.

—Acompañadnos a bordo y ganaréis media hora —dijo el duque conmovido.

—No —repuso Athos, ya me he despedido, y no quiero hacerlo por segunda vez.

—Entonces embarcaos pronto, vizconde —dijo el príncipe queriendo evitar lágrimas a aquellos dos hombres cuyos corazones estaban a punto de quebrantarse. Y con ternura paternal, y fuerte como lo hubieras sido Porthos, el príncipe levantó a Raúl en brazos y lo colocó en el esquife, que al punto y a una seña del almirante se apartó de la orilla a impulsos de sus remos. El mismo duque, prescindiendo de todo ceremonial, saltó al esquife, y con el pie, lo empujó mar adentro.

—¡Adiós! —gritó Raúl.

Athos solo pudo contestar con una seña; pero sintió algo ardiente en su mano: era el beso respetuoso de Grimaud, el último adiós del perro leal.

Athos se sentó en el muelle, desconsolado, sordo, abandonado. Cada segundo que transcurría le borraba una de las facciones, uno de los matices de la pálida tez de su hijo.

Con los brazos caídos, fija la mirada y abierta la boca, el infeliz padre quedó confundido con Raúl en una misma mirada, en un mismo pensamiento, en un mismo estupor.

Poco a poco, chalupas y figura llegaron a una distancia en que los hombres solamente son puntos y el amor recuerdos. Athos vio como su hijo subía la escalera de la capitana, y se asomaba al empalletado, colocándose de manera que su padre no pudiese perderlo de vista. En vano tronó el cañón, en vano de las naves partió un prolongado rumor contestado desde tierra por inmensas aclamaciones, en vano se esforzó el ruido en aturdir los oídos del padre, y el humo en borrar el objeto amado de todas sus aspiraciones: Athos vio a su hijo hasta el último momento; el imperceptible átomo pasó del negro al pálido, del pálido al blanco, y del blanco a nada, y desapareció a los ojos de Athos mucho después que para los de los presentes habían desaparecido las poderosas naves y sus hinchadas velas.

A mediodía, cuando ya el sol devoraba el espacio y apenas si los topes de los palos sobresalían de la abrasada línea del mar, Athos vio remontarse por el espacio una nubecilla tan pronto desvanecida como vista: era el humo de un cañonazo mandado disparar por Beaufort para saludar por última vez la costa de Francia.

ENTRE MUJERES

D'Artagnan no pudo ocultar su emoción a sus amigos como hubiera deseado. El soldado estoico, el impasible guerrero, vencido por el temor y los presentimientos, cedió a la flaqueza humana; y cuando hubo acallado su corazón y calmado el temblor de sus músculos, se volvió hacia su lacayo, silencioso servidor siempre oído atento para obedecer con más presteza, y le dije:

—Rabaud, sabe que debo hacer treinta leguas por día.

—Está bien, mi capitán —respondió Rabaud.

Desde aquel instante, D'Artagnan, acostumbrado a montar, verdadero centauro, no le ocupó en nada.

El hombre inteligente nunca se aburre cuando ejercita el cuerpo, como el sano nunca deja de parecerle leve carga la vida si algo le cautiva el espíritu.

D'Artagnan, siempre corriendo, siempre pensando, llegó a París elástico de músculos, como atleta preparado para la gimnasia, y como no encontró al rey, que acababa de partir hacia Meudón para una cacería, en vez de correr tras el monarca, como hubiera hecho en otro tiempo, se desnudó, tomó un baño, y esperó a que regresase Su Majestad bien fatigado y polvoriento.

Durante las cinco horas que tardó Luis XIV en llegar, el mosquetero tomó, como suele decirse, el aire de la casa, y se pertrechó contra toda eventualidad.

D'Artagnan supo que el rey hacía quince días que estaba taciturno; que la reina madre estaba enferma y abatida; que el duque de Orleáns se volvía devoto; que la princesa padecía accesos histéricos, y que Guiche había partido para sus tierras, que Colbert estaba radiante de gozo, y que Fouquet cambiaba todos los días de médico, que no le curaba, y que su principal enfermedad no era de las que curan los médicos.

También contaron al gascón que el rey trataba con grandes miramientos al superintendente, del que no le apartaba: pero que Fouquet, herido en el corazón como árbol frondoso carcomido por un gusano, desmejoraba a pesar de las sonrisas del rey, sol de los árboles de la corte; que el rey no podía prescindir de La Valiére, y que, si no la llevaba consigo a las cacerías, le escribía cartas y más cartas, no ya en verso, sino, lo que era peor, en prosa y mucho.

En efecto, se veía al "rey más grande del mundo", como decían los poetas de aquel tiempo, apearse del caballo "con ardor sin igual", y trazar sobre la copa de su sombrero y en estilo culterano frases que su ayudante de campo perpetuo, Saint-Aignán, llevaba a La Valiére a escape y a riesgo de reventar sus caballos.

Entonces D'Artagnan pensó en las recomendaciones del pobre Raúl, en la carta de desesperación que éste le diera para una mujer que se pasaba la vida esperando; y como D'Artagnan se complacía en filosofar, resolvió aprovechar la ausencia del rey para conversar un instante con La Valiére.

Esto era fácil, Luisa durante la cacería real, se paseaba con algunas damas por una de las galerías del Palacio Real, donde precisamente el capitán de mosqueteros debía pasar revista de inspección a algunos guardias.

D'Artagnan no dudaba de que, si la conversación recaía sobre Raúl, ella al menos le daría pie para escribir una carta de consuelo al pobre desterrado.

Ahora bien, la esperanza, o a lo menos el consuelo para Bragelonne, atendida la disposición de ánimo en que hemos visto a aquél, era el sol, la vida de dos hombres a quienes el capitán quería entrañablemente.

D'Artagnan se encaminó, pues, adonde sabía que estaba La Valiére, y la encontró en medio de un numeroso corro. En su aparente soledad. La favorita de Luis XIV, recibía, tanto y más que una reina decente, un homenaje de que la princesa Enriqueta se hubiera enorgullecido cuando el monarca sólo tenía ojos para ella y sus miradas servían de norma a las de sus cortesanos.

Aunque no era el capitán de mosqueteros un mozalbete, tratábanle las damas con mucho mimo; y es que D'Artagnan era tan cortés como valiente, y su terrible fama le había conciliado la amistad de los hombres y la admiración de las mujeres.

Por eso, al ver entrar al gascón, todas las señoritas le dirigieron la palabra, le hicieron mil preguntas sobre dónde había estado, qué había sido de él, por qué en tanto tiempo y montado en su brioso corcel no había evolucionado el patio llenando de admiración a cuantos lo contemplaban desde el balcón del rey. A lo cual replicó D'Àrtagnan que llegaba de la tierra de las naranjas, arrancando con su respuesta la risa de sus interlocutoras.

En aquel tiempo todo el mundo viajaba, y, no obstante, un viaje de cien leguas era un problema resuelto con frecuencia por la muerte.

—¿De la tierra de las naranjas? —exclamó la Tonnay.

—Charente.

—Ya, de España.

—¡Je! ¡je! —rió D'Artagnan.

—¿De Malta? —dijo la Montalais.

—Por mi fe que os quemáis, señoritas —repuso el gascón.

—¿Es una isla? —preguntó La Valiére.

—No quiero que os devanéis los sesos buscando, señorita; vengo de la tierra donde en este momento se está embarcando el señor de Beaufort para pasar a Argel.

—¿Habéis visto al ejército? —preguntaron algunas camareras belicosas.

—Como os veo a vosotras— replicó D'Artagnan.

—¿Hay algunos amigos nuestros por allá? —dijo con frialdad la Tonnay—. Charente, pero con la intención visible de llamar la atención sobre sus calculadas palabras.

—Sí —respondió D'Artagnan—. Vi a los señores de La Guillotiere, de Mouchy y de Bragelonne.

La Valiére palideció.

—¿El señor de Bragelonne? ¡Cómo! ¿el vizconde ha partido para la guerra? —exclamó la pérfida Atanasia sin hacer caso de los pisotones que le daba la Montalais. Y dirigiéndose a D'Artagnan, prosiguió despiadadamente: —Yo tengo la idea de que todos los que van a esa guerra son desesperados a quienes ha maltratado el amor, y van a buscar negras, menos crueles que las blancas.

Algunas damas se rieron, La Valiére perdió su serenidad, y la Montalais tosió fuertemente.

—En cuanto a las mujeres de Djidgeli —replicó D'Artagnan —no estáis en lo cierto, señorita; no son negras, pero tampoco blancas, sino amarillas.

—¡Amarillas!

—No digáis mal de ellas: en mi vida nunca he visto un color que case más admirablemente con unos ojos negros y unos labios de coral.

—Mejor para el señor de Bragelonne —repuso Atanasia con insistencia; —así se desquitará el pobre.

A estas palabras siguió el más profundo silencio, silencio durante el cual el gascón tuvo tiempo de reflexionar que las palomas sin hiel a que llamamos mujeres, se tratan entre sí más sañudamente que los tigres y los osos.

Para Atanasia no era bastante haber hecho palidecer a Luisa; quiso también sacarla los colores al rostro. Así pues, dijo: —¿Sabéis que pesa un gran pecado sobre vuestra conciencia, Luisa?

—¿Qué pecado? —balbuceó la infortunada, mientras buscaba en vano en torno de sí un apoyo.

—¡Qué caramba! el vizconde no dejaba de ser vuestro prometido. El pobre os amaba y vos le disteis calabazas.

—Es un derecho que tiene toda mujer honrada —replicó Aura con ademés de arrogancia. —Cuando una sabe que no puede labrar la ventura de un hombre, lo mejor es repelerlo.

Luisa no supo comprender si debía quedar agraviada o agradecida a la que tomó su defensa.

—¡Repeler! ¡repeler! está bien —arguyó Atanasia—, pero no es este el pecado que La Valiére tendría que echarse en cara. El verdadero pecado está en haber enviado al pobre Bragelonne a la guerra; a la guerra donde uno encuentra la muerte. Luisa se pasó la mano por su helada frente.

—Y si muere —continuó la implacable Atanasia—, vos le habréis dado la muerte; ahí el pecado.

La Valiére, medio muerta, se acercó tambaleándose a D'Artagnan, en cuyo rostro se veía una emoción inusitada, y apoyándose en su brazo, le dijo con voz turbada por la cólera y el dolor:

—¿Qué tenéis que decirme?

—Lo que tenía que deciros —respondió el mosquetero luego que hubo conducido a Luisa a bastante distancia de los demás—. Acaba de manifestárselo por entero, aunque brutalmente, la señorita Atanasia.

Luisa lanzó un mal reprimido ay, y lastimada por aquella nueva herida, echó a correr como los pajarillos heridos de muerte, que buscan la sombra para exhalar el postrer aliento, y desapareció por una puerta en el instante en que el rey entraba por otra.

Luis dirigió su primera mirada al sitio vacío de su amante, y al no verla frunció el ceño; pero al punto advirtió la presencia de D'Artagnan, que le hacía una profunda reverencia.

—Diligente habéis sido, y estoy satisfecho de vos —dijo el monarca al mosquetero. Esta era la expresión superlativa de satisfacción real, y para ser objeto de ella muchos debían hacerse matar. Camaradas y cortesanos, que habían formado un respetuoso círculo alrededor del rey a su entrada, al ver que aquél deseaba hablar en particular con D'Artagnan, se apartaron.

Luis XIV siguió adelante y condujo al capitán de mosqueteros fuera de la sala, después de haber buscado otra vez con la mirada a La Valiére, de quien no se explicaba la ausencia.

—¿Y el preso? —preguntó el monarca a D'Artagnan cuando se encontraron fuera de tiro de las orejas indiscretas.

—Está en prisión, Sire.

—¿Qué dijo durante el camino?

—Nada, Sire.

—¿Qué hizo?

—Sire, el pescador a bordo de cuya barca me trasladaba a Santa Margarita, se sublevó y me amenazó de muerte, y el preso, en vez de intentar fugarse, me defendió.

—Basta —dijo el rey y empezando a pasearse de uno a otro lado del gabinete—. Os he mandado a buscar, señor capitán, para deciros que salgáis para Nantes y preparéis allí mi alojamiento.

—¿Para Nantes? —exclamó D'Artagnan.

—Está en la Bretaña.

—Ya sé, Sire. ¿Y Vuestra Majestad emprende un viaje tan largo?

—Los Estados se reúnen en aquella ciudad, y como tengo que hacerles dos peticiones, quiero estar presente.

—¿Cuándo me pongo en camino?

—Esta noche... mañana por la mañana... o por la tarde, pues necesitáis descansar.

—Ya estoy descansado, Sire.

—Muy bien. Así pues, esta noche o mañana, a vuestra elección. D'Artagnan saludó como para despedirse; luego al ver que el monarca estaba turbado, se adelantó dos pasos y preguntó:

—¿El rey lleva la corte?

—Por supuesto —respondió Luis XIV.

Así Vuestra Majestad necesita de sus mosqueteros —dijo D'Artagnan fijando una mirada tan escrutadora en el rey, que éste bajó la suya.

—Tomad una brigada —repuso el soberano.

—¿Vuestra Majestad no tiene que darme ninguna orden más?

—No... ¡Ah! Sí. En el palacio de nantes, que está muy mal distribuido, según dicen, acostumbraos a colocar mosqueteros a la puerta de cada uno de los principales dignatarios que me llevaré conmigo.

—¿De las principales? ¿Como verbigracia a la puerta del señor de Lyonnes? ¿De los señores de Brienne, Leteller y Fouquet?

—Sí.

—Está bien, Sire. Parto mañana.

—Dos palabras aún, señor de D'Artagnan. En Nantes encontraréis al duque de Gesvres, capitán de los guardias. Cuidad de que los mosqueteros estén alojados antes de que los guardias lleguen. Ya sabéis que los que llegan primero sacan provecho.

—Es verdad.

—¿Y si el señor Gesvres os interroga?

—¿A mí? ¡Bah! ¿a título de qué tendría que interrogarme el señor de Gesvres?

Y el mosquetero dio marcialmente media vuelta y salió, mientras decía para sí:

—¡Nantes! ¿Por qué no se ha atrevido a decir inmediatamente Belle-Isle?

Al llegar a la puerta principal, un dependiente del señor de Brienne se acercó a D'Artagnan.

—¿Qué hay, Arístides? —preguntó el capitán.

—A cargo de la caja del señor Fouquet.

D'Artagnan leyó con sorpresa la libranza, y vio que era de puño y letra del rey y valedera por doscientas pistolas.

—¡Cómo! —dijo entre sí el mosquetero después de haber dado cortésmente las gracias al dependiente de Brienne, —¿van a hacer pagar ese viaje al señor Fouquet? ¡Mil rayos! ni Luis XI lo habría hecho peor. ¿Por qué no me han dado una libranza a cargo de Colbert? ¡La habría pagado con tanto gusto!

Y fiel a su principio de no dejar enfriar una libranza a la vista, D'Artagnan se encaminó a casa de Fouquet para cobrar las doscientas pistolas.

LA CENA

El superintendente debía estar enterado del próximo viaje del rey a Nantes, porque dio una cena de despedida a sus amigos. El ir y venir de criados cargados de platos, y la actividad que se notaba en el escritorio, eran señales evidentes de un próximo trastorno en la cocina y en la caja.

D'Artagnan se presentó, libranza en mano, en el escritorio y al decirle que ya era tarde y que la caja estaba cerrada, no replicó más que esto:

—Servicio del rey. El dependiente, un poco turbado al ver la cara fosca que puso el capitán, contestó que la razón era respetable, pero que también lo eran las costumbres de la casa, y rogaba al portador que volviese al siguiente día. D'Artagnan pidió entonces hablar con el señor Fouquet.

—El señor Fouquet no se cuidaba de tales pequeñeces —replicó el dependiente dando con la puerta en las narices del mosquetero.

Este, que previó el caso, había puesto la punta de su bota entre la puerta y la jamba, de manera que no jugó la cerradura, y volvió a encontrarse cara a cara con el dependiente que, cambiando de tono dijo, entre despavorido y cortés:

—Si vuestra merced desea hablar con el señor superintendente, vaya a las antesalas, aquí está el escritorio, a donde nunca viene monseñor.

—¡Al fin! —repuso D'Artagnan—. ¿Y dónde están las antesalas?

—Al otro lado del patio —respondió el dependiente satisfecho de verse libre.

D'Artagnan atravesó el patio, y preguntó a los criados.

—Monseñor no recibe a esta hora —le respondió uno que llevaba en una fuente de plata sobredorada tres faisanes y doce codornices.

—Decidle —repuso el capitán deteniendo al criado por el extremo de la fuente—, que soy el señor de D'Artagnan, capitán teniente de los mosqueteros de Su Majestad.

El criado lanzó un grito de sorpresa y desapareció seguido del gascón, que llegó a tiempo para encontrar en la antesala a Pelissón que, un poco pálido, venía del comedor al encuentro del anunciado.

—No es nada desagradable, señor Pelissón, —dijo D'Artagnan sonriéndose; —no es más que una librancilla.

—¡Ah! —exclamó el amigo de Fouquet ensanchándosele el pecho.

Pelissón asió de la mano al mosquetero y le hizo entrar en el comedor, donde los amigos íntimos rodeaban al superintendente, colocado en el centro en un sillón con almohadones. Allí estaban reunidos todos los epicúreos que poco tiempo antes hacían en Vaux los honores de la casa, discreteaban y hacían ganar dinero a Fouquet. Amigos alegres, cariñosos casi todos, no habían abandonado a su protector al acercarse la tormenta, y a pesar de las amenazas del cielo y del temblor de la tierra, estaban allí, risueños, solícitos, devotos en el infortunio como lo habían sido en la prosperidad. A la izquierda del superintendente estaba la Belliere, y a su derecha la esposa; como si, desafiando las leyes del mundo y las preocupaciones, los dos ángeles tutelares de aquel hombre se hubieran reunido para prestarle, en el momento crítico, el apoyo de sus entrelazados brazos. La Belliere estaba pálida, trémula, y atenta y respetuosa con la esposa del superintendente, que con una mano sobre la de su marido, miraba con ansiedad hacia la puerta por la cual Pelissón iba a conducir a D'Artagnan. Este entró con actitud cortés, para luego admirarse, cuando con mirada infalible adivinó la significación de todas las fisonomías.

—Perdonadme que no os haya salido a recibir viniendo en nombre del rey, señor de D'Artagnan —dijo Fouquet levantándose y dando a sus últimas palabras una triste firmeza que llenó de espanto el corazón de sus amigos.

—Monseñor, —contestó D'Artagnan—, no vengo en nombre del rey, sino para reclamar el pago de una libranza de doscientas pistolas. Todas las frentes se serenaron; menos la de Fouquet, que dijo al mosquetero:

—¿Acaso vos partís para Nantes, también?

—No sé a dónde voy, monseñor.

—Pero, —repuso la esposa de Fouquet, ya tranquilizada—, no partís tan apresuradamente que no nos hagáis la fineza de sentaros en nuestra compañía, señor capitán.

—Señora, sería una gran honra: pero me apremia de tal modo el tiempo. que ya lo veis, no he tenido otro remedio que interrumpir vuestra cena para hacer que me paguen esta libranza.

—Que será satisfecha en oro —dijo Fouquet haciendo seña a su mayordomo, que inmediatamente salió con la libranza que le entregó D'Artagnan.

—No tenía temor por el pago —repuso el mosquetero—; la casa es buena. Fouquet se sonrió dolorosamente.

—¿Estáis mal? —preguntó la Belliere.

—¿El acceso? —dijo la esposa del superintendente.

—No es nada, gracias —respondió Fouquet.

—¡Qué! ¿Estáis enfermo monseñor? —preguntó D'Artagnan.

—Pillé unas tercianas en Vaux.

—¿La humedad de las grutas, de noche?

—No, por una emoción.

—Sí, la excesiva solicitud que pusisteis en recibir al rey —dijo La Fontaine con voz sosegada, sin saber que decía un sacrilegio.

—Nunca es uno bastante solícito en recibir al rey —dijo cariñosamente Fouquet a su poeta.

—El caballero querrá decir ardor —repuso D'Artagnan con amable franqueza.

—La verdad es, monseñor, que nunca se ha ejercido la hospitalidad como en Vaux.

La esposa de Fouquet dejó comprender claramente, en la expresión de su rostro, que, si Fouquet se había portado bien con el rey, el rey no había correspondido con el ministro. Pero allí sólo sabían el terrible secreto del rey, D'Artagnan y Fouquet; y si el primero no se sentía con valor para compadecer, el segundo no tenía derecho a acusar.

El capitán, a quien entregaron las doscientas pistolas, iba a despedirse, cuando Fouquet se levantó, tomó un vaso, hizo que dieran otro a D'Artagnan, y dijo:

—A la salud del rey, "suceda lo que suceda".

—Y a la vuestra, monseñor, "sobrevenga lo que sobrevenga" —contestó D'Artagnan bebiendo.

Después de estas palabras de mal agüero, el gascón saludó a todos, que se levantaron y oyeron el ruido de las espuelas y de las botas de aquél hasta que llegó al pie de la escalera.

—Por un instante creí que venía por mí, y no por mi dinero —dijo Fouquet, esforzándose en reírse.

—¡Por vos! ¿Y por qué? —exclamaron los amigos del superintendente.

—No nos hagamos ilusiones, queridos hermanos míos en Epicuro —dijo Fouquet—; no quiero hacer comparaciones entre el más humilde pecador de la tierra y el Dios a quien adoramos; pero ese Dios dio un día a sus amigos una comida que se llama la "Cena", y que lo fue de despedida como la que estamos celebrando en estos momentos.

Todos lanzaron una voz de dolorosa negativa.

—Cerrad las puertas —dijo Fouquet. Y cuando salieron todos los criados, añadió, bajando la voz: —¿Qué fui y quién soy, amigos míos? Reflexionadlo y responded. Si un hombre como yo, desciende desde el momento en que deja de elevarse. No tengo ya dinero ni crédito; sólo tengo enemigos poderosos y amigos que nada pueden.

—Ya que os explicáis con tanta franqueza —exclamó Pelissón levantándose—, también nosotros debemos ser francos. Si estáis perdido, corréis a vuestra ruina y debéis deteneros. Ante todo, ¿qué dinero nos queda?

—Setecientas mil libras —respondió Fouquet.

—El pan —murmuró su esposa.

—Haced que preparen relevos, y huid —dijo Pelissón.

—¿A dónde?

—A Suiza, a Saboya, pero huid.

—Si monseñor huye —dijo la Belliere—, dirán que es culpable y que ha tenido miedo.

—Más todavía —repuso Fouquet—, dirán que me he llevado veinte millones.

—Escribiremos memorias para justificaros —dijo La Fontaine—. Huid.

—Me quedo —replicó Fouquet—. Además ¿no se me presenta todo bien?

—Poseéis Belle-Isle —exclamó el cura Fouquet.

—Y allá voy en línea recta al encaminarme a Nantes —repuso el superintendente.

—Así pues, tengamos paciencia.

—Pero antes de llegar a nantes, ¡cuánto camino! —objetó la esposa del ministro.

—Lo sé —replicó Fouquet—: Pero ¿qué hacer? El rey me llama a los estados, y aunque sé que es para perderme, no puedo menos de partir, so pena de mostrarme receloso.

—Pues bien —dijo Pelissón—. Yo he hallado la manera de conciliarlo todo. Vais a partir para nantes, pero con algunos amigos y en vuestra carroza hasta Orleans, donde os embarcaréis en nuestro buque que os conducirá hasta el fin del camino. Estad preparado para defenderos si os atacan, y para huir si os amenazan. En una palabra, por lo que pueda suceder llevad todo el dinero que tengáis a mano; luego, y cuando queráis os acercáis al mar y os embarcáis para Belle-Isle, y desde allí os dirigís adonde os plazca, semejante al águila que sale y hiende el espacio cuando la desalojan de su nido.

Las palabras de Pelissón fueron acogidas con general aprobación.

—Sí, haced eso —dijo la esposa de Fouquet a su marido.

—Hacedlo —repitieron todos los amigos del superintendente.

—Lo haré —contestó Fouquet.

—Esta tarde misma.

—Dentro de una hora.

—Inmediatamente.

—Las setecientas mil libras os servirán de base para labrar una nueva fortuna —dijo el padre Fouquet—. Porque ¿quién nos impedirá que en Belle-Isle armemos corsarios?

—Y si fuere menester, saldremos a descubrir un nuevo mundo —añadió La Fontaine, lleno de proyectos y de entusiasmo.

Un golpe dado a la puerta interrumpió aquel concurso de alegría y de esperanzas.

—¡Un correo del rey! —anunció el maestro de ceremonias. Al anuncio siguió un silencio más profundo, como si el mensaje de que era portador el correo hubiera sido una respuesta a todos los proyectos concebidos un instante hacía.

Todos esperaban a ver qué hacía Fouquet, cuya frente estaba cubierta de sudor, y que en realidad estaba entonces bajo el dominio de su calentura.

Fouquet se fue a su gabinete para recibir el mensaje de Su Majestad.

Era tal el silencio, que desde el comedor se oyó la voz de Fouquet, que respondió:

—Está bien, caballero.

Aquella voz estaba alterada por la emoción.

Casi en seguida Fouquet llamó a Gourville, que atravesó la galería en medio de la expectación universal, y por fin reapareció entre sus convidados; pero no pálido y descompuesto como al salir, sino lívido y desconocido. Espectro viviente, Fouquet se adelantaba con los brazos caídos y seca la boca, como cadáver que viniese a saludar a sus amigos de la vida. Al ver al ministro, todos se levantaron y se abalanzaron a él deshaciéndose en lamentos. Fouquet miró a Pelissón, se apoyó en su esposa, y estrechó la mano a la Belliere.

—¿Y bien? ¿Qué pasa? —preguntaron todos a una.

Fouquet abrió su crispada y sudorosa mano derecha y mostró un papel sobre el cual, y lleno de espanto, se precipitó Pelissón, que leyó las siguientes líneas de puño y letra del rey:

"Mi querido y estimado señor fouquet: del dinero nuestro que todavía queda en vuestro poder, dadnos setecientas mil libras que nos hacen falta hoy para nuestra partida. Sabiendo que vuestra salud no es buena, suplicamos a dios que os la devuelva y os tenga en su santa guarda. Luis". "La presente sirve de recibo."

Un murmullo de espanto circuló por la sala...

—Bueno —exclamó Pelissón a su vez—. Habéis recibido esta carta, ¿no es así?

—Así es —respondió Fouquet.

—¿Qué pensáis hacer?

—Nada, pues la he recibido. Si la he recibido es señal de que la he pagado —repuso el superintendente con naturalidad que arrancó el corazón de sus amigos.

—¡Que habéis pagado! —exclamó la esposa de Fouquet con desesperación—. ¡Entonces estamos perdidos!

—Vaya, dejémonos de palabras inútiles —dijo Pelissón.

—Ya que habéis perdido el dinero, salvad la vida. ¡A caballo, monseñor! ¡A caballo!

—¡Pero si no puede sostenerse en pie!

—¡Ah! —dijo el intrépido Pelissón—, si entramos en reflexiones...

—Tiene razón —murmuró Fouquet.

—¡Monseñor! ¡Monseñor! —gritó gourville subiendo de cuatro en cuatro los peldaños de la escalera.

—¿Qué hay?

—Como sabéis, he salido acompañando al correo de su Majestad con el dinero. Pues bien, al llegar a palacio he visto...

—Toma un poco de aliento, amigo mío, estás sofocado.

—¿Qué habéis visto? —preguntaron con impaciencia los amigos.

—He visto a los mosqueteros montar a caballo.

—Veis, veis —exclamaron todos.

—No hay que perder minuto.

La señora de Fouquet se salió precipitadamente a la escalera y ordenó que engancharan.

—Señora, —dijo la Belliere echándose en pos de aquélla y deteniéndola—, por su salvación os lo ruego, no demostréis nada ni manifestéis la menor alarma.

Pelissón salió para disponer que prepararan las carrozas.

Mientras, Gourville recogió en un sombrero lo que los desconsolados y despavoridos amigos de Fouquet pudieron depositar en él, última ofrenta, piadosa limosna hecha por la pobreza al infortunio.

Llevados por los unos y sostenido por los otros, el superintendente fue encerrado en su carroza.

Gourville se subió al pescante y empuñó las riendas, y Pelissón sostuvo en sus brazos a la desmayada esposa de Fouquet. En cuando a la Belliere, fue más enérgica, y recibió el pago, recogiendo el último beso del ministro.

CONSEJOS DE AMIGO

D'Artagnan y Fouquet partieron y éste con tal rapidez que aumentaba el tierno interés de sus amigos. Los primeros momentos del viaje, o mejor, de esta fuga, fueron turbados por el continuo temor que inspiraban al fugitivo los caballos y coches que tras sí veía. No era natural, en efecto, que Luis XIV dejase escapar su presa. El joven león había husmeado la caza y tenía muy buenos perros para estar descuidado. Mas, insensiblemente, todos los temores fueron desapareciendo: el superintendente, a fuerza de correr tomó tal delantera a los perseguidores que, razonablemente, no podían alcanzarle. En cuanto al hecho, sus amigos encontraron una excelente disculpa. ¿No debía ir a Nantes a reunirse con el rey? Pues su precipitación era prueba de su celo.

Llegó cansado pero tranquilo a Orleans, en donde, gracias a los cuidados de su correo que le había precedido, encontró una hermosa embarcación en forma de góndola, pero más larga y pesada, de las que entonces hacían el servicio entre Nantes y Orleans por el Loira, travesía larga, aún hoy, que entonces parecía más agradable y cómoda que no el camino real con sus caballos de posta y sus malas y mal suspendidas carrozas.

Fouquet partió en seguida. Los remeros, sabiendo que tenían el honor de conducir al superintendente de "hacienda", se prometían una buena gratificación si la merecían. La lancha voló sobre las aguas del Loira, serenas y tranquilas, sobre las que se reflejaban los purpúreos rayos de un sol espléndido. Los ocho remeros que llevaron a Fouquet como las alas llevan a los pájaros, eran tantos cuantos nunca se usaban en aquellas embarcaciones, como no fuese para servir al mismo rey.

Fouquet dijo a su amigo Gourville, estrechándole la mano:

—Amigo mío, todo está jugado: recuerda tú el proverbio "Los primeros van delante", y Colbert no trata de adelantarme, Colbert es un hombre prudente.

Cuando llegó a Nantes, Fouquet subió a una carroza, que la ciudad le envió, no se sabe por qué, y se encaminó a la casa de Ayuntamiento, escoltado por una gran muchedumbre que desde hacía algunos días llenaba la ciudad en la expectativa de una convocatoria de estados. Apenas instalado el superintendente, Gourville salió para hacer preparar los caballos en un camino de Poitiers y de Vannes y una barca en Paimboeuf; y tal fue el misterio, la actividad y la generosidad que aquél desplegó, que nunca Fouquet, atacado entonces por la calentura, estuvo más cerca de su salvación, salvo la cooperación del azar.

Circuló aquella noche por la ciudad el rumor de que el rey venía apresuradamente en caballos de posta, y que se le esperaba entre diez y once.

El pueblo, esperando al rey, se regocijaba viendo a los mosqueteros, recién llegados con su capitán D'Artagnan, y alojados en el palacio, en el que daban guardias de honor en todas las puertas.

D'Artagnan, que era muy cortés, como a las diez de la mañana se presentó en la habitación del superintendente para ofrecerle sus respetos, y aunque éste sufría de calentura, y estaba hecho un mar de sudor, se empeñó en recibir a D'Artagnan, que quedó contento de tal distinción, como se verá por la conversación que ambos tuvieron.

Fouquet se acostó como quien ama la vida y economiza todo lo posible el delgadísimo hilo de la existencia.

D'Artagnan apareció en el umbral del dormitorio y fue saludado con afabilidad por el superintendente.

—Buenos días, monseñor, —respondió el mosquetero—, ¿qué tal os encontráis del viaje?

—Bastante bien, gracias.

—¿Y la calentura?

—Bastante mal. Como veis, estoy bebiendo. Apenas he sentado la planta en Nantes, le he impuesto una contribución de tisana.

—Lo que primero debéis procurar es dormir, monseñor.

—De muy buena gana lo haría, señor de D'Artagnan.

—¿Qué os lo impide, monseñor?

—En primer lugar, vos.

—¿Yo? ¡Ah! monseñor...

—Sin duda. ¿Por ventura aquí, como en París, no venís en nombre del rey?

—¡Por Dios! monseñor, —replicó el capitán—, dejad en reposo a Su Majestad. El día que venga de parte del rey para lo que vos queréis decir, os doy palabra de no haceros languidecer. Me veréis empuñar la espada, según la ordenanza, y me oiréis decir de golpe y con ceremonia: Monseñor, os arresto en nombre del rey. Fouquet se estremeció, tan natural y robusto había sido el acento del agudo gascón, tan parecida había sido la ficción a la realidad.

—¿Me prometéis tal franqueza? —dijo Fouquet.

—Palabra. Pero no hemos llegado a tal extremo.

—¿Qué os lo hace creer, señor de D'Artagnan? Yo creo lo contrario.

—El que no he oído hablar de nada.

—¡Je! je!

—¡Diantre! veo que a pesar de la fiebre estáis de buen humor —replicó el mosquetero—. El rey no puede ni debe impedir que uno os quiera de todo corazón.

—¿Y creéis que Colbert me quiere también tanto como decís? —repuso el ministro haciendo una mueca.

—¿Quién os habla de Colbert? —dijo D'Artagnan—. Colbert es un hombre excepcional. Quizá no os quiera; pero la ardilla puede preservarse de la culebra por poco que se empeñe en ello.

—Veo que me estáis hablando como amigo, señor de D'Artagnan, en mi vida he encontrado hombre de más ingenio y de más corazón que vos.

—Es favor que me hacéis; pero os ponéis ronco, monseñor. Bebed.

D'Artagnan tomó una taza de tisana y se la ofreció con la más cordial amistad a Fouquet, que la tomó y dio las gracias con una sonrisa.

—Esas cosas no le suceden a nadie más que a mí —exclamó D'Artagnan. —He pasado diez años ante vuestras barbas, cuando apaleabais el dinero, distribuíais en pensiones cuatro millones anuales, sin que repararais en mí, y advertís que estoy en el mundo, precisamente en el momento...

—En que voy a derrumbarme. Es verdad, mi querido señor de D'Artagnan. Pues bien, si caigo, tened por verdad lo que voy a deciros, no pasará día sin que me diga a mí mismo y golpeándome la frente: ¡Oh mortal insensato! ¡teníais a la mano al señor de D'Artagnan y no te serviste de él, y no le enriqueciste!

—Me enorgullecéis, monseñor —repuso el capitán—, y estoy encantado de vos.

—¿No es verdad que estoy bien señalado, capitán? ¿No es verdad que el rey me ha traído aquí para aislarme de París, donde tengo tantos amigos, y para apoderarse de Belle-Isle?

—Donde está Herblay —repuso D'Artagnan. Fouquet levantó la cabeza.

—En cuanto a mí, monseñor —prosiguió D'Artagnan—, puedo

afirmaros que el rey nada me ha dicho contra vos.

—¿De veras?

—Me ordenó que viniera, es cierto, y que nada dijese al señor de Gesvres.

—Amigo mío.

—Al señor de Gesvres —continuó el mosquetero—. El rey me ordenó también que me trajese una brigada de mosqueteros, lo cual es superfluo en la apariencia, ya que aquí está todo tranquilo.

—¿Una brigada? —dijo Fouquet incorporándose.

—Noventa y seis jinetes, monseñor, igual número que tomaron para arrestar a los señores de Chalais, de Cinc—Mars y Montmorency.

—¿Qué más? —preguntó el superintendente aguzando los oídos al escuchar aquellas palabras vertidas sin intención aparente.

—Otras órdenes insignificantes, tales como guardar el palacio, vigilar todas las habitaciones y no dejar que esté de centinela ningún soldado del señor Gesvres, vuestro amigo.

Y respecto de mí, ¿qué órdenes os dio Su Majestad?

—Nada me dijo.

—Señor de D'Artagnan, va en ello mi honra, y quizá mi vida. ¿No me engañáis?

—¿Yo engañaros? ¿con qué objeto? ¿Acaso estáis amenazado? Ahora, tocante a las carrozas y a las barcas, sí, hay una orden...

—¿Una orden?

—Sí, monseñor, pero no os concierne. Es una simple disposición de policía.

—¿Cuál, capitán? ¿cuál?

—Que no puede salir caballo ni barca de Nantes sin salvoconducto firmado del rey.

—¡Dios me valga! pero...

—Bien, —repuso D'Artagnan riéndose—, pero esa orden no estará vigente hasta que haya llegado Su Majestad a Nantes. Ya veis pues, que la orden nada tiene que ver con vos.

Fouquet se quedó pensativo; pero el mosquetero hizo como que no advertía su preocupación.

—Para que yo os confíe el tenor de las órdenes que me han dado —prosiguió D'Artagnan—, es menester que os profese hondo afecto y que tenga empeño en que ninguna vaya dirigida contra vos.

—Sin duda —repuso con distracción el ministro.

—¿Sabéis, señor Fouquet, que si en lugar de habérmelas con un hombre como vos, que sois uno de los primeros del reino, me las hubiera con una conciencia turbada e inquieta, me comprometía para siempre? ¡Qué buena ocasión la presente para quien quisiere poner tierra por medio! Ni policía, ni guardias, ni órdenes; libre el agua, expedito el camino, el señor de D'Artagnan obligado a prestar sus caballos si se los pidieran... Eso debe tranquilizaros, monseñor; porque es obvio que, de sustentar malos designios, el rey no me habría dejado tan independiente. En verdad, señor Fouquet, pedidme cuanto os agrade; estoy a vuestra disposición. Lo único que reclamo de vos, si consentís, es que de mi parte saludéis a Aramis y a Porthos, digo si os embarcáis para Belle-Isle, como tenéis derecho a hacerlo, en el acto, de bata, como estáis.

Con esto y una profunda reverencia, el mosquetero, cuyas miradas no habían perdido nada de su inteligente benevolencia, salió del dormitorio y desapareció; pero aún no había legado a las gradas del vestíbulo, cuando Fouquet, fuera de sí, tiró del cordón de la campanilla y gritó:

—¡Mis caballos! ¡Mi esquife!

El superintendente, al ver que nadie le respondía, se vistió con lo que encontró a mano.

—¡Gourville!... ¡Gourville!... —gritó el ministro.

Gourville entró pálido y jadeante.

—¡Partamos! ¡partamos! —exclamó el superintendente al ver a su amigo.

—Es demasiado tarde —contestó Gourville.

—¡Demasiado tarde! ¿por qué?

—¡Escuchad! Ante el palacio se oía el rumor de trompetas y tambores.

—¿Qué es eso, Gourville?

—Llega el rey, monseñor.

—¡El rey!

—El rey, que ha venido a marchas forzadas y reventando caballos y se ha anticipado ocho horas a todos los cálculos.

—¡Estamos perdidos! —murmuró Fouquet,

—¡Ah! buen D'Artagnan, has hablado demasiado tarde.

En efecto, en aquel instante el rey llegaba a Nantes, y a poco tronaron los cañones de las murallas y los de un buque de guerra anclado en el río.

Fouquet frunció el ceño, llamó a sus ayudas de cámara e hizo que le pusieran el traje de ceremonia.

Desde su ventana y al través de las cortinas, el ministro vio la impaciencia del pueblo y gran número de soldados que habían seguido al príncipe sin que pudiese adivinarse cómo.

El rey fue conducido a palacio con gran pompa, y Fouquet le vio apearse al pie del rastrillo y hablar al oído de D'Artagnan que le tenía el estribo.

Apenas el rey hubo pasado la bóveda de entrada, el capitán se encaminó a casa de Fouquet, pero con lentitud y parándose tantas veces para hablar a sus mosqueteros, formados en línea, que no parecía, sino que contaba los segundos a los pasos antes de cumplir la comisión que le dio el rey.

Al verle en el patio, el superintendente abrió la ventana para hablar con él.

—¡Cómo! ¿"aún" estabais aquí, monseñor? —preguntó D'Artagnan.

—Sí, señor, —respondió Fouquet exhalando un suspiro—; la llegada del rey me ha sorprendido en lo mejor de mis proyectos.

—¡Ah! ¿sabéis que el rey acaba de llegar?

—Le he visto. ¿Y ahora venís de su parte?

—A informarme de vuestra salud, monseñor, y si no es demasiado delicada, rogaros que os presentéis en palacio.

—Sin perder minuto, señor de D'Artagnan.

—¡Malhaya! —repuso el capitán—; desde que el rey está aquí, ya nadie es dueño de pasearse a su albedrío; ahora estamos bajo el imperio de la consigna, tanto vos como yo.

Fouquet exhaló otro suspiro, subió a una carroza, tanta era su debilidad, y se encaminó a palacio, escoltado por D'Artagnan, cuya cortesía era ahora tan espantosa como consoladora y alegre había sido poco antes.

CÓMO EL REY LUIS XIV HIZO SU PEQUEÑO PAPEL

Al apearse Fouquet para entrar en el palacio de Nantes, un hombre del pueblo se le acercó con el mayor respeto y le entregó una carta.

D'Artagnan impidió que aquel hombre hablase con el ministro, y le alejó, pero la carta estaba ya en manos del superintendente, que la abrió y la leyó, dando muestras de un vago terror que no pasó inadvertido al mosquetero. Fouquet metió la carta en la cartera y siguió hacia las habitaciones de Luis XIV.

Al través de las ventanillas abiertas en cada piso del torreón, y subiendo tras Fouquet, D'Artagnan vio en la plaza cómo el hombre de la carta miraba en torno de sí y hacía señales a otros que desaparecían por las calles inmediatas después de haber repetido las señales hechas por el personaje que hemos indicado.

A Fouquet le hicieron esperar un rato en la azotea que hemos citado, que daba a un pasillo junto al cual habían dispuesto el despacho del rey.

D'Artagnan se adelantó entonces al superintendente, a quien había acompañado respetuosamente, y entró en el gabinete de su Majestad.

—¿Y bien? —le preguntó Luis XIV, que al verle entrar cubrió con un gran paño verde el bufete atestado de papeles.

—Está cumplida la orden, Sire.

—¿Y Fouquet?

—El señor superintendente está ahí —replicó D'Artagnan.

—Que le introduzcan aquí dentro de diez minutos —dijo el rey despidiendo con un ademán al gascón. Este salió, pero apenas hubo llegado al pasillo, al extremo del que Fouquet estaba aguardando, cuando volvió a llamarle la campanilla del monarca.

—¿No ha manifestado extrañeza alguna? —preguntó Luis XIV.

—¿Quién, Sire? –

–Fouquet —repitió el rey sin decir señor, particularidad que confirmó en sus sospechas al capitán de mosqueteros.

—No, Sire.

—Está bien, podéis marcharos.

Fouquet no se había movido de la azotea donde le dejó su guía, y estaba leyendo nuevamente la carta, concebida en estos términos:

"Se trama algo contra vos, y si no se atreven en palacio, será cuando regreséis a vuestra casa, ya cercada por los mosqueteros. No entréis en ella, sino dirigios detrás de la explanada, donde os espera un caballo blanco".

Fouquet había reconocido la letra y el celo de Gourville, y no queriendo que, de sobrevenirle una desgracia, aquel papel pudiese comprometer a su fiel amigo, hizo mil pedazos la carta y la arrojó al viento por el pretil de la azotea.

D'Artagnan sorprendió al superintendente mientras éste estaba mirando revolotear por el espacio los últimos pedazos de la carta.

—El rey os aguarda, monseñor —dijo el mosquetero. Fouquet avanzó con ademán resuelto por el pasillo, en el que trabajaban Brienne y Rose, mientras Saint-Aignán, sentado en una sillita no lejos de ellos y con la espada entre las piernas, parecía estar esperando órdenes y bostezaba.

A Fouquet le pareció extraño que Brienne, Rose y Saint-Aignán, siempre tan corteses y obsequiosos, apenas se hubiesen movido al pasar él, el superintendente. Pero ¿qué podía esperar de los cortesanos aquel a quien el rey ya solamente llamaba Fouquet?

El ministro irguió la cabeza, y, resuelto a arrostrarlo todo de frente, entró en el gabinete de Luis XIV tan pronto una campanilla que ya nos es conocida le hubo anunciado a Su majestad.

Luis le saludó con la cabeza, sin levantarse, y le preguntó con interés por su salud.

—Estoy con un acceso de fiebre, Sire —respondió el superintendente—; pero a la orden de Vuestra Majestad.

—Bien: mañana se reúnen los estados; ¿tenéis preparado algún discurso?

—No, Sire; pero improvisaré uno. Conozco bastante los asuntos que van a tratarse para no quedarme cortado. Sólo querría hacer una pregunta: ¿me da Vuestra Majestad licencia para que se la dirija?

—Hacedla.

—¿Por qué, siendo vuestro primer ministro, Sire, ¿no os dignasteis advertirme en París?

—Porque estabais enfermo y no quería causaros fatiga alguna.

—Nunca me fatigan el trabajo y las explicaciones, Sire, y pues ha llegado para mí el momento de pedir una explicación a mi soberano...

—¿Sobre qué?

—Sobre las intenciones de Vuestra Majestad respecto de mí. Luis XIV se sonrojó.

—Sire —prosiguió Fouquet con viveza—. He sido calumniado y debo provocar una información.

—Habláis inútilmente —replicó el monarca—: yo sé lo que sé.

—Vuestra majestad no puede saber más que lo que le han dicho, y yo no os he dicho nada, Sire. mientras los demás han hablado qué sé yo cuántas veces.

—¿Qué queréis decir? —prorrumpió Luis XIV anheloso de dar fin a aquella embarazosa conversación.

—Voy al hecho, sire, y acuso a un hombre de perjudicarme ante vos.

—Nadie os perjudica, señor Fouquet.

—Esta respuesta, Sire, me prueba que yo tenía razón.

—Señor Fouquet, no me gusta que acusen.

—¡Cuando uno es acusado!

—Basta, ya hemos hablado demasiado sobre esto.

—¿Luego Vuestra Majestad no quiere que me justifique?

—Os repito que no os acuso.

Es evidente que ha tomado una resolución, pensó Fouquet retrocediendo un paso y haciendo una ligera inclinación con la cabeza. Sólo tiene esa obstinación el que no puede volverse atrás. Sería menester estar ciego para no ver ahora el peligro, vacilar sería una nedesad. Y en voz alta preguntó:

—¿Me ha enviado a buscar Vuestra Majestad para algún trabajo?

—No, sino para daros un consejo.

—Lo espero con el mayor respeto, Sire.

—Descansad; no prodiguéis más vuestras fuerzas. La sesión de los estados será corta, y cuando mis secretarios la hayan cerrado, no quiero que en Francia se hable de hacienda en quince días.

—¿Nada tiene que decirme Vuestra Majestad sobre la reunión de los estados?

—No.

—¿A mí, superintendente de hacienda?

—Os ruego que descanséis; nada más tengo que deciros.

Fouquet se mordió los labios y bajó la cabeza con señales evidentes de meditar algo grave.

—¿Acaso os fastidia veros obligado a descansar? —dijo el rey, contaminado por la inquietud que se veía en el rostro del ministro.

—Sí, Sire, no estoy acostumbrado al reposo.

—Estáis enfermo y es menester que os cuidéis.

—¿No me ha hablado Vuestra Majestad de un discurso que debe pronunciarse mañana?

Esta pregunta le turbó, el rey no respondió.

Fouquet sintió el peso de aquella vacilación, y creyó ver en los ojos del príncipe el peligro que él precipitaría con sus recelos. Si hago ver que tengo miedo, —dijo entre sí el ministro—, estoy perdido.

Al monarca, le tenía desasosegado la desconfianza de Fouquet.

Como la primera palabra que me dirija sea dura, —continuó el ministro pensando—, si se irrita o finge irritarse para tomar un pretexto, ¿cómo salgo del apuro? Suavicemos la pendiente. Gourville tenía razón. Y alzando la voz, dijo de pronto:

—Sire, pues veláis por mi salud hasta el punto de dispensarme de todo trabajo, ¿os dignaríais excusarme de asistir al consejo de mañana? Así podría pasar en cama el día, y probaría un remedio contra estas malditas fiebres si tuvieseis a bien cederme vuestro médico.

—Concedido. Os enviaré mi licencia para mañana, os enviaré mi médico, y recobraréis la salud.

—Gracias, Sire —dijo fouquet inclinándose. Y tomando una resolución prosiguió:

—¿Tendré la honra de conducir a Vuestra Majestad a BelleIsle, a mi casa?

—El ministro miró cara a cara al rey para juzgar del efecto de su proposición.

—¿Sabéis lo que decís? —replicó el monarca sonrojándose otra vez y esforzándose en sonreírse.

—¿Belle-Isle vuestra casa?

—Es cierto, Sire.

—¿Habéis olvidado —prosiguió Luis XIV con el mismo tono jovial, —que me donasteis Belle-Isle?

—No lo he olvidado, Sire, pero como todavía no habéis tomado posesión de ella, ahora podríais hacerlo.

—Con mucho gusto. —Por otra parte ésta era la intención de Vuestra majestad, que era la mía, y no sabría deciros cuán satisfecho y orgulloso me he sentido al ver venir de París toda la casa militar del rey para esa toma de posesión.

—No he traído solamente para eso a mis mosqueteros —balbuceó el rey.

—Lo supongo —dijo con viveza el superintendente—: Vuestra Majestad sabe muy bien que le basta ir solo a BelleAsle con un bastoncito para que a su presencia se derrumben todas las fortificaciones.

—No —exclamó el rey—, no quiero que unas fortificaciones tan costosas se derrumben. Queden en pie contra los holandeses y los ingleses. Lo que yo deseo ver en Belle-Isle, no lo adivinaríais: son las hermosas campesinas, solteras y casadas, del interior o de la costa, que bailan tan bien y son tan seductoras con sus sayas rojas. Me han dicho grandes alabanzas de vuestras vasallas, señor superintendente; mostrádmelas.

—Cuando Vuestra Majestad quiera.

—¿Tenéis dispuesto algún buque?

—No, Sire —respondió el superintendente, que vio la poco hábil indirecta—. Como ignoraba que Vuestra Majestad tuviera tal deseo, y sobre todo que tuviese tanta prisa por ver a Belle-Isle, no he hecho preparativos.

—Sin embargo, ¿no tenéis una embarcación?

—Cinco poseo, sire, pero unas están en Port y otras en Paimboeuf, y para legar adonde están y hacer que vengan, se necesitan a lo menos veinticuatro horas. ¿Quiere Vuestra Majestad que envíe un correo o que vaya yo por alguna de ellas?

—Dejad que pase vuestra calentura. Aguardad a mañana.

—Decís bien, Sire... ¿Quién sabe qué ideas tendremos mañana? —replicó Fouquet, ya libre de toda duda e intensamente pálido.

El rey se estremeció y alargó la mano hacia su campanilla; pero el ministro se le anticipó, diciendo:

—Sire, me da la calentura y estoy tiritando. Si estoy aquí un segundo más, es fácil que me desmaye. Déme Vuestra majestad licencia para ir a acostarme.

—En efecto, tiritáis, y da compasión veros. Recogeos, señor Fouquet; ya enviaré a preguntar por vuestra salud.

—Vuestra Majestad me colma de atenciones. Dentro de una hora estaré mucho mejor.

—Quiero que alguien os acompañe —dijo el rey.

—Como os plazca, Sire; de buena gana me apoyaría en el brazo de alguno.

—¡Señor de D'Artagnan! —gritó el rey tocando de la campanilla.

—¡Oh! Sire —repuso Fouquet riéndose de un modo que dio calambres al soberano, —¿para qué me acompañe a mi casa me dais al capitán de mosqueteros? Es un honor muy equívoco, Sire. Me basta un simple lacayo.

—¿Por qué, señor Fouquet? ¿No me acompaña a mí el señor de

D'Artagnan?

—Sí, Sire; pero cuando os acompaña es para obedecer, en tanto que yo...

—¿Qué?

—En tanto que yo, Sire, si entro en mi casa con vuestro capitán de mosqueteros, la gente va a decir que habéis mandado arrestarme.

—¡Arrestaros! —profirió Luis XIV, poniéndose todavía más pálido que fouquet.

—¿Por qué no, sire? —prosiguió Fouquet sin cesar de reírse.

—Y apostaría que algunos se alegrarían de ello. Esta salida desconcertó al monarca que, gracias a la habilidad de Fouquet, retrocedió ante la apariencia del golpe que estaba meditando, y al ver entrar a D'Artagnan, ordenó a éste que designara un mosquetero para que acompañase al superintendente.

—Es inútil, —repuso Fouquet—; espada por espada, prefiero a Gourville, que me está aguardando abajo; pero esto no impide que yo goce de la compañía del señor D'Artagnan, que me gustaría que viese Belle-Isle, siendo tan perito en materia de fortificaciones. D'Artagnan se inclinó sin comprender nada. Fouquet hizo una nueva reverencia, y se salió afectando la lentitud del hombre que se pasea; una vez fuera de palacio, dijo entre sí mientras desaparecía entre la muchedumbre:

—Estoy salvado. Sí, verás a Belle-Isle, rey infame, pero cuando ya no estaré en ella.

—Capitán —dijo el rey al mosquetero— vais a seguir al señor Fouquet a cien pasos de distancia. Se encamina a su casa, y allá vais a ir vos también; le arrestáis en mi nombre y le encerráis en una carroza.

—¿En una carroza? Corriente.

—De manera que por el camino no pueda hablar con persona alguna, ni arrojar ningún escrito.

—Lo que Vuestra Majestad me ordena es muy difícil; yo no puedo hacer morir por asfixia al señor Fouquet, y si me pide que le deje respirar, no voy a impedírselo cerrando cristales y cortinillas. Ya veis, pues, que puede gritar y arrojar papeles por la ventanilla.

—Y está previsto el caso; los dos inconvenientes de que acabáis de hablar los obviará una carroza con un enrejado de hierro.

—¡Ah! —exclamó D'Artagnan—; pero como no hay quien labre en media hora un enrejado de hierro para una carroza, y Vuestra Majestad me ordena que vaya enseguida a casa del señor Fouquet...

—Ya está —replicó el rey.

—Esto es distinto —repuso el capitán.

—Todo está pronto, y el cochero y el lacayo aguardan en el patio de servicio.

—Sólo me falta preguntar adónde debo conducir al señor Fouquet —dijo D'Artagnan inclinándose.

—Por ahora al castillo de Angers. Luego, veremos. ¡Ah! ya habéis notado que para arrestar al señor Fouquet no me valgo de mis guardias, lo cual pondrá furioso al señor de Gesvres. Esto quiere decir que tengo confianza en vos. Ya lo sé, Sire, y es inútil que lo ponderéis.

—Os lo he dicho con el objeto de manifestaros que si, por casualidad, por una casualidad cualquiera, el señor Fouquet se evadiera... Porque se han dado casos, señor capitán...

—Con frecuencia, Sire; pero eso va con los demás, no conmigo.

—¿Por qué no con vos?

—Porque por un instante he tenido la idea de salvar al señor Fouquet. El rey se estremeció.

—Porque —prosiguió el capitán—, habiendo adivinado yo vuestro plan sin que vos me hubieseis dicho sobre él una palabra, y siéndome simpático el señor Fouquet, al intentar salvarlo estaba en mi derecho.

—En verdad, no podéis tranquilizarme respecto de vuestros servicios —repuso el soberano.

—Si yo lo hubiese salvado entonces, mi inocencia no pudiera negarse; y me aventuro a decir que habría obrado bien, porque el señor Fouquet no es un criminal. Pero en vez de escucharme, se ha entregado en brazos del destino, y ha dejado escapar la hora de la libertad. El sufrirá las consecuencias. Ahora he recibido órdenes para mí ineludibles; por lo tanto, dad por arrestado al señor superintendente, Sire, y por encerrado en el castillo de Angers.

—Todavía no le habéis echado la mano, capitán.

—Esto es cosa mía; cada uno a lo suyo, Sire. Lo único que os digo, es que lo

reflexionéis con madurez. ¿Me dais formalmente la orden de arrestar al señor Fouquet, Sire?

—No una, sino mil veces os la doy si fuera menester.

—Pues venga por escrito.

—Aquí está.

D'Artagnan la leyó, saludó al monarca, salió, y al legar a la azotea vio pasar todo satisfecho a Gourville en dirección de la casa del superintendente.

EL CABALLO BLANCO Y EL CABALLO NEGRO

—Es sorprendente —dijo entre sí el gascón—. ¡Gourville corriendo alegre por la calle, cuando está casi seguro de que al señor fouquet le amaga un peligro, y cuando es también casi seguro que él es quien ha avisado al superintendente por medio de la carta que éste ha rasgado en mil pedazos aquí mismo! ¿Gourville se restrega las manos? señal de que ha hecho algo de provecho. ¿De dónde vendrá? Llega por la calle de las Hierbas. ¿Adónde va a parar esa calle?

D'Artagnan miró por encima de las casas de nantes, dominadas por el palacio, la línea trazada por las calles, como pudiera haberlo hecho en el plano topográfico; sólo que, en vez de un papel extendido, vacío y desierto, el plano viviente se levantaba en relieve con los movimientos, el vocerío y las figuras de personas y cosas. Extramuros se extendía la verde llanura, cerrada por el encendido horizonte y surcada por las azuladas aguas del Loira y por las verdinegras aguas de los pantanos. De las puertas de nantes partían dos blancos caminos que divergían como dos dedos separados de una mano gigantesca.

D'Artagnan, que había abrazado con una mirada todo el panorama, siguiendo la línea de la calle de las Hierbas, fue a parar con la vista al punto de partida de uno de los caminos: y ya se disponía a salir de la azotea para entrar en el torreón y bajar a buscar la enrejada carroza para irse a casa del señor Fouquet, cuando le llamó la atención algo que avanzaba por aquel camino.

—¿Qué es aquello que se mueve allá abajo? —dijo entre sí el mosquetero—. Un caballo, un caballo desbocado sin duda. El objeto movedizo se separó del camino y se metió por los sembrados.

—¡Un caballo blanco! —continuó el gascón, que acababa de ver resaltar el color del animal sobre la oscura alfalfa—. ¡Y lo monta alguno! De fijo que el jinete es un muchacho, y que el caballo, sediento, lo lleva al diagonalmente hacia un abrevadero.

El caballo blanco corría, corría siempre hacia el Loira a cuyo extremo se veía una pequeña embarcación.

¡Oh! ¡Oh! —murmuró el mosquetero—. Sólo un hombre que huye corre de tal suerte al través de tierras de labor; sólo un Fouquet, un hacendista puede correr así en pleno día y montan do un caballo blanco: sólo un señor de Belle-Isle puede huir hacia el mar, cuando en tierra hay bosques tan cerrados; y sólo hay un D'Artagnan en el mundo capaz de alcanzar a Fouquet, que lleva media hora de delantera, y antes de una hora habrá llegado a la embarcación que le espera.

Dicho esto, el gascón mandó que la carroza del enrejado saliese a escape hacia un bosquecillo situado fuera de Nantes, y, escogiendo su mejor caballo, subió sobre él, echó por la calle de las Hierbas, y tomó, no el camino que llevaba Fouquet, sino la orilla del Loira, seguro de que así ganaría diez minutos sobre el total del trayecto, y, en la intersección de las dos líneas, alcanzaría al fugitivo, que no podía presumir que por aquel lado le persiguiesen.

En la rapidez de su carrera, con la impaciencia del perseguidor, animándose como en la caza y en la guerra, D'Artagnan, tan amable y tan bueno con Fouquet, se volvió feroz y caso sanguinario.

Mientras corrió por largo tiempo sin ver al caballo blanco, su furor tomó todos los caracteres de la rabia. Dudando de sí mismo, supuso que Fouquet se había abismado en un camino subterráneo, o cambiado el caballo blanco por uno de aquellos famosos caballos negros, veloces como el viento, que D'Artagnan admiraba y envidiara tantas veces en San Mandé. En aquellos momentos, cuando el viento escocía los ojos y le arrancaba lágrimas, y la silla quemaba, y el caballo, abiertas sus carnes por las espuelas, rugía de dolor y hacía volar con sus pies la arena y los guijarros, D'Artagnan levantábase sobre sus estribos, y al no ver nada en el agua ni bajo la arboleda, buscaba en el aire como un insensato, y devorado por el temor del ridículo, decía sin cesar:

—¡Yo! ¡yo burlado por un Gourville! Se dirá que envejezco, o que he recibido un millón para dejar huir a Fouquet.

Y hundía sus espuelas en los ijares de su caballo, que en dos minutos había recorrido una legua.

De repente y al extremo de una dehesa, allende la valla, D'Artagnan vio aparecer y desaparecer para aparecer de nuevo y permanecer visible en un terreno más elevado, una forma blanca que le hizo estremecerse de alegría y serenarse en seguida.

Se enjugó la frente, abrió las rodillas, y, recogiendo las riendas, moderó el paso del vigoroso animal, su cómplice en aquella caza del hombre.

Entonces pudo estudiar la forma del camino, y su situación respecto de Fouquet.

Este había fatigado a su caballo al atravesar las tierras, y conociendo cuán necesario le era llegar a un suelo más duro, buscaba el camino por la secante más corta.

D'Artagnan seguí en línea recta por la pendiente del acantilado que le ocultaba a la vista de su enemigo, para cortarle el paso al llegar al camino, donde iba a principiar la verdadera carrera, a entablarse la lucha. D'Artagnan dejó respirar a su caballo, notó que el superintendente hacía lo mismo con el suyo. Pero como ambos llevaban demasiada prisa para continuar mucho tiempo a aquel paso, el caballo blanco partió como una flecha en cuanto pisó en terreno más resistente. D'Artagnan aflojó las riendas, y su caballo negro tomó el galope.

Ambos seguían el mismo camino; los cuádruples ecos de la carrera se confundían; Fouquet aún no había advertido la presencia de D'Artagnan. Pero a la salida de la pendiente, sólo un eco hirió los aires, el de los pasos de la cabalgadura del mosquetero, que producía el efecto del trueno.

Fouquet se volvió, y al ver a un centenar de pasos a su espalda a su enemigo inclinado hasta el cuello de su corcel, ya no dudó que le perseguía un mosquetero, al que conoció por su bruñido tahalí y su roja casaca. Fouquet, pues, aflojó también las riendas a su caballo, que puso entre él y su adversario veinte pies más de distancia.

¡Ah! —dijo entre sí D'Artagnan con inquietud—, el caballo que monta Fouquet no es de los ordinarios.

Y examinó las particularidades de aquel corcel; vio que tenía redonda la grupa, larga y enjuta la cola, patas delgadas y secas como alambres y cascos más duros que el mármol.

D'Artagnan picó a su caballo, pero la distancia continuó siendo igual. El mosquetero prestó oído atento, pero no oyó ni un resoplido del caballo blanco, no obstante dejar atrás los vientos. El caballo negro, por el contrario, empezaba a roncar como si le hubiese dado un ataque de tos.

—Aunque reviente mi caballo —pensó D'Artagnan—. Debo darle alcance. Y rasgando la boca del pobre animal y lacerándole las carnes vivas con sus espuelas, logró ganar sobre fouquet unas veinte toesas, es decir a tiro de pistola.

—¡Animo! ¡Animo! —murmuró el mosquetero—; el caballo blanco quizá se debilite también, y si no cae el caballo, caerá su amo.

Pero caballo y caballero, continuaron derechos unidos, y poco a poco ganaron terreno.

D'Artagnan lanzó un grito salvaje que hizo volver el rostro al Fouquet, cuya montura conservaba bastantes fuerzas.

—¡Famoso caballo! —dijo con ronca voz D'Artagnan—. ¡Voto al diablo! Señor Fouquet, en nombre del rey, daos preso. –

Y al ver que Fouquet no respondía, aulló:

—¿Me habéis oído, señor Fouquet?

El caballo de D'Artagnan dio un paso en falso.

—Sí, contestó lacónicamente el ministro.

D'Artagnan estuvo para volverse loco, la sangre afluyó a las sienes y a los ojos.

—¡En nombre del rey, deteneros, u os derribo de un pistoletazo! —gritó el mosquetero.

—Derribadme —exclamó Fouquet corriendo siempre. D'Artagnan tomó una de sus pistolas y la amartilló, esperando que el ruido al amartillarla detendría a su enemigo.

También vos lleváis pistolas, defendeos —le dijo Fouquet volvió el rostro, y mirando al gascón cara a cara, se desbrochó con la mano derecha el jubón; pero no tocó a las pistoleras.

Entre ellos apenas había veinte pasos.

—¡Voto al diablo! —exclamó D'Artagnan.No os asesinaré; si no queréis disparar contra mí, rendíos. ¿Qué es la prisión?

—Prefiero morir —respondió Fouquet—; así sufriré menos.

—Bueno, os prenderé vivo —repuso D'Artagnan loco de desesperación y arrojando su pistola.

Y haciendo un prodigio de que sólo era él capaz, puso su caballo a diez pasos del caballo blanco; ya estiraba la mano para agarrar su presa, cuando Fouquet exclamó:

—Matadme; es más humano.

—No, vivo, vivo.

Pero el caballo de D'Artagnan dio otro paso en falso, y perdió terreno, y Fouquet se adelantó.

Al galope desencadenado había seguido el trote largo, y a éste el simple trote; la carrera parecía tan frenética como al principio a aquellos fatigados atletas.

—¡A vuestro caballo, no a vos! —gritó D'Artagnan fuera de sí, empuñando la segunda pistola y disparando sobre el caballo blanco. El animal, herido en la grupa, dio un brinco terrible y se encabritó; pero el de D'Artagnan caía muerto.

—Estoy deshonrado —dijo entre sí el mosquetero—, soy un miserable. Y levantando la voz, añadió:

—Señor Fouquet, por favor, echadme una de vuestras pistolas para levantarme la tapa de los sesos.

Fouquet siguió su marcha.

—¡Por favor, por favor! —exclamó D'Artagnan—, lo que no queréis en este instante, le haré dentro de una hora. Hacedme este favor, señor Fouquet: dejadme que me mate aquí, en este camino, y así moriré como un valiente estimado.

Fouquet continuó trotando y callado.

D'Artagnan echó a correr tras su enemigo, y sucesivamente fue arrojando al suelo su sombrero y su casaca, que le incomodaban, la vaina de su espada, que se le metía entre las piernas, y por último no pudiendo sostenerla en la mano, su espada.

El caballo blanco agonizaba, y D'Artagnan iba acercándose. Agotadas ya las fuerzas, el animal pasó del trote al paso corto, y poseído del vértigo y echando sangre y espuma por la boca, movía violentamente la cabeza. D'Artagnan hizo un esfuerzo desesperado; de un brinco se echó sobre Fouquet, y asiéndole de una pierna, dijo con voz entrecortada y jadeante:

—Os arresto en nombre del rey. Ahora sacadme los sesos de un pistoletazo, los dos habremos cumplido con nuestro deber. Fouquet arrojó lejos de sí, al río, las dos pistolas de que pudiera haberse apoderado el gascón, y se apeó, diciendo:

—Me entrego. Ahora apoyaos en mi brazo, pues vais a desmayaros.

—Gracias —murmuró D'Artagnan que efectivamente, sintió que le faltaba la tierra y el cielo se le venía encima, y cayó sin fuerzas y sin aliento.

Fouquet bajó al río, recogió agua en su sombrero, y volviendo adonde el mosquetero, le refrescó las sienes y le vertió algunas gotas en los labios.

D'Artagnan se incorporó, mirando alrededor y al ver al ministro con su humedecido sombrero en la mano y sonriendo con inefable dulzura, exclamó:

—¡Cómo! ¿no habéis huido? ¡Ah, monseñor!, en punto a lealtad, corazón y alma, el verdadero rey no es el Luis del Louvre, ni el Felipe de Santa Margarita, sino vos, el proscrito, el condenado.

—Pero, ¿cómo vamos a arreglarnos para regresar a Nantes? Estamos muy lejos.

—Es verdad —contestó el mosquetero.

—Quizás el caballo pueda regresar. ¡era tan buen corcel! subíos sobre él, señor de D'Artagnan; yo iré a pie hasta que hayáis descansado.

—¡Pobre bestia! ¡Herida! —dijo el gascón.

—Todavía podrá caminar, la conozco: pero montemos sobre ella los dos.

—Probemos —repuso el capitán. Cuando el caballo sintió el doble peso, vaciló: más se repuso y anduvo por algunos minutos, luego cayó junto al caballo negro.

—El destino quiere que vayamos a pie; magnífico pase —dijo Fouquet apoyándose en el brazo de D'Artagnan.

—Mal día para mí, ¡Voto a mil bombas! —exclamó el mosquetero con la mirada fija, frunciendo el ceño y el corazón triste.

Lentamente hicieron Fouquet y D'Artagnan las cuatro leguas que les separaba del bosque, tras el cual les esperaba la carroza con una escolta. Al ver Fouquet la siniestra máquina, se volvió hacia D'Artagnan, que avergonzado por Luis XIV bajó los ojos, y dijo:

—Poco generoso es el hombre que ha concebido la idea, señor de D'Artagnan, y ese hombre no sois vos. ¿Para qué ese enrejado?

—Para impediros que arrojéis por la ventanilla algún escrito.

—Es ingenioso.

—Pero, si no escribir, podéis hablar.

—¿Con vos?

—Si os place.

Fouquet se quedó pensativo, y después dijo, mirando cara a cara al capitán.

—Una sola palabra; ¿la retendréis?

—Sí, monseñor.

—¿La trasmitiréis a quien yo quiero?

—La trasmitiré.

—"San Mandé" —dijo en voz baja Fouquet.

—Está bien. ¿Y a quién tengo que transmitirla?

—A la señora de Belliere o a Pelissón.

—Lo haré.

La carroza atravesó Nantes y tomó el camino de Angers.

EN EL CUAL LA ARDILLA CAE Y LA CULEBRA VUELA

Eran las dos de la tarde, y el rey, inquieto, iba y venía de su gabinete a la azotea, abriendo de vez en cuando la puerta del corredor para ver lo que hacían sus secretarios. Colbert, sentado en el mismo sitio en que Sain-Aignán pasó tanto tiempo por la mañana, estaba conversando en voz baja con Brienne. Luis XIV abrió de pronto la puerta y les preguntó:

—¿De qué estáis hablando?

—De la primera sesión de los estados —respondió Brienne levantándose.

—Está bien —repuso el monarca entrando otra vez.

Cinco minutos después la campanilla llamó a rose, por ser ya la hora de despacho.

—¿Habéis acabado vuestras copias? —preguntó el rey.

—Aun no, Sire.

—Ved si ha regresado el señor de D'Artagnan.

—Todavía no.

—¡Es extraño! —murmuró el rey. —Llamad al señor Colbert.

Colbert entró.

—Señor Colbert —dijo el rey con viveza—, sería del caso indagar qué ha sido del señor de D'Artagnan.

—¿Y dónde quiere Vuestra Majestad que se le busque? —repuso con toda calma el intendente.

—¿No sabéis adónde le he enviado? —replicó con aspereza el monarca.

—Vuestra Majestad no me lo ha dicho.

—Hay cosas que se adivinan, y sobre todo vos las adivináis.

—Yo puedo suponer, pero me está vedado adivinar del todo. Apenas Colbert dijo esto, una voz más ruda que la del rey interrumpió la conversación empezada entre el monarca y el intendente.

—¡D'Artagnan! —exclamó Luis XIV lleno de alegría.

—Sire —preguntó el mosquetero, pálido y de pésimo humor, —¿ha sido Vuestra Majestad quien ha dado órdenes a mis mosqueteros?

—¿Qué órdenes? —preguntó el rey.

—Respecto de la casa del señor Fouquet.

—No —contestó Luis.

—¡Ah! —repuso D Artagnan royéndose el bigote. Y señalando a

Colbert, añadió: — No me engañé, es ese caballero.

—¿Qué orden? Vamos a ver —dijo el monarca.

—La de revolver toda la casa, apalear a los criados y empleados del señor de Fouquet, fracturar los cajones, en una palabra, saquear una morada tranquila. Eso es una salvajada, ¡voto al diablo!

—¡Caballero!... —repuso Colbert intensamente pálido.

—Señor Colbert —atajó D'Artagnan—, sólo el rey tiene el derecho de mandar a mis mosqueteros. A vos os lo vedo, y ante Su Majestad os lo digo. ¿Os habéis figurado que un caballero que ciñe espada es un bergante que lleva la pluma a la oreja?

—¡D'Artagnan! ¡D'Artagnan! —exclamó el rey.

—No puede darse mayor humillación —prosiguió el mosquetero—; mis soldados están deshonrados, yo no mando retires o escribientes de la intendencia.

—Pero vamos a ver ¿qué pasa? —dijo con voz de autoridad el monarca.

—Pasa, Sire, que este caballero, que no puede haber adivinado las órdenes de Vuestra Majestad, y por lo tanto no ha sabido que había salido para arrestar al señor Fouquet, el caballero, que ha hecho construir una jaula de hierro para encerrar en ella a su amo de ayer, ha enviado a Roncherat a casa del señor fouquet, para apoderarse de los papeles de éste, y no han dejado mueble sano. Mis mosqueteros, en cumplimiento de mis órdenes, cercaban la casa desde la mañana. Y pregunto yo: ¿por qué se han propasado a hacerlos entrar? ¿Por qué les han hecho cómplices del saqueo, obligándoles a presenciarlo? ¡Vive Dios! Nosotros ser, vimos al rey, pero no el señor Colbert.

—¡Señor de D'Artagnan! —repuso con severidad Luis XIV—, no permito que en mi presencia se hable en ese tono.

—He obrado en pro de Su Majestad —respondió Colbert con voz alterada—, y es para mí muy duro verme tratado tan mal por un oficial del rey, tanto más cuanto no puedo replicaros por vedármelo el respeto que debo al mi soberano.

—¡El respeto que debéis a vuestro soberano! —prorrumpió D'Artagnan echando llamas por los ojos. El respeto que debe uno al su soberano consiste ante todo en hacer respetar su autoridad y hacer amable su persona. Todo agente de un poder absoluto representa ese poder, y cuando los pueblos maldicen la mano que los maltrata, Dios le pide cuentas a la mano real, ¿oís?

D'Artagnan tomó una actitud altiva, y con la mirada fiera, la mano sobre la espada y temblándole los labios, fingió más cólera que sentía.

Colbert, humillado y devorado por la rabia, saludó al rey como pidiéndole licencia para retirarse.

El rey, contrariado en su orgullo y en su curiosidad, no sabía qué hacer. D'Artagnan, al verle titubear, comprendió que de quedarse más tiempo en el gabinete sería cometer una falta; lo que él quería era conseguir un triunfo sobre Colbert, y la única manera de conseguirlo era herir tan hondo y en lo vivo al rey, que a este no le quedase otra salida que escoger entre uno y otro antagonista.

D'Artagnan se inclinó; pero el rey, que ante todo quería saber nuevas exactas sobre el arresto del superintendente de hacienda, se olvidó de Colbert, que nada nuevo tenía que decir, y llamó a su capitán de mosqueteros, diciéndole:

—Señor de D'Artagnan, explicadme primero cómo habéis hecho mi comisión; luego descansaréis.

El gascón, que iba a salir, se detuvo a la voz del rey y retrocedió.

Colbert se inclinó ante él, se irguió a medias ante el mosquetero, y, con los ojos animados de fuego siniestro, y la muerte en el corazón, salió del gabinete.

—Sire —señaló D'Artagnan cuando se encontró solo con el monarca y más tranquilo—, sois un rey joven, y a la aurora es cuando uno adivina si el día será hermoso o triste. ¿Qué queréis que augure de vuestro reinado el pueblo que dios ha puesto bajo vuestra ley, si dejáis que entre vos y él se interpongan ministros todo cólera y violencia? Pero hablemos de mí, Sire, dejemos una discusión que os parece ociosa y tal vez inconveniente. He arrestado al señor Fouquet.

—Largo tiempo os ha costado —repuso con acritud el monarca.

—Veo que me he explicado mal —dijo D'Artagnan mirando con fijeza a Luis XIV—. ¿He dicho a Vuestra Majestad que he arrestado al señor Fouquet?

—Sí, ¿y qué?

—Que rectifico diciendo que el señor Fouquet me ha arrestado a mí. Entonces Luis XIV enmudeció de sorpresa, D'Artagnan, con su mirada de lince, comprendió lo que pasaba en el ánimo de su soberano, y, sin darle tiempo de hablar, contó, con la poesía y gracejo que tal vez únicamente él poseía en aquel tiempo, la evasión de Fouquet, la persecución, la encarnizada carrera, y, por último, la inimitable generosidad del superintendente, que pudiendo huir y matar a su perseguidor, había preferido la prisión, y quizás otra cosa peor, a la humillación de aquel que quería arrebatarle su libertad.

A medida que iba narrando el capitán de mosqueteros, Luis XIV se agitaba y devoraba las palabras mientras hacía chasquear unas contra otras sus uñas.

—Resulta, pues, Sire, a lo menos a mis ojos que el hombre que de tal suerte se conduce es caballeroso y no puede ser enemigo del rey. Tal es mi opinión, Sire, os lo repito. Sé lo que me vais a decir, y ante todo me inclino, pues para mí es muy respetable; pero soy soldado, y cumplida que me han dado, me callo.

—¿Dónde está ahora el señor Fouquet? —preguntó tras un instante de silencio el monarca.

—En la jaula de hierro que para él ha mandado construir el señor Colbert, y que en este instante vuela hacia Angers al galope de cuatro briosos caballos.

—¿Por qué os habéis separado de él por el camino?

—Porque Vuestra Majestad no me dijo que yo fuera hasta Angers. Y la mejor prueba de ello es que Vuestra Majestad andaba buscándome hace poco. Además, me asistía otra razón, y es que, ante mí, el pobre señor Fouquet no hubiera intentado evadirse.

—¿Decís? —exclamó el rey estupefacto.

—He confiado su custodia al sargento más torpe de cuantos hay entre mis mosqueteros, al fin de que el preso se evada.

—¿Estáis loco, señor de D'Artagnan? —exclamó el rey cruzando los brazos.

—¡Ah! Sire, no esperéis que después de lo que el señor fouquet acaba de hacer por vos y por mí que me convierta en su enemigo. No me confiéis nunca su custodia. Sire, si tenéis empeño en que quede bajo cerrojos; porque por muy fuerte que sean las rejas de la jaula, el pájaro acabará por volar.

—Me admira que no hayáis seguido desde luego la suerte de aquel a quien el señor Fouquet quería sentar en mi trono —repuso el rey con voz sombría.

—Así os habríais ganado lo que os hace falta: afecto y gratitud. En mi servicio no se encuentra más que un amo.

—Si el señor Fouquet no hubiese ido por vos a la Bastilla, Sire —replicó D'Artagnan con energía—, sólo hubiese ido otro hombre, yo, y eso vos lo sabéis.

El rey se calló, nada tenía que objetar. Al escuchar a D'Artagnan, Luis XIV recordó al mosquetero de años antes, al que, en el palacio real, estaba escondido tras las colgaduras de su cama, cuando el pueblo de París, guiado por el cardenal de Retz, fue a asegurarse de la presencia del rey; al D'Artagnan a quien él saludaba con la mano desde la portezuela de su carroza al ir a Notre Dame regresando a París; al soldado que le dejó en Blois; al teniente a quien volvió a llamar junto a sí, cuando la muerte de Mazarino puso el poder en sus manos, al hombre siempre fiel, valiente y abnegado.

Luis se dirigió a la puerta y llamó a Colbert, que se presentó inmediatamente, pues no se había movido del corredor en que estaban trabajando los secretarios.

—¿Habéis mandado hacer una pesquisa en casa del señor Fouquet? —preguntó el rey al intendente.

—Sí, Sire —respondió Colbert.

—¿Qué resultado ha producido?

—El señor de roncherat, a quien han acompañado los mosqueteros, me ha entregado algunos papeles.

—Los veré... Dadme vuestra mano.

—¿Mi mano, Sire? —Sí, para ponerla en la del señor de D'Artagnan. Y volviéndose hacia el gascón, que al ver al intendente tomó de nuevo su actitud altiva, añadió:

—Como no conocéis al hombre a quien tenéis ante vos, os lo presento. En los cargos subalternos no pasa de ser un mediano servidor; pero si le elevo a la cima, será un grande hombre.

—¡Sire! —tartamudeó Colbert, fuera de sí de gozo y de temor.

—Ahora comprendo —dijo D'Artagnan al oído del rey—: estaba celoso.

—Eso es, y sus celos le ataban las alas.

—En adelante será una serpiente —murmuró el mosquetero con un resto de odio contra su adversario de hacía poco.

Pero Colbert se acercó a D'Artagnan con fisonomía tan diferente de la habitual, se presentó tan bueno, tan franco, tan comunicativo, y sus ojos cobraron una expresión de inteligencia tan noble, que el mosquetero, que era gran fisonomista, se sintió conmovido casi hasta el extremo de cambiar sus convicciones.

—Lo que el rey os ha dicho —repuso Colbert estrechando la mano de D'Artagnan—, prueba cuánto conoce su Majestad a los hombres. La encarnizada oposición que hasta hoy he desplegado, no contra individuos, sino contra abusos, prueba que no tenía otro fin que el de prestar a mi señor un gran reinado, y a mi patria un gran bienestar. Tengo muchos planes, señor D'Artagnan, y los veréis desenvolverse al sol de la paz; y si no tengo la certidumbre y la dicha de conquistarme la amistad de los hombres honrados, a lo menos estoy seguro de conseguir su estima, y por su admiración daría mi vida.

Aquel cambio, aquella súbita elevación y las muestras de aprobación del soberano, dieron mucho que pensar al mosquetero; el cual saludó muy cortésmente a Colbert, que no le perdía de vista.

El rey, al verlos reconciliados les despidió y una vez fuera del gabinete, el nuevo ministro detuvo al capitán y le dijo:

—¿Cómo se explica, señor de D'Artagnan, que un hombre tan perspicaz como vos no me haya conocido a la primera mirada?

—Señor Colbert —contestó el mosquetero—, el rayo de sol en los ojos propios impide ver el más ardiente brasero. Cuando un hombre ocupa el poder, brilla, y pues vos habéis llegado a él, ¿qué sacaríais en perseguir al que acaba de perder el favor del rey y ha caído de tal altura.

—¿Yo perseguir al señor Fouquet? ¡Nunca! Lo que yo quería era administrar la hacienda, pero solo, porque soy ambicioso, y sobre todo porque tengo la más grande confianza en mi mérito; porque sé que todo el dinero de Francia ha de venir a parar a mis manos, y me gusta ver el dinero del rey; porque si me quedan treinta años de vida, en ese tiempo no me quedará para mí ni un óbolo; porque con el dinero que yo obtenga voy a construir graneros, edificios y ciudades y a abrir puertos; porque fundaré bibliotecas y academias, y convertiré a mi patria en la nación más grande y más rica del mundo. He ahí las causas de mi animosidad contra el señor Fouquet, que me impedía obrar. Además, cuando yo sea grande y fuerte, y sea fuerte y grande la Francia, a mi vez gritaré: ¡Misericordia!

—¿Misericordia, decís? Pues pidamos al rey la libertad del señor Fouquet, en quien Su Majestad no se ensaña sino por vos.

—Señor de D'Artagnan, —repuso Colbert irguiéndola cabeza —yo no entro ni salgo en esto; vos sabéis que el rey tiene una enemistad personal contra el señor Fouquet.

—El rey se cansará, y olvidará.

—Su Majestad nunca olvida, señor de D'Artagnan... ¡Hola! el rey llama y va a dar una orden... Ya veis que yo no he influido para nada. Escuchad. En efecto, el rey llamó a sus secretarios, y al mosquetero.

—Aquí estoy, Sire —dijo D'Artagnan.

—Dad al señor de Saint-Aignán veinte mosqueteros para que custodien al señor Fouquet. D'Artagnan y Colbert cruzaron una mirada. Y que desde Angers trasladen al preso a la Bastilla de París —continuó el monarca.

—Tenéis razón —dijo el capitán al ministro.

—Saint-Aignán —prosiguió Luis XIV—, mandaréis fusilar a todo el que hable por el camino en voz baja al señor Fouquet.

—¿Y yo, Sire? —preguntó Saint-Aignán.

—Vos solamente le hablaréis en presencia de los mosqueteros.

Saint-Aignán hizo una reverencia y salió para hacer ejecutar la orden; y D'Artagnan iba a retirarse también, cuando el rey le detuvo, diciéndole:

—Vais a salir inmediatamente para tomar posesión de la isla del feudo de Belle-Isle.

—¿Yo solo, Sire?

—Llevaos cuantas tropas sean necesarias para no sufrir un descalabro si la plaza se resiste.

Del grupo de cortesanos partió un murmullo de incredulidad aduladora. —Ya se ha visto —repuso D'Artagnan.

—Lo presencié en mi infancia, y no quiero presenciarlo otra vez. ¿Habéis oído? Pues manos a la obra, y no volváis sino con las llaves de la plaza.

—Es esta una misión que, si la desempeñáis bien —dijo Colbert al gascón—. Os dará el bastón de mariscal de Francia.

—¿Por qué me decís si la desempeño bien?

—Porque es difícil.

—¿En qué?

—En Belle-Isle tenéis amigos, y a hombres como vos no les es tan fácil pasar por encima del cuerpo de un amigo para triunfar. D'Artagnan bajó la cabeza, mientras Colbert se volvía al gabinete del rey. Un cuarto de hora después el gascón recibió por escrito la orden de hacer volar a BelleIsle, en caso de resistencia, y confiriéndole el derecho de toda justicia sobre todos los habitantes de la isla o "refugiados", con prescripción de no dejar escapar ni uno.

—Colbert tenía razón —dijo entre sí D'Artagnan—, mi bastón de mariscal va a costar la vida a mis dos amigos. Pero se olvidan que mis amigos son listos como los pájaros, y que no aguardarán a que les caiga encima la mano del pajarero para desplegar las alas; y yo voy a mostrarles tan bien la mano, que tendrán tiempo de verla. ¡Pobre Porthos, pobre Aramis! No, mi fortuna no os costará ni una pluma de vuestras alas.

Habiendo concluido esto, D'Artagnan concentró el ejército real, lo hizo embarcar en Paimboeuf, y se dio a la vela sin perder un momento.

BELLE-ISLE-EN-MER

Hacia el extremo del muelle en el paseo que bate furioso mar durante el flujo de la tarde, dos hombres asidos del brazo tenían una conversación animada y expansiva, sin que nadie pudiese oír lo que decían, porque el viento se llevaba una a una sus palabras como la blanca espuma arrancada a la cresta de las olas.

El sol se había puesto tras el océano, encendido como un crisol gigantesco.

Algunas veces, uno de los dos interlocutores se volvía hacia el Este, y sombrío interrogaba la superficie del mar, mientras el otro quería leer en las miradas de su compañero. Luego, reanudaban su paseo, taciturnos.

Los dos sujetos eran los proscriptos Porthos y Aramis, refugiados en Belle-Isle después de la ruina de sus esperanzas y del desquiciamiento del vasto plan de Herblay.

—Por más que digáis, mi querido Aramis —repuso Porthos respirando con todas sus fuerzas el aire salino que henchía su robusto pecho, no es natural la desaparición de todas las barcas de pesca que hace dos días se hicieron a la mar, porque no se ha desencadenado temporal alguno y ha reinado constante calma. Ni con tormenta podían haber zozobrado todas las barcas. Repito que me extraña.

Tenéis razón, Porthos —contestó Aramis—, es extraño.

Y, además —prosiguió el gigante, a quien el asentimiento del obispo de Vannes despertaba las ideas—, si las barcas hubiesen naufragado, hubiera llegado algún resto la estas playas.

—Lo he notado como vos.

—Reparad también en que las dos únicas barcas que quedaban en toda la isla y a las cuales envié en busca de las demás... Aramis interrumpió a su compañero con un grito y un movimiento tan repentinos, que Porthos se calló estupefacto.

—¡Cómo! —exclamó Aramis—, ¿vos habéis enviado las dos barcas!...

—A buscar las demás, sí —respondió con sencillez Porthos.

—¡Ah, desventurado! ¿Qué habéis hecho? ¡entonces estamos perdidos!

—¡Perdidos! —exclamó el gigante despavorido.

—¿Por qué estamos perdidos, Aramis?

—Nada, nada —repuso el obispo mordiéndose los labios—. Quise decir...

—¿Qué?

—Que si quisiéramos dar un paseo por el mar, no podríamos.

—¡Valiente placer, por mi vida! para quien lo apetezca. Lo que yo deseo, no es el gusto más o menos grande que uno puede recibir en Belle-Isle, sino en Pierrefonds, Bracieux, Vallón, en mi hermosa Francia; porque aquí no estamos en Francia, amigo mío, ni sé dónde. Lo que digo con toda la sinceridad de mi alma, y perdonad mi franqueza en gracia a mi afecto, es que aquí me siento mal.

Amigo Porthos, —dijo Aramis ahogando un suspiro —he ahí por qué es tan triste que hayáis enviado las dos barcas que nos quedaban. De no haberlas enviado, ya hubiéramos partido.

—¡Partido! ¿Y la consigna?

—¿Qué consigna?

—¡Pardiez! La consigna que diariamente y bajo cualquier pretexto me repetíais, esto es, que guardáramos a Belle-Isle contra el usurpador.

—Es verdad, —murmuró Aramis. Ya veis, pues, que no podemos partir, y que nada nos perjudica el envío de las dos barcas. Aramis se calló, y tendió por el inmenso mar su mirada, luminosa como la de la gaviota, para penetrar más allá del horizonte.

—A pesar de eso, —continuó Porthos —que estaba tanto más aferrado a su idea, — no me dais explicación alguna respecto a lo que pueda haber sucedido a las desventuradas barcas. Doquiera paso, oigo ayes y lamentos; los niños lloran al ver llorar a las mujeres, como si yo pudiese restituir a los unos sus padres, y a las otras sus esposos. ¿Qué suponéis vos, y qué debo responderles?

—Supongámoslo todo, mi buen Porthos, y nada digamos. Este, poco satisfecho de tal respuesta, volvió la cabeza y profirió algunas palabras de mal humor.

—¿Os acordáis —dijo Aramis con melancolía y estrechando con afectuosa cordialidad ambas manos a Porthos, que, en los hermosos días de nuestra juventud, cuando éramos fuertes y valientes, los otros dos y nosotros nos hubiéramos vuelto a Francia si nos hubiese dado la gana, sin que nos hubiera detenido esa sábana de agua salada?

—¡Oh, seis leguas! —repuso Porthos.

—¿Os habríais quedado en tierra, si me hubieseis visto embarcarme en una tabla?

—No, Aramis, no; pero hoy ¡qué tabla no necesitaríamos, yo sobre todo! —dijo el señor de Bracieux riéndose con orgullo y lanzando una mirada a su colosal redondez. Y añadió: —¿Formalmente no os aburrís un poco en Belle-Isle? ¿No preferiríais a esto las comodidades de vuestro palacio de Vannes?

—No —respondió Aramis, sin atreverse a mirar a Porthos.

—Pues quedémonos —repuso él suspirando. Y agregó: —Sin embargo, como nos propusiéramos de veras, pero bien de veras, volvernos a Francia, aunque no pudiésemos disfrutar de barca alguna...

—¿Habéis notado otra cosa, mi querido amigo? Desde la desaparición de nuestras barcas, durante esos dos días en que no ha vuelto ninguno de nuestros pescadores no ha abordado a esta isla ni una mísera barquichuela.

—Es verdad; antes de estos funestos días, veíamos llegar barcas y lanchas.

—Habrá que informarse —dijo de repente Aramis. Aun cuando deba hacer construir una balsa...

Aramis continuó paseándose con todas las señales de una agitación creciente. Porthos, que se cansaba siguiendo los febriles movimientos de su amigo, y en su calma y en su credulidad no comprendía el porqué de aquella exasperación que se resolvía en sobresaltos continuos, detuvo al Aramis y le dijo:

—Sentémonos en esta roca, uno junto a otro... Ahora os conjuro por última vez que me expliquéis de manera que yo lo comprenda qué hacemos aquí.

—Porthos... —dijo Aramis con turbación.

—Sé que el falso rey ha intentado destronar al rey legítimo. Esto lo comprendo. ¿No es falso lo que me dijisteis?

—Sí, —respondió Aramis.

—Sé, además, que el falso rey ha proyectado vender Belle-Isle a los ingleses. Eso también lo comprendo. Y sé y comprendo que nosotros, ingenieros y capitanes, hemos venido a Belle-Isle para tomar la dirección de las obras de defensa y el mando de diez compañías reclutadas y pagadas por el señor Fouquet, o más bien, de las diez compañías de su yerno.

Aramis se levantó con impaciencia, como león importunado por un mosquito, pero Porthos le retuvo por el brazo, y prosiguió:

—Mas lo que no comprendo, lo que, a pesar de todos los esfuerzos de mi inteligencia y de mis reflexiones, no acierto ni acertaré a comprender, es que, en vez de enviarnos hombres, víveres y municiones, nos dejen sin embarcaciones y sin auxilio; que en vez de establecer con nosotros una correspondencia, por señales, o por comunicaciones escritas o verbales, intercepten toda la relación con nosotros. Vamos, Aramis, respondedme, o más bien antes de hacerlo dejad que os diga lo que pienso. El obispo levantó la cabeza.

—Pues bien, lo que yo creo es que en Francia ha pasado algo grave. Toda la noche la he pasado soñando con el señor Fouquet.

—¿Qué es lo que se ve allá abajo, Porthos?

—Interrumpió de pronto Aramis levantándose y mostrando a su amigo un punto negro que resaltaba sobre la encendida faja del mar.

—¡Una embarcación! Sí, es una embarcación. ¡Ah, por fin vamos a tener noticias!

—¡Dos! —dijo el prelado descubriendo otra arboladura—, ¡tres, cuatro!

—¡Cinco! —repuso Porthos a su vez. —¡Seis! ¡Siete! ¡Dios mío, es una flota!

—Probablemente son nuestras barcas que regresan —dijo Aramis desasosegado, con fingida serenidad.

—Son muy grandes para ser barcas de pescar, objetó Porthos; — y además, ¿no notáis que vienen del Loira? Mirad, todo el mundo las ha visto aquí como nosotros; las mujeres y los niños empiezan a poblar las escolleras.

—¿Son nuestras barcas? —preguntó Aramis a un anciano pescador que pasó en aquel instante.

—No, monseñor —respondió el interpelado —son chalanas del servicio real.

—¡Chalanas del servicio real! —exclamó Aramis estremeciéndose.

—¿En qué lo conocéis?

—En el pabellón.

—¿Cómo podéis divisar el pabellón, si el buque es apenas visible? —objetó Porthos.

—Veo que hay uno —replicó el anciano—, y nuestras barcas y chalanas mercantes no lo izan. Esa clase de pinazas que llegan, por lo general sirven para el transporte de tropas.

—¡Ah! —exclamó Aramis.

—¡Viva! —gritó Porthos—, nos envían refuerzos, ¿no es verdad, Aramis?

—Porthos —exclamó de improviso el prelado tras un corto instante de meditación—, haced que toquen generala.

—¡Generala! ¿Estáis loco?

—Sí, y que los artilleros suban a su sitio, sobre todo en las baterías de la costa. Porthos abrió unos ojos tamaños y miró atentamente a su amigo como para convencerse de que éste estaba en su juicio. —Si vos no vais, iré yo, mi buen Porthos —dijo Aramis con voz suave.

—Voy, voy —repuso Porthos, y dejó al obispo para hacer ejecutar la orden, mirando al cada momento hacia atrás para ver si aquél había padecido una alucinación y si, reflexionando mejor, volvía a llamarle.

Clarines y tambores tocaron generala, y la campana grande del torreón tocó a rebato.

Los muelles se llenaron de curiosos y de soldados, y brillaron las mechas en las manos de los artilleros colocados tras los cañones de grueso calibre sentados en sus cureas de piedra.

Cuando estuvieron cada uno en su sitio y hechos todos los preparativos de la defensa, Porthos dijo con timidez al oído de Herblay:

—Ayudadme a comprender.

—Demasiado pronto comprenderéis —contestó Aramis a su teniente.

—La escuadra que llega a velas desplegadas en demanda del puerto de Belle-Isle, es la flota real, ¿no es verdad?

—Pero como en Francia hay dos reyes, hay que saber a cuál de los dos pertenece esa escuadra.

—¡Oh! acabáis de abrirme los ojos —dijo Porthos, convencido por aquel argumento; por lo cual se encaminó apresuradamente a las baterías para vigilar a su gente y exhortar a cada uno al cumplimiento de su deber.

Entretanto, Aramis, con la mirada siempre fija en el horizonte, veía las naves acercarse por momentos. La muchedumbre y los soldados, subidos sobre las cumbres y las fragosidades de las rocas, veían progresivamente los palos, las velas bajas y los cascos de las pinazas, que llevaban en el tope el pabellón real de Francia.

Era ya noche cerrado cuando una de las chalanas cuya presencia conmovió tan hondamente a los habitantes de Belle-Isle, echó anclas a tiro de cañón de la plaza.

Aun con la obscuridad, se vio que a bordo reinaba gran movimiento, y que de uno de sus costados desatracaba un bote que, tripulado por tres remeros, avanzó hacia el puerto y atracó al pie del fuerte.

El patrón del bote saltó en tierra, y esgrimió en el aire una carta como solicitando comunicarse con alguno.

Aquel hombre, a quien conocieron inmediatamente muchos soldados, era uno de los pilotos de la isla, patrón de una de las barcas conservadas por Aramis y enviadas por Porthos a buscar las barcas perdidas.

El piloto pidió que lo condujesen donde Herblay. A una seña de un sargento, dos soldados le escoltaron hasta el muelle, donde estaba Aramis, envuelto casi en tinieblas a pesar de la luz de las rachas de viento que llevaban los soldados que seguían al obispo en su ronda.

—¡Cómo! —exclamó Herblay—. ¿Eres tú, Jonatás? ¿De parte de quién vienes?

—De parte de los que me han tomado, monseñor. —¿Quién te ha atrapado?

—Ya sabéis que salimos a buscar a nuestros compañeros, monseñor.

—Pues bien, apenas hubimos navegado una legua, cuando nos apresó un quechemarín del rey.

—¿De qué rey? —preguntó Porthos.

— Jonatás miró a Porthos asombrado.

—Prosigue, —dijo el prelado.

—Pues nos llevaron a donde estaban reunidos los que fueron apresados antes que nosotros.

—¡Hombre! ¿a qué esa manía de apresaros a todos? —exclamó Porthos.

—Para impedirnos que os diéramos noticias, señor, —contestó

Jonatás.

—¿Y para qué os han soltado hoy? —preguntó Porthos.

—Para que os diga que nos han apresado.

—Cada vez lo entiendo menos —dijo entre sí el honrado Porthos.

—¿Luego una escuadra bloquea la costa? —dijo Aramis, que había estado meditando mientras hablaban Porthos y Jonatás.

—Sí, monseñor, —respondió el piloto entregando una carta.

—¿Quién la manda?

—El capitán de los mosqueteros del rey.

—¿D'Artagnan? —dijo Aramis.

—¡D'Artagnan! —exclamó Porthos.

—Creo que así se llama —repuso Jonatás.

—¿Y es él quien te ha entregado esta carta?

—Sí, monseñor.

—Acercaos —dijo Aramis a los de las rachas de viento.

Aramis leyó con avidez las siguientes líneas:

"Manda el rey que me apodere de Belle-Isle, que pase a cuchillo a la guarnición si se resiste, o la haga prisionera de guerra. Anteayer arresté al señor Fouquet para enviarle a la Bastilla.

D'Artagnan".

—¿Qué pasa? —preguntó Porthos al ver que Aramis estrujaba la carta.

—Nada, amigo mío, nada. Y volviéndose hacia Jonatás añadió: —¿Has hablado con el señor de D'Artagnan?

—Sí, monseñor.

—¿Qué te ha dicho?

—Que para más amplios informes hablará con vos.

—¿Dónde?

—A bordo de su buque. El señor mosquetero —continuó Jonatás—, me ha dicho que os tome a vos y al señor ingeniero en mi bote y os lleve a su buque.

—Vamos allá —dijo Porthos—. ¡Oh! buen D'Artagnan.

—¿Estás loco? —exclamó Aramis deteniendo a su amigo—. ¿Quién os asegura que no nos armen un lazo?

—¿El otro rey? —dijo Porthos con misterio.

—Sea lo que fuere es un lazo, y es cuánto puede decirse, amigo mío.

—Puede que sí. ¿Qué hacemos, pues? Sin embargo, si D'Artagnan nos envía a buscar...

—¿Quién os asegura que sea D'Artagnan?

—¡Ah!... Pero la letra es suya...

—Cualquiera falsea la letra, y ésta está falsificada, trémula.

—¿Qué hago? —preguntó Jonatás.

—Te vuelves a bordo —respondió Aramis—, y le dices al capitán que le rogamos que venga él en persona a la isla.

—Comprendo —repuso Porthos.

—Está bien, monseñor —dijo el piloto—, pero ¿y si rehúsa venir?

—Si rehúsa, haremos uso de los cañones, que para eso los tenemos.

—¿Contra D'Artagnan?

—Si es D'Artagnan, —replicó Aramis—. Vendrá. Ve, Jonatás, a bordo. —Por quien soy que no entiendo nada, —murmuró Porthos.

—Ha llegado el momento de hacéroslo comprender todo, amigo mío, —dijo Herblay.

—Sentaos en esta cureña y escuchadme atentamente. Aramis tomó la mano de su amigo y dio comienzo a sus explicaciones.

LAS EXPLICACIONES DE ARAMIS

—Lo que voy a deciros, amigo Porthos —dijo Herblay—, va a sorprenderos, pero también a instruiros.

—Prefiero quedar sorprendido —repuso con benevolencia Porthos; —no os andéis con miramientos. Soy duro para las emociones; nada temáis, pues.

—Es difícil, Porthos... porque en verdad, os repito que tengo que deciros cosas muy singulares, muy extraordinarias.

—Os expresáis tan bien, mi querido amigo, que me pasaría días enteros escuchando. Hacedme, pues, la merced de explicaros, y.... se me ocurre una idea: para facilitaros el trabajo, para ayudaros a decirme esas cosas, voy a interrogaros.

—Muy bien.

—¿Por qué vamos a pelear, mi querido Aramis?

—Como me hagáis pregunta como esa, no me ayudaréis en nada; todo lo contrario; pues precisamente es ese el nudo gordiano. Mirad, amigo mío, con un hombre generoso y abnegado como vos, lo mejor es hablar. Os he engañado, mi buen amigo.

—¿Vos me habéis engañado?

—Sí.

—¿Lo hicisteis por mi bien?

—Así lo creí con toda sinceridad.

—Entonces, —repuso el probo señor de Bracieux, —me habéis hecho una merced y os lo agradezco, porque si vos no me hubieseis engañado, pudiera yo haberme engañado a mí mismo. ¿Y en qué me habéis engañado, Aramis?

—En que yo servía al usurpador, contra quien Luis XIV dirige en este momento todos sus esfuerzos.

—Y el usurpador —repuso Porthos rascándose la frente— es... No comprendo bastante bien.

—Uno de los dos reyes que se disputan la corona de Francia.

—Ya. Eso quiere decir que servíais al que no es Luis XIV.

—Esto es.

—De lo cual se sigue...

—Que somos rebeldes, mi buen amigo.

—¡Diantre! ¡diantre!... —exclamó Porthos contrariado en sus esperanzas.

—Calmaos —repuso Herblay—, hallaremos manera de ponernos en salvo.

—No es eso lo que me inquieta —replicó Porthos—; lo que se me atraganta es el maldito calificativo de rebelde, y así el ducado que me prometieron...

—Tenía que dároslo el usurpador.

—No es lo mismo, Aramis —repuso majestuosamente el gigante.

—Como solamente habría dependido de mí, habríais sido príncipe.

—He ahí en lo que habéis hecho mal en engañarme, —replicó el señor de Bracieux royéndose las uñas con melancolía; —porque yo contaba con el ducado que se me ofreció, y en serio, pues sabía que erais hombre de palabra.

—¡Pobre Porthos! Perdonadme por caridad.

—¿Así, pues, estoy del todo enemistado con Luis XIV? —insinuó Porthos sin responder al ruego del obispo de Vannes.

—Dejad en mis manos este asunto; os prometo arreglarlo. Yo cargaré con todo.

—¡Aramis!...

—Dejadme hacer, repito, Porthos. Nada de falsa generosidad ni de abnegación importuna. Vos ignorabais en todos mis proyectos, y si algo habéis hecho, no ha sido por vos mismo. En cuanto a mí, es muy distinto: soy el único autor de la conjuración; y como tenía necesidad de mi compañero inseparable, os envié a buscar y vinisteis, fiel a vuestra antigua divisa: "Todos para uno, cada uno para todos". Mi crimen está en haber sido egoísta.

—Aprueba lo que acabáis de decirme —repuso Porthos—. Puesto que habéis obrado únicamente por vos, nada puedo echaros en cara. ¡Es tan natural el egoísmo!

Dicha esta frase sublime, Porthos estrechó cordialmente la mano a Aramis, que en presencia de aquella candorosa grandeza de alma se sintió pequeño. Era la segunda vez que se veía forzado a doblegarse ante la superioridad real del corazón, mucho más poderosa que el esplendor de la inteligencia, y respondió a la generosa caricia de su amigo con una muda y enérgica presión.

—Ahora que nos hemos explicado claramente —repuso Porthos—, y sé cuál es mi situación ante Luis XIV, creo que ha llegado el momento de que me hagáis comprender la intriga política de que somos víctimas, porque yo veo que bajo todo eso existe una intriga política.

—Como va a venir D'Artagnan —contestó Aramis—, él os la contará en detalle, mi buen Porthos. Yo estoy transido de dolor, muerto de pesadumbre y necesito de toda mi presencia de ánimo y de toda mi reflexión para salvaros del mal paso en que con tanta imprudencia os he metido; pero ya conocemos nuestra situación; ahora al rey Luis XIV no le queda más que un enemigo, y ese enemigo soy yo, sólo yo. Os traje a mí, me seguisteis, y hoy os devuelvo la libertad para que volváis a vuestro príncipe. Ya veis que el camino es fácil.

—Entonces —replicó Porthos con admirable buen sentido— ¿por qué si nuestra situación es tan buena, preparamos cañones, mosquetes y toda clase de aparatos de guerra? Más sencillo sería decir al capitán D'Artagnan: "Amigo mío, nos hemos equivocado, y hay que dejar las cosas como estaban; abridnos la puerta, dejadnos pasar, y buenos días".

—Veo una dificultad.

—¿Cuál?

—Dudo que D'Artagnan venga con tales órdenes, y nos veremos obligados a defendernos.

—¡Bah! ¿Defendernos contra D'Artagnan? ¡Qué locura! ¿Contra el buen D'Artagnan?...

—No raciocinemos como niños —dijo Herblay sonriéndose con cierta tristeza—; en el consejo y en la ejecución, seamos hombres. ¡Hola! desde el puerto llaman con la bocina a una embarcación. Atención, Porthos, mucha atención.

—Será D'Artagnan —dijo Porthos con voz atronadora y acercándose al parapeto.

—Yo soy —respondió el capitán de mosqueteros saltando con ligereza a los escalones del muelle y subiendo con presteza hasta la pequeña explanada donde le aguardaban sus dos amigos.

Al saltar en tierra D'Artagnan, Porthos y Aramis vieron a un oficial que seguía al gascón como la sombra sigue al cuerpo.

El capitán se detuvo en las gradas del muelle, en medio de su camino, y el compañero le imitó:

—Haced retirar la gente —dijo D'Artagnan a Porthos y a Aramis—; fuera del alcance de la voz.

Porthos dio la orden, que fue ejecutada inmediatamente.

Entonces el gascón se volvió hacia su seguidor y le dijo:

—Caballero, ya no estamos en la flota del rey, donde y en virtud de ciertas órdenes, me habéis hablado con tal arrogancia hace poco.

—Señor de D'Artagnan —replicó el oficial—, no he hecho más que obedecer sencilla, aunque rigurosamente, lo que me han mandado. Me han dicho que os siguiera, y os sigo; que no os dejara comunicar con persona alguna sin que yo me entere de lo que hacéis, y me entero.

D'Artagnan se estremeció de cólera, y Porthos y Aramis, que oían aquel diálogo, se estremecieron también, pero de inquietud y de temor.

El mosquetero se mordió el bigote con la rapidez que en él era significativa de una exasperación terrible, y en voz más baja y tanto más acentuada, cuanto simulaba una calma profunda y se henchía de rayos, dijo:

—Caballero, al enviar yo un bote aquí, os habéis empeñado en saber lo que escribía yo a los defensores de Belle-Isle, y en cuanto me habéis exhibido una orden, os he mostrado el billete; luego, al regresar a bordo el patrón portador de la respuesta de estos caballeros —añadió D'Artagnan designando con la mano a Herblay y a Porthos— , habéis oído todo cuanto ha dicho el mensajero. Esto entra en las órdenes que habéis recibido y seguido puntualmente, ¿no es verdad?

—Sí, señor —respondió el oficial—, pero...

—Cuando he manifestado la intención de venir a Belle-Isle — prosiguió D'Artagnan amostazándose cada vez más—, habéis exigido acompañarme y he accedido sin oposición. Ya estáis en Belle-Isle, ¿no es así?

—Sí, señor, pero...

—Pero... no se trata ya del señor Colbert o de quien os haya dado la orden de la que seguís las instrucciones, sino de un hombre que estorba al señor de D'Artagnan, y con él se encuentra solo en las gradas de una escalera bañada por treinta pies de agua salada; lo cual es una mala posición para el hombre ese, os lo advierto.

—Si os estorbo, señor de D'Artagnan, —fue la respuesta tímida el oficial—. Mi servicio es el que...

—Vos o quienes os envían habéis tenido la desgracia de hacerme un insulto; y como no puedo volverme contra los que os apoyan, porque no los conozco o están demasiado lejos, os juro que si dais un paso más tras mí al levantar yo el pie para subir al encuentro de aquellos señores... os juro, repito, que de un tajo os parto el cráneo y os arrojo al agua, y sea lo que sea. Sólo he montado en cólera seis veces en mi vida, y cada una ha costado la vida a un hombre.

—Vuestra merced hace mal en obrar contra mi consigna —repuso con sencillez el oficial, inmóvil y palideciendo ante la que se persignó y echó tras el mosquetero.

—¡Cuidado, D'Artagnan, cuidado! —dijeron desde lo alto del parapeto Porthos y Aramis, hasta entonces mudos y conmovidos. D'Artagnan les hizo callar con un ademán, levantó un pie con espantosa calma para subir un escalón, y, con la espada en la mano, se volvió para ver si le seguía el oficial, que se signó y echó tras el mosquetero.

Porthos y Aramis, que conocían a D'Artagnan, dieron un grito y se lanzaron para detener el golpe que ya creían seguro; pero el gascón pasó su espada a la mano izquierda, y con voz conmovida dijo al oficial:

—Sois un valiente, y como tal vais a comprender mejor lo que ahora os diré, que lo que os dije antes.

—Os escucho, señor de D'Artagnan —dijo el bravo oficial.

—Esos caballeros, a quienes venimos a ver, y contra los cuales habéis recibido órdenes, son amigos míos.

—Lo sé, señor de D'Artagnan.

—Ya comprenderéis, pues, que no puedo tratarles como os lo prescriben vuestras instrucciones.

—Comprendo vuestra reserva.

—Pues bien, dejadme que hable con ellos sin testigos.

—Si accedo a vuestra petición, señor de D'Artagnan, falto a mi palabra, y si no accedo os disgusto; pero como prefiero lo primero a lo segundo, hablad con vuestros amigos y no me tengáis en menos por haber hecho, por amor a vos, a quien honro y estimo, por vos sólo, una acción villana. D'Artagnan, conmovido, abrazó al joven y subió al encuentro de sus amigos; el oficial se embozó en su capa y se sentó en los escalones, cubiertos de húmedas algas. Los tres amigos se abrazaron como en los buenos años de su juventud; luego dijo D'Artagnan:

—Esta es la situación; juzgad.

—¿Qué significan tantos rigores? —preguntó Porthos.

—Ya debéis sospechar algo —replicó D'Artagnan.

—¿Yo? no, mi querido capitán: porque al fin nada he hecho, ni Aramis tampoco. D'Artagnan lanzó una mirada de reproche al obispo, que la sintió penetras en su encallecido corazón.

—¡Ah! ¡querido Porthos! —exclamó Aramis.

—Ya veis las disposiciones que he tomado —repuso el mosquetero—. Belle-Isle tiene interceptada toda comunicación: todas vuestras barcas han sido apresadas, y si hubierais huido, caíais en poder de los cruceros que surcan el mar y os acechan. El rey quiere tomaros y os tomará.

Y D'Artagnan se arrancó algunos pelos de su entrecano bigote. Aramis se puso sombrío, y Porthos colérico.

—Mi idea era llevaros a bordo, teneros junto a mí, y luego daros la libertad —continuó D'Artagnan.

—Pero ahora, ¿quién me dice a mí que al volver a mi buque no voy a hallar un superior, órdenes secretas que me quiten el mando para darlo a otro que disponga de mí y de vosotros sin esperanza de socorro?

—Nosotros nos quedamos en Belle-Isle —dijo resueltamente Aramis— y yo os respondo de que no me rindo sino en buenas condiciones.

Porthos nada dijo.

—Dejad que tantee al bravo oficial que me acompaña —repuso D'Artagnan, que había notado el silencio de Porthos.

—Su valerosa resistencia me place, pues acusa a un hombre digno, que, aunque nuestro enemigo, vale mil veces más que no un cobarde complaciente. Probemos, y sepamos por su boca lo que tiene derecho a hacer, lo que le permite o le veda su consigna.

D'Artagnan fue al parapeto, se inclinó hacia los escalones del muelle, y llamó al oficial que subió inmediatamente.

—Caballero —le dijo D'Artagnan, después de haber cruzado con él las más cordiales cortesías—. ¿Qué haríais si quisiere llevarme conmigo a estos señores?

—No me opondría a ello; pero como he recibido orden directa y formal de custodiarles personalmente, les custodiaría.

—¡Ah! —exclamó D'Artagnan.

—Basta, esto se ha acabado —repuso con voz sorda Herblay. Porthos continuó callado.

—De todos modos —dijo el prelado —llevaos a Porthos, que con mi ayuda y la vuestra probará al rey que en este asunto nada tiene que ver.

—¡Hum! —repuso el gascón. —¿Queréis veniros conmigo, Porthos?

—Déjenme que lo medite, —respondió con nobleza Porthos.

—¿Luego os quedáis?

—Hasta nueva orden, —exclamó Herblay con viveza.

—Hasta que se nos haya ocurrido una idea —replicó el mosquetero —y creo que no hay para mucho tiempo, pues se me ha ocurrido una.

—Creo haberla adivinado —dijo Aramis.

—Vamos a ver —dijo el mosquetero acercando el oído a la boca de Aramis.

Este dijo apresuradamente algunas palabras al capitán, que respondió:

—Eso es.

—Entonces es infalible —exclamó con satisfacción el prelado.

—Pues preparaos mientras dura la primera emoción que causará ese proyecto.

—¡Oh! no temáis.

—Caballero —dijo D'Artagnan al oficial —os doy las gracias. Acabáis de ganaros tres amigos verdaderos.

—Es verdad —repuso Aramis.

Porthos sólo hizo una señal de aquiescencia con la cabeza.

Después de abrazar con ternura a sus dos antiguos amigos, D'Artagnan dejó a Belle-Isle con el inseparable compañero que le diera Colbert, sin haber modificado la suerte de unos y otros, aparte de la especie de explicación con que se contentó el buen Porthos.

El oficial dejó respetuosamente reflexionar a sus anchas al capitán, que al llegar a su buque, acoderado a tiro de cañón de Belle-Isle, había elegido ya todos sus recursos ofensivos y defensivos.

D'Artagnan reunió inmediatamente su consejo de guerra, compuesto de ocho oficiales que servían a sus órdenes, esto es, un jefe de las fuerzas marítimas, un mayor jefe de la artillería, un ingeniero, el oficial a quien ya conocemos, y cuatro jinetes.

Reunidos todos en la cámara de popa, D'Artagnan se levantó, descubriéndose y les habló en los siguientes términos:

—Señores, he ido a reconocer a Belle-Isle, y sé deciros que está bien guarnecida y preparada para una defensa que puede ponernos en grave apuro. He resuelto, pues, mandar llamar a dos de los principales jefes de la plaza para hablar con ellos, que lejos de sus tropas y de sus cañones y, sobre todo, movidos por nuestras razones, cederán. ¿Sois de mi parecer, señores?

—Señor de D'Artagnan —replicó el mayor de artillería levantándose, y con voz respetuosa pero firme—, habéis dicho que la plaza está preparada para una defensa que puede poneros en grave apuro. ¿Luego que vos sepáis, la plaza está resuelta a la rebelión?

La réplica del mayor irritó visiblemente al mosquetero; y como no era hombre que se abatiera por tan poco, tomó nuevamente la palabra y dijo:

—Justa es vuestra observación, caballero; pero no ignoráis que Belle-Isle es un feudo del señor Fouquet y que los antiguos reyes dieron a los señores de Belle-Isle el derecho de armarse en su casa.

Y al ver que el mayor hacía un ademán, prosiguió:

—No me interrumpáis. Ya sé que vais a decirme que tal derecho se les dio contra los ingleses, no para pelear contra su rey. Pero no es el señor Fouquet quien defiende a Belle-Isle, pues lo arresté anteayer; arresto del cual ni saben nada los habitantes y defensores de la isla, y al cual éstos no darían crédito por más que se lo anunciarais, por lo inaudito, por lo extraordinario, por lo inesperado. Un bretón sirve a su señor, no a sus señores, y le sirve hasta que lo ve muerto. Ahora bien, nada tiene de sorprendente que se resistan contra quien no sea el señor

Fouquet o no se presente con una orden firmada por éste. Por esto me propongo mandar llamar a dos de los principales jefes de la guarnición; los cuales, al ver las fuerzas de que disponemos, comprenderán la suerte que les espera en caso de rebelión. Les haremos saber bajo la fe de nuestra palabra, que el señor Fouquet está preso, que toda resistencia no puede menos de perjudicarle, y que una vez disparado el primer cañonazo no pueden esperar misericordia alguna del rey. Entonces, yo creo que no resistirán más, que se rendirán sin luchar, y que amigablemente nos apoderaremos de una plaza que pudiera costarnos mucho el conquistarla... Supongo lo que vais a decirme, —continuó D'Artagnan, dirigiéndose al oficial que le acompañó a Belle-Isle y se disponía a habla—, sé que Su Majestad ha prohibido toda comunicación secreta con los defensores de Belle-Isle, por eso precisamente ofrezco comunicar con ellos únicamente en presencia de todo mi estado mayor.

Los oficiales se miraron como para asentir de común acuerdo a los deseos de D'Artagnan; y ya veía éste con gozo que el resultado del sentimiento de aquéllos sería el envío de un bote a Porthos y a Aramis, cuando el oficial del rey sacó de su faltriquera un pliego cerrado y señalado con un número dos, y lo entregó al mosquetero, que preguntó con sorpresa qué era aquel pliego.

—Leedlo, señor de D'Artagnan —respondió el oficial con cortesía. D'Artagnan desdobló con desconfianza el papel y leyó lo siguiente:

"Se prohíbe al señor de D'Artagnan toda reunión de consejo y toda deliberación antes de haberse rendido Belle-Isle y de haber pasado por las armas a los prisioneros. —Luis".

El capitán contuvo la impaciencia y contestó sonriéndose con amabilidad:

—Está bien, quedarán cumplidas las órdenes del rey. El golpe era directo, duro, mortal. D'Artagnan, enfurecido de que el rey se hubiese anticipado, no por eso desesperó, al contrario, dando vueltas a la idea que trajera de Bellle-Isle, creyó que de ella iba a surgir otro camino de salvación para sus amigos. Así pues, dijo súbitamente:

—Señores, puesto que Su Majestad ha encargado el cumplimiento de sus órdenes secretas a otro que, a mí, he dejado de merecer su confianza, y de ella sería verdaderamente indigno si tuviese el valor de conservar un mando sujeto a tantas sospechas injuriosas. Parto enseguida para presentar mi dimisión al rey, y la doy ante vosotros, instándoos a que os repleguéis conmigo sobre las costas de Francia sin comprometer fuerza alguna de las que Su Majestad me ha confiado. Vuélvase, pues, cada cual a su puesto y ordenad el regreso; dentro de una hora empezará el flujo.

Y el ver que todos se disponían a obedecer, menos el oficial celador, añadió:

—Supongo que esta vez no tendréis que oponeros orden alguna. D'Artagnan dijo esto casi en son de triunfo; aquel plan era la salvación de sus amigos; levantado el bloqueo, podían embarcarse inmediatamente y darse a la vela para Inglaterra o para España, sin temor; mientras él se presentaba al rey, justificaba su regreso con la indignación que levantaran contra él las desconfianzas de Colbert, le enviaban otra vez con amplios poderes, y se apoderaba de Belle-Isle, es decir, de la jaula sin los pájaros. Pero a estos planes se opuso el oficial, entregando otra orden del rey así concebida:

"En el momento que el señor de D'Artagnan manifieste el deseo de presentar su dimisión, queda destituido de su cargo de generalísimo, y ninguno de los oficiales que estén a sus órdenes debe obedecerle. Además, tan pronto el señor de D'Artagnan deje de ser generalísimo del ejército enviado contra Belle-Isle, deberá volver a Francia en compañía del oficial que ponga en sus manos el presente mensaje, y que lo custodiará bajo su responsabilidad."

El bravo e inteligente D'Artagnan palideció. Todo había sido calculado con profundidad que, por primera vez, después de treinta años, le recordó la admirable previsión y la lógica inflexible del gran cardenal.

—Señor de D Artagnan —dijo el oficial—, cuando os plazca; estoy a vuestras órdenes.

—Partamos, —contestó el mosquetero rechinando los dientes. El oficial hizo arriar inmediatamente un bote en que debía embarcarse D'Artagnan que, fuera de sí al ver la embarcación dijo:

—¿Cómo van a arreglarse ahora para dirigir los diferentes cuerpos del ejército?

—Partiendo vos —respondió el jefe de la escuadra—, el rey me ha confiado a mí el mando.

—Entonces es para vos este pliego —repuso el agente de Colbert dirigiéndose al nuevo jefe.

—Vemos nuestros poderes.

—Aquí están —contestó el marino exhibiendo un despacho del rey.

—He ahí vuestras instrucciones —dijo el oficial entregándole el pliego.

Y volviéndose hacia D'Artagnan y viendo la desesperación de aquel hombre de bronce, añadió con voz conmovida:

—Partamos, caballero.

—Al instante —profirió con voz débil el gascón, vencido, doblegado por la implacable imposibilidad.

Y bajó al bote, que singló hacia Francia con viento favorable y conducido por la marea ascendiente.

Con D'Artagnan se embarcaron también los guardias del rey.

Con todo, el gascón alentaba todavía la esperanza de llegar a Nantes con bastante presteza y de abogar con suficiente elocuencia en pro de sus amigos para inclinar al rey a la clemencia.

El bote volaba como una golondrina, y D'Artagnan veía claramente resaltar la negra línea de las costas de Francia sobre las blanquecinas nubes de la noche.

—¡Qué no diera yo para conocer las instrucciones del nuevo jefe! —dijo el mosquetero en voz baja al oficial, a quien hacía una hora que no dirigía la palabra—. Son pacíficas, ¿no es verdad? y...

No acabó; un cañonazo lejano resonó por la superficie del mar; luego resonó otro, y otros dos o tres más fuertes.

—Ya está abierto el fuego contra Belle-Isle— respondió el oficial. El bote atracó en tierra de Francia.

LA DESPEDIDA DE PORTHOS

Cuando los dejó D'Artagnan, Aramis y Porthos entraron en el fuerte principal para hablar con más libertad.

Porthos, siempre receloso, molestaba a Herblay, que en su vida había tenido más libre el espíritu que en aquellos momentos.

—Mi querido Porthos —dijo de pronto el obispo—. Dejad que os explique la idea de D'Artagnan. Una idea a la cual vamos a deber la libertad antes de doce horas.

—¿De veras? —exclamó Porthos con admiración. Vamos a ver.

—Por lo que ha pasado entre nuestro amigo y el oficial, ya habéis visto que les sujetaban ciertas órdenes referentes a nosotros dos.

—Sí; lo he visto.

—Pues bien, D'Artagnan va a presentar su dimisión al rey, y durante la confusión que de su ausencia va a originarse, nosotros nos fugaremos; es decir, os fugaréis vos, si únicamente uno de los dos podemos fugarnos.

—O nos fugamos juntos o los dos nos quedamos aquí —replicó Porthos meneando la cabeza.

—Generoso tenéis el corazón, amigo mío —dijo Aramis—. Pero, francamente, vuestra inquietud me aflige.

—¿Yo inquieto? No lo creáis.

—Entonces estáis resentido conmigo.

—Tampoco.

—Pues ¿a qué esa cara lúgubre?

—Es que estoy haciendo mi testamento —dijo el buen Porthos mirando con tristeza a Herblay.

—¡Vuestro testamento! —exclamó el obispo—. ¡Qué! ¿os tenéis por perdido?

—No, pero me siento fatigado. Esta es la primera vez que me sucede, y como en mi familia hay cierta herencia...

—¿Cuál?

—Mi abuelo era hombre dos veces más robusto que yo.

—¡Diantre! ¿Acaso era Sansón vuestro abuelo?

—No, se llamaba Antonio. Pues sí, mi abuelo tenía mi edad cuando, al partir un día para la caza, le flaquearon las piernas, lo cual nunca le había pasado.

—¿Qué significaba tal fatiga?

—Nada bueno, como vais a verlo; porque a pesar de quejarse de la debilidad de piernas partió para la caza, y un jabalí le hizo frente y él le tiró un arcabuzazo que falló y la bestia le abrió a él un canal.

—Esta no es razón para que os alarméis.

—Mi padre era más robusto que yo; pero no se llamaba Antonio, como mi abuelo, sino Gaspar, como Coligny. Fue mi padre valerosísimo soldado de Enrique III y de Enrique IV, siempre a caballo. Pues bien, mi padre, que nunca había sabido qué era el cansancio, le flaquearon las piernas una noche al levantarse de la mesa.

—Puede que hubiese cenado bien, y por eso se tambaleaba, — dijo Aramis.

—¡Bah! ¿Un amigo de Bassompierre tambalearse? ¡No! Como decía, mi padre le dijo a mi madre, que hacía burla de él: "¿A ver si a mí me sale un jabalí como a mi padre?"

—¿Y qué pasó?

—Que, arrostrando aquella debilidad, mi padre se empeñó en bajar al jardín en vez de meterse en. la cama, y al sentar la planta en la escalera, le faltó el pie y fue a dar de cabeza contra la esquina de una piedra en la que había un gozne de hierro que le partió la sien y quedó muerto.

—Realmente son extraordinarias las circunstancias que acabáis de contar —dijo Aramis fijando los ojos en su amigo—. Pero no infiramos de ellas que puede presentarse una tercera. A un hombre de vuestra robustez no le pega ser supersticioso; por otra parte, ¿en qué se ve que os flaquean las piernas? En mi vida os he visto tan campante: cargaríais en hombros una casa.

—Bueno, sí, por ahora estoy bien, pero hace poco sentía mis piernas débiles, y este fenómeno, como vos decís, se ha repetido cuatro veces en poco tiempo. No os digo que esto me ha asustado, pero sí que me ha contrariado, porque la vida es agradable. Tengo dinero, hermosos feudos, preciados caballos, y amigos queridos como D'Artagnan, Athos, Raúl y vos.

El admirable Porthos ni siquiera se tomó el trabajo de disimular a Herblay la categoría que le daba en sus amistades.

—Viviréis aún largos años para conservar al mundo ejemplares de hombres extraordinarios —repuso el obispo estrechándole la mano—. Descansad en mí, amigo mío; no nos ha llegado contestación alguna de D'Artagnan, y esta es buena señal; debe de haber hecho concentrar la escuadra y despejar el mar. Yo, por mi parte, hace poco he ordenado que lleven, sobre rodillos, una barca hasta la salida del gran subterráneo de Locmaría, donde tantas veces hemos cazado zorras al acecho.

—Ya, os referís a la gruta que desemboca en el ancón por el pasadizo que descubrimos el día en que se escapó por allí aquel soberbio zorro.

—Precisamente. Si esto va mal, esconderán para nosotros una barca en aquel subterráneo, si es que no lo han hecho ya, y en el instante favorable, durante la noche, nos escapamos.

—Comprendo.

—¿Qué tal las piernas?

—En este instante, muy bien.

—¡Lo veis! Todo conspira a darnos tranquilidad y esperanza. ¡Vive Dios! Porthos, todavía nos queda medio siglo de prósperas aventuras, y si yo llego a tierra de España, vuestro ducado no es tan ilusorio.

—Esperemos —dijo el gigante un poco contento por el nuevo calor de su compañero.

De pronto se oyeron gritos de: "¡A las armas!" cuyas voces penetraron en el aposento en que estaban los dos amigos y llenaron de sorpresa al uno y de inquietud al otro. Aramis abrió la ventana y vio correr a muchos hombres con hachas de viento encendidas, seguidos de sus mujeres, mientras los defensores acudían a sus puestos.

—¡La escuadra! ¡La escuadra! —gritó un soldado que conoció a Aramis.

—¿La escuadra? —repitió el obispo.

—Sí, monseñor, está a medio tiro de cañón, —continuó el soldado.

—¡A las armas! —vociferó Aramis.

—¡A las armas! —repitió con voz tonante Porthos, lanzándose en pos de su amigo y en dirección al muelle para ponerse al abrigo de las baterías. Vieron acercarse las chalupas cargados de soldados, formando tres divisiones divergentes para desembarcar en tres puntos a la vez.

—¿Qué debemos hacer? —preguntó un oficial de guardia.

—Detenerlas, y si no ceden, ¡fuego! —respondió Aramis.

Cinco minutos después empezó el cañoneo, cuyos ecos fueron los que llegaron a oídos de D'Artagnan al desembarcar en Francia. Pero las chalupas estaban ya demasiado cerca del muelle para que los cañones hiciesen blanco; atracaron, y el combate empezó casi cuerpo a cuerpo.

—¿Qué tenéis, Porthos? —preguntó Aramis a su amigo.

—Nada... las piernas... Es verdaderamente incomprensible... pero al cargar se repondrán.

En efecto, Porthos y Aramis cargaron con tal vigor y animaron tanto a los suyos, que los realistas se reembarcaron atropelladamente sin haber sacado más ventaja que algunos heridos que consigo se llevaron.

—¡Porthos, necesitamos un prisionero! —gritó Aramis. —¡Pronto, pronto! Porthos se agachó en la escalera del muelle, agarró por la nuca a uno de los oficiales del ejército real que para embarcarse esperaba que todos lo hubiesen hecho, y levantándolo, se sirvió de él como de una rodela sin que le pegasen un tiro.

—Ahí va un prisionero —dijo Porthos a su amigo.

—Calumniad ahora a vuestras piernas —repuso Herblay echándose a reír.

—Es que no lo he tomado con las piernas, sino con los brazos, —replicó Porthos con tristeza.

EL HIJO DE BISCARRAT

Los bretones de la isla estaban orgullosos de aquella victoria; pero Aramis; no les alentaba y decía a Porthos:

—Lo que va a suceder es que, despertada la cólera del rey por la resistencia, una vez la isla en su poder, lo que de seguro diezmada o abrasada.

—Esto quiere decir que no hemos hecho nada útil —replicó entonces Porthos

—Por lo de pronto sí —repuso el obispo—, pues tenemos un prisionero, por boca de quien sabremos qué preparan nuestros enemigos

—Interroguémosle —dijo Porthos—. Y el modo de hacerle hablar es sencillísimo: le convidamos a cenar, y bebiendo se le desatará la lengua.

Dicho y hecho. El oficial, un poco inquieto al principio, se tranquilizó viendo con quién tenía que habérselas y, sin temor de comprometerse, dio todos los pormenores imaginables sobre la dimisión y la partida de D'Artagnan y sobre las órdenes que dio el nuevo jefe para apoderarse de Belle-Isle por sorpresa.

Aramis y Porthos cruzaron una mirada de desesperación, ya no podían contar con las ideas de D'Artagnan, y por consiguiente con ningún recurso en caso de derrota.

Continuó su interrogatorio; Herblay preguntó al prisionero cómo pensaban tratar las tropas reales a los jefes de Belle-Isle, y al responderle aquél que había orden de matarlos durante el combate y de ahorcar a los supervivientes, cruzó otra mirada con Porthos.

—Soy muy ligero para la horca —repuso Herblay—. A los hombres como yo no se les cuelga.

—Y yo soy demasiado pesado —dijo Porthos—; los hombres como

yo rompen la soga.

—Estoy seguro de que hubiéramos dejado a vuestra elección el género de muerte —dijo con finura el prisionero.

—Mil gracias —contestó con formalidad el obispo.

—Vaya pues a vuestra salud este vaso de vino —dijo Porthos bebiendo. Charlando se prolongó la cena, y el oficial, que era hidalgo de buen entendimiento, se aficionó al ingenio de Aramis y a la cordial llaneza de Porthos.

—Una pregunta, con perdón —dijo el prisionero—, y excusad mi franqueza el que nos hallemos ya en la sexta botella.

—Hablad —dijo Aramis.

—¿No servíais los dos en el cuerpo de mosqueteros del difunto rey?

—Sí, y que éramos de los mejores —respondió Porthos.

—Es verdad —exclamó el oficial—, y aun añadiría que no había soldados como vosotros, si no temiese ofender la memoria de mi padre.

—¿De vuestro padre? —repuso Aramis.

—Sí, ¿sabéis cómo me llamo? Me llamo Jorge de Biscarrat.

—¿Biscarrat?... —repuso Aramis recorriendo su memoria. —Creo...

—Buscad bien —dijo el oficial.

—¡Voto al diablo! —exclamó Porthos —no hay para qué pensar mucho, Biscarrat, alias Cardenal... fue uno de los cuatro que vinieron a interrumpirnos el día que espada en mano nos hicimos amigos de D'Artagnan.

—Esto es, señores.

—El único a quien no herimos —añadió Aramis.

—Es decir que era un espadachín —repuso el prisionero.

—Es cierto, muy cierto, —dijeron a una los dos amigos—. Plácenos conocer a un hombre tan bravo.

Biscarrat estrechó las manos que le tendieron los dos antiguos mosqueteros.

Aramis miró a su amigo como diciéndole: "Este va a ayudarnos", y luego dijo:

—¿Verdad que el haber sido hombre digno le enorgullece a uno?

—Eso mismo se lo oí siempre a mi padre.

—¿Verdad también —prosiguió Herblay—, que para uno es triste encontrarse con hombres a quienes van a arcabucear o a colgar, tanto más cuanto esos hombres resultan ser antiguos conocidos, relaciones hereditarias?

—¡Bah! no os aguarda un fin tan desastroso, señores míos —repuso con viveza el oficial.

—Vos lo habéis dicho.

—Cuando aún no os conocía; pero ahora os digo que podéis evitar tan funesto destino.

—¡Que podemos! —exclamó Herblay, chispeándole de inteligencia los ojos y mirando alternativamente al prisionero y a Porthos.

—Con tal que no nos exijan una bajeza —repuso con noble intrepidez Porthos mirando a su vez a Biscarrat y al prelado.

—No os exigirán nada, señores —dijo el oficial.

—¿Qué queréis que os exijan, cuando si os prenden os matan? Evitad que os encuentren.

—Para encontrarnos, fuerza es que vengan a buscarnos aquí —repuso Porthos con dignidad.

—Habéis dicho bien, mi buen amigo —dijo Aramis sin dejar de interrogar con la mirada la fisonomía de Biscarrat, silencioso y cohibido. Y dirigiendo la palabra a este último, le dijo: —O mucho me engaño, o queréis hacernos una confidencia y no os atrevéis.

—¡Ah! señores, es que, de hablar, hago traición a la consigna; pero escuchad, habla una voz que me releva de mi compromiso.

—¡El cañón! —exclamó Porthos.

—¡El cañón y la mosquetería! —prorrumpió el obispo. Entre las rocas y a lo lejos oíase el fragor siniestro de un combate breve.

—¿Qué significa eso? —dijo Porthos.

—Lo que yo sospeché —respondió Aramis.

—¿Y qué habéis sospechado? —preguntó el prisionero.

—Que vuestra embestida no era más que un ataque simulado, y que mientras vuestras compañías se dejaban rechazar, teníais la certeza de efectuar un desembarco en la parte opuesta de la isla.

—No uno, sino muchos —contestó Biscarrat.

—Entonces estamos perdidos —repuso con toda calma el prelado.

—No digo que no estemos perdidos —arguyó el señor de Pierrafonds—; pero todavía no nos han hecho prisioneros, ni mucho menos estamos ahorcados.

Dicho esto, Porthos se levantó de la mesa, se acercó a la pared del aposento, y descolgó con la mayor impasibilidad su espada y sus pistolas que inspeccionó con el minucioso cuidado del veterano que se dispone a luchar y que conoce que su vida depende en gran parte de las excelencias y del buen estado de sus armas.

Al estampido de los cañonazos a la nueva de la sorpresa que podía poner la isla en manos de las tropas reales, la muchedumbre entró aterrada y atropelladamente al fuerte para pedir auxilio y consejo a sus jefes. Aramis, pálido y vencido, se asomó, entre dos hachones, a la ventana que daba al patio principal, en aquel instante lleno de soldados que esperaban órdenes y. dijo con voz grave y sonora:

—Amigos míos, el señor Fouquet, vuestro protector, vuestro arraigo, vuestro padre, ha sido arrestado por orden del rey y sepultado en la Bastilla.

—¡Venguemos al señor Fouquet! ¡Mueran los realistas! —gritaron los más exaltados.

—No, amigos míos —contestó solemnemente el prelado, —no opongáis resistencia. El rey es señor en su reino. Humillaos ante Dios y amad a Dios, y al rey, que han castigado al señor Fouquet. Pero no venguéis a vuestro señor, ni lo intentéis, pues os sacrificaríais en vano, y sacrificaríais esposas, hijos, bienes y libertad. Pues el rey os lo ordena, abajo las armas, amigos míos, y retiraos sosegadamente a vuestras casas. Os lo pido, os lo ruego, y si fuera menester os lo ordeno en nombre del señor Fouquet.

La muchedumbre reunida al pie de la ventana acogió las palabras de Aramis con un murmullo de cólera y de terror.

—Los soldados del rey Luis XIV han entrado en la isla —prosiguió Herblay—, y ya no sería un combate lo que hubiese entre ellos y vosotros, sino una carnicería. Idos, pues, y olvidad; y ahora os lo ordeno en nombre de Dios.

Aunque con lentitud, los amotinados se retiraron sumisos y silenciosos.

—¿Qué demonios acabáis de decir, amigo mío? —dijo Porthos.

—Habéis salvado a esos habitantes, caballero —repuso Biscarrat—, pero no a vos ni a vuestro amigo.

—Señor de Biscarrat —dijo con acento noble y cortés el obispo de Vannes. —Hacedme la merced de marcharos.

—Con mil amores, caballero; pero...

—Nos haréis un favor con ello, señor de Biscarrat, porque al anunciar vos al teniente del rey la sumisión de los moradores de la isla y decirle cómo se ha verificado la sumisión, tal vez consigáis para nosotros alguna gracia.

—¡Gracia! ¿Qué palabra es esa? —exclamó Porthos despidiendo rayos por los ojos. Aramis dio un fuerte codazo a su amigo, como hacía en sus buenos años, cuando quería advertirle que iba a cometer o había cometido alguna torpeza.

—Iré, señores —dijo Biscarrat, sorprendido también de haber oído la palabra "gracia" en boca del altivo mosquetero de quien poco hacía contó y ensalzó con entusiasmo las heroicas proezas.

—Id, pues, señor de Biscarrat —dijo Aramis—, y contad anticipadamente con nuestra gratitud.

—Pero entretanto ¿qué va a ser de vosotros, señores, de vosotros a quienes me honro en llamar amigos míos, ya que os habéis dignado aceptar este título? —repuso el oficial, conmovido, al despedirse de los dos antiguos adversarios de su padre.

—Nos quedamos aquí.

—Ved que la orden es formal, señores.

—Soy obispo de Vannes, señor de Biscarrat, y así como no arcabucean a un obispo, tampoco ahorcan a un noble.

—Tenéis razón, monseñor —dijo Biscarrat—: todavía podéis contar con esta posibilidad. Parto, pues, en busca del jefe de la expedición, del teniente del rey. Guárdeos Dios, señores; o, mejor dicho, hasta la vista.

El oficial montó sobre un caballo que Aramis le hizo preparar, y partió hacia donde se oían los mosquetazos cuando la irrupción de la muchedumbre en el fuerte interrumpió la conversación de los dos amigos con su prisionero.

—¿Comprendéis? —preguntó Aramis a Porthos una vez a solas con su amigo y después de haber mirado cómo partía Biscarrat.

—Nada —respondió el gigante.

—¿Por ventura no os molestaba la presencia de Biscarrat?

—No, es un buen muchacho.

—Sí, pero ¿es prudente que todo el mundo conozca la gruta de Locmaria?

—¡Ah, diantre! ¡Es verdad! ¡Es verdad! Comprendo, comprendo. Nos escapamos por el subterráneo.

—Si gustáis —repuso jovialmente Herblay—. Andando, amigo Porthos, nuestra barca nos espera, y el rey todavía no nos ha echado la mano.

Un silencio espantoso reinaba en la isla.

LA GRUTA DE LOCMARIA

El subterráneo de Locmaria estaba bastante lejos del muelle para que los dos amigos tuviesen necesidad de economizar sus fuerzas antes de llegar a él. Por otra parte, había sonado ya la media noche en el reloj del fuerte, y Aramis y Porthos iban cargados de dinero y de armas. Caminaban, pues, nuestros dos fugitivos por el arenal que separaba del subterráneo el muelle, oído atento y procurando evitar todas las emboscadas. De cuando en cuando y por el camino que deliberadamente dejaban a su izquierda, pasaban habitantes procedentes del interior, a quienes hizo huir la nueva del desembarco de los realistas. Al fin y tras una rápida carrera, frecuentemente interrumpida por prudentes paradas, los dos amigos penetraron a la profunda gruta de Locmaria, y a la que el previsor obispo de Vannes hizo llevar, sobre cilindros, una barca capaz de afrontar las olas en aquella hermosa estación.

—Mi buen amigo —dijo Porthos después de haber respirado estrepitosamente—, por lo que se ve ya hemos llegado; pero si mal no me acuerdo, me hablasteis de tres hombres, que debían acompañaros. ¿Dónde están que nos los veo?

—Indudablemente nos aguardan en la caverna, donde de fijo descansan del penoso trabajo que han hecho. —Y al ver que Porthos iba a entrar en el subterráneo, le detuvo, y añadió: —Dejad que pase yo delante, mi buen amigo. Como sólo conozco yo la señal que he dado a los nuestros, os recibirían a tiros u os lanzarán sus cuchillos en la oscuridad.

—Pasad, amigo Aramis, sois todo sabiduría y prudencia. ¡Perdiez, pues no me flaquean otra vez las piernas!

Aramis dejó sentado a Porthos en la entrada de la gruta, y encorvado se internó en ella y lanzó un grito imitando al del mochuelo, al que contestó un arrullo plañidero y apenas perceptible, que invitó a Herblay a continuar su marcha prudente, hasta que le detuvo un grito igual al que él lanzó al entrar, y que resonó a diez pasos de él.

—¿Sois vos, Ibo? —preguntó el obispo.

—Sí, monseñor, y también Goennec con su hijo.

—Bueno. ¿Está todo preparado?

—Sí, monseñor.

—Llegaos los tres a la entrada de la gruta, mi buen Ibo, donde está descansando el señor de Pierrefonds.

Los tres bretones obedecieron; Porthos, rehecho, entraba ya, y sus fuertes pisadas resonaban en medio de las cavidades formadas y sostenidas por las columnas de sílice y de granito. En cuanto se unió el señor de Bracieux con el obispo, los bretones encendieron una linterna de que se proveyeron.

—Veamos la barca —dijo Aramis—, y cerciorémonos de lo que encierra.

—No acerquéis mucho la luz, monseñor —dijo el patrón Ibo—, pues según me habéis recomendado, he metido, bajo el banco de popa, el barril de pólvora y las cargas de mosquete, que desde el fuerte me habíais enviado.

—Está bien —repuso Herblay. Y tomando la linterna, inspeccionó minuciosamente la barca, con todas las precauciones del hombre ni tímido ni ignorante ante el peligro.

La barca era larga, ligera, de poco calado, de quilla estrecha, bien construida, como tienen fama de construirlas en Belle-Isle, de bordas un poco altas, resistente en el agua, muy manejable, y provista de tablas para formar con ellas en tiempo inseguro como una cubierta por la que se deslizan las olas y protege a los remeros.

En dos cofres bien cerrados y colocados bajo los bancos de popa y proa, Aramis encontró pan, bizcocho, fruta seca, tocino, y una buena provisión de agua potable en dos odres; lo cual era suficiente para quienes debían navegar siempre por la costa y podían refrescar sus vituallas en caso apremiante. Además, en la barca había ocho mosquetes y otras tantas pistolas de caballería, cargados todos y en buen estado; remos y una pequeña vela llamada de trinquete, que ayuda a los remeros, es útil al soplar la brisa y no carga la embarcación.

Una vez lo hubo inspeccionado todo —dijo Aramis a Porthos—: Falta saber si debemos hacer salir la barca por el extremo desconocido de la gruta, siguiendo la pendiente y la oscuridad del subterráneo, o si es mejor hacerla resbalar sobre rodillos al raso; al través de los zarzales, allanando el camino de la costa, no más alta de veinte pies, y que en la alta marea ofrece tres o cuatro brazas de agua sobre un buen fondo.

—Eso es lo menos, monseñor —repuso el patrón Ibo con el mayor respeto.

—Pero creo que por la pendiente del subterráneo y en medio de la oscuridad en que nos veremos obligados a maniobrar nuestra embarcación, el camino no será tan cómodo como el aire libre. Yo conozco la costa y puedo deciros que es rasa; el interior de la gruta, al contrario, es escabroso, sin contar que al extremo de ella vamos a dar con la salida que conduce al mar y por la cual tal vez no pase la barca.

—Ya he echado mis cálculos —dijo el obispo—, y estoy seguro de que pasará.

—Bien, monseñor —insistió el patrón—; pero vuestra grandeza sabe muy bien que, para hacer llegar la barca a la extremidad de la salida, es preciso quitar una piedra enorme, aquella por debajo de la cual se escurren siempre los zorros y que cierra la salida como una puerta.

—No importa —dijo Porthos—, la quitaremos.

—Creo que el patrón tiene razón —repuso Aramis—. Probemos al aire libre.

—Tanto más, monseñor —continuó el marino—, cuanto no podemos embarcarnos antes que amanezca; tal es el trabajo que falta hacer. Además, en cuanto claree, es menester que en la parte superior de la gruta se coloque un buen vigía para vigilar las maniobras de las chalanas y de los cruceros que nos acecharán.

—Decís bien, Ibo, pasaremos por la costa.

Y los tres robustos bretones habían colocado ya sus rodillos bajo la barca e iban a hacerla deslizar, cuando en el campo y lejos resonaron ladridos que movieron a Aramis a salir de la gruta, y a Porthos a seguir a su amigo.

El alta teñía de púrpura y nácar mar y llanura; en medio de aquella vaga claridad veíanse los pequeños y melancólicos abetos retorcerse sobre las piedras, y largas bandadas de cuervos rasa ban con sus negras alas los sembrados de trigo. Sólo faltaba un cuarto de hora para el nuevo día, al que anunciaban con sus alegres gorjeos los pajarillos. Los ladridos que detuvieron en su tarea a los tres bretones e hicieron salir de la gruta a los dos amigos, se prolongaban en un profundo collado, casi a una legua del subterráneo.

—Es una jauría —dijo Porthos—. Los perros están sobre un rastro.

—¿Qué es eso? ¿Quién caza a estas horas? —repuso Herblay.

—Y sobre todo por este lado, donde temen la llegada de las tropas reales —prosiguió Porthos—. Pero... ¡Ibo! ¡Ibo Llegaos acá!

Ibo acudió dejando el cilindro que aún tenía en la mano e iba a colocar bajo la barca cuando la exclamación del obispo le interrumpió en su tarea.

—¿Qué caza es esa, patrón? —preguntó Porthos.

—No sé, monseñor —respondió Ibo—. Lo único que puedo deciros es que a estas horas el señor de Locmaria no cazaría. Y, sin embargo, los perros...

—A no ser que se hayan escapado de la perrera...

—No —dijo Goennec—. No son los perros del señor de Locmaria.

—Por prudencia volvámonos adentro —repuso Aramis—. Los ladridos se acercan, y dentro de poco vamos a saber a qué atenernos.

Todos se internaron nuevamente en la gruta; pero apenas se hubieron adelantado un centenar de pasos en la obscuridad, cuando resonó en la caverna un ruido semejante al ronco suspiro de una persona aterrorizada, y, jadeante, veloz, asustado, un zorro pasó como un rayo por delante de los fugitivos, saltó por encima de la barca y desapareció, dejando tras sí un vaho acre, que no se desvaneció hasta algunos momentos después bajo las chatas bóvedas del subterráneo.

—¡El zorro! —exclamaron los bretones con la alegre sorpresa del cazador.

—¡Maldición!! —prorrumpió el obispo. —Han descubierto nuestro refugio.

—¡Qué! —dijo Porthos—.¿Un zorro nos asusta?

—¿Qué decís? —replicó Herblay—. ¿En el zorro os fijáis? No se trata de él ¡vive Dios! ¿Acaso no sabíais que tras el zorro vienen los perros, y tras los perros los hombres?

Porthos bajó la cabeza.

Como para confirmar las palabras de Aramis, la ladradora jauría llegó con vertiginosa rapidez, y seis galgos corredores desembocaron en el pequeño arenal.

—¡He aquí a los perros —dijo Aramis, al acecho tras una hendedura abierta entre dos peñas—; ahora falta saber quiénes son los cazadores!

—Si es el señor de Locmaria —repuso el patrón—dejará que los perros registren la gruta, y se irá a esperar al zorro al otro lado.

—No es el señor de Locmaria quien caza —replicó Herblay, palideciendo a pesar suyo.

—¿Quién, pues? —preguntó Porthos.

—Mirad.

—¡Los guardias! —exclamó Porthos al ver, al través de la abertura y en lo alto del otero, a una docena de jinetes que aguijaban a sus caballos y excitaban a los perros.

—Sí, los guardias, amigo mío —dijo Aramis.

—¿Los guardias del rey, monseñor? —preguntaron los bretones palideciendo a su vez.

—Sí, y Biscarrat al frente de ellos montado en mi tordillo. Los perros entraron en la gruta, cuyas profundidades repitieron los ensordecedores ladridos de la jauría.

—¡Ah diantres! —exclamó Aramis, recobrando su sangre fría ante el peligro. Ya sé que estamos perdidos. Pero todavía nos queda una probabilidad: si los guardias advierten que la gruta tiene una salida, no hay esperanza, porque al entrar aquí van a descubrir la barca y a descubrirnos a nosotros. Así, pues, ni los perros deben salir del subterráneo, ni los guardias entrar en él.

—Es verdad —repuso Porthos.

—Los seis perros que han entrado —continuó Aramis con la rápida precisión del mando—, se pararán ante la gruesa piedra por debajo de la cual se ha escurrido el zorro, y allí deben morir. Los bretones se lanzaron, cuchillo en mano, y poco después se oyó un lamentable concierto de gemidos y aullidos mortales, a los que siguió el silencio.

—Está bien —dijo Aramis con frialdad.

—Ahora a los amos. Esperad que lleguen, escondernos y matar.

—¡Matar! —repitió Porthos.

—Son diez y seis —dijo Aramis—, a lo menos por el pronto.

—Y bien armados —añadió Porthos, sonriéndose.

—El asunto durará diez minutos —dijo Herblay—. Vamos. Y con ademán resuelto empuñó un mosquete y se puso entre los dientes su cuchillo de monte. Luego añadió:

—Ibo. Goennec y su hijo nos pasarán los mosquetes. Haced fuego a quemarropa, Porthos. Antes de que los otros se hayan enterado, habremos derribado ocho, y luego mataremos a los demás a cuchilladas.

—¿Y el pobre Biscarrat también? —preguntó Porthos.

—A Biscarrat primero que todo —respondió Aramis y con la mayor frialdad—. Nos conoce.

EN LA GRUTA

A pesar de la especie de adivinación que constituía la nota más saliente del carácter de Aramis, los acontecimientos, sujetos a las alternativas de todo lo que está sometido al azar, no se desenvolvieron en absoluto cual previó el obispo de Vannes. Biscarrat, mejor montado que sus compañeros, y comprendiendo que zorro y perros habían desaparecido en las profundidades del subterráneo, fue el que primero llegó a la entrada de la gruta; pero dominado por el supersticioso terror que infunde naturalmente al hombre toda vía subterránea y obscura, se detuvo en la parte exterior y aguardó a sus compañeros.

—¿Y bien? —preguntaron éstos al llegar jadeantes y no explicándose la inacción de Biscarrat.

—Fuerza es que zorro y jauría hayan desaparecido engullidos en ese subterráneo, pues no se oye a los perros.

—¿Por qué han dejado de ladrar, pues? —objetó uno de los guardias.

—Es extraño —añadió otro.

—¡Qué caramba! —repuso otro de los guardias. —Entremos. ¿Acaso está prohibido entrar en la gruta?

—No —respondió Biscarrat. —Pero está obscura como boca de lobo y puede uno descalabrarse.

—Y si no que lo digan nuestros perros —dijo un guardia. —De fijo se han estrellado.

—¿Qué diablos ha sido de ellos? —se preguntaron unos y otros.

Y cada uno llamó a su respectivo perro por su nombre y lanzó su silbido favorito; pero ninguno respondió al silbido ni al llamamiento.

—Puede que sea una gruta encantada —dijo Biscarrat. Y apeándose y adelantándose un paso hacia el subterráneo añadió: — Veamos.

—Aguárdate: te acompaño —repuso uno de los guardias al ver que Biscarrat iba a desaparecer en las tinieblas.

—No —replicó Biscarrat. —No nos arriesguemos todos a la vez. Aquí ha pasado algo extraordinario. Si dentro de diez minutos no he vuelto, entrad juntos.

—Bien, te aguardamos —dijeron los guardias.

Y, sin apearse, formaron un círculo alrededor de la gruta.

Biscarrat entró, pues, solo; se adelantó en medio de la negrura hasta tocar con el pecho el mosquete de Porthos, y al tender la mano para saber lo que le oponía aquella resistencia, tomó el frío cañón del arma. Al mismo instante Ibo blandió su cuchillo, que iba a descargar sobre el joven con toda la fuerza de un brazo bretón, cuando el férreo puño de Porthos le detuvo a la mitad del camino.

—¡No quiero que le maten! —exclamó Porthos con voz de trueno.

Biscarrat se encontró entre una protección y una amenaza, casi tan terrible la una como la otra.

Aunque valiente, Biscarrat lanzó una exclamación, que Aramis ahogó al punto metiendo un pañuelo en la boca de aquél. —Señor de Biscarrat —dijo Herblay en voz baja. —No os queremos mal, como debéis saberlo si nos habéis conocido; pero si proferís una palabra, si exhaláis un suspiro, nos veremos forzados a mataros como hemos matado a vuestros perros.

—Sí, os conozco, señores —contestó también con voz remisa el joven. —Pero, ¿por qué estáis aquí? ¿Qué hacéis en este sitio? ¡Desventurados! Creía que estabais en el fuerte.

—Y vos, ¿qué condiciones habéis obtenido en nuestro favor?

—He hecho cuanto ha estado en mis manos, señores; pero...

—¿Pero ¿qué?

—Hay orden formal, señores.

—¿De matarnos? Biscarrat no atreviéndose a decirles que había orden de ahorcarlos, no respondió.

—Señor de Biscarrat —dijo Aramis comprendiendo su silencio—. Si no hubiésemos tenido en consideración vuestra juventud y nuestra antigua amistad con vuestro padre, a estas horas ya no viviríais; pero todavía podéis escaparos de aquí si nos dais palabra de no decir a vuestros compañeros nada de lo que habéis visto.

—No sólo os empeño mi palabra en cuanto a lo que me pedís, sino también os la doy de que haré todo lo posible para evitar que mis compañeros entren en esta gruta.

—¡Biscarrat! ¡Biscarrat! —gritaron desde afuera varias voces que se engolfaron cual torbellino en el subterráneo.

—Responded —dijo Aramis.

—¡Aquí estoy! —gritó Biscarrat.

—Podéis marcharos; descansamos en la fe de vuestra palabra —repuso Herblay, soltando al joven, que tomó el camino de la entrada.

—¡Biscarrat! ¡Biscarrat! —gritaron más cerca las voces, al tiempo que se proyectaban en el interior de la gruta las sombras de algunas formas humanas.

Biscarrat se abalanzó al encuentro de sus amigos para detenerlos.

Aramis y Porthos escucharon con la atención de quien se juega la vida a un soplo del aire.

Biscarrat llegó a la entrada de la gruta seguido de sus amigos.

—¡Oh! ¡Oh! —exclamó uno de ellos al llegar a la luz—. ¡Qué pálido estás!

—Verde, querrás decir —repuso otro.

—¿Yo? —exclamó Biscarrat esforzándose en llamar a sí todas sus fuerzas.

—La cosa es seria, señores —dijo otro.

—Le va a dar algo. ¡Quién trae sales! Interpelaciones y burlas se cruzaban en torno de Biscarrat, como se cruzan en el campo de batalla los proyectiles.

—¿Qué queréis que haya visto? —dijo Biscarrat, rehaciéndose bajo aquel diluvio de interrogaciones—. Cuando he entrado en la gruta tenía mucho calor, y en ella me ha dado frío.

—Pero ¿y los perros? ¿Los has visto?

—Es de suponer que hayan tomado otro camino —respondió Biscarrat.

—Señores —dijo uno de los guardias—, en lo que pasa y en la palidez de nuestro amigo hay un misterio que Biscarrat no puede o no quiere revelar. Es indudable que Biscarrat ha visto algo en la gruta, y yo también quiero verlo, aunque sea el diablo. ¡A la gruta, señores; a la gruta!

—¡A la gruta! —repitieron todos.

—¡Señores! ¡Señores! —exclamó Biscarrat poniéndose delante de sus compañeros para cerrarles el paso. —¡Por favor, no entréis!

—¿Pero ¿qué hay en esta gruta?

—Decididamente ha visto al diablo —repuso el que ya sentó esta hipótesis.

—Pues si lo ha visto, que no sea egoísta y deje que también lo veamos nosotros —dijo otro—. Vamos, échate a un lado.

—Señores —dijo un oficial de más edad que los demás, que hasta entonces había callado y se expresó con sosiego que hacía contraste con la animación de los jóvenes. — Señores, en esta gruta hay algo o alguien que no es el diablo, pero que ha tenido poder bastante para enmudecer a nuestros perros. Es preciso, pues, que sepamos qué es o quién es ese algo o ese alguien.

Biscarrat intentó aún detener a sus amigos; pero todo fue inútil. Sus amigos entraron en la caverna tras el oficial que había sido el último en hablar; pero fue el primero en lanzarse, espada en mano, al subterráneo para arrostrar el peligro desconocido. Biscarrat, repelido por sus amigos, y no pudiendo acompañarlos, por pena de pasar a los ojos de Porthos y Aramis por traidor y perjuro, fue a apoyarse, con el oído atento y las manos todavía extendidas en ademán de súplica, en uno de los ásperos lados de una roca que a él le pareció expuesta al fuego de los mosqueteros. En cuanto a los guardias, iban internándose por momentos y dando voces que se debilitaban a proporción de la distancia. De repente rugió como un trueno, bajo las bóvedas, una descarga de mosquetería, dos o tres balas vinieron a aplastarse contra la roca en que Biscarrat se apoyaba, y acompañados de suspiros, aullidos e imprecaciones, reaparecieron los guardias, pálidos unos, otros ensangrentados, y todos envueltos en una nube de humo que el aire exterior parecía aspirar del fondo de la caverna.

—¡Biscarrat! ¡Biscarrat! —gritaron los fugitivos—. ¡Tú sabías que en esta caverna había una emboscada y no nos has prevenido! ¡Tú eres causa de que hayan perecido cuatro de los nuestros! ¡Ay de ti, Biscarrat!

—A lo menos dinos quién está ahí dentro —exclamaron muchos furiosos.

—Dilo o muere —dijo un herido incorporándose sobre una de sus rodillas y blandiendo contra su compañero una espada ya inútil. Biscarrat se precipitó a él con el pecho descubierto; pero el herido volvió a caer para no levantarse más.

—Tenéis razón —dijo entonces Biscarrat adelantándose hacia el interior de la caverna, fuera de sí, con los cabellos erizados y la mirada fosca. —¡Muera yo que he dejado que asesinaran a mis compañeros! ¡Soy un cobarde!

Y arrojando lejos de sí su espada, pues quería morir sin defenderse, agachó la cabeza y

se entró en el subterráneo, pero no solo, como él supuso, sino seguido de los demás; es decir, de los once que de los diez y seis quedaban. Pero no pasaron de donde los primeros: una segunda descarga tendió a los cinco en la fría arena, y como era imposible ver de dónde partía el mortífero rayo, los otros retrocedieron con espanto indescriptible.

Biscarrat, sano y salvo, se sentó en una roca y esperó.

De los diez y seis guardias no quedaban más que seis.

—¿Si de verdad será el diablo? —dijo uno de los supervivientes.

—Peor es —repuso otro.

—Preguntémoslo a Biscarrat; él lo sabe.

—¿Dónde está Biscarrat?

—Está muerto —respondieron dos o tres.

—No —replicó otro.

—Por fuerza conoce a los que están dentro.

—¿Por qué?

—¿No ha estado prisionero entre los rebeldes?

—Es verdad. Llamémosle, pues, y sepamos por su boca contra quién nos las habemos.

—Para nada necesitamos de él; nos llegan refuerzos —dijo el otro oficial.

En efecto, llegaba una compañía de guardias compuestas de setenta y cinco a ochenta individuos, a la que en su ardor por la caza dejaron atrás sus oficiales, que ahora salieron al encuentro de sus soldados, y con elocuencia fácil de concebir les explicaron la aventura y solicitaron su ayuda.

—¿Dónde están vuestros compañeros? —preguntó el capitán.

—Están muertos.

—¿Pero no erais diez y seis?

—Han perecido diez. Biscarrat está en la caverna, y estamos aquí los cinco restantes.

—¿Luego Biscarrat está prisionero? —Es probable.

—No; vedle —repuso uno de los oficiales mostrando a Biscarrat, que en aquel instante apareció en la entrada de la caverna. Añadió— : Vamos allá a ver qué nos quiere, pues nos hace seña de que nos acerquemos.

—¡Vamos! —repitieron todos adelantándose al encuentro de Biscarrat.

—Señor de Biscarrat —dijo el capitán dirigiéndose al joven—, me aseguran que vos conocéis a los que están en la gruta y hacen una defensa tan desesperada. Así, pues, en nombre del rey, os intimo que declaréis cuanto sepáis.

—Mi capitán —contestó Biscarrat—, no tenéis ya necesidad de intimarme, pues vengo en nombre de ellos.

—¿A decirme que se rinden?

—No, señor, sino a deciros que están decididos a defenderse hasta la muerte si no les conceden buenas condiciones.

—¿Cuántos son?

—Dos —respondió Biscarrat.

—¿Dos y quieren imponernos condiciones?

—Dos son, capitán —repuso Biscarrat —y nos han matado ya diez compañeros.

—¿Qué hombres son esos, pues? ¿Por ventura son titanes?

—Más, mi capitán, más. ¿Os acordáis de la historia del bastión de San Gervasio?

—¿Dónde cuatro mosqueteros del rey hicieron frente a un ejército? Sí, la recuerdo.

—Pues los que están ahí dentro son dos de ellos.

—¿Y qué interés tienen en tal defensa?

—Son los que defendían a Belle-Isle en nombre del señor Fouquet.

—¡Los mosqueteros! ¡Los mosqueteros! —dijeron los soldados. Y al pensar que iban a luchar contra dos de las más antiguas glorias militares del ejército, aquellos valientes se estremecieron de terror a la vez que de entusiasmo.

—¿Dos hombres y han matado diez oficiales en dos descargas? —exclamó el capitán.

—No puede ser, señor Biscarrat.

—Yo no digo que no los acompañen dos o tres hombres, como a los mosqueteros los acompañaron tres o cuatro criados en el bastión de San Gervasio; pero, creedme, mi capitán, yo he visto a esos hombres, he sido prisionero de ellos, los conozco; bastan ellos dos para destruir un cuerpo de ejército.

—Eso es lo que vamos a ver, y pronto —repuso el capitán. Entonces, todos se dispusieron a obedecer; sólo Biscarrat hizo la última tentativa, diciendo en voz baja al capitán:

—Creedme, pasemos de largo. ¿Qué ganaremos combatiéndolos?

—Ganaremos la conciencia de no haber hecho retroceder a ochenta guardias del rey ante dos rebeldes. Si escuchase vuestro consejo, señor de Biscarrat, sería hombre deshonrado, y al deshonrarme, deshonraría al ejército.

El capitán se hizo describir por Biscarrat y sus compañeros el interior del subterráneo, y cuando le pareció saber bastante, dividió la compañía en tres secciones, que debían entrar sucesivamente haciendo fuego graneado en todas direcciones.

Sin duda en aquel ataque sucumbirían cinco hombres más, diez quizá; pero acabarían por apresar a los rebeldes, ya que la caverna no tenía salida, y por mucho que hicieran, dos hombres no podían acabar con ochenta.

—Reclamo el honor de ponerme al frente del primer pelotón, mi capitán —dijo Biscarrat.

—Bien —respondió el capitán.

—Gracias —dijo el joven con la entereza de los de su estirpe.

—¡Qué! ¿Os vais sin espada?

—Sí, tal cual estoy, mi capitán —dijo Biscarrat—; porque no voy para matar, sino a que me maten.

Y poniéndose al frente del primer pelotón, con la cabeza descubierta y los brazos cruzados, añadió:

—¡Marchen!

UN CANTO DE HOMERO

Ya es tiempo de pasar al otro campo y describir a los combatientes y el teatro de la batalla. La gruta, que tenía unas cien toesas de longitud y llegaba hasta un declive que iba a parar en una caleta, en tiempo en que Belle-Isle se llamaba todavía Colonesa, fue templo de divinidades paganas, y sus misteriosas concavidades presenciaron más de un sacrificio humano. La entrada de aquella caverna la formaban una pendiente suave cubierta por una baja bóveda de amontonadas peñas; el interior, de suelo desigual y peligroso por las fragosidades de las peñas de la bóveda, se subdividía en varios compartimientos gradualmente más elevados y a los cuales se llegaba por escalones ásperos, resquebrajados y unidos a derecha y a izquierda a enormes pilares naturales. En el tercer compartimiento la bóveda era tan baja y tan estrecha la galería, que la barca apenas pudiera haber pasado rozando las paredes; con todo, en un momento de desesperación, la madera cede y la piedra se ablanda al soplo de la voluntad humana.

Tal era el pensamiento de Aramis cuando, tras el combate, se decidió a la fuga, fuga peligrosa, pues no habían perecido todos los asaltantes, y admitiendo la posibilidad de botar la barca al mar, habrían huido en plena luz, ante los vencidos, que al ver cuán pocos eran hubieran tenido interés en hacer perseguir a los vencedores.

Cuando las dos descargas hubieron matado diez hombres, Aramis, acostumbrado a los rodeos del subterráneo, se acercó a los cadáveres para inspeccionarlos uno a uno sin peligro, pues el humo impedía que lo viesen desde fuera, y ordenó el arrastre de la barca hasta la gran piedra que cerraba la libertadora salida. Porthos reunió todas sus fuerzas, y tomando con ambas manos la barca, la levantó mientras los bretones colocaban rápidamente los rodillos bajo ella. De esta suerte, llegaron hasta el tercer compartimiento, es decir, a la piedra que obstruía la salida. Porthos tomó por la base la gigantesca piedra, apoyó en ésta su robusto hombro y le imprimió una sacudida que hizo crujir las paredes.

A la tercera sacudida cedió la piedra, que osciló por espacio de un minuto; luego Porthos se apoyó en las rocas contiguas, y haciendo palanca con uno de sus pies, arrancó y separó la piedra de las aglomeraciones calcáreas que le servían de goznes. Caída la piedra, penetró en el subterráneo la radiante luz del día, y el azulado mar apareció a los maravillados ojos de los bretones.

En seguida procediose a subir la barca sobre aquella barricada; y sólo faltaban veinte toesas para hacerla deslizar al mar, cuando llegó la compañía y el capitán la alineó para el asalto. Aramis, que todo lo vigilaba para favorecer el trabajo de sus amigos, vio el refuerzo, contó los soldados y se convenció del insuperable peligro en que iba a ponerles un nuevo combate. Huir por mar en el momento en que el subterráneo iba a ser invadido, era imposible, pues la luz que acababa de iluminar los dos últimos compartimientos hubiera mostrado a los soldados la barca deslizándose hacia el mar, y a los dos rebeldes a tiro de mosquete, sin contar que una descarga acribillaría la embarcación si no quitaba la vida a los cinco navegantes. Aramis se mesaba con rabia los cabellos, y ora invocaba el auxilio de Dios, ora del diablo.

Amigo mío —dijo Herblay en voz baja a Porthos, que trabajaba él solo más que los rodillos y los bretones—, acaban de llegar refuerzos a nuestros adversarios.

—¡Qué hacemos, pues? —repuso sosegadamente Porthos.

—Reanudar el combate es aventurado —contestó Aramis.

—Es verdad, porque es difícil que no nos maten a uno de los dos, y muerto el uno, el otro se haría matar —dijo el gigante con la heroica sencillez que en él era realzada con todas las fuerzas de la materia.

—Ni a vos ni a mí nos matarán si hacéis lo que yo os diga —repuso Aramis, a quien las palabras de su amigo le habían penetrado en el corazón como un puñal.

—Decid, pues.

—Los soldados van a internarse en la gruta, y a lo sumo mataremos catorce o quince.

—¿Cuántos son? —preguntó Porthos.

—Les ha llegado un refuerzo de setenta y cinco hombres.

—Que con los cinco hacen ochenta —dijo Porthos.

—Si nos envían una descarga cerrada nos acribillan a balazos.

—Tomemos pronto una resolución. Nuestros bretones van a continuar en su tarea, y nosotros nos traemos aquí pólvora, balas y mosquetes.

—Reflexionad que los dos no conseguiremos disparar tres mosquetes a un tiempo —dijo candorosamente Porthos.

—No me parecen bien los mosquetes.

—¿Qué haríais vos?

—Voy a emboscarme tras el pilar con esta barra de hierro, y así, invisible e inatacable, cuando hayan entrado a oleadas, descargo mi barra sobre los cráneos treinta veces por minuto. ¿Qué os parece el proyecto? ¿Os place?

—Mucho; pero la mitad se quedarán fuera para rendirnos por hambre. Lo que necesitamos es destruirlos a todos, pues un solo hombre que sobreviva nos pierde.

—Es verdad; pero ¿cómo atraerlos?

—No moviéndonos.

—Pues no nos movamos; pero ¿y cuando estén todos reunidos?

—Dejadlo en mi mano; se me ha ocurrido una ideal

—Si es así, con tal que la idea que se os ha ocurrido sea buena... y debe serlo... estoy tranquilo.

—Al acecho, Porthos, y contad los que entren.

—¿Y vos?

—No os preocupéis por mí; no estaré ocioso.

—Creo que oigo voces.

—Son ellos. A vuestro sitio, y haced que podamos oírnos y tocarnos.

Porthos se refugió en el segundo compartimiento, completamente obscuro, empuñando una barra de hierro de cincuenta libras de peso que había servido para hacer rodar la barca y que manejaba con facilidad maravillosa. Aramis entró en el tercer compartimiento, se agachó y empezó la maniobra misteriosa.

Mientras tanto los bretones empujaban la barca hasta la playa.

Se oyó una voz de mando; era la última orden del capitán. Veinticinco hombres saltaron de las rocas superiores al primer compartimiento de la gruta, y rompieron el fuego.

Retumbaron los ecos, los silbidos de las balas surcaron la bóveda, y el espacio se llenó de densa humareda.

—¡Por la izquierda! ¡Por la izquierda! —gritó Biscarrat, que en su primer reconocimiento había visto el paso del segundo compartimiento, y que, animado por el olor de la pólvora, quería guiar hacia aquel lado a sus soldados.

Estos avanzaron, efectivamente, por la izquierda y se metieron en el estrecho corredor guiados por Biscarrat que, con las manos hacia adelante, iba buscando su muerte.

—¡Venid! ¡Por aquí! —gritó Biscarrat. —Veo una luz.

—¡Golpe en ellos! —dijo Aramis con voz sepulcral.

Porthos exhaló un suspiro, pero obedeció. La barra de hierro descargó en mitad de la cabeza de Biscarrat, que cayó muerto con la palabra en los labios. Luego la formidable barra volvió a levantarse para descargar diez veces en diez segundos y dejar tendidos diez hombres. Los soldados nada veían: sólo oían ayes y suspiros y hollaban cuerpos; todavía no sabían lo que pasaba, y avanzaron tropezando unos con otros, mientras la implacable barra subía y bajaba incesantemente hasta acabar con el primer pelotón., sin que un solo ruido hubiese puesto sobre aviso al pelotón segundo, que avanzaba tranquilamente, aunque alumbrado por una antorcha formada de las entretejidas ramas de un pequeño pino que el capitán arrancó fuera de la gruta. Al llegar al compartimiento en que Porthos, semejante al ángel exterminador, destruyó cuantos tocó, la primera fila retrocedió aterrorizada. Ninguna descarga había contestado a las descargas de los guardias, y, sin embargo, ante sí tenían un montón de cadáveres y sus pies nadaban literalmente en sangre. Porthos continuaba detrás de su pilar. El capitán, al alumbrar con la trémula luz del inflamado pino aquella horrible carnicería de la que en vano buscaba la causa, retrocedió hasta el pilar tras el cual estaba Porthos; entonces salió de la obscuridad una mano descomunal, agarró el pescuezo del capitán, que lanzó un estertoroso ronquido, azotó el aire con las manos, soltando la antorcha, que se apagó en la sangre, y un segundo después cayó junto a la antorcha. Todo se hizo misteriosamente y como por arte de magia. Entonces, el teniente, obedeciendo a un impulso irreflexivo, instintivo, maquinal, dio la voz de ¡fuego! Una descarga retumbó, aulló en aquellas concavidades y arrancó enormes piedras de las bóvedas; la caverna, por un instante quedó iluminada por la luz de los fogonazos, pero luego más oscura a causa del humo. Tras la descarga reinó el más profundo silencio, sólo turbado por los pasos de la tercera brigada que entraba en el subterráneo.

LA MUERTE DE UN TITÁN

En el momento en que Porthos, más acostumbrado a la obscuridad que los que entraban, miraba en torno de sí, para ver si en medio de aquella negrura Aramis le hacía alguna señal, sintió un golpecito en el brazo, y en su oído una voz suave que decía:

—Venid.

—¿Adónde? —dijo Porthos.

—¡Silencio! —repuso Aramis, todavía más quedo.

Con el ruido de la tercera brigada. que continuaba avanzando, y acompañados de las imprecaciones de los guardias que quedaron en pie y del estertor de los moribundos, Aramis y Porthos se escurrieron, sin ser vistos, a lo largo de las graníticas paredes de la gruta. Aramis condujo a su amigo al penúltimo compartimiento, y le mostró, en un; hueco de la pared, un barril de pólvora de sesenta a ochenta libras de peso, al cual había aplicado una mecha.

—Amigo mío —dijo Herblay a Porthos—, vais a tomar este barril del que voy a encender la mecha, y arrojarlo en medio de nuestros enemigos; ¿podéis?

—¡Ya lo creo! —contestó Porthos.

—Encended la mecha. Aguardad a que estén todos reunidos; luego, Júpiter mío, lanzad vuestro rayo en medio de ellos.

—Encended la mecha —repitió el gigante.

—Yo —continuó Aramis—, voy a reunirme a los bretones para ayudarles a botar la barca al agua. Os aguardo en la orilla. Lanzad el barril con mano firme y venid corriendo.

—Encended —dijo por tercera vez Porthos.

—¿Me habéis comprendido? —preguntó Aramis.

—Cuando me explican comprendo —respondió Porthos soltando una sonrisa—. Venga la yesca y marchaos.

Aramis dio un trozo de yesca ardiendo a Porthos, y se fue a la salida de la caverna, donde le estaban aguardando los tres remeros. Porthos aplicó la yesca a la mecha, y aquella chispa, principio de un incendio espantoso, brilló en la obscuridad como una luciérnaga y se corrió a la mecha, que se encendió. Porthos activó el fuego con un soplo. Gracias a haberse disipado un poco el humo, a la claridad de la mecha durante dos segundos pudieron distinguirse los objetos.

Breve, pero magnífico fue el espectáculo que ofreció aquel coloso, pálido, ensangrentado y con el rostro iluminado por el fuego de la mecha que en la obscuridad ardía. Los soldados al verlo, al ver el barril que en la mano sostenía, comprendieron lo que iba a pasar, y aterrados, lanzaron un grito de agonía. Unos intentaron huir, pero se encontraron con la tercera brigada que les cerró el paso, los otros apuntaron maquinalmente e hicieron fuego con sus descargados mosquetes; otros cayeron de hinojos, y dos o tres oficiales prometieron a Porthos la libertad si les concedía la vida.

El teniente de la tercera brigada repetía la voz de fuego, pero los guardias tenían ante sí a sus despavoridos compañeros que servían de muralla viviente a Porthos:

Cada sopló de Porthos al reavivar el fuego de la mecha, enviaba a aquel hacinamiento de cadáveres una luz sulfurosa interrumpida por anchas y purpúreas fajas. El espectáculo, sólo duró dos segundos; pero en aquel tiempo, un oficial de la tercera brigada reunió ocho guardias armados de sendos mosquetes y les ordenó que hiciesen fuego sobre Porthos a través de una abertura. Los que habían recibido la orden de disparar temblaron de tal suerte, que la descarga mató a tres de sus compañeros, y a las cinco balas restantes fueron silbando a rayas la bóveda, a surcar el suelo o a empotrarse en las paredes. A la descarga respondió una carcajada, luego osciló el brazo del coloso, pasó por el aire algo como un cometa, y el barril, lanzado a treinta pasos, pasó por encima de la barricada de cadáveres y fue a caer en medio de un pelotón de aulladores soldados que se dejaron caer de bruces. El oficial, que había seguido en el aire la brillante cola, se precipitó sobre el barril para arrancar la mecha antes que hubiese prendido en la pólvora. Su abnegación fue inútil, la mecha, que en reposo habría durado cinco minutos, activada por el aire no duró más que treinta segundos, y la máquina infernal reventó. Furiosos torbellinos, silbidos del azufre y del nitro, estragos devoradores del fuego, trueno espantoso de la explosión, he ahí lo que en el segundo que siguió a los dos segundos primeros pasó en aquella caverna, igual en horrores a una caverna de demonios. Las rocas se abrieron como tablas de abeto bajo el hacha; en medio de la gruta brotó un chorro de fuego, de despojos que se ensanchaba a proporción que subía; las macizas paredes de sílice se inclinaron para acostarse en la arena, que convertida en instrumento de dolor se lanzó fuera de sus endurecidas capas en millones de átomos para acribillar los rostros de los moribundos. Ayes, aullidos, imprecaciones, existencias, todo se apagó en aquella inmensa catástrofe que convirtió los tres primeros compartimientos en un abismo en el cual cayeron uno a uno y según su pesadez, los despojos vegetales, minerales o humanos, y luego la arena y la ceniza, que cual plomiza y humeante mortaja cubrieron aquel lugar de horrores.

Busquen ahora en aquella ardiente tumba, en aquel volcán subterráneo, a los guardias del rey con sus uniformes azules con adornos de plata; busquen a los oficiales relucientes de oro, y las armas en que confiaron todos para defenderse; y busquen, por fin, las piedras que los mataron y el suelo que los sustentó. Un hombre solo, lo ha convertido todo en un caos más confuso, más informe y más terrible que el caos que existía una hora antes de que Dios creara el mundo. De los tres compartimientos no quedó cosa alguna que Dios pudiese haber reconocido como obra suya.

Porthos, según le aconsejó Aramis, después de haber lanzado el barril de pólvora echó a correr y llegó al último compartimiento, en el que entraba el aire y el sol, y a cien pasos de él vio la barca mecida por las olas y a sus amigos, es decir, la libertad y la vida después de la victoria. Seis zancadas más y se encontraba fuera de la bóveda, y con otras seis zancadas llegaba a la barca; pero de improviso le flaquearon las piernas y sintió como si se le hubiesen vaciado las rodillas.

—¡Ah diantre! —murmuró Porthos—, vuelve a acometerme debilidad y no puedo andar. ¿Qué significa esto?

—¡Porthos! —gritó Aramis al través de la puerta, no explicándose por qué se detenía el gigante, —¡venid pronto! ¡pronto!

—No puedo —contestó Porthos haciendo un esfuerzo que contrajo inútilmente todos los músculos de su cuerpo.

Porthos cayó de rodillas; pero con sus robustas manos se agarró a las rocas y volvió a levantarse.

—¡Pronto! ¡pronto! —repitió Aramis encorvándose hacia la orilla como para atraer a Porthos con sus brazos.

—Aquí estoy —balbuceó él llamando a sí todas sus fuerzas para adelantarse otro paso.

—En nombre del cielo, Porthos, venid; el barril va a reventar.

—Venid, monseñor —dijeron los bretones al ver que Porthos se movía como en una pesadilla.

Pero ya no era tiempo: retumbó la explosión, la tierra se resquebrajó, la humareda se lanzó por las anchas hendiduras, se obscureció el cielo, la mar refluyó como repelida por la bocanada de fuego que brotó de la gruta como de la boca de gigantesco monstruo; el reflujo arrastró la barca hasta unas veinte toesas de la orilla, todas las peñas crujieron en su base y se rompieron en pedazos como al esfuerzo de poderosas cuñas; parte de la bóveda se remontó por los aires; el fuego róseo y verde del azufre y la negra lava de las licuefacciones arcillosas, chocaron y combatieron por un instante bajo una majestuosa cúpula de humo, y luego oscilaron, se inclinaron y cayeron largos fragmentos de las rocas, que la violencia de la explosión no pudo desarraigar de sus seculares zócalos; fragmentos que se saludaban unos a otros como ancianos graves y lentos, y luego se prosternaban y tendían para siempre.

Aquel espantoso choque pareció devolver a Porthos las perdidas fuerzas; gigante entre aquellos gigantes, se levantó; pero en el instante en que huía por en medio de las dos filas de graníticos fantasmas, estos últimos ya no sostenidos por los correspondientes eslabones, empezaron a rodar con estrépito en torno de aquel titán al parecer precipitado desde el cielo en medio de las rocas que acababa de lanzar contra él. Porthos sintió temblar bajo sus pies el suelo conmovido por aquella espantosa sacudida, y tendió a derecha y a izquierda sus titánicas manos para repeler las peñas que se le iban encima. Sin embargo, tan enorme fue una de ellas, que le hizo doblar los brazos y agachar la cabeza, mientras otra granítica mole le caía entre los hombros. Por un instante los brazos de Porthos cedieron, pero el hércules reunió todas sus fuerzas y separó lentamente las paredes de aquella prisión en que estaba sepultado. Porthos apareció en aquel marco de granito como el ángel del caos; pero al separar las peñas laterales, quitó su punto de apoyo al monolito que pesaba sobre sus hombros, y el monolito hizo caer de rodillas al gigante. Las rocas laterales, separadas por un instante, volvieron a juntarse y añadieron su peso al peso primitivo, bastante para aplastar a diez hombres. El gigante cayó sin pedir socorro; cayó respondiendo a Aramis con palabras de aliento y de esperanza, porque por breve espacio y gracias al robusto puntal de sus manos, pudo creer que, como Encelado, sacudiría aquel triple, peso. Sin embargo, Aramis vio cómo poco a poco la mole bajaba; las crispadas manos y los por un postre esfuerzo envarados brazos, cedieron como cedieron los desgarrados hombros, y la peña continuó bajando, bajando...

—¡Porthos! ¡Porthos! —exclamó Aramis mesándose los cabellos—, ¡Porthos! ¿dónde estáis? ¡Hablad!

—¡Paciencia! ¡paciencia —murmuró Porthos con voz que iba extinguiéndose por momentos.

Apenas pudo concluir sus últimas palabras; el impulso de la caída aumentó el peso; la enorme peña se sentó, cargada por las otras, y abismó a Porthos en una sepultura de rotas piedras. Al oír la expirante voz de su amigo, Aramis dejó de guardia a uno de los tres bretones en la barca, saltó en tierra seguido de los otros dos, provistos de una palanca, y se encaminó hacia donde oía el último estertor del intrépido Porthos. Herblay, centelleante, magnífico, joven como a los veinte años, se abalanzó a la triple mole, con sus manos delicadas como las de una mujer, levantó por un milagro de vigor una de las esquinas de la inmensa sepultura de granito. Entonces vislumbró en las tinieblas de aquella fosa la todavía brillante mirada de su amigo, a quien la peña levantada por un instante había devuelto la respiración. Al punto Aramis y los dos bretones se agarraron a la palanca de hierro, y con su triple esfuerzo intentaron, no levantar la peña, sino sostenerla al aire. Todo fue inútil: los tres se vieron forzados a ceder lentamente y con dolor de su corazón. Porthos, al verlos agotar sus fuerzas en lucha estéril, murmuró burlonamente estas palabras supremas que le llegaron a los labios con el postrer aliento:

—¡Pesa demasiado! Después se empañaron los ojos, palideció su rostro, le blanquearon las manos, y el titán lanzó el postrer suspiro.

Los tres hombres soltaron la palanca, que rodó sobre la tumularia peña; luego, jadeante, descolorido, con el pecho oprimido y el corazón a punto de rompérsele, Aramis prestó oído atento. Nada se oía: el gigante dormía el sueño eterno en la sepultura que Dios le había dado conforme a su grandeza.

EL EPITAFIO DE PORTHOS

Aramis, silencioso, helado, temblando como un medroso niño, bajó de aquella peña, tumba que no podía ser hollada por cristianos pies.

Parecía que algo de Porthos hubiese muerto en él.

Los bretones rodearon a Aramis, y le abrazaron, él les dejó hacer, y los tres marineros le tomaron en peso y le condujeron a la barca.

Colocado en el banco, junto al timón, los tres bretones hicieron fuerza de remos prefiriendo alejarse de esta manera a izar la vela que podía venderlos.

De la arrasada superficie de la antigua gruta de Locmari, de aquella orilla, sólo una prominencia atraía la mirada. Aramis no podía desviar de ella los ojos, y desde lejos, desde la mar, a medida que se alejaba, le parecía que la amenazadora y altiva peña se erguía, como antes se irguiera Porthos, y levantaba hasta el cielo una cabeza risueña e invencible como la del probo y valiente amigo, el más fuerte de los cuatro y, sin embargo, muerto el primero.

¡Extraño destino el de aquellos hombres de bronce! El más sencillo de corazón aliado al más astuto; la fuerza corporal guiada por la sutileza de la inteligencia; y el cuerpo, una piedra, una peña, un peso vil y material dominaba la fuerza y, desplomándose sobre su cuerpo, lanzaba de él a la inteligencia.

¡Oh digno Porthos! Nacido para ayudar a los demás, siempre dispuesto a sacrificarse en pro de los débiles, como si Dios no le hubiese dado la fuerza más que para esto, al morir, creyó que no hacía más que cumplir las condiciones de su pacto con Aramis, sin embargo, de que únicamente Aramis lo redactó, pacto que conoció sólo para reclamar su terrible solidaridad. ¡Oh noble Porthos! ¿De qué te sirvieron los castillos llenos de muebles, los bosques poblados de caza, los lagos rebosantes de pesca y las cuevas pletóricas de dinero? ¿De qué tantos lacayos de relucientes libreas, entre ellos Mosquetón, enorgullecido del poder que le delegaste? ¡Oh Porthos! ¿para qué acumular tesoros, para qué tanto afanarte en suavizar y dorar tu vida para venir a tenderte, con los huesos triturados, bajo fría piedra, en desierta playa, a los graznidos de los pájaros del océano? ¿Para qué acumular tanta riqueza si ni siquiera había de figurar en tu sepultura un dístico de mal poeta? ¡Oh bravo Porthos! Sin duda duerme todavía, olvidado, perdido, bajo la peña que los pastores del páramo toman por el techo gigantesco de un dolmen.

Aramis, pálido, helado y con el corazón en los labios, hasta que la playa desapareció en el horizonte envuelta en el velo de la noche, no apartó de la tumba de su amigo los ojos. Ni una palabra se exhaló de sus labios, ni un suspiro salió de su oprimido pecho. Los bretones, supersticiosos, le miraban con temor; más que de hombre, aquel silencio era de estatua.

Ya casi de noche, los bretones izaron la pequeña vela, que hinchándose al beso de la brisa impulsó a la barca, que alejándose de la costa con rapidez, puso la proa hacia España y se lanzó a través del proceloso golfo de Gáscuña. Pero apenas hacía media hora que habían izado la vela, cuándo los remeros se encorvaron. en sus bancos, y haciendo pantalla de sus manos se mostraron unos a otros un punto blanco como en la apariencia lo está una gaviota mecida por la insensible respiración de las olas. Pero lo que parecía inmóvil para los ojos de un profano, para la experta mirada del marinero caminaba con rapidez. Viendo el profundo embotamiento de su amo, los bretones no se atrevieron a sacarle de su ensimismamiento, y se limitaron a hacer conjeturas en voz baja. En efecto, Aramis, tan vigilante, tan activo, Aramis, cuyos ojos, como los del lince, velaban incesantemente y veían más de noche que de día, se hundía en la desesperación de su alma. Así transcurrió una hora, durante la cual la luz del día fue apagándose gradualmente, pero durante la cual también el buque a la vista se acercó tanto a la barca, que Goennec, uno de los tres marineros, se decidió a decir en voz bastante alta:

—Monseñor, nos persiguen.

Aramis nada contestó. Entonces, los marineros, al ver que el buque seguía avanzando, por orden del patrón Ibo, arriaron la vela, a fin de que aquel único punto que aparecía en la superficie de las olas cesase de guiar al enemigo, el cual largó dos velas más. Por desgracia, corrían los días más hermosos y más largos del año, y a la luz de aquel día nefasto sucedió la noche de la más esplendente luna. El buque perseguidor navegaba viento en popa, y le quedaba todavía media hora de crepúsculo, y toda una noche de claridad relativa.

—¡Monseñor! ¡monseñor! ¡estamos perdidos! —dijo el patrón—: Mirad, aunque hayamos cargado nuestra vela, nos ven. Aramis sin responder, le dio al patrón un catalejo.

Ibo miró y repuso:

—¡Oh! monseñor, los veo tan cerca, que me parece que puedo tocarlos con las manos.

A lo menos vienen veinticuatro hombres. ¡Ah! ahora veo al capitán en la proa, y mira con un anteojo como éste... Ahora se vuelve y da una orden... Emplazan un cañón en la proa... lo cargan... apuntan... ¡Misericordia divina! ¡disparan contra nosotros!

Y bajó maquinalmente el catalejo, y los objetos, repetidos hacia el horizonte, le aparecieron bajo su aspecto real.

Por debajo de las velas del buque perseguidor, y un poco más azul que ellas, apareció una nubecilla de humo que se dilató cual flor que se abre, y poco más o menos a una milla del cañoncito una bala lamió dos o tres olas, abrió un blanco surco en el mar y desapareció tan inofensiva como la piedra con la cual, jugando, un muchacho hace círculos en el agua.

Aquella bala fue a la vez una amenaza y un aviso.

—¿Qué hacemos? —preguntó el patrón.

—Van a echarnos a pique —dijo Goennec—. Dadnos la absolución, monseñor.

—Olvidáis que nos ven —dijo Aramis a los marineros arrodillados a sus pies.

—Es verdad —exclamaron los bretones avergonzados de su debilidad. —Ordenad, monseñor, estamos prontos a morir por vos.

—Esperemos —dijo Aramis.

—¿Que esperemos?

—Sí; ¿no veis que de huir van a echarnos a pique, como habéis dicho hace poco?

—Quizás al amparo de la noche podamos escapar —dijo el patrón.

—No les faltará algún fuego griego para iluminar su camino y el nuestro —objetó Aramis.

Al mismo tiempo y cual si el buque enemigo hubiese querido responder a las palabras de Aramis, se remontó al cielo una segunda nubecilla del seno de la cual surgió tina inflamada flecha que describió una parábola semejante a un arco iris, cayó en el mar, donde continuó ardiendo, e iluminó un espacio de un cuarto de legua de diámetro.

Ya veis que más vales esperar —dijo Aramis a los aterrorizados bretones, que a una soltaron sus remos.

La barca cesó de avanzar y se metió sobre las olas.

Entretanto, la noche se venía encima, y el buque continuaba

avanzando. De tiempo en tiempo y cual buitre de sanguinolento cuello que saca la cabeza fuera de su nido, el formidable fuego griego partía de los costados del buque y arrojaba en medio del océano su llama, blanca como nieve candente. Por fin llegó a tiro de mosquete con toda la tripulación en la cubierta, y arma al brazo los unos y los otros con la mecha encendida en la mano y junto a los cañones. No parecía, sino que tuviesen que habérselas con una fragata y combatir a una tripulación superior en número.

¡Rendíos! —gritó el capitán del buque con ayuda de una bocina.

Los marineros miraron a Aramis, y viendo que les hacía una señal afirmativa, Ibo hizo ondear un trapo blanco al extremo de un bichero. Lo cual era una manera de arriar el pabellón.

El buque avanzó como un caballo corredor; lanzó un nuevo cohete, que vino a caer a unas veinte brazas de la barca y la iluminó con más claridad que un rayo del más ardiente sol.

—A la primera señal de resistencia, ¡fuego! —exclamó el capitán del buque dirigiéndose a sus soldados, que inmediatamente apuntaron sus mosquetes.

—¿No os hemos dicho que nos rendíamos? —repuso Ibo.

—¡Vivos, vivos, capitán! —dijeron algunos soldados exaltados—. ¡Es preciso tomarlos vivos!

—Bien, sí, vivos —dijo el capitán. Y volviéndose hacia los bretones, añadió: —A todos se os garantiza la vida, menos al caballero Herblay. A

Aramis se estremeció casi imperceptiblemente, y por un momento fijó la mirada en las profundidades del océano, iluminado por los últimos vislumbres del fuego griego, vislumbres que corrían por las pendientes de las olas, brillaban en sus crestas cual penachos, y hacían aún más sombríos, más misteriosos y más terribles los abismos a los cuales cubrían.

—¿Habéis oído, monseñor? —dijeron los bretones.

—Sí.

—¿Qué ordenáis?

—Aceptad.

—Pero ¿y vos, monseñor?

—Aceptad —repitió Aramis inclinándose hasta la borda y mojando las yemas de sus blancos y puntiagudos dedos en la verdosa agua del mar, a la cual miraba sonriéndose como a una amiga.

—Aceptamos —respondieron los bretones; —pero ¿qué garantías se nos da?

—La palabra de un caballero —dijo el oficial. —Por el nombre y por el uniforme que visto juro que se os respetará la vida a todos, menos al señor caballero de Herblay. Soy teniente de la fragata del rey "Pomona". y me llamo Luis Constant de Pressigny.

Con un gesto rápido, Aramis, ya inclinado hacia el agua y con la mitad del cuerpo fuera de la borda, irguió la frente, se levantó, y con las pupilas inflamadas, la sonrisa en los labios, y como si le hubiese pertenecido a él el mundo, ordenó que echasen la escala; así lo hicieron los del buque de guerra. Aramis subió a bordo seguido de los bretones, que quedaron mudos de asombro al ver que Herblay, en lugar de abatirse, se encaminó resueltamente y con la mirada fija en él al encuentro del capitán y le hizo con la mano una seña misteriosa, ante la cual el oficial palideció, tembló y bajó la cabeza. Luego y sin proferir palabra, Herblay levantó la mano izquierda hasta la altura de los ojos de Pressigny, y le mostró el engaste de un anillo que le ceñía el anular.

En aquella actitud majestuosa, fría, silenciosa y altiva, Aramis parecía un emperador dando a besar su mano.

El capitán levantó de nuevo la cabeza y volvió a bajarla con muestras del más profundo respeto; luego tendió una mano hacia popa, es decir, hacia la cámara, y se hizo a un lado para ceder el paso a Aramis.

Los tres bretones se miraban unos a otros con indecible estupefacción en medio del silencio de los tripulantes.

Cinco minutos después el capitán llamó a su segundo, que subió inmediatamente y le ordenó que hiciera rumbo a la Coruña.

Mientras se estaba ejecutando la orden dada por Pressigny, Herblay reapareció en la cubierta, se sentó junto al empalletado, y a pesar de lo obscuro de la noche, pues aún no había salido la luna, clavó obstinadamente la mirada en dirección a Belle-Isle.

—¿Qué ruta seguimos, capitán —preguntó en voz baja Ibo a Pressigny, que se había vuelto a popa?

—La que le place a monseñor —respondió el interpelado. Aramis pasó la noche sobre el empalletado.

Ibo, al acercarse a él a la mañana siguiente, notó que la noche debió haber sido muy húmeda, pues la madera sobre la cual el obispo apoyaba la cabeza, estaba mojada como por el rocío.

¡Quién sabe si fue el rocío, o si fueron las primeras lágrimas que derramaran los ojos de Aramis!

¡Oh buen Porthos! ¿qué epitafio hubiera valido lo que aquél?

EL REY LUIS XIV

D'Artagnan, que no estaba acostumbrado a resistencias como la que acababan de oponerle, regresó sumamente irritado a Nantes, y ya sabemos que, en él, hombre de fibra, la irritación se manifestaba por una impetuosa embestida a la que hasta entonces pocos resistieron, aunque fuesen reyes.

D'Artagnan, todo exaltado fue derecho a palacio para hablar al rey. Este madrugaba desde que estaba en Nantes; serían las siete de la mañana cuando llegó D'Artagnan.

—Voy a anunciaros —dijo M. de Gesvres, con un aire que nada bueno presagiaba. Gesvres volvió después de cinco minutos; cedió el paso a D'Artagnan, le condujo directamente al gabinete de Su Majestad, y se colocó a espaldas de su compañero en la antesala, desde la cual se oía hablar claramente al rey con su ministro Colbert, en el mismo gabinete en que Colbert, algunos días antes, oyó hablar en alta voz al rey con D'Artagnan.

Los guardias estaban formados a caballo ante la puerta principal y poco a poco cundió por la ciudad el rumor de que el capitán de mosqueteros acababa de ser arrestado por orden del rey. Entonces y como en los buenos tiempos de Luis XIV y de Treville, los mosqueteros se agitaron, ora formando grupos, ora llenando las escaleras, ya congregándose en los patios, de los que partían vagos rumores que subían hasta los pisos altos cual los roncos lamentos de las olas durante el flujo. Gesvres estaba inquieto y miraba a sus guardias, que interrogados por los mosqueteros empezaban a apartarse de ellos manifestando también alguna inquietud.

D'Artagnan, mucho más sereno que el capitán de guardias, al entrar se sentó en el alféizar de una ventana, y con su mirada de águila y sin pestañear, presenciaba lo que ocurría sin que le pasara inadvertido ninguno de los progresos de la fermentación que se iniciara al rumor de su arresto, y previendo el instante de la explosión.

—¡Bueno estaría que esta noche mis pretorianos me proclamaran rey de Francia! — dijo entre sí D'Artagnan—. ¡Y que no me reiría poco!

Pero a lo mejor todo se calmó. Guardias, mosqueteros, oficiales, soldados, murmullos y zozobras, se dispersaron, desaparecieron, se evaporaron; Una sola frase apaciguó aquel revuelto mar.

—Señores, silencio —dijo Brienne por encargo de Su Majestad—, estáis molestando al rey.

—Vaya, se acabó —murmuró D'Artagnan suspirando—. Los mosqueteros de hoy no son los de Luis XIII.

—¡Que entre el señor D'Artagnan! —gritó el ujier.

El rey estaba sentado en su gabinete, de espaldas a la puerta y de cara a un espejo al cual y mientras removía sus papeles le bastaba lanzar una mirada para ver a los que entraban.

Al entrar D'Artagnan, Luis XIV, sin volverse, echó sobre sus cartas y sus planos el gran paño de seda verde que le servía para esconder sus secretos a los ojos de los importunos.

D'Artagnan comprendió la intención del rey y se quedó atrás; de manera que pasado un momento, el monarca, que nada oía y sólo veía con el rabillo del ojo, se vio obligado a preguntar en alta voz:

—¿No está ahí el señor de D'Artagnan?

—Presente —respondió el mosquetero adelantándose.

—¿Qué tenéis que decirme, caballero? —dijo Luis fijando su límpida mirada en D'Artagnan.

—¿Yo, Sire? —repuso el gascón, que espiaba la primera esto cada del adversario para dar un buen quite. —sólo tengo que deciros que me habéis hecho arrestar y que estoy aquí.

El rey iba a replicar que no había mandado arrestar a D'Artagnan; pero como esto hubiera sido una excusa, se calló, en lo cual le imitó obstinadamente el gascón.

—¿Para qué os envié a Belle-Isle? —prosiguió Luis XIV mirando de hito en hito a su capitán.

—Paréceme —respondió D'Artagnan al ver que el rey se colocaba en un terreno para él tan favorable —que Vuestra majestad se digna preguntarme qué fui a hacer en Belle-Isle. Pues bien, no lo sé; no es a mí a quien debéis dirigir semejante pregunta, Sire, sino al infinito número de oficiales de toda especie a quienes se dio un número infinito de órdenes de toda clase, mientras que, a mí, generalísimo de la expedición, no se me precisó absolutamente nada.

—Caballero —repuso el rey, herido en su orgullo— sólo se dieron órdenes a los jefes y oficiales que inspiraban confianza

—Por eso no me admiro, Sire —replicó D'Artagnan—, que un capitán como yo, que tiene la categoría de mariscal de Francia, se halla a las órdenes de cinco o seis tenientes mayores, buenos para espías, no lo niego, pero no para dirigir operación alguna de guerra. Sobre el particular he venido a pedir explicaciones a Vuestra Majestad.

—Señor de D'Artagnan, continuáis, como siempre, creyendo que vivís en un siglo en que los reyes estaban como vos quejáis que habéis estado, esto es, bajo las órdenes y a la discreción de sus inferiores; olvidáis que un rey sólo debe rendir cuanta de sus acciones a Dios

—Nada olvido, Sire —dijo el mosquetero, mortificado a su vez por la lección. —Por otra parte, no veo en qué puede ofender a su rey un hombre cabal al preguntarle en qué le ha servido mal.

—Me habéis servido malamente al hacer contra mí causa común con mis enemigos.

—¿Cuáles son vuestros enemigos, Sire?

—Aquellos contra los cuales os envié.

—¡Dos hombres! ¡dos hombres enemigos del ejército de Vuestra Majestad! Es increíble. Sire.

—No sois vos el llamado a juzgar mi voluntad.

—Tan claramente lo he comprendido así, que he ofrecido respetuosamente mi dimisión a vuestra Majestad.

—Y yo la he aceptado —repuso el rey. —Antes de separarme de vos he querido probaros que sabía cumplir mi palabra.

—Vuestra Majestad ha hecho más que cumplir su palabra, pues Vuestra Majestad me ha hecho arrestar y no me lo había prometido —dijo D'Artagnan con acento fríamente zumbón.

—A esto me ha obligado vuestra desobediencia —repuso Luis XIV haciendo caso omiso de la zumba y sosteniéndose serio.

—¡Mi desobediencia! —exclamó D'Artagnan encendido por la cólera.

—Es la palabra más suave que he hallado —prosiguió Luis. — Mi plan era tomar y castigar a los rebeldes, y si los rebeldes eran amigos vuestros, ¿no me había de inquietar?

—También yo debí hacer lo mismo —arguyó el mosquetero, —porque fue una crueldad, Sire, enviarme a tomar a mis amigos para conducirlos a vuestras horcas.

—Quise hacer una prueba con los servidores que comen mi pan y están obligados a defender mi persona; y ya veis, la prueba ha salido mal. —Por un mal servidor que pierde Vuestra majestad —dijo D'Artagnan con amargura. —Hay diez que aquel día hicieron sus pruebas. Escuchadme, Sire: no estoy acostumbrado a un servicio como ese. Para el mal, mi espada es rebelde, y para mí era un mal el perseguir de muerte a dos hombres cuya vida os pidió vuestro salvador, el señor Fouquet; además, aquellos dos hombres eran amigos míos, que no atacaban a Vuestra Majestad, sino que sucumbían bajo el peso de una cólera ciega. Por otra parte, ¿por qué no les dejaban huir? ¿Qué crimen cometieron? Admito que me neguéis el derecho de juzgar su conducta; pero ¿por qué sospechar de mí antes de obrar? ¿por qué rodearme de espías? ¿por qué reducirme, a mí, a quien teníais la más absoluta confianza; a mí, que hace treinta años estoy apegado a vuestra persona y os he dado mil pruebas de abnegación, porque es menester que os lo diga hoy que me acusan; por qué reducirme, repito, ¿a mirar ordenados en batalla a tres mil hombres del rey contra dos?

—Cualquiera diría que olvidáis lo que ellos hicieron —dijo con voz sorda el monarca —y que no dependió de ellos el que yo no quedara para siempre perdido.

—Cualquiera diría también, Sire, que vos olvidáis que yo existía. —Basta, señor de D'Artagnan, basta de esos intereses avasalladores que perturban los míos. Fundo un Estado en el cual no habrá más que un señor, como ya en otra ocasión os dije, y ha llegado la hora de hacer buena mi palabra. Si obedeciendo a vuestros gustos o a vuestras amistades os empeñáis en contrarrestar mis planes y en salvar a mis enemigos, tengo que anularlos o separarme de vos. Buscad un amo que os valga más. Ya sé que otro rey no se portaría como yo, y que se dejaría dominar por vos, a riesgo de que os enviara a hacer compañía al señor Fouquet y a los demás; pero yo tengo buena memoria, y para mí los servicios son títulos sagrados a la gratitud y la impunidad. No llevaréis más castigo por vuestra indisciplina que esta lección, pues quiero imitar a mis predecesores en su cólera, ya que no les he imitado en facilitar los favores. Además, otras razones me mueven a trataros con blandura, sois hombre de buen sentido y de gran corazón, y seréis un buen servidor de quien os tome; vais a cesar de tener motivos de insubordinación. Yo he destruido o arruinado a vuestros amigos; he hecho desaparecer los dos puntos de apoyo en los cuales descansaba instintivamente vuestro caprichoso carácter. A estas horas mis soldados han matado o hecho prisioneros a los rebeldes.

—¿Los han hecho prisioneros o los han matado? —exclamó D'Artagnan palideciendo.

—¡Ah! Sire, si supierais lo que me decís, si estuvierais seguro de que me decís la verdad, olvidaría cuánto hay de justo y magnánimo en vuestras palabras para llamaros rey bárbaro y hombre desnaturalizado. Pero os perdono esas palabras —añadió D'Artagnan sonriéndose con orgullo—. Se las perdono al joven príncipe que no sabe ni puede comprender lo que son hombres de talla de Herblay, Vallón y yo. ¿Prisioneros o muertos? ¡Ah! Sire decidme si la nueva es cierta, cuántos hombres y cuánto dinero os ha costado, y luego veremos si la ganancia corresponde al juego.

—Señor de D'Artagnan —repuso el rey acercándose al mosquetero y con acento colérico, —esa es la respuesta de un rebelde. ¿Me hacéis el favor de decirme quién es el rey de Francia? ¿Sabéis que haya otro?

—Sire —respondió con frialdad el capitán de mosqueteros—. Recuerdo que una mañana, en Vaux, hicisteis la misma pregunta a varias personas, sin que ninguna de ellas, excepto yo, os respondiese. Si aquel día, cuando no era fácil, os conocí, es ocioso que me lo preguntéis ahora que estáis a solas conmigo.

Al oír esto, Luis XIV bajó los ojos; le pareció que entre él y D'Artagnan acababa de pasar el espectro del infortunado Felipe para evocar el recuerdo de aquel terrible suceso. En aquel instante entró un oficial que entregó un pliego al rey, que cambió de color al leerlo, quedándose inmóvil y silencioso al leerlo otra vez.

—Señor de D'Artagnan —dijo el rey tomando una resolución repentina—. Como lo que me comunican lo sabríais luego, vale más que lo sepáis por boca del rey, en Belle-Isle se ha librado un combate.

—¡Ah! —exclamó con la mayor tranquilidad el mosquetero, mientras el corazón le latía con violencia.

—¿Y bien, Sire?

—He perdido ciento seis hombres.

—¿Y los rebeldes? —preguntó el gascón por cuyos ojos cruzó un rayo de orgullo y de alegría.

—Se han fugado —respondió Luis XIV. D'Artagnan lanzó una exclamación de triunfo.

—Mientras mi escuadra bloquee estrechamente la isla —prosiguió el soberano—, tengo la certeza de que no se escapará una barca.

—De modo que —repuso D'Artagnan poniéndose grave otra vez—,

si toman a los dos...

—Los ahorcarán —contestó tranquilamente el rey.

—¿Y ellos lo saben? —replicó el mosquetero refrenando un escalofrío.

—Sí, pues debisteis decírselo y todos allí lo saben.

—Entonces no los toman vivos, yo os respondo de ello.

—¡Ah! —dijo con disciplina el rey, y tomando otra vez la carta.

—Bueno, los tomarán muertos, y resultará lo mismo, pues el tomarlos no era más que para colgarlos. D'Artagnan se enjugó el sudor que le humedecía la frente.

—Ya os he dicho —continuó Luis XIV—, que con el tiempo seré para vos un amo afectuoso, magnánimo y constante. Sois el único hombre del pasado, digno de mi cólera o de mi amistad; según sea vuestra conducta, no os escatimaré ni la una ni la otra. ¿Serviréis vos a un rey que tuviese que competir con otros cien reyes sus iguales en el reino? ¿con tal debilidad, haría las grandes cosas que medito? ¡Lejos de nosotros la levadura de los abusos feudales! La Fronda, que debía perder la monarquía, la ha emancipado. Soy señor en mi Estado, y tendré servidores que tal vez no os iguales en ingenio, pero que llevarán su devoción y su obediencia hasta el heroísmo. ¿Qué importa que Dios no haya dado inteligencia a los brazos y a las piernas, cuando se la da a la cabeza que hace obedecer al cuerpo? La cabeza soy yo.

El mosquetero se estremeció, pero el rey, aunque advirtiendo aquel estremecimiento, continuó como si tal cosa.

—Bueno, ahora hagamos los dos el pacto que os prometí un día que, en Blois, os parecí muy pequeño, y agradecedme que no haga pagar a nadie las lágrimas que entonces derramé. Mirad a vuestro derredor: las cabezas más altas están encorvadas. Encorvaos vos como ellas, o elegid el destierro que más os convenga. Puede que reflexionándolo halléis que soy generoso al contar lo bastante con vuestra lealtad para separarme de vos sabiendo que estáis descontento, cuando poseéis el secreto del Estado; pero sé que sois caballero completo. ¿Por qué me habéis juzgado antes de tiempo? Juzgadme en adelante y con toda la severidad que os plazca.

D'Artagnan quedó aturdido, mudo, indeciso; por la primera vez en su vida acababa de encontrar un adversario digno de él.

—¿Qué os detiene? —preguntó con suavidad el rey—. ¿Queréis que no os admita la dimisión? Ya yo sé que será duro para un veterano capitán el quedarse con su mal humor.

—No es eso lo que me da cuidado, Sire —repuso con melancolía el gascón. —Si titubeo en retirar mi dimisión, es porque ante vos soy viejo, y tengo hábitos difíciles de perder. Lo que necesitáis son cortesanos que sepan divertiros, locos que se hagan matar por lo que llamáis vuestras grandes obras: que grandes serán, lo presiento; pero... ¿y si a mí no me parecen tales? Sire, he visto la guerra y la paz; he servido a Richelieu y a Mazarino; me curtí al fuego de La Rochela con vuestro padre, tengo el cuerpo hecho una criba, y, como las serpientes, he mudado nueve o diez veces de pellejo. Después de afrentas e injusticias, poseo un mando que en otro tiempo era algo, porque daba derecho a hablar con toda franqueza al rey. En adelante vuestro capitán de mosqueteros será un oficial de escaleras abajo. En verdad, Sire, si tal debe ser en lo sucesivo el empleo, aprovechaos de que estamos completamente solos para quitármelo; no os guardaré rencor; como decís, me habéis domado, por más que al hacerlo me habéis empequeñecido, y al encorvarme, me habéis hecho ver mi debilidad. ¡Si supierais cuánto le llena a uno llevar la cabeza erguida, y qué cara voy a poner oliendo el polvo de vuestras alfombras! ¡Ah! Sire, lamento de todo corazón, y vos como yo, el tiempo en que el rey de Francia veía en sus vestíbulos aquellos hidalgos insolentes, flacos, maldicientes, intolerables, pero que en el día de la batalla mordían mortalmente. Hombres tales son los mejores cortesanos para la mano que los alimenta, pues la lamen; pero para la mano que los castiga reservan las dentelladas. Pero ¿a qué hablar de eso? El rey es mi señor, y quiere que componga versos, que con zapatos de raso pula los mosaicos de sus antesalas; difícil es, pero cosas más difíciles he hecho todavía. Lo haré, Sire, y no por la paga, pues tengo dinero; ni porque sea ambicioso, pues mi carrera es limitada, ni porque ame la corte. No, Sire, me quedo, porque hace treinta años tengo la costumbre de presentarme al rey para tomar la consigna, y de oír que el rey me da las buenas noches con una sonrisa que no mendigo, pero que la mendigaré en adelante. ¿Estáis contento, Sire?

Y D'Artagnan dobló su plateada cabeza, en la que el rey, sonriéndose, pasó con orgullo su blanca mano.

—Gracias, mi viejo servidor, mi fiel amigo —dijo Luis. Y pues ya no tengo enemigos en Francia, me resta enviarte a tierra extraña para que recojas tu bastón de mariscal. Yo hallaré la ocasión, fía en mí, y entretanto come mi mejor pan y duerme tranquilo.

—Enhorabuena —repuso D'Artagnan conmovido.

—Pero ¿y esos pobres de BelleIsle? ¡sobre todo uno de ellos, tan bueno, tan bravo!

—¿Me pedís su perdón?

—De rodillas, Sire.

—Pues bien, si todavía es tiempo, llevádselo. Pero ¿me respondéis de ellos?

—Con mi cabeza.

—Id, pues. Mañana salgo para París, y deseo que para entonces hayáis regresado, pues no quiero que volváis a separaros de mí.

—Estad tranquilo, sire —exclamó D'Artagnan besando la mano al rey. Y con el corazón henchido de gozo, salió de palacio y tomó el camino de Belle-Isle.

LOS AMIGOS DE M. FOUSUET

Luis XIV regresó a París, y con él D'Artagnan, el cual después de haber tomado cuantos informes pudo recoger en Belle-Isle, volvió de ella sin saber nada del secreto que tan bien guardaba la pesada roca de Locmaria, tumba heroica de Porthos.

El capitán de mosqueteros supo lo que habían hecho, con ayuda de tres bretones y contra un ejército entero, los valientes amigos de quienes tan noblemente tomó la defensa e intentó salvar la vida: que, a gran distancia, en el mar, habían divisado una barca, a la cual un buque del rey, cual ave de rapiña, había perseguido, tomado y devorado aquel pajarillo que huía con toda rapidez. Pero ahí paraban las certidumbres de D'Artagnan: lo demás eran las conjeturas. ¿Qué pensar? El buque de guerra no había regresado; es verdad que un temporal reinaba hacía tres días. Sin embargo, la corbeta que llevaba a bordo a Aramis era velera y sólida, y podía haber corrido bien el temporal y haber tomado puerto en Brest o entrado por la boca del Loira.

Tales fueron las noticias ambiguas, pero casi tranquilizadoras para él personalmente, que D'Artagnan dio a Luis XIV, cuando éste, seguido de toda la corte, volvía a París.

El rey, contento del éxito, más benigno y afable desde que se sintió más fuerte, no dejó ni un instante de cabalgar al estribo de la carroza de La Valiére; esto hizo que las damas y los cortesanos tratasen de hacer olvidar aquel abandono del hijo y del esposo a las dos reinas.

Todo respiraba lo porvenir, lo pasado nada significaba ya para ninguno, excepto para algunos sensibles y abnegados a quienes el recuerdo de aquél les ulceraba el corazón. como de ello recibió Luis una prueba patética tan pronto estuvo instalada en palacio. Acababa Luis XIV de levantarse y tomar su desayuno, cuando se le presentó D'Artagnan un poco pálido y turbado.

—¿Qué os pasa, D'Artagnan? —preguntó el monarca al notar la alteración de aquel rostro comúnmente impasible.

—Una gran desventura, Sire.

—¿Cuál?

—Sire, en la refriega de Belle-Isle he perdido a mi amigo Vallón —respondió D'Artagnan fijando sus ojos de halcón en los de Luis XIV para adivinar el primer sentimiento de éste.

—Ya lo sabía —replicó el rey.

—¿Y no me lo habéis dicho? —exclamó el mosquetero.

—¿Para qué? Es tan respetable vuestro dolor. amigo mío, que mi deber era no aumentarlo. Haceros saber la desgracia que os aflige, a vuestros ojos hubiera sido hacer alarde de ella. Sí, sabía que el señor de Vallón se había enterrado bajo las peñas de Locmaria, y que el señor de Herblay me ha tomado un buque con su tripulación y se ha hecho conducir a Bayona. Pero quise que lo supierais directamente, para que os convencierais de que mis amigos son para mí respetables y sagrados, y que en mí siempre el hombre se inmolará a los hombres, ya que el rey se ve tan a menudo obligado a sacrificarlos a su majestad y poderío.

—Pero ¿cómo sabéis?...

—Y vos ¿cómo lo sabéis?

—Por esta carta que desde Bayona me escribe Aramis, libre ya de todo peligro —respondió D'Artagnan.

—Aquí tengo yo una copia exacta de lo que os ha escrito Aramis —dijo el rey sacando un papel de una cajita colocada sobre un mueble contiguo al asiento en que el gascón estaba apoyado; —aquí está la carta; Colbert me la ha enviado ocho horas antes de que vos recibierais la vuestra, lo que prueba que estoy bien servido.

—Lo estáis, Sire —contestó el mosquetero—. Es verdad, erais el único hombre capaz de dominar con vuestra fortuna la fortuna y la fuerza de mis amigos. Habéis usado, Sire, pero me animo a creer que no abusaréis, ¿no es verdad?

—D'Artagnan —dijo el rey sonriéndose con benevolencia— puedo hacer tomar a Herblay en territorio español y que me lo traigan para ajusticiarle; pero no cederé a este natural y primer impulso. ¿No está libre?, pues que continúe así.

—No siempre seréis tan clemente, tan noble y tan generoso como acabáis de serlo conmigo y con Herblay, Sire; ya encontraréis consejeros que os curen de esta debilidad.

—Os engañáis D'Artagnan, al acusar a mis consejeros de querer inducirme al rigor: el mismo colbert es quien me ha aconsejado que nada hiciera contra Herblay.

—¡El señor Colbert! —exclamó D'Artagnan con estupefacción—. Respecto a vos —prosiguió el rey con bondad no común en él, —tengo que anunciaros muchas y buenas nuevas; pero ya la sabréis en cuanto haya hecho mis cálculos, mi querido capitán. Os dije que quería labrar vuestra fortuna, y lo cumpliré.

—Gracias mil, Sire, pero como yo puedo esperar, suplico a Vuestra Majestad se digne recibir a unas pobres gentes que hace largo rato están ahí fuera y vienen a poner a los pies del rey una humilde súplica.

—¿Quiénes son?

—Enemigos de Vuestra Majestad: Gourville, Pelissón y un poeta, Juan de la Fontaine, amigos de M. de Fouquet.

—Que entren —dijo Luis XIV arrugando el ceño. D'Artagnan dio media vuelta, levantó la colgadura que cerraba la entrada del gabinete real, y sacando la cabeza hacia la sala contigua, gritó:

—¡Que pasen!

En seguida aparecieron en la puerta del gabinete real los tres hombres a quienes nombró D'Artagnan. Al acercarse los amigos del desventurado superintendente de hacienda, los cortesanos se hacían atrás como para no contagiarse con la desgracia del infortunio. D'Artagnan se adelantó con presteza para asir de la mano a aquellos desdichados que titubeaban y temblaban a la puerta del real gabinete, y los condujo ante el sillón de Luis XIV, el cual, refugiado en el vano de una ventana, aguardaba el instante de la presentación y se preparaba a hacer a los suplicantes una acogida rigurosamente diplomática. El primero de los amigos de Fouquet que se adelantó fue Pelissón, que reprimió su llanto para que el rey pudiese oír mejor su voz y la súplica que iba a elevarle. Gourville se mordía los labios para refrenar sus lágrimas por respeto al monarca, y La Fontaine, con el rostro escondido en su pañuelo, no daba otras señales de vida que un convulsivo movimiento de hombros a causa de sus sollozos. El rey conservó toda su dignidad; permaneció impasible y aun continuó con el ceño fruncido como cuando D'Artagnan les anunció a sus enemigos. Luego hizo una seña, como dando su venia para que los suplicantes se explicaran, y se quedó en pie observando a aquellos tres hombres desesperados. Pelissón se inclinó hasta el suelo, y La Fontaine se arrodilló como en el templo se arrodilla. Aquel obstinado silencio, únicamente cortado por suspiros y gemidos de dolor, empezaba a excitar en el monarca, no la compasión, sino la impaciencia.

—Señor Pelissón, señor Gourville, y vos señor... —dijo el rey con sequedad y sin nombrar a La Fontaine, —veré con sumo desagrado que vengáis a suplicarme en pro de uno de los más grandes criminales a quien debe castigar mi justicia. Un rey no se deja ablandar más que por las lágrimas de la inocencia o el arrepentimiento de los culpables; y no creo en el arrepentimiento del señor Fouquet ni en las lágrimas de sus amigos, porque el uno está gastado hasta el corazón, y los otros deben temer el, venir a ofenderme en mi casa. Por eso os ruego señor Pelissón, señor Gourville, y a vos, señor... que no digáis nada que no sea la expresión del más profundo acatamiento a mi voluntad.

—Sire —respondió Pelissón temblando ante aquellas palabras— nada venimos a decir a Vuestra Majestad que no sea claro reflejo del respeto y del amor más sincero que un súbdito debe a su rey. La justicia de Vuestra Majestad es tremenda, y todos debemos acatar sus fallos, y ante ella nos inclinamos respetuosamente. Lejos de nosotros la idea de venir a defender al hombre que ha tenido la desdicha de ofender a Vuestra Majestad. El que ha incurrido en vuestra desgracia puede ser para nosotros un amigo, pero es enemigo del Estado; le abandonamos con lágrimas en los ojos a la severidad del rey.

—Por otra parte, juzgará mi parlamento —repuso Luis XIV calmado por aquella voz de súplica y aquellas persuasivas palabras. — No castigo sin haber justipreciado el crimen, pues si mi justicia con una mano empuña la espada, con la otra sostiene las balanzas.

—Por eso tenemos la más omnímoda confianza en la imparcialidad del rey, y esperamos poder oír nuestra débil voz, con la venia de Vuestra Majestad, cuando para nosotros suene la hora de defender a un amigo acusado.

—¿Qué venís a solicitar, pues? —replicó Luis XIV con ademán

impaciente.

—Sire —continuó Pelissón —el acusado deja una esposa y una familia. Lo poco que le quedaba al señor Fouquet apenas bastaba para cubrir sus deudas, y su esposa, desde el cautiverio de su marido, se ve abandonada de todos. La mano de Vuestra Majestad hiere como la de Dios, que cuando envía la lepra o la peste a una familia, todos huyen y se alejan de la morada del leproso o del apestado. A veces, pero muy raras, sólo un médico generoso se atreve a acercarse al umbral del maldito, y lo atraviesa animoso, y expone su vida para combatir a la muerte. Él es el último recurso del moribundo, el instrumento de la misericordia divina. Sire, con las manos cruzadas de hinojos y como se suplica a Dios, os decimos: la esposa del señor Fouquet ya no tiene amigos ni apoyo, y llora en su casa, mísera y desierta, abandonada de los mismos que asediaban su puerta en la prosperidad, y sin crédito y sin esperanza. A lo menos, el desventurado sobre quien pesa vuestra cólera recibe de vos, aunque culpable, el pan que mojan cada día sus lágrimas Tan afligida y más despojada que su esposo, la señora Fouquet, la que tuvo la honra de recibir a Vuestra Majestad a su mesa, la esposa del antiguo superintendente de hacienda de Vuestra Majestad, carece de pan.

Al llegar aquí, el silencio mortal que encadenaba el aliento de los dos amigos de Pelissón, fue interrumpido por los sollozos de aquéllos, y D'Artagnan, a quien ya el corazón parecía querer saltársele del pecho al escuchar aquella humilde súplica, tuvo que volver el rostro hacia el rincón del gabinete para morderse con libertad el bigote y reprimir sus suspiros.

El rey conservó secos los ojos y severo el rostro; pero se sonrojó, y visiblemente menguó la firmeza de su mirada.

—¿Qué deseáis? —preguntó con voz conmovida el monarca.

—Venimos a pedir humildemente a Vuestra Majestad —respondió Pelissón cada vez más conmovido, —que, sin incurrir en su desagrado, nos permita prestar a la señora Fouquet dos mil pistolas recogidas entre todos los antiguos amigos de su esposo, para que a la viuda no le falte lo más necesario a la vida.

A la palabra "viuda", pronunciada por Pelissón, cuando Fouquet todavía estaba vivo, Luis XIV palideció intensamente, y se desplomó su orgullo, y la compasión se le subió del corazón a los labios, y mirando con ojos de ternura a aquellos hombres que sollozaban a sus pies, respondió:

—¡Plegue a Dios que yo no confunda al inocente con el culpable! Los que dudan de mi misericordia con los débiles, no me conocen; nunca descargué mi mano sino sobre los arrogantes. Haced lo que el corazón os dicte para aliviar el dolor de la señora Fouquet. Retiraos, señores.

Los tres amigos, con los ojos enjutos, pues las lágrimas se le habían secado al contacto de sus encendidas mejillas y de sus ardientes párpados, se levantaron silenciosamente, sin fuerzas para dar las gracias al rey, que por otra parte puso término a las solemnes reverencias de aquéllos retirándose con presteza detrás de su silón.

—Muy bien, Sire —dijo D'Artagnan cuando los otros salieron, contestando a la interrogadora mirada del rey—; muy bien, amo mío; si no tuvieseis la divisa en la que campea el sol, os aconsejaría una que podríais hacer traducir al latín por Conrat, ésta: "Blando con el débil, severo con el fuerte".

—Os doy la licencia de que debéis tener necesidad para arreglar los asuntos de vuestro amigo el difunto señor de Vallón —dijo el rey sonriéndose y pasando a la pieza contigua.

EL TESTAMENTO DE PORTHOS

Pierrefonds estaba en el máximo luto. Los patios estaban desiertos, las caballerizas cerradas, las terrazas abandonadas. Las fuentes de los estanques parábanse de suyo.

Por los caminos que llegaban al castillo, quien, montando en una mula, quien, subido sobre un jaco, venían algunos graves personajes vecinos de campo, o si decimos los párracos y los bailíos de las tierras limítrofes, todos los cuales, y uno tras otro entraron silenciosos en el castillo, entregaron sus respectivas monturas a un palafrenero afligido y, guiados por un criado, vestido de luto, se encaminaron al salón, donde en el umbral Mosquetón recibía a los llegados.

En dos días había Mosquetón enflaquecido de tal suerte, que se zarandeaba dentro de su vestido como alfiler en canuto, y su rostro, marcado de puntos rojos y blancos como el de la Virgen de Van Dick, estaba surcado por dos argentados arroyos que abrían lecho en aquellos sus carrillos antes tan esféricos cuanto ahora enjutos.

Cada nuevo visitador arrancaba a Mosquetón nuevas lágrimas y era una compasión el verle llevar su manaza a la luz para no reventar en sollozos.

Todas aquellas visitas no tenían otro fin que el de la lectura del testamento de Porthos, anunciada para aquel día, y a la cual concurrieron todos los amigos del difunto, que no dejó pariente alguno, o cuantos sintieron despertársele la codicia.

Los asistentes iban tomando asiento a medida que llegaban, y, al dar el mediodía, hora señalada para la lectura, cerráronse las puertas del vasto salón.

El procurador de Porthos, superfluo es decir que era el sucesor de Coquenard, empezó por desplegar con lentitud el gran pergamino en el cual la hercúlea mano de Porthos consignara su última voluntad. Roto el sello, calados los anteojos y soltado el golpe de tos preliminar, todos y cada uno aguzaron el oído, todos, excepto Mosquetón, que, para oír menos y llorar más a sus anchas, se había acurrucado en un rincón. De pronto y como por mágicas artes se abrió la puerta de la sala y apareció, en medio de la viva luz del sol, una figura viril. Era D'Artagnan que, llegado al castillo y no habiendo encontrado quien le tuviera el estribo, había arrendado su caballo a la aldaba y se anunciaba a sí mismo. La luz del sol al entrar en la sala, el murmullo de los asistentes y, más que todo, el instinto del perro leal, arrancaron de su abatimiento a Mosquetón, que, al levantar la cabeza y conocer al antiguo amigo de su amo, aulló de dolor y vino a abrazarle las rodillas regando al mismo tiempo las losas con sus lágrimas. D'Artagnan levantó al desesperado mayordomo, le abrazó como un hermano digno, y después de saludar cortésmente a los presentes, que se inclinaron unos hacia otros murmurando su nombre, fue a sentarse al testero de la gran sala en un sillón de encina esculpida, sin soltar la mano de Mosquetón que, con el corazón angustiado, se sentó en un escabel. Entonces el procurador, que estaba conmovido como los demás, empezó la lectura. Empezando con una ardiente profesión de fe, Porthos pedía perdón a sus enemigos del daño que pudo haberle causado.

Este párrafo hizo brillar de inmenso orgullo los ojos de D'Artagnan, que, recobrando al antiguo Mosquetero y calculando el número de los enemigos que aquél venciera, creyó que Porthos había obrado cuerdamente al no especificarlos y al no recordar los agravios que les infiriera, pues de lo contrario el procurador habría tenido mucho que leer. Venía luego la enumeración siguiente:

"En la hora presente y por la gracia de Dios, poseo: 1°. El Feudo de Pierrefonds con sus tierras de labranza, bosques, prados, aguas y selvas, rodeados de buena cerca; 2°. El feudo de Bracieux, compuesto de castillo, bosques y tierras de pan llevar, distribuidas en tres cortijos; 3°. El pequeño feudo de Vallón, llamado así porque está en el valle; 4°. Cincuenta alquerías en Turena, que suman en conjunto quinientas fanegas; 5°. Tres estanques en el Berrí, que reditúan doscientas libras cada uno. En cuanto a los bienes 'mobiliarios', así llamados porque se pueden mover, como tan bien lo explica mi sabio amigo el obispo de Vannes..."

Este lúgubre nombre hizo estremecer a D'Artagnan. El procurador continuó imperturbable:

"Consisten: 1°. En muebles que dejo de enunciar por falta de espacio, y que alhajan todos mis castillos o casas, pero de los cuales ha hecho el inventario mi mayordomo..."

Todos los presentes convergieron los ojos hacia Mosquetón, que se abismó en su dolor.

"2°. En veinte caballos de mano y de tiro, que se hallan en mi castillo de Pierrefonds, llamados: Bayardo, Rolando, Carlomagno, Pepino, Dunois, La Hire, Ogier, Sansón, Milón, Nemrod, Urganda, Armido, Falstrade, Dalila, Rebeca, Yolanda, Fineta, Griseta, Liseta y Museta, 3°. En sesenta perros, divididos en seis jaurías, para la caza del ciervo, del lobo, del jabalí y de la liebre respectivamente, y las otras dos para muestra o para guarda; 4°. En armas de guerra y de caza, encerradas en mi galería de armas; 5°. En vinos de Anjou, escogidos para Athos, a quien gustaban mucho en otro tiempo, y en vinos de Borgoña, Champaña, Burdeos y España, conservados en ocho bodegas y doce cuevas de mis posesiones; 6°. Mis cuadros y estatuas, que según dicen son de gran mérito, y los hay en bastante cantidad para fatigar la vista; 7°. Mi biblioteca, compuesta de seis mil volúmenes intactos; 8°. Mi vajilla de plata, tal vez un poco usada, pero que no dejará de pesar de mil a mil doscientas libras, pues yo a duras penas podía levantar el cofre que la encerraba; y tanto es así que cargado con él, sólo podía dar seis vueltas alrededor de mi cuarto; 9°. Todo lo mencionado, junto con la mantelería y demás ropa blanca, está distribuido entre las casas mías que más me gustaban..."

El procurador se detuvo para tomar aliento, y los concurrentes aprovecharon la suspensión para suspirar, tose, redoblar la atención.

Luego el procurador prosiguió:

"Ni he tenido hijos, ni es probable que los tenga, lo cual es para mí un verdadero dolor. Con todo eso, digo que no digo bien, porque tengo un hijo en común con mis amigos, ese hijo, joven señor llamado Raúl Augusto Julio de Bragelonne e hijo legítimo del señor conde de La Fere, me ha parecido digno de suceder a los tres bravos hidalgos con cuya amistad me honro y de los cuales soy el servidor más humilde."

Cuando el lector llegó aquí, oyóse un ruido agudo: la espada de D'Artagnan acababa de escurrirse de su tahalí y de caer en las sonoras baldosas. Lo cual motivó que todos se volvieron hacia el punto de donde partiera el ruido, con lo que pudieron ver cómo de las espesas pestañas del gascón se desprendía una lágrima como una pequeña nuez y le rodaba por su aguileña nariz, cuya luminosa arista brillaba, de aquella suerte, como un filete de oro bruñido.

"Por eso, continuó el procurador, lego todos mis bienes, muebles e inmuebles, especificados más arriba, al susodicho señor Raúl Augusto Julio de Bragelonne, hijo del señor conde de La Fere, para que se consuele de la pesadumbre que al parecer le agobia, y ponerle en estado de llevar gloriosamente su nombre..."

Por el auditorio corrió un prolongado murmullo. El procurador, ayudado por la flameante mirada de D'Artagnan, que estableció el silencio recorriendo la sala, continuó:

"El vizconde de Bragelonne queda obligado a entregar al señor caballero de D'Artagnan, capitán de los mosqueteros del rey, cuantos demás bienes le pidan; a pasar una pensión a mi amigo, el señor caballero de Herblay, caso de verse éste obligado a vivir en el destierro, a mantener a mis criados que me hayan servido diez o más años, y a entregar quinientas libras a cada uno de los demás.

"Dego a mi mayordomo Mosquetón todos mis trajes de paisano, militares y de caza, en número de cuarenta y siete, en la seguridad de que los llevará hasta quedar raídos, por amor y en recuerdo mío".

"Item más: Dego al señor vizconde de Bragelonne el ya nombrado Mosquetón, mi antiguo servidor y fiel amigo, para que le trate de modo que aquél, al morir declare que nunca ha dejado de ser dichoso".

Mosquetón, al oír estas palabras, hizo una reverencia, se puso aún más pálido de lo que estaba, empezó a temblar convulsivamente, y con el rostro trastornado por el dolor se tambaleó y titubeó como si buscara una dirección para salirse de la sala.

—Salid de aquí e id a hacer vuestros preparativos, mi buen amigo —dijo D'Artagnan a Mosquetón—. Os llevo conmigo a casa de Athos, adonde me encamino al irme de Pierrefonds.

Mosquetón, sin contestar, respirando apenas, como si todo en aquella sala debiese serle extraño en lo sucesivo, abrió la puerta y desapareció lentamente.

El procurador terminó la lectura del testamento, después de la cual se marcharon frustrados en sus esperanzas, pero con el más profundo respeto, la mayor parte de los que habían venido para informarse de la última voluntad de Porthos.

D'Artagnan, en cuanto se hubo quedado solo, después de haber recibido la ceremoniosa reverencia que le hiciera el procurador, admiró la profunda sabiduría del testador, que tan justamente distribuyese sus bienes al más digno y al más necesitado, con una delicadeza que no habrían igualado los más puleros cortesanos y los corazones más generosos.

En efecto, Porthos prescribiría a Raúl de Bragelonne que diese a D'Artagnan cuanto éste le pidiese; y el buen Porthos sabía que D'Artagnan no pediría nada, y de pedir algo, quería que nadie sino él mismo eligiese su parte.

Porthos dejaba una pensión a Aramis, quien, por excederse en sus pretensiones, se encontraba detenido por el ejemplo de D'Artagnan. Además, el vocablo "destierro", soltado sin intención aparente por el testador, ¿no era la más blanda y delicada crítica de la conducta de Aramis, causa de la muerte de Porthos?

Finalmente, si el testador no hacía legado alguno a Athos, ¿no era porque había supuesto que el hijo ofrecería la mejor parte al padre?

Como se ve, el tosco entendimiento de Porthos avaloró todas las causas y todas las circunstancias con más tacto que la ley, la costumbre y el criterio.

—Porthos era hombre de corazón —dijo entre sí D'Artagnan exhalando un suspiro, mientras le pareció que bajaba del techo un gemido. —¡Ah! —añadió el mosquetero—, es el pobre Mosquetón; es preciso distraerle de su dolor.

D'Artagnan se salió apresuradamente de la sala del honrado mayordomo, y al entrar en el cuarto de Porthos, vio un montón de trajes de todos colores y de toda clase de telas sobre los cuales se había echado Mosquetón después de haberlos amontonado. Aquel era el lote del amito fiel; aquellos trajes eran suyos y bien suyos, se los habían legado formalmente.

Mosquetón, con las manos tendidas sobre aquellas reliquias, las besaba con los labios y con el rostro y los cubría con su cuerpo.

—¡Válgame Dios, no se mueve! —dijo entre sí D'Artagnan acercándose al pobre mayordomo para consolarle; —se ha desmayado.

D'Artagnan se engañaba: Mosquetón estaba muerto, como el perro que ha perdido a su amo y va a expirar sobre la ropa de éste.

¡PADRE, PADRE!

Una serie funesta de acontecimientos había separado para siempre a los cuatro mosqueteros, en otro tiempo ligados de manera al parecer indisoluble. Athos, solo desde la partida de Raúl, empezaba a pagar tributo a esa muerte anticipada a que llamamos la ausencia de los seres queridos.

De regreso en su casa de Blois, sin tener ni siquiera a su lado a Grimaud para recoger de él una triste sonrisa al pasar por el jardín, Athos sentía cada vez más debilitársele el cuerpo, tantos años conservado al parecer inalterable.

Disimulado por la presencia del objeto amado, el curso de la edad, ésta llegaba ahora con el cortejo de dolores e incomodidades tanto mayores, cuanto más tarde llegan, Athos ya no tenía allí a su hijo para esmerarse en caminar derecho y con la cabeza levantada para dar el buen ejemplo, ni podía regenerar la lama de sus miradas en el foco sin cesar ardiente de los ojos de aquél.

Y luego, aquel hombre tan sensible y reservado, desde el punto que dejó de encontrar dique a los impulsos de su corazón, se entregó en brazos de la pesadumbre con todo el ardor con que los seres vulgares se entregan a la alegría.

El conde de La Fere a los sesenta y dos años había conservado sus fuerzas. Siempre hermoso, pero agobiado, noble, pero triste, benigno, buscaba desde que se quedó solo, los claros de las alamedas a los cuales llegaba el sol al través del follaje.

Lejos Raúl, Athos dejó de librarse al rudo ejercicio de toda su vida, sus servidores, acostumbrados a verle levantarse todo el año al alba, admiráronse de que entonces, no obstante estar en verano, el conde no hubiera todavía dejado la cama a las siete de la mañana.

Athos se quedaba acostado y con un libro bajo la almohada; no para dormir ni leer, sino para no tener que llevar su cuerpo, para dejar a su alma y a su mente lanzarse fuera de la carnal envoltura en busca de su hijo o de Dios.

Sus servidores se asustaban al verle entregado por espacio de largas horas a una divagación muda e insensible; ni siquiera oía las pisadas del criado que temeroso se llegaba hasta el umbral del dormitorio para ver si su amo estaba dormido o despierto. Alguna vez olvidó que estaba mediado el día y que la hora de las dos primeras comidas había pasado. Entonces lo despertaban, se levantaba, bajaba a su sombría alameda, tomaba luego un poco de sol como para compartir su calor con el hijo ausente, y volvía a su paseo lúgubre, monótono, hasta que, cansado, tornaba a su cama, su domicilio predilecto. Largos días pasó el conde sin proferir una palabra, se negó a recibir a cuantos iban a visitarle, y durante la noche viéronle cómo encendía su lámpara y pasaba horas y más horas escribiendo u ocupado en hojear pergaminos.

El ayuda de cámara notó que acortaba cada día más su paseo. La grande alameda de los tilos no tardó en ser demasiado larga para los pies que en otro tiempo la recorrían innumerables veces al día.

Ya el andar cien pasos le rendía, ya ni quiso levantarse, y aun se negó a tomar alimento.

Entonces, aunque el conde no se quejaba, y siempre se sonreía, y era afable, asustados sus criados fueron a Blois a buscar al antiguo médico del difunto duque de Orleans, e hicieron que viese a Athos sin que éste viera al médico; le introdujeron en una pieza contigua al dormitorio del enfermo, y le rogaron que no se mostrase, temerosos de disgustar a su amo que no había solicitado auxilio facultativo. El médico accedió. Examinó desde su escondrijo los síntomas del misterioso mal que agobiaba y minaba cada día más mortalmente la existencia de aquel hombre poco antes lleno de vida y apegado a ella.

El médico notó en la mejilla de Athos la púrpura de la calentura lenta e implacable, nacida en uno de los senos del corazón que, enconando gradualmente el dolor que engendra, es a la vez causa y efecto de una situación peligrosa.

El médico empleó algunas horas en estudiar aquella dolorosa lucha de la voluntad contra una fuerza superior; después como hombre resuelto y enérgico, salió inopinadamente de su escondite y se acercó a Athos, que lo miró sin manifestar sorpresa.

—Con perdón, señor conde —dijo el médico llegándose al enfermo con los brazos abiertos y sentándose a la cabecera de Athos, que con grandes trabajos salía de su preocupación—; pero tengo que reñiros; preparaos a escucharme.

—¿Qué pasa doctor? —preguntó el conde tras un instante de silencio.

—Pasa que estáis enfermo, señor conde, y nada hacéis para curaros.

—¿Yo enfermo? —repuso Athos, sonriéndose.

—Calentura, consunción; vaya, señor conde, dejémonos de subterfugios; sois buen cristiano y... ¿Seríais capaz de quitaros la vida?

—¡Nunca!

—Pues bien, señor conde, os vais consumiendo, y de continuar así, sería suicidaros. Curaos, señor conde, curaos.

—¿De qué? Primeramente, hallad el mal.

—A vos os mina una aflicción.

—No, doctor; todo mi mal estriba en la ausencia de mi hijo; no me escondo de ello.

—Señor conde, vuestro hijo vive, y a sus ojos se abre el porvenir a que son acreedores los hombres de su valer y de su estirpe; vivid por él...

—Ya lo hago, doctor... Y sonriéndose con melancolía añadió: —Nada temáis, mientras Raúl viva, viviré yo; tengo preparada mi mochila y mi alma está dispuesta; sólo espero la señal... Espero, doctor, espero...

El médico, que conocía la fortaleza de ánimo y la robustez del cuerpo de Athos, reflexionó un instante y comprendiendo que las palabras eran ociosas y absurdos los remedios, se marchó exhortando a los criados del conde que no abandonasen un instante a su amo.

Cuando se fue el médico, Athos no manifestó ningún disgusto porque le hubiesen turbado, ni recomendó que le entregasen las cartas en cuanto llegase el correo, porque sabía que para sus servidores era un gozo y una esperanza toda distracción que le llegaba, y que aquellos se la procurarían a costa de su misma sangre.

Pocas veces conciliaba Athos el sueño; lo único que hacía era abismarse por espacio de algunas horas en una divagación más profunda, más oscura, que otros habrían confundido con el sueño: reposo momentáneo, olvido de la materia que redundaba en fatiga del alma, porque Athos vivía con doble rapidez durante aquellas peregrinaciones de la inteligencia. Una noche soñó que Raúl se vestía en una tienda de campaña, para ir a una expedición dirigida personalmente por el duque de Beaufort. Raúl estaba triste, y se abrochaba lentamente su coraza, y más lentamente aún se ceñía su espada.

—¿Qué os pasa, Raúl? —le preguntó con ternura su padre.

—¡Ay! lo que me aflige es la muerte de Porthos, nuestro buen amigo, —respondió Raúl—. Y padezco aquí el dolor que vos sentís en Blois.

Y la visión desapareció con el sueño de Athos.

Al amanecer, uno de los criados entró en el dormitorio del conde y entregó a éste una carta procedente de España.

—De Aramis —dijo entre sí Athos al ver el sobrescrito. Y después de leer algunas líneas, exclamó: —¡Porthos ha muerto! ¡Ah, Raúl, Raúl! ¡Gracias, cumples tu promesa! ¡Me adviertes!

Y acongojado, se desmayó en su lecho sin más causa que su debilidad. Cuando el desmayo de Athos pasó, casi avergonzado de haber flaqueado ante aquel incidente sobrenatural, se vistió y pidió un caballo, firmemente resuelto a irse a Blois para entablar correspondencia más segura, ya fuese con el África, ya con D'Artagnan o Aramis, que en su última carta le ponía al corriente del mal éxito de la expedición de Belle-Isle y de la muerte de Porthos, sobre cuyo fin le daba bastantes detalles para que el tierno y devoto corazón de Athos se sintiera conmovido hasta las más hondas fibras.

Athos quiso, pues, hacer una postrera visita a su amigo Porthos, en su tumba de Locmaria.

Pero, apenas los gozosos criados vistieron a su amo, a quien veían con satisfacción prepararse para un viaje que debía disipar su tristeza, apenas hubieron ensillado y conducido al pie de la escalinata el caballo más manso de la caballeriza, cuando al padre de Raúl se le turbó la cabeza y le flaquearon las piernas.

Athos, comprendiendo que no le sería posible dar un paso más, hizo que lo condujeran al sol; allí, acostado en su banco de césped, tardó más de una hora en rehacerse de aquella atonía, por demás natural tras el inerte reposo de los últimos días.

Athos tomó una taza de caldo para recobrarse, y humedeció sus secos labios en un vaso de vino de Anjou.

Entonces confortado y despejada la mente, Athos hizo que llevasen su caballo; pero necesitó de la ayuda de sus criados para montar penosamente.

A cien pasos del castillo y a la primera revuelta del camino, Athos sintió escalofríos.

—Es extraño, —dijo el conde a su ayuda de cámara, que le acompañaba.

—Paremos, señor, por vuestra salud os lo pido —contestó el fiel criado—. Palidecéis.

—Lo cual no impedirá que prosiga yo mi camino, pues en camino estoy —replicó el conde dando rienda a su caballo.

Pero en vez de obedecer a su amo, el animal se detuvo de repente, refrenado por un movimiento involuntario de Athos y en el que éste no paró la atención.

—Algo se empeña en que no vaya más lejos —dijo el conde. Y tendiendo los brazos, añadió—: Sostenedme; ¡pronto! pues siento que se aflojan mis músculos y voy a caer del caballo.

El criado había visto el ademán de su amo; se acercó apresuradamente y lo recibió en sus brazos.

—Resueltamente "quieren" que me quede en casa —murmuró el conde. Los criados se acercaron, le transportaron a su casa y le acostaron.

—No olvidéis que hoy espero cartas de Africa —dijo Athos a sus criados disponiéndose a dormir.

—El hijo de Blaisois ha montado a caballo para adelantarse una hora al correo de Blois, —respondió el ayuda de cámara.

—Gracias —contestó Athos sonriéndose con bondad.

El conde acogió el sueño, sueño ansioso que revelaba un padecimiento interno, como pudo notarlo en las facciones el que se quedó a su cabecera para velarlo. Así pasó el día, y al fin tornó el hijo de Blaisois, que dijo que el correo no había traído carta para el conde, que debía esperar siete mortales días más a que llegase otro correo, y el conde comenzó la noche en tan dolorosa persuasión.

En las primeras horas de aquella noche mortal, Athos acumuló a sus ya tristes probabilidades, cuantas suposiciones sombrías pueden nacer en la mente de un hombre enfermo e irritado por los padecimientos.

La fiebre invadió el pecho de Athos, en el que prendió fuego inmediatamente, según la expresión del médico que de Blois llevó consigo y en su último viaje al hijo de Blaisois, y tras el pecho invadió la cabeza, que volvió a despejársele gracias a dos sangrías que le hizo el médico, pero que debilitaron al enfermo y sólo le dejaron fuerza de acción en el cerebro.

Y cesó la temible calentura.

Ante aquella mejoría incontestable, el médico se volvió a Blois después de haber dejado algunas prescripciones y dicho que el conde estaba salvado.

Entonces comenzó para Athos una situación extraña, indefinible. Libre de pensar, su espíritu voló a Raúl, el hijo amado. En su imaginación vio los campos de Atrick en las cercanías de Djidgeli, en donde el duque de Beaufort debía de haber desembarcado ya con su ejército. Por todas partes se veían plomizas peñas reverdecidas a trechos por el agua del mar cuando azota la playa durante las borrascas. Más allá de la playa, cuajada de rocas parecidas a tumbas, entre lentiscos y cactus, se veía como una aldea que ascendía en forma de anfiteatro, envuelta en densa humareda por entre la que se veían pasar despavoridas sombras, y de la que partían confusos clamores.

De pronto y del seno de aquella humareda, salió una llama que, arrastrándose, cubrió toda la aldea, y que, agrandándose poco a poco, englobó en sus rojos torbellinos llantos, gritos, brazos extendidos, maderos que se derrumbaban, hojas de espada retorcidas, piedras calcinadas y árboles abrasados y reducidos a cenizas. Y lo más extraño es que en medio de tal caos, Athos veía brazos levantados, y oía lamentos, sollozos y suspiros, pero no veía figura humana. A lo lejos retumbaban el cañón y la mosquetería, mugía la mar, y los rebaños huían saltando por los verdeantes declives. Pero no se veía un soldado que aplicara la mecha al oído de los cañones, ni un marinero que ayudase a las maniobras de la escuadra, ni un pastor que guiase los rebaños.

Después de la ruina de la aldea y de la destrucción de los fuertes que la dominaban, ruina y destrucción realizadas mágicamente, sin la cooperación de un ser humano, se extinguió la llama y volvió a subir el humo que, cada vez menos denso, acabó por evaporarse. Las sombras de la noche cubrieron entonces aquel paisaje: noche opaca en la tierra, pero clara en el firmamento, en el que las estrellas de primera magnitud, que con tal intensidad refulgen en el cielo africano, brillaban sin iluminar más que a sí mismas.

Sucedió prolongado silencio, que sirvió para reposar por un

momento la turbada imaginación de Athos: el cual, comprendiendo que aún no había terminado lo que tenía que ver, fijó con más atención las miradas de su inteligencia en el estupendo espectáculo que le reservaba su imaginación. La luna, pálida y melancólica, se levantó tras las vertientes de la costa, y plateando primeramente los ondulantes pliegues del mar, calmado después de los mugidos con que acompañara la visión de Athos, salpicó de ópalos y diamantes los brezos y los matorrales de la colina. Las grises peñas, cual fantasmas silenciosas y atentas, pareció como que levantaban sus verdosas cabezas para mirar también el campo de batalla a la luz de la luna, campo de batalla que ahora vio Athos sembrado de cadáveres.

El alma del conde se estremeció de espanto y de temor al conocer el uniforme azul y blanco de los soldados de Picardía, sus largas picas de asta azul, y sus mosquetes con la flor de lis grabada en la culata; cuando vio aquellas frías y abiertas heridas que miraban el azulado espacio como para reclamarle las almas a las cuales libraran el paso; aquellos caballos despanzurrados, inmóviles, con la lengua fuera de la boca y colgando, dormidos en la coagulada sangre esparcida en torno suyo y que manchaba sus mantillas y sus crines, y el blanco caballo de Beaufort tendido, con la cabeza despedazada, en la primera fila de los muertos, Athos se pasó una helada mano por la frente, y al no hallarla abrasada, conoció que asistía como espectador tranquilo, al día siguiente de una batalla librada en la playa de Djidgeli por el ejército expedicionario que vio abandonar las costas de Francia y desaparecer en el horizonte, del cual había saludado él, con el ademán y con el pensamiento, el último cañonazo mandado disparar por el duque en señal de despedida a la patria. No es para escribir la aflicción mortal con que el alma del conde, siguiendo con escudriñadores ojos las huellas de aquellos cadáveres, fue mirándoles uno a uno para ver si Raúl dormía entre ellos, ni para explicado el gozo embriagador, divino, con que Athos se inclinó ante el Hacedor y le rindió gracias por no haber visto a aquel a quien buscaba con tanto temor entre los muertos. Muertos que, caídos en su respectiva fila, envarados, yertos, fáciles de conocer, parecían volverse con complacencia y respeto hacia el conde de La Fere para que éste los viera mejor durante su fúnebre inspección.

A tal punto llegó la ilusión de Athos, que aquella visión era para él un viaje real efectuado por el padre al África para obtener informes más exactos acerca de su hijo.

Así, fatigado de haber recorrido mares y continentes. trató de buscar descanso bajo una de las tiendas levantadas al abrigo de una peña, tiendas en cuyo ápice flameaba la blanca y flordelisa bandera.

Entonces y mientras su mirada vagaba por la planicie, vio aparecer una forma blanca tras los resinosos mirtos. Aquella figura ostentaba el uniforme de oficial, empuñaba una espada rota y se adelantaba poco a poco hacia Athos, que, parándose de repente y fijando los ojos en ella, no habló ni se movió, si bien quiso abrir los brazos, pues acababa de conocer a Raúl en aquel oficial pálido y silencioso. El conde intentó lanzar una exclamación, y la voz se le ahogó en la garganta.

Raúl se llevó un dedo a los labios indicándole que se callase, y retrocedió lentamente sin que Athos viera que moviese las piernas. El conde, más pálido y más tembloroso que Raúl, siguió penosamente a su hijo al través de brezos y zarzales, piedras y zanjas. Raúl parecía no tocar el suelo, y ningún obstáculo se oponía a la ligereza de su marcha.

Athos, fatigado por la fragosidad del terreno, se detuvo jadeante, mientras Raúl le hacía siempre seña de que le siguiese. El tierno padre, a quien el amor daba nuevas fuerzas, hizo todo lo posible para subir la montaña en pos de su hijo, que le atraía con su ademán y con su sonrisa, y al llegar a la cúspide, vio resaltar como una figura negra y sobre el horizonte blanqueado por la luna, las formas aéreas de Raúl.

Athos tendió la mano para reunirse en la meseta, a su amado hijo, que también le tendía la suya; pero de pronto, y cual, si lo arrastrara una fuerza incontrastable, Raúl abandonó la tierra, y Athos vio brillar el cielo entre la colina y los pies de su hijo, que ascendió por los aires hacia el cielo sin dejar de sonreírse y de llamar con él además a su padre.

EL ANGEL DE LA MUERTE

En esto estaba Athos de su maravillosa visión cuando el abrir y cerrar de las puertas exteriores de la casa rompió—su encanto. El conde oyó el galopar de un caballo por la endurecida arena de la alameda grande, y el rumor de animadas conversaciones; pero sólo volvió la cabeza hacia la puerta de su dormitorio para percibir mejor los rumores que hasta él llegaban. Alguien subió con paso tardo la escalinata, y el caballo, que poco antes galopaba con rapidez, partió lentamente hacia la caballeriza. Algunos estremecimientos acompañaban aquellos pasos que poco a poco iban acercándose al cuarto de Athos; que, al abrirse la puerta, preguntó con voz desfallecida:

—Carta de África, ¿no es verdad?

—No, señor conde, —respondió una voz que hizo estremecer en su lecho al padre de Raúl.

—¡Grimaud! —murmuró Athos, cuyas sumidas mejillas se cubrieron de sudor. Grimaud apareció en el umbral, pero no el Grimaud que vimos, joven aún por el valor y la devoción, cuando saltó primero que todos en el bote destinado a conducir a Raúl a bordo, sino un anciano pálido y grave, con el traje polvoriento y ralos cabellos plateados por la edad. Grimaud temblaba al apoyarse en la puerta, y cuando de lejos y a la luz de la lámpara vio el rostro de su amo, estuvo a punto de caerse. Grimaud levaba impresa en el rostro la huella de un dolor ya envejecido por un hábito lúgubre. Así como antes se acostumbrará a no hablar, ahora se acostumbraba a no sonreírse. Athos tuvo bastante con una mirada para notar aquella mutación en el rostro de su fiel servidor, y con el mismo tono con que hubiera hablado con Raúl en su sueño, dijo:

—Raúl está muerto, ¿no es verdad, Grimaud?

Los otros criados del conde, con los ojos clavados en el lecho del doliente, escuchaban palpitantes detrás de Grimaud.

—Sí, —respondió el anciano, arrancando de su pecho y con un ronco suspiro aquel monosílabo.

Al oír la respuesta de Grimaud, los criados prorrumpieron en gemidos y lamentos, suspiros y deprecaciones que llenaron la estancia de aquel padre agonizante. Esto fue como la transición que condujo a Athos a su sueño. Sin proferir una palabra, sin derramar una lágrima, paciente, dulce y resignado como los mártires, fijó en el cielo los ojos para ver de nuevo en él y remontándose de la montaña de Djidgeli, la amada aparición que se alejaba de él en el instante de llegar Grimaud. E indudablemente al mirar hacia el cielo y al reanudar su maravilloso sueño, Athos volvió a pasar por los mismos caminos por los cuales le condujera aquella visión a la vez grata y terrible; porque después de haber cerrado suavemente los ojos, los abrió de nuevo y se sonrió respondiendo a la sonrisa que le dirigía Raúl. Indudablemente Dios quiso abrir a aquel elegido los tesoros de la bienaventuranza eterna en la hora en que los demás hombres tiemblan ante la severa justicia del Señor y se aferran a la vida terrenal de ellos conocida, dominados por el terror que les inspira la otra vida, que entreven a la luz tétrica y severa de las antorchas de la muerte. Tras una hora de éxtasis, Athos levantó pausadamente sus blancas manos, imprimió a sus labios una sonrisa y murmuró en voz tan tenue, que apenas fue oída, estas dos palabras dirigidas a Dios o a Raúl: "Aquí estoy". Luego sus manos volvieron a caer lentamente como si él mismo las hubiese descansado en el lecho.

Hasta en el sueño eterno, Athos conservó la plácida y sincera sonrisa que debía acompañarle a la tumba. La quietud de sus facciones y la calma de su fin, hicieron dudar por largo tiempo a sus servidores de si realmente estaba muerto.

Los criados del conde se empeñaron en llevarse de la cámara mortuoria a Grimaud, que desde lejos devoraba aquel pálido rostro y no se atrevía a acercarse a él movido del piadoso temor de llevarle el soplo de la muerte; pero a pesar de su fatiga, Grimaud se negó a retirarse, y se sentó en el suelo, guardando a su amo con la vigilancia de un centinela, y anheloso de recoger su primera mirada al despertar y su último suspiro a la muerte.

En la casa fueron apagándose los rumores; respetando el sueño del señor; pero Grimaud prestó oído atento y advirtió que el conde había dejado de respirar. Entonces incorporándose miró desde el sitio en que estaba para ver si sorprendería un estremecimiento en el cuerpo de su amo; pero ¡nada! Tuvo miedo y se puso en pie a tiempo que en la escalera se oyó ruido de espuelas golpeadas por una espada, sonido belicoso, familiar a sus oídos, que le detuvo en el instante en que se encaminaba al lecho mortuorio.

—¡Athos! ¡Athos! ¡amigo mío! —exclamó una voz conmovida hasta las lágrimas y todavía más vibrante que el cobre y el acero.

—¡Señor caballero de D'Artagnan! —murmuró Grimaud.

—¿Dónde está? —preguntó el mosquetero.

Grimaud le asió del brazo con sus huesudos dedos y le mostró el lecho, sobre cuyas sábanas resaltaba ya el lívido color del cadáver.

D'Artagnan, con la respiración jadeante, se adelantó de puntillas, tembloroso, asustado del ruido que producía su andar, y con el corazón desgarrado por mortal angustia, acercó su oído al pecho de Athos, y al ver que éste estaba muerto, se hizo atrás.

Grimaud, que no perdía de vista al mosquetero y para quien cada uno de los ademanes de aquél era una revelación, se llegó tímidamente al lecho y, sentándose a los pies de él, pegó los labios a la sábana, levantada por los de su amo y se abrieron las fuentes de sus lágrimas.

Aquel anciano, desesperado, que encorvado y sin proferir palabra lloraba, ofrecía el espectáculo más conmovedor que D'Artagnan, en su vida llena de emociones, hubiese presenciado nunca.

El capitán permaneció en pie y en contemplación ante aquel risueño cadáver, que parecía haber conservado su postrer pensamiento para hacer a su mejor amigo, al hombre a quien había amado más después de Raúl, un recibimiento amable, aún más allá de la vida, y como para responder a aquella postrera caricia de hospitalidad, D'Artagnan dio un beso en la frente de Athos y con sus temblorosos dedos le cerró los ojos. De improviso, la amarga oleada que punto por punto iba subiendo, invadióle el corazón y le quebrantó el pecho. Incapaz de dominar su emoción, se levantó, y saliendo violentamente de la fúnebre estancia en la que acababa de encontrar muerto a aquel a quien él venía a traer la nueva de la muerte de Porthos, rompió en sollozos tan desgarradores, que los criados, que parecían no aguardar más que una explosión de dolor, contestaron a ellos con lúgubres clamores, y los perros del señor con sus lamentables aullidos. Sólo Grimaud no levantó la voz; que aun en el paroxismo de su dolor no se hubiera atrevido a profanar la muerte, ni por primera vez turbar el sueño de su amo. Al alba, D'Artagnan, que había pasado la noche paseándose por el comedor, mordiéndose los puños para ahogar los suspiros, subió otra vez la escalera, y atisbando el instante en que Grimaud volvería la cabeza hacia él, le hizo seña de que se le acercara, lo que ejecutó el fiel servidor sin hacer más ruido que un espectro.

D'Artagnan volvió a bajar seguido de Grimaud, y una vez en el vestíbulo, tomó las manos del anciano y le dijo:

—He visto cómo ha muerto el padre, Grimaud; dime ahora cómo ha muerto el hijo. Grimaud sacó de su pechera una abultada carta dirigida a Athos, D'Artagnan, que en la del sobre conoció la letra de Beaufort; rompió el sello, y a la azulada luz del alba y paseándose a la sombra de los añosos tilos de la alameda que todavía conservaba la huella del que acababa de morir, leyó lo siguiente:

"Mi querido conde, —decía el príncipe en su descomunal escritura de escolar torpe, —en medio de un gran triunfo nos llena de aflicción una gran desventura. El rey pierde uno de sus más valientes soldados, yo un amigo, vos el señor Bragelonne, muerto tan gloriosamente, que no me siento con fuerza para llorarle como yo quería. Recibid mi triste enhorabuena, mi querido conde, y no olvidéis que Dios nos envía a cada cual las pruebas según la grandeza de nuestro corazón. La que en este momento os abruma es inmensa, pero no superior a vuestro ánimo.

— Vuestro buen amigo. El duque de Beaufort"

Esta carta incluía una relación escrita por uno de los secretarios del príncipe. D'Artagnan, acostumbrado a las emociones de la batalla, y escudado contra los entorpecimientos del corazón, no pudo menos de estremecerse al leer esta relación:

"Por la mañana, monseñor el duque dio la orden de ataque. Los regimientos de Normandía y Picardía habían tomado posiciones en las grises peñas dominadas por el declive de la montaña en la vertiente donde se alzan los baluartes de Djidgeli. Empeñada la acción por la artillería, los regimientos avanzaron resueltamente, con la pica alta los piqueros, y arma al brazo los mosqueteros, seguidos en su marcha y atentamente por la mirada del príncipe, dispuesto a sostenerlos con una fuerte reserva. Junto a monseñor estaban los capitanes más antiguos y sus ayudantes de campo, entre ellos el señor vizconde de Bragelonne, que había recibido la orden de no separarse de su Alteza.

Entretanto, la artillería enemiga, que al principio disparaba a bulto contra el grueso del ejército, afinó su puntería y sus balas mataron a algunos hombres en torno del príncipe. Los regimientos que avanzaban en columna contra las murallas, fueron algo maltratados, y empezaron a vacilar al verse mal secundados por nuestra artillería. En efecto, las baterías emplazadas la víspera hacían un tiro incierto a causa de su posición, que era la de abajo a arriba, lo cual hacía que no pudiese darse precisión a los disparos. Comprendiendo monseñor el mal efecto de la posición de artillería de sitio, ordenó a las fragatas acoderadas en la pequeña rada que rompiesen un fuego regular contra la plaza, y para llevar la orden, el primero que se ofreció fue el señor de Bragelonne, que no pudo ver satisfechos sus deseos por haberse negado a consentir a su petición el príncipe. El cual tenía razón, pues quería de veras al vizconde, y los acontecimientos se encargaron de justificar la previsión y la negativa de monseñor, pues apenas hubo llegado a la orilla del mar el sargento a quien Su alteza confió el parte solicitado por el señor de Bragelonne, cuando cayó muerto por dos descargas de espingarda que le dirigió el enemigo.

El señor de Bragelonne, al ver esto, se volvió sonriéndose hacia su

Alteza, que le dijo:

"Ya lo veis, vizconde, os he salvado la vida. Escribídselo así al señor conde de La Fere, para que, sabiéndolo por vos, me lo agradezca a mí".

El señor vizconde se sonrió con tristeza y replicó: "Monseñor, es verdad que sin vuestra benevolencia estaría yo tendido allá abajo, donde el sargento, y en gran reposo".

El señor vizconde dio esta respuesta con voz tan singular, que monseñor replicó con viveza: "¡Vive Dios! no parece, sino que os hace agua la boca, pero, ¡por el alma de Enrique IV! prometí a vuestro padre que os devolvería vivo a él, y si quiere Dios cumpliré mi palabra". "Monseñor, contestó el señor de Bragelonne sonrojándose y en voz más baja, dignaos perdonarme; es que siempre he anhelado acudir al peligro, y para un oficial nada es más grato que distinguirse ante su general; sobre todo cuando su general es el señor de Beaufort."

Los granaderos de los regimientos llegaron lo bastante cerca de los fosos y de las trincheras para lanzar a ellos sus granadas, que produjeron poco efecto. Entretanto. el señor de Estrees, jefe de la escuadra, al ver la tentativa del sargento, comprendió y abrió el fuego.

Entonces, los árabes, al verse acribillados por las balas de la escuadra y por las ruinas y los tasquiles de sus malas murallas, prorrumpieron en gritos espantosos. Sus jinetes descendieron la montaña al galope, encorvados sobre sus sillas, y se lanzaron a escape contra las columnas de infantería, que detuvieron aquel ímpetu furioso cruzando sus picas. Rechazados por el batallón, los árabes se volvieron con inusitada furia contra el estado mayor, que en aquel instante no podía contar más que con sus propias fuerzas.

El peligro era inminente, monseñor desenvainó, imitáronle sus secretarios y sus criados, y los oficiales de su comitiva empeñaron un combate con aquellos furiosos. Entonces, el señor de Bragelonne, dando satisfacción a los deseos que no cesó de manifestar desde el principio de la acción, combatió junto al príncipe como un romano de la antigüedad, y quitó la vida a tres árabes con su corta espada: pero su arrojo no era hijo del orgullo natural en todos los que combaten sino impetuoso, afectado y aun puede decirse forzado, sin más fin que el de emborracharse con el ruido y la matanza; y se enardeció de tal suerte, que monseñor le gritó que se detuviera.

El señor de Bragelonne debió oír la voz de su Alteza, pues nosotros que estábamos junto a él la oímos. Con todo, no se detuvo, y continuó corriendo hacia las trincheras. Semejante desobediencia a las órdenes de monseñor nos sorprendió a todos, tanto más cuanto el señor de Bragelonne era un oficial obedientísimo. "¡Deteneos, Bragelonne! gritó Su Alteza redoblando sus instancias. ¡Deteneos! ¡os lo ordeno! Nosotros, que imitando el ademán del señor duque habíamos levantado la mano, esperábamos que el jinete volviese grupas; pero no, el jinete seguía corriendo hacia las empalizadas.

"¡Deteneos, Bragelonne! gritó con voz potentísima el príncipe; ¡en nombre de vuestro padre, deteneos!". El señor vizconde volvió el rostro, en el que se veía impreso el más profundo dolor, pero no se detuvo.

Entonces comprendimos que su caballo se había desbocado. Adivinando el duque que el señor de Bragelonne no era dueño de su caballo, y al verle traspasar la primera línea de granaderos, gritó: "¡Mosqueteros! ¡matadle su caballo! ¡Cien pistolas al que mate el caballo! ". Pero ¿cómo disparar contra la bestia sin herir al jinete? Nadie se atrevía. Por fin un tirador del regimiento de Picardía, llamado Luzerne, hizo fuego contra el caballo y lo hirió en la grupa, pues vimos cómo la sangre teñía el blanco pelaje de aquél, pero el maldito bruto siguió todavía más desenfrenadamente su carrera. Los soldados del regimiento de Picardía, que veían cómo aquel desventurado joven, tan querido por todo el ejército, corría a la muerte, gritaban a voz en cuello: "¡Arrojaos al suelo, señor vizconde! ¡al suelo! ¡arrojaos al suelo!" Pro ya el señor de Bragelonne había llegado a tiro de pistola de la muralla, y contra él hicieron los árabes una descarga que lo envolvió en una nube de fuego y de humo.

Disipada la humareda, le vimos a pie; acababan de matadle el caballo. Los árabes intimaron la rendición al vizconde; pero éste hizo una señal negativa con la cabeza, y continuó avanzando hacia la empalizada. Era una imprudencia mortal; sin embargo, todo el ejército le agradeció que no retrocediese, ya que la desgracia le llevó tan cerca del enemigo. El señor de Bragelonne se adelantó todavía algunos pasos más en medio de los aplausos de los dos regimientos.

En aquel instante una segunda descarga conmovió de nuevo las murallas, y el vizconde desapareció por segunda vez en el torbellino, pero ahora, al disiparse el humo, ya no le vimos en pie, sino tendido sobre los brezos y con la cabeza más baja que las piernas.

Entonces, los árabes quisieron salir de sus trincheras para cortar la cabeza al señor de Bragelonne o apoderarse de su cuerpo, como es costumbre entre los infieles; pero Su Alteza, que había observado el triste espectáculo, que le arrancó profundos y dolorosos suspiros, al ver correr cual blancos fantasmas a los árabes al través de los lentiscos, gritó con todas sus fuerzas: "¡Granaderos! ¿consentiréis que se apoderen de ese noble cuerpo?", dijo, y blandiendo su espada arremetió el primero contra el enemigo seguido de los dos regimientos, que prorrumpieron en gritos tan terribles cuantos salvajes eran los de los árabes.

Entonces comenzó el combate sobre el cuerpo de Bragelonne, lucha tan encarnizada que en el sitio quedaron ciento sesenta árabes y más de cincuenta de los nuestros. Un teniente de Picardía fue el que cargó el cuerpo del vizconde y lo trajo a nuestras líneas. Entretanto, el ejército iba avanzando, y con el apoyo de la reserva destruyó las empalizadas.

A las tres los árabes cesaron el fuego, y por espacio de dos horas no se hizo uso más que del arma blanca; fue una carnicería. A las cinco éramos victoriosos en toda la línea; el enemigo había abandonado sus posiciones y el duque de Beaufort hizo plantar la bandera blanca en la cumbre de la colina.

Entonces pudieron tributarse todos los cuidados al señor de Bragelonne, que tenía el cuerpo atravesado por ocho balazos y había perdido casi toda su sangre.

Con todo, el vizconde todavía respiraba, lo cual alegró por manera inefable a monseñor, que quiso asistir a la primera cura del herido y a la consulta de los cirujanos, dos de los cuales declararon que el señor de Bragelonne viviría, y a quienes abrazó el señor duque, ofreciendo mil escudos a cada uno si le salvaban. El vizconde oyó los extremos de alegría de monseñor, y ora porque estuviera desesperado, ya porque sus heridas le hiciesen padecer, imprimió a su rostro una expresión de contrariedad, que dio mucho que pensar, sobre todo a uno de los secretarios, cuando hubo oído lo que se dice más adelante. El tercer cirujano que se presentó fue el hermano Silvano de San Cosme, el más sabio de los nuestros, que a su vez sondeó las heridas, pero sin dar su parecer.

El señor de Bragelonne tenía la mirada fija, como si hubiese querido interrogar los movimientos y la mente del cirujano, que, a las preguntas de Su Alteza, respondió que de las ocho heridas del vizconde, tres eran mortales, pero que tanta era la robustez del herido, tan fecunda su juventud, y tan misericordiosa la bondad de Dios, que tal vez el señor de Bragelonne sanaría, con la condición, sin embargo, de que no hiciese el más leve movimiento. Y volviéndose hacia sus practicantes, el hermano Silvano añadió: "Sobre todo no lo toquéis con el dedo pues sería quitarle la vida".

Tras estas palabras del cirujano nos salimos todos de la tienda animados de alguna esperanza. El secretario a que más arriba me refiero, al salir le pareció que el vizconde se había sonreído con tristeza al decirle al señor duque con voz cariñosa: "Te salvaremos, Bragelonne, te salvaremos". Mas, al llegar la noche, cuando todos suponíamos que el doliente había descansado, uno de los ayudantes entró en la tienda de aquél, para volver a salir de ella inmediatamente profiriendo lastimeras voces; acudimos todos apresuradamente y en desorden, y el señor duque con nosotros. Entonces, el ayudante nos mostró el cuerpo del señor de Bragelonne, tendido en tierra, al pie de la cama y bañado en el resto de su sangre.

Se pensó que su caída fue debida a una nueva convulsión, a algún movimiento febril, y que la caída precipitó su fin. Tal es el parecer del hermano Silvano.

Levantado el cuerpo del vizconde, frío y sin vida, vióse que, en su crispada diestra apoyada sobre su corazón, tenía un rizo de blondos cabellos".

—¡Desventurado! —murmuró el mosquetero—. ¡Se suicidó! —Y volviendo los ojos hacia el aposento del castillo en que Athos dormía el sueño eterno, añadió: —Han cumplido mutuamente la palabra que se dieron. Ahora son dichosos, pues deben haberse reunido.

EL ÚLTIMO CANTO DEL POEMA

Al día siguiente se vio llegar a toda la nobleza de las cercanías y a la de provincia, hasta donde los mensajeros habían tenido tiempo de llevar la nueva. D'Artagnan se encerró para no hablar con ninguno; de tal suerte y por largo tiempo abrumaron a aquel corazón hasta entonces infatigable dos muertes para él tan dolorosas, después de la reciente muerte de porthos. Excepto Grimaud, que entró una vez en su cuarto, el mosquetero no vio criado ni comensal. En el ruido de la casa, en las idas y venidas, a Artaghnán le pareció adivinar que se hacían los preparativos para los funerales del conde, y como iba a cumplirse el plazo de su licencia, escribió al rey para que le concediese algunos días más.

Grimaud entró en el cuarto de D'Artagnan, se sentó en su escabel junto a la puerta, como quien medita profundamente, y luego se levantó e hizo seña al mosquetero de que le siguiese. Grimaud bajó hasta el dormitorio del conde, mostró con el dedo el sitio de la cama vacío, y levantó elocuentemente los ojos hasta el cielo.

—Sí, mi buen Grimaud —repuso D'Artagnan —al lado de su hijo que tanto amaba.

Grimaud salió del dormitorio y llegó al salón, donde, según costumbre de provincias, estaba expuesto el cadáver antes del sepelio.

D'Artagnan quedó parado al ver dos ataúdes abiertos en el salón, y al acercarse a una muda señal de Grimaud, vio en uno de ellos a Athos, hermoso aún en la muerte, y en el otro a Raúl; con los ojos cerrados, las mejillas nacaradas como el Palas de Virgilio, y la sonrisa en sus morados labios.

La presencia del padre y del hijo, de aquellas dos almas desaparecidas y representadas en la tierra por dos yertos cadáveres incapaces de acercarse uno a otro por más que casi se estaban tocando, hizo estremecer a D'Artagnan, que exclamó en voz baja:

—¡Raúl aquí! ¡Ah! Grimaud, nada me habías dicho.

Grimaud movió la cabeza sin despegar los labios; pero asió de la mano a D'Artagnan, lo condujo hasta el féretro de Raúl y le mostró bajo el transparente sudario las negras heridas por las que se escapó la vida de aquél. El mosquetero desvió la mirada, y estimando inútil interrogar a Grimaud, recordó que el secretario del duque de Beaufort decía algo más que él no tuvo el valor de leer. Abriendo, pues, nuevamente la relación del combate que costó la vida a Raúl, leyó estas palabras que formaban el último párrafo:

"Por orden del señor duque, ha sido embalsamado el cuerpo del señor vizconde, como lo hacen los árabes cuando disponen que sus restos mortales sean trasladados a la tierra natal. Además, monseñor ha destinado relevos para que un criado de confianza que educó al señor de Bragelonne, pudiese llevar su féretro al señor conde de La Fere".

—Así —dijo para sus adentros D'Artagnan —seguiré tu muerte, mi amado Raúl, yo viejo ya, yo, que nada valgo ya en la tierra, y esparciré la ceniza sobre esa tu frente que besé todavía no hace dos meses. Tú lo quisiste, y Dios lo ha permitido. Ni siquiera tengo el derecho de llorar, pues tú elegiste tu muerte que te pareció preferible a la vida.

Por fin llegó el momento en que los fríos despojos de aquellos dos hidalgos debían ser restituidos a la tierra; y tal fue la afluencia de militares y paisanos que acudió a rendirles el último tributo, que el camino de la ciudad hasta la sepultura, que era una capilla situada en el llano, se vio inundado de jinetes y peones, todos ellos enlutados.

Celebrado el oficio de los difuntos, y dado el postrer adiós a aquellos nobles muertos, los asistentes se dispersaron, hablando, por el camino, de las virtudes y de la dulce muerte del padre, y de las esperanzas que daba el hijo y de su triste fin en las africanas playas. Poco a poco los rumores fueron extinguiéndose como las lámparas encendidas en la humilde nave.

D'Artagnan, que se había quedado solo, al advertir que la noche iba cerrando, se levantó del banco de encina en el cual se sentó en la capilla, se encaminó a la doble huesa que encerraba los cuerpos de Athos y de Raúl para darles el último adiós; una mujer oraba arrodillada sobre la húmeda tierra. D'Artagnan se detuvo en el umbral de la capilla para ver quién era aquella alma piadosa que llenaba con tanto fervor y perseverancia aquel deber sagrado.

La incógnita ocultaba el rostro en las manos, blancas como el alabastro, y con la noble sencillez de su traje se veía que era dama de distinción.

En la parte de afuera, algunos criados a caballo y una carroza de camino aguardaban a la incógnita; ésta se pasaba con frecuencia el pañuelo por el rostro; lloraba, y se golpeaba el pecho con la implacable compunción de la mujer cristiana, y D'Artagnan oyó que repetidas veces y con dolor profundo profería la palabra perdón.

Y al ver que la mujer aquella parecía abandonarse por completo a su dolor, y que en medio de sus lamentos y de sus oraciones se echó atrás como si fuese a desmayarse, D'Artagnan, conmovido por amor a sus llorados amigos, se adelantó algunos pasos hacia la tumba para interrumpir el siniestro coloquio de la penitente con los muertos; más apenas hubo crujido bajo sus pies la arena, la incógnita levantó la cabeza y mostró al mosquetero un rostro amigo y cubierto de lágrimas. Aquella mujer era La Valiére, que murmuró con voz apenas perceptible:

—¡Señor de D'Artagnan!

—¡Vos! —dijo con acento sombrío el mosquetero —¡vos aquí! ¡Ah! señora, habría preferido veros adornada de flores en la mansión del conde de La Fere. Vos hubierais llorado menos, ellos y yo también.

—¡Caballero! —repuso Luisa sollozando.

—Porque sois vos la que habéis tendido a esos dos hombres en la tumba, —continuó el implacable amigo de los muertos. —¡Ah! ya sé que la causa de la muerte del vizconde de Bragelonne soy yo, —repuso La Valiére juntando las manos. —La nueva de su muerte llegó ayer a la corte, y desde las dos de esta madrugada he recorrido cuarenta leguas para venir a pedir perdón al conde, suponiendo que aún vivía, y para suplicar a Dios, sobre la tumba de Raúl. que me envíe todas las desventuras que merezco, excepto una. Mas ahora que sé que la muerte del hijo ha causado la del padre, ya no tengo que echarme en cara un solo crimen, sino dos, como dos son los castigos que de Dios debo esperar.

—Voy a repetiros lo que Raúl me dijo en Antibes, cuando ya meditaba su muerte: "Si ha sucumbido al orgullo y a la coquetería, la perdono despreciándola; si el amor, la perdono también, jurándole que ningún hombre la hubiera amado como yo".

Ya sabéis que por amor iba a sacrificarme a mí misma —repuso La Valiére—, como sabéis cuál fue mi dolor cuando me encontrasteis sin sentidos, moribunda, abandonada. Pues bien, nunca he sentido un dolor tan punzante como el de hoy, porque entonces esperaba y deseaba, en tanto que hoy ya no me atrevo a amar sin remordimiento; porque presiento que aquel a quien amo me hará padecer uno por uno todos los tormentos que yo he hecho padecer a los demás.

D'Artagnan, que conocía que Luisa no se engañaba, guardó silencio.

—Pues bien, señor de D'Artagnan —continuó La Valiére—, no me abruméis ahora, por favor os lo pido. Amo con delirio, amo hasta el punto de cometer el sacrilegio de decirlo ante las cenizas de Raúl sin sonrojo y sin remordimiento. ¡Ay! el amor que yo siento es una religión; pero como tarde o temprano me veréis sola, olvidada y desdeñada; como me veréis castigada, compadeceos de mí durante mi efímera dicha, dejadme que goce de ella por algunos días, algunos minutos, si es que todavía dura ahora, si es que ese doble asesinato no está ya expiado.

No había concluido de hablar La Valiére, cuando llamó la atención de D'Artagnan rumor de voces y pisar de caballos: era un amigo del rey, Saint-Aignán, que iba a buscar a Luisa de parte de Su majestad, a quien, dijo aquél, roían los celos y la inquietud.

Saint-Aignán no vio al mosquetero, medio oculto por el tronco de un castaño que sombreaba las dos tumbas.

Luisa dio las gracias al emisario y lo despidió con un ademán.

—Ya lo veis, todavía dura vuestra dicha —dijo D'Artagnan con amargura a la joven.

—Día llegará en que os arrepintáis de haberme juzgado tan mal —repuso Luisa levantándose con actitud solemne—, y aquel día seré yo que suplique a Dios que olvide lo injusto que habéis estado conmigo. No me reprochéis mi dicha, señor de D'Artagnan, pues me cuesta muy cara y aún no he satisfecho por completo toda la deuda. Dijo, volvió a arrodillarse, y con voz dulce y afectuosa repuso:

—Perdón por última vez, mi prometido Raúl. Yo he roto la cadena que nos unía a los dos, pero yo, como tú, estoy destinada a morir de dolor. Tú has partido primero, y yo no tardaré en seguirte. Sólo quiero que veas que no he sido cobarde, y que he venido a darte el postrer adiós. El Señor es mi testigo, Raúl, de que en rescate de la tuya hubiera dado yo mi vida; pero no podía dar mi amor. Perdóname Raúl, perdóname.

Luisa tomó una rama y la clavó en el suelo, se enjugó los ojos, saludó a D'Artagnan y desapareció.

El capitán miró cómo partían caballos, jinetes y carrozas; luego cruzó los brazos sobre su oprimido pecho, y dijo con voz conmovida:

—¿Cuándo me tocará a mí partir? ¿Qué le queda al hombre después de la juventud, el amor, la gloria, la amistad, la fuerza y las riquezas? Le queda la peña bajo la cual duerme Porthos, que poseyó cuanto acabo de decir; este césped, bajo el cual descansan Athos y Raúl, que todavía poseyeron mucho más...

Y tras un momento de vacilación, con la mirada atónita, se irguió y repuso:

—Sigamos adelante, y llegada la hora, Dios me lo dirá como se lo ha dicho a los demás.

D'Artagnan tocó con las yemas de los dedos la tierra humedecida por el rocío de la noche, se persignó, y tomó solo, solo como nunca, la vuelta de París.

EPÍLOGO

Cuatro años después de la escena que acabamos de describir, y al amanecer de hermoso día, dos jinetes bien montados llegaron a la ciudad de Blois a fin de disponerlo todo para una caza de volatería que el rey quería efectuar en la variada planicie partida en dos por el Loira, y que confina con Meung por un lado, y por el otro con Amboise. Aquellos dos jinetes, que no eran otros que el perrero y el halconero de Su majestad; personajes respetabilísimos en tiempo de Luis XIII, pero algo desatendidos por su sucesor; después de haber explorado el terreno, se volvían, cuando divisaron acá y allá algunos pelotones de mosquetèros del rey, a los cuales sus respectivos sargentos colocaban de trecho en trecho en los extremos de los cercados. Detrás de los mosqueteros, subido en brioso corcel y fácil de conocer en sus bordados de oro, venía el capitán, hombre de cabello casi enteramente cano y barba entrecana, algo cargado de espaldas, pero que manejaba con soltura el caballo y no perdía de vista ninguna de las evoluciones de sus soldados.

—A fe mía —dijo el perrero al halconero—, el señor de D'Artagnan no envejece; con diez años más que nosotros, parece un cadete a caballo.

—Es verdad —repuso el halconero—, en veinte años que le conozco no ha variado.

El halconero se engañaba; durante los últimos cuatro años el mosquetero había envejecido por doce. En las comisuras de los ojos el tiempo le había impreso sus implacables garras; tenía despoblada la frente, y sus manos, antes morenas y nervudas, blanqueaban como si en ellas empezara a enfriarse la sangre. D'Artagnan se acercó con el ademán de afabilidad, propio de los hombres de valer, al halconero y al perrero, que le saludaron con el mayor respeto.

—¡Qué feliz casualidad el veros por aquí, señor de D'Artagnan! —exclamó el halconero.

—Yo soy quien debería decir tal, señores —replicó D'Artagnan—, pues en nuestros días el rey se sirve con más frecuencia de sus mosqueteros que de sus halcones.

—¡Quién volviera a aquellos tiempos! —exclamó el halconero exhalando un suspiro.

—¿Os acordáis, señor de D'Artagnan, de cuando el difunto rey cazaba con urraca por las viñas del otro lado de Beaugenci? Entonces no erais capitán de mosqueteros.

—Y vos, sólo erais cabo de terzuelos —repuso D'Artagnan con jovialidad. —No importa; ello es que aquel era un buen tiempo, como lo es siempre el de la juventud... Buenos días, señor capitán perrera.

—Me hacéis mucho favor, señor conde, —repuso el saludo.

D'Artagnan, no obstante ser conde hacía cuatro años, no oyó con gusto el calificativo que acababa de darle el perrero y se calló.

—¿No os ha fatigado el camino, señor de D'Artagnan? —preguntó el halconero, —si no me engaño, de Pignerol aquí hay doscientas leguas.

Doscientas setenta a la ida y otras tantas a la vuelta, —repuso con la mayor naturalidad el gascón.

—¿Y "él" sigue bien? —preguntó en voz baja el halconero.

—¿Quién?

—El señor Fouquet —continuó el halconero en la misma voz mientras el perrero se hacía a un lado por prudencia.

—No —respondió D'Artagnan, —el desventurado está sumamente abatido; no puede de ningún modo creer que la prisión sea un favor; dice que el parlamento le absolvió al desterrarle, y que el destierro es la libertad. El pobre no se figura que había el deliberado propósito de matarlo, y que al salvar de las garras del parlamento la vida es ya deberle mucho a Dios.

—Es verdad —dijo el halconero—, el infortunado estuvo a dos dedos del patíbulo; dicen que el señor Colbert había transmitido ya las órdenes para el caso al gobernador de la Bastilla y que la ejecución estaba decidida.

—¡En fin! —exclamó D'Artagnan como para cortar la conversación.

—¡En fin! —repitió el perrero acercándose—, si el señor Fouquet está en Pigneroi, merecido se lo tiene; bastante había robado al rey. Además, ¿no es nada el haber tenido la dicha de ser conducido allá por vos?

—Caballero —replicó D'Artagnan lanzando una mirada de enojo al perrero—, si me dijesen que habéis comido la pitanza de vuestros galgos, no sólo no lo creería, sino también os compadecería si por eso os condenaran a encierro, y no. consentiría que hablasen mal de vos. Con todo eso y por muy probo que seáis, sé deciros que no lo sois más que lo era el infeliz señor Fouquet.

Este discurso hizo agachar las orejas al perrero, que dejó que el halconero y D'Artagnan se le adelantaran dos pasos. A lo lejos asomaban ya los cazadores por las salidas del bosque, y veíanse pasar por los claros y cual estrellas errantes, los penachos de las amazonas, y los blancos caballos atravesar como luminosas apariciones la sombría floresta.

—¿Va a ser larga la cacería? —preguntó D'Artagnan—. Os ruego que soltéis pronto el ave, puesto estoy que me caigo de fatiga. ¿Cazáis garzas o cisnes?

—Cisnes y garzas, señor de D'Artagnan —respondió entonces el halconero—. Pero nada temáis, el rey no es práctico, y si caza es sólo para divertir a las damas.

—¡Ah! —exclamó con acento de sorpresa D'Artagnan, mirando al halconero que había vertido las tres últimas palabras con marcada intención. El perrero se sonrió como queriendo hacer las paces con el gascón.

—Reíos, reíos —exclamó D'Artagnan—, llegué ayer tras un mes de ausencia, y, por consiguiente, estoy muy atrasado de noticias. Cuando partí, la corte estaba aún muy triste con la muerte de la reina madre, y el rey había dado fin a las diversiones después de haber recogido el postrer suspiro de Ana de Austria; pero en este mundo todo tiene fin.

—Y también todo principio —dijo el perrero lanzando una carcajada.

—¡Ah! —repitió D'Artagnan que ardía en deseos de saber, pero que por su categoría no podía ser interrogado por sus inferiores; —¿conque hay algo que empieza? El perrero guiñó el ojo de una manera significativa; pero como D'Artagnan nada quería saber por boca de aquél, preguntó al halconero:

—¿Vendrá pronto el rey?

Tengo orden de soltar las aves a las siete.

—¿Quién viene con el rey? ¿Qué tal la princesa? ¿Cómo está la reina?

—Mejor, señor de D'Artagnan.

—¿Ha estado enferma?

—Desde el último disgusto que ha pasado está enfermiza.

—¿Qué disgusto? Como llego de viaje, nada sé.

—Según parece, la reina un poco desdeñada desde la muerte de su suegra, se quejó al rey, que, según dicen la contestó que pues dormía con ella todas las noches, que más quería.

—¡Pobre mujer! —dijo D'Artagnan—. ¡Que odio debe profesar a La Valiére!

—¿A la señorita de La Valiére? —repuso el halconero—. ¡Bah! no, señor.

—¿A quién pues?

El cuerno, llamando a los perros y a las aves, cortó la conversación.

Perrero y halconero picaron a sus caballos y dejaron a D'Artagnan en lo mejor, mientras a lo lejos aparecía el soberano rodeado de damas y jinetes, que formaban un conjunto animado, bullicioso y deslumbrador, como hoy no podemos formarnos idea, a no ser en la mentida opulencia y en la falsa majestad del teatro.

D'Artagnan, que ya tenía la vista débil, divisó tras el grupo tres carrozas, la primera, destinada a la reina, estaba vacía; luego y al no ver junto al rey a La Valiére, la buscó y la vio en compañía de dos mujeres que al parecer se aburrían mucho como ella. A la izquierda del rey y montada en fogoso corcel hábilmente manejado, brillaba una mujer de portentosa hermosura, que sostenía con Su Majestad una correspondencia de sonrisas y despertaba con su hablar las carcajadas de todos.

Yo conozco a aquella mujer —dijo mentalmente D'Artagnan. Y volviéndose hacia su amigo el halconero le preguntó—. ¿Quién es la dama aquella?

—La señorita de Tonnay—Charente, marquesa de Montespan —respondió el halconero.

Cuando Luis XIV vio a D'Artagnan exclamó:

—¡Ah! ¿estáis de vuelta, conde? ¿Por qué no habéis venido a verme?

—Porque cuando he llegado, Vuestra majestad estaba todavía durmiendo, y cuando he tomado mi servicio esta mañana, todavía no estabais despierto.

—Siempre el mismo —dijo en alta voz el rey y con acento de satisfacción—. Descansad, conde, os lo ordeno. Hoy cenaréis conmigo.

Un murmullo de admiración envolvió como una inmensa caricia al mosquetero.

LA MUERTE DE D'ARTAGNAN

Al llegar la primavera el ejército de tierra entró en campaña contra los holandeses, precediendo en magnífico orden a la corte de Luis XIV, que a caballo y rodeado de carrozas llenas de damas y de cortesanos, conducía a la flor y nata de su reino a aquella sangrienta fiesta.

Verdad es que los oficiales del ejército no tuvieron otra música que la artillería de las fortificaciones holandesas; pero fue bastante para gran número de ellos, que en aquella guerra hallaron honores, adelantamiento, gloria o muerte.

D'Artagnan partió al frente de 12.000 hombres de infantería y caballería, con orden de apoderarse de las plazas que forman la llave de la red estratégica a que llaman la Frisia.

Nunca ningún general ha conducido más hábilmente un ejército como lo hizo D'Artagnan de quien sus oficiales conocían la prudencia, la astucia y el valor. y sabían que no sacrificaría sin necesidad ni un soldado ni una sola pulgada de terreno.

Tenía las antiguas costumbres de la guerra, es decir, vivir a costa de la tierra conquistada y mantener alegre al soldado y batido al enemigo; el capitán de los mosqueteros del rey ponía todo su empeño en demostrar que sabía su oficio. Nunca se escogieron mejor las ocasiones, nunca se dieron golpes de mano más bien sentados, ni se aprovecharon mejor las faltas de los sitiados; basta decir que en un mes el ejército de D'Artagnan se apoderó de doce pequeñas plazas y puso sitio a trece; la cual aún se mantenía firme al quinto día, cuando D'Artagnan mandó abrir trinchera sin que al parecer supiese que el enemigo debiese nunca rendirse.

Los zapadores y los obreros de D'Artagnan formaban un cuerpo lleno de emulación, inteligente y celoso; porque aquél los trataba como soldados, les hacía glorioso el trabajo, y velaba cuidadosamente por sus vidas.

D'Artagnan despachó un correo a Luis XIV, notificándole los últimos triunfos; lo cual redobló el buen humor de Su Majestad, así como las damas.

Daban al rey tanto lustre las victorias del mosquetero, que la Montespan ya no llamó al monarca más que Luis el invencible; así es que La Valiére, que sólo llamaba al soberano Luis el victorioso, perdió mucho en el favor de Su Majestad. Por otra parte, Luisa tenía con frecuencia los párpados hinchados de tanto llorar, y para un invencible nada es más desagradable que una querida que llora cuando en torno de él todo sonríe. El astro de La Valiére se anegaba en el horizonte entre nubes y lágrimas; pero en cambio la alegría de la Montespán redoblaba con los triunfos del rey, a quien consolaba del todo.

El rey, deseoso de premiar los servicios de D'Artagnan, a quien debía la dicha de que estaba disfrutando, escribió a Colbert la siguiente carta:

"Señor Colbert: ya es hora de que cumplamos la promesa que hicimos al señor de D'Artagnan, que tan bien cumple las suyas. A este efecto y en tiempo oportuno se os facilitará cuanto es menester. — Luis."

Por consecuencia, Colbert entregó al oficial emisario de D'Artagnan, a quien retuviera junto a sí, otra carta de su puño y letra y una arquilla de ébano con incrustaciones de oro, no voluminosa, pero indudablemente muy pesada, pues el ministro dio al mensajero cinco hombres para que le ayudasen a llevarla. Los emisarios de Colbert y el oficial llegaron ante la plaza sitiada por D'Artagnan al amanecer, y se encaminaron al alojamiento del general, donde supieron que éste, contrariado por la salida que hiciera la víspera el gobernador de la plaza, hombre astuto, y en la cual los holandeses habían cegado una trinchera, matado setenta y siete hombres y empezado a reparar una brecha, acababa de salir con diez compañías de granaderos para rehacer la trinchera. El emisario de Colbert, que tenía orden de buscar a D'Artagnan donde se hallase y fuese la hora que fuese, se encaminó pues a las trincheras seguido de su escolta, todos a caballo, y en sitio descubierto vio a aquél con su sombrero con pasamanos de oro, su largo bastón y su dorado uniforme. D'Artagnan se estaba mordiendo su cano bigote, y con la mano izquierda sacudía el polvo que a su paso hacían llover sobre él las balas rasas que se empotraban en el suelo.

En medio de aquel horroroso fuego que conmovía el aire con sus silbidos, veíase a los oficiales manejar la pala, y a los soldados arrastras las carretillas o cubrir con enormes fajinas el frente de las trincheras abiertas nuevamente por el colosal esfuerzo de los soldados animados por su general.

D'Artagnan empezó a hablar con más suavidad cuando a las tres horas vio rehecha la trinchera, y se sosegó del todo al decirle el capitán de zapadores que en aquélla ya podían abrigarse los soldados.

Apenas el capitán de zapadores acabó de hablar, cuando una bala de cañón le llevó una pierna y le hizo caer en brazos de D'Artagnan, que levantó en peso al herido, y con todo sosiego y animándole, lo bajó a la trinchera en medio de los entusiastas aplausos de los regimientos.

Desde entonces, más que ardor fue delirio lo que sintieron los soldados; dos compañías se adelantaron por un camino abierto, arremetieron las avanzadas, las destrozaron y se apoderaron de un baluarte; al ver lo cual, sus compañeros, refrenados a duras penas por D'Artagnan, cargaron también y asaltaron con irresistible ímpetu la contracarpa, llave de la plaza.

D'Artagnan, al ver que sólo le quedaba un recurso para detener a su ejército, que era alojarlo en la plaza, lanzó el resto de sus tropas contra las dos brechas que los sitiados estaban reparando; el choque fue terrible. Diez y ocho compañías dieron el ataque, mientras D'Artagnan avanzaba con la reserva hasta medio tiro de cañón de la plaza para sostener por escalones el asalto.

Se oían claramente los ayes de los holandeses acuchillados sobre sus cañones por los granaderos de D'Artagnan. La lucha se agigantaba con la desesperación del gobernador, que disputaba palmo a palmo sus posiciones.

D'Artagnan, para acabar y apagar el fuego incesante, envió al asalto una nueva columna, que taladró como una barrena las robustas puertas. Poco después, y en medio del fuego, viose correr con terror pánico a los sitiados perseguidos por los sitiadores.

Entonces D'Artagnan, respirando y lleno de alegría, oyó junto a sí una voz que le decía:

—Señor general, de parte del señor Colbert.

El rompió el sello de una carta que decía así:

"Señor de D'Artagnan: el rey me encarga os diga que os ha nombrado mariscal de Francia, en justo premio a vuestros buenos servicios y a la gloria de que cubrís sus armas. Su Majestad está en altísimo grado satisfecho de las conquistas que habéis llevado a cabo, y os encarga especialmente que deis fin al sitio que habéis comenzado, con honra para vos y lustre para él."

D'Artagnan, que estaba en pie, con el rostro animado y la mirada ardiente, levantó los ojos para ver el progreso de sus tropas en aquellas murallas envueltas en rojos y negros torbellinos, y respondió al mensajero:

—He acabado; dentro de un cuarto de hora a lo más se habrá rendido la ciudad. Y D'Artagnan reanudó la lectura de la carta, que continuaba de este modo:

"La arquilla os la regalo yo, y estoy seguro de que no os disgustará ver que mientras vosotros, soldados, desenvaináis la espada en defensa del rey, yo fomento las artes de la paz para adorno de las recompensas dignas de vos. "Me recomiendo a vuestra amistad, señor mariscal, y os ruego creáis en la mía muy sincera. —Colbert.

D'Artagnan, ebrio de gozo, hizo una señal al mensajero, que se acercó con la arquilla en las manos; pero en el momento en que el mariscal iba a contemplarla, llamó su atención hacia la ciudad una fuerte explosión ocurrida en las murallas.

—Es extraño, —dijo D'Artagnan, —todavía no veo flamear en las murallas la bandera real ni oigo tocar llamada.

El mariscal lanzó trescientos hombres de refresco a las órdenes de un valiente oficial, y ordenó que se batiese otra brecha.

Luego, más tranquilo, D'Artagnan se volvió hacia la arquila que le presentaba el emisario de Colbert y que con tanto esfuerzo había ganado; más, al tender la mano para abrirla, partió de la ciudad una bala raza que hizo pedazos la arquila entre los brazos del oficial, hirió en mitad del pecho a D'Artagnan, y le derribó en el suelo, mientras el flordelisado bastón caía de aquella mutilada arquilla y, rodando, venía a colocarse bajo la desfallecida mano del mariscal.

D'Artagnan, a quien los que le rodeaban suponían incólume, intentó levantarse. Entonces, al ver al mariscal cubierto de sangre y cada vez más pálido su noble rostro, su estado mayor prorrumpió en un grito terrible.

Apoyado en los brazos que de todas partes se tendían para recibirlo, D'Artagnan aún tuvo fuerzas para dirigir una postrera mirada a la plaza y divisar la bandera blanca en el principal baluarte; sus oídos, ya sordos a los rumores de la vida, percibieron débilmente los redobles del parche que anunciaban la victoria.

Entonces apretó con su crispada mano el bastón bordado de flores de lis de oro, posó en él los ojos, ya sin fuerza para mirar al cielo, y cayó murmurando estas extrañas palabras, que a los soldados les parecieron otras tantas voces cabalísticas, voces que en otro tiempo representaron tanto en la tierra, y que nadie comprendía, excepto aquel moribundo:

—Athos, Porthos, hasta luego. Aramis, adiós para siempre. De los cuatro valientes cuya historia hemos narrado, no quedaba más que uno solo: éste era Aramis. La fuerza, la nobleza y el valor se habían remontado a Dios; la astucia, más hábil, les sobrevivió y moró sobre la tierra.

345

FIN